VISTAS

INTRODUCCIÓN A LA LENGUA ESPAÑOLA

Volume 1
Lessons 1–6

FOURTH EDITION

José A. Blanco

Philip Redwine Donley, Late
Austin Community College

VISTA
HIGHER LEARNING

Boston, Massachusetts

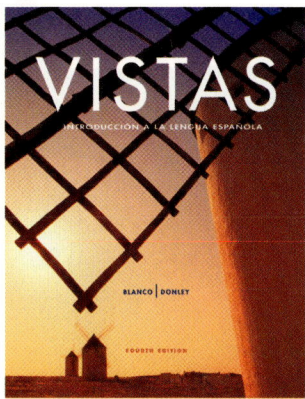

The **VISTAS, Fourth Edition** cover features the work of award winning photographer, Jean-Dominique Dallet. Famous for its beloved literary hero, Don Quijote, the landscape depicted here from the **Castilla La Mancha** region of Spain, is one of the many locations in the Spanish-speaking world that you will learn about in **VISTAS**.

Publisher: José A. Blanco
Executive Editor: Sarah Kenney
Managing Editors: Deborah Coffey (Print), Paola Ríos Schaaf (Technology)
Senior Project Manager (Print): Gabriela Ferland
Editors: Christian Biagetti (Technology), John DeCarli (Technology), Darío González (Technology), Mónica M. González Peña, Lauren Krolick, Paula A. Orrego, Carolina Zapata
Production and Design Director: Marta Kimball
Design Manager: Susan Prentiss
Design and Production Team: Manuela Arango, María Eugenia Castaño, Oscar Díez, Paula Díez, Mauricio Henao, Jhoany Jiménez, Erik Restrepo, Sónia Teixeira, Andrés F. Vanegas García, Nick Ventullo

© 2012 by Vista Higher Learning
All rights reserved.

No part of this work may be reproduced or distributed in any form or by any means, electronic or mechanical, including photocopying and recording, or by any information storage or retrieval system without prior written permission from Vista Higher Learning, 31 St. James Avenue, Suite 1005, Boston, MA 02116-4104.

Library of Congress Control Number: 2010934550

1 2 3 4 5 6 7 8 9 RJ 16 15 14 13 12 11

TO THE STUDENT

To Vista Higher Learning's great pride, **VISTAS** became the best-selling new introductory college Spanish program in more than a decade in its first edition, and its success has only grown over time. It is now our pleasure to welcome you to **VISTAS**, **Fourth Edition**, your gateway to the Spanish language and to the vibrant cultures of the Spanish-speaking world.

A direct result of extensive reviews and ongoing input from students and instructors, **VISTAS 4/e** includes both the highly successful, ground-breaking features of the original program, plus many exciting new elements designed to keep **VISTAS** the most student-friendly program available. Here are just some of the features you will encounter:

Original, hallmark features

- A unique, easy-to-navigate design built around color-coded sections that appear either completely on one page or on spreads of two facing pages
- Integration of an appealing video, up-front in each lesson of the student text
- Practical, high-frequency vocabulary in meaningful contexts
- Clear, comprehensive grammar explanations with high-impact graphics and other special features that make structures easier to learn and use
- Ample guided practice to make you comfortable with the vocabulary and grammar you are learning and to give you a solid foundation for communication
- An emphasis on communicative interactions with a classmate, small groups, the full class, and your instructor
- A process approach to the development of reading, writing, and listening skills
- Coverage of the entire Spanish-speaking world and integration of everyday culture
- Unprecedented learning support through on-the-spot student sidebars and on-page correlations to the print and technology ancillaries for each lesson section
- A complete set of print and technology ancillaries to help you learn Spanish

NEW! to the Fourth Edition

- A dynamic new **Fotonovela** video that presents language and culture in an engaging context
- In-text integration of the enormously successful **Flash cultura**
- An improved **En pantalla** section, featuring new TV clips as well as authentic short films
- **VText**, an online virtual interactive student edition
- New content and features on the **VISTAS** Supersite, including flashcards with audio, more grammar diagnostics, audio record-submit activities, a powerful bilingual dictionary, and much more, all designed to help you learn

VISTAS 4/e has eighteen lessons, each of which is organized exactly the same way. To familiarize yourself with the organization of the text, as well as its original and new features, turn to page xiv and take the **at-a-glance** tour.

table of contents

	contextos	fotonovela

Lección 1
Hola, ¿qué tal?

Volume 1

Greetings and leave-takings.... 2
Identifying yourself and others . 2
Expressions of courtesy 2

Bienvenida, Marissa 6
Pronunciación
  The Spanish alphabet 9

Lección 2
En la universidad

Volume 1

The classroom and
  academic life............. 40
Fields of study and
  academic subjects 40
Days of the week 42
Class schedules 43

¿Qué estudias? 44
Pronunciación
  Spanish vowels 47

Lección 3
La familia

Volume 1

The family 78
Identifying people 78
Professions and occupations .. 78

Un domingo en familia 82
Pronunciación
  Diphthongs and linking 85

Lección 4
Los pasatiempos

Volume 1

Pastimes 116
Sports.....................116
Places in the city 118

Fútbol, cenotes y mole 120
Pronunciación
  Word stress
  and accent marks 123

cultura	estructura	adelante
En detalle: Saludos y besos en los países hispanos...... 10 **Perfil:** La plaza principal 11	1.1 Nouns and articles ...... 12 1.2 Numbers 0–30 .... 16 1.3 Present tense of **ser** ..... 19 1.4 Telling time .... 24 **Recapitulación** 28	**Lectura:** Tira cómica de Quino .. 30 **Escritura** .... 32 **Escuchar** .... 33 **En pantalla** .... 34 **Flash cultura** ....35 **Panorama:** Estados Unidos y Canadá 36
En detalle: La elección de una carrera universitaria .... 48 **Perfil:** La Universidad de Salamanca 49	2.1 Present tense of **-ar** verbs .... 50 2.2 Forming questions in Spanish .... 55 2.3 Present tense of **estar** .... 59 2.4 Numbers 31 and higher .. 63 **Recapitulación** 66	**Lectura:** *¡Español en Madrid!*.. 68 **Escritura** .... 70 **Escuchar** .... 71 **En pantalla** .... 72 **Flash cultura**................. 73 **Panorama:** España........... 74
En detalle: ¿Cómo te llamas?.. 86 **Perfil:** La familia real española 87	3.1 Descriptive adjectives ... 88 3.2 Possessive adjectives .... 93 3.3 Present tense of **-er** and **-ir** verbs .... 96 3.4 Present tense of **tener** and **venir** .... 100 **Recapitulación** 104	**Lectura:** *Gente... Las familias*.. 106 **Escritura** .... 108 **Escuchar** .... 109 **En pantalla** ....110 **Flash cultura** .... 111 **Panorama:** Ecuador 112
En detalle: Real Madrid y Barça: rivalidad total ...... 124 **Perfiles:** Lionel Messi y Lorena Ochoa 125	4.1 Present tense of **ir**...... 126 4.2 Stem-changing verbs: **e→ie, o→ue** .... 129 4.3 Stem-changing verbs: **e→i** .... 133 4.4 Verbs with irregular **yo** forms............ 136 **Recapitulación** 140	**Lectura:** *No sólo el fútbol* .... 142 **Escritura** .... 144 **Escuchar** .... 145 **En pantalla** .... 146 **Flash cultura** .... 147 **Panorama:** México.......... 148

table of contents

	contextos	fotonovela
Lección 5 **Las vacaciones**  Volume 1	Travel and vacation . . . . 152 Months of the year . . . . 154 Seasons and weather . . . . 154 Ordinal numbers 155	¡Vamos a la playa! . . . . 158 Pronunciación Spanish **b** and **v** 161

Lección 6
¡De compras!

Volumes 1 & 2
	Clothing and shopping 190
	Negotiating a price
	  and buying 190
	Colors 192
	More adjectives 192
		En el mercado 194
		Pronunciación
		  The consonants **d** and **t** 197

Lección 7 **La rutina diaria**  Volume 2	Daily routine . . . . 226 Personal hygiene . . . . 226 Time expressions 226	¡Necesito arreglarme! . . . . . . 230 Pronunciación The consonant **r** 233
Lección 8 **La comida**  Volume 2	Food . . . . 262 Food descriptions . . . . 262 Meals 264	Una cena... romántica . . . . . . 268 Pronunciación **ll, ñ, c,** and **z** 271

cultura	estructura	adelante

En detalle: Las cataratas del Iguazú 162
Perfil: Punta del Este 163

5.1 **Estar** with conditions and emotions 164
5.2 The present progressive 166
5.3 **Ser** and **estar** 170
5.4 Direct object nouns and pronouns 174
Recapitulación 178

Lectura: *Turismo ecológico en Puerto Rico*........... 180
Escritura 182
Escuchar 183
En pantalla 184
Flash cultura 185
Panorama: Puerto Rico 186

En detalle: Los mercados al aire libre 198
Perfil: Carolina Herrera 199

6.1 **Saber** and **conocer** 200
6.2 Indirect object pronouns 202
6.3 Preterite tense of regular verbs.......... 206
6.4 Demonstrative adjectives and pronouns 210
Recapitulación 214

Lectura: *¡Real Liquidación en Corona!* 216
Escritura 218
Escuchar..................... 219
En pantalla.................. 220
Flash cultura 221
Panorama: Cuba............ 222

En detalle: La siesta 234
Perfil: El mate 235

7.1 Reflexive verbs 236
7.2 Indefinite and negative words 240
7.3 Preterite of **ser** and **ir** ... 244
7.4 Verbs like **gustar** 246
Recapitulación 250

Lectura: *¡Qué día!* 252
Escritura 254
Escuchar..................... 255
En pantalla 256
Flash cultura 257
Panorama: Perú 258

En detalle: Frutas y verduras de América 272
Perfil: Ferrán Adrià: arte en la cocina 273

8.1 Preterite of stem-changing verbs 274
8.2 Double object pronouns . 277
8.3 Comparisons 281
8.4 Superlatives 286
Recapitulación 288

Lectura: *Gastronomía* 290
Escritura 292
Escuchar..................... 293
En pantalla 294
Flash cultura 295
Panorama: Guatemala....... 296

table of contents

Lección 9
Las fiestas

Volume 2

contextos
- Parties and celebrations 300
- Personal relationships 301
- Stages of life 302

fotonovela
- **El Día de Muertos** 304
- **Pronunciación**
  The letters **h**, **j**, and **g** 307

Lección 10
En el consultorio

Volume 2

contextos
- Health and medical terms ... 332
- Parts of the body 332
- Symptoms and
  medical conditions 332
- Health professions 332

fotonovela
- **¡Qué dolor!** 336
- **Ortografía**
  El acento y las sílabas
  fuertes 339

Lección 11
La tecnología

Volume 2

contextos
- Home electronics 368
- Computers and the Internet .. 368
- The car and its accessories .. 370

fotonovela
- **En el taller** 372
- **Ortografía**
  La acentuación de
  palabras similares 375

Lección 12
La vivienda

Volumes 2 & 3

contextos
- Parts of a house 404
- Household chores 404
- Table settings 406

fotonovela
- **Los quehaceres** 408
- **Ortografía**
  Mayúsculas y minúsculas .. 411

cultura	estructura	adelante
En detalle: Semana Santa: vacaciones y tradición ..... 308 **Perfil:** Festival de Viña del Mar 309	9.1 Irregular preterites ..... 310 9.2 Verbs that change meaning in the preterite 314 9.3 ¿Qué? and ¿cuál? ...... 316 9.4 Pronouns after prepositions........... 318 **Recapitulación**............. 320	**Lectura:** *Vida social*......... 322 **Escritura**................. 324 **Escuchar**.................. 325 **En pantalla**............... 326 **Flash cultura**............. 327 **Panorama:** Chile 328
En detalle: Servicios de salud .... 340 **Perfiles:** Curanderos y chamanes............. 341	10.1 The imperfect tense .... 342 10.2 The preterite and the imperfect .... 346 10.3 Constructions with **se** .. 350 10.4 Adverbs .... 354 **Recapitulación**............. 356	**Lectura:** *Libro de la semana*.. 358 **Escritura** .... 360 **Escuchar** .... 361 **En pantalla**............... 362 **Flash cultura** .... 363 **Panorama:** Costa Rica 364
En detalle: El teléfono celular .... 376 **Perfil:** Los mensajes de texto .. 377	11.1 Familiar commands .... 378 11.2 **Por** and **para** .... 382 11.3 Reciprocal reflexives.... 386 11.4 Stressed possessive adjectives and pronouns.. 388 **Recapitulación**............. 392	**Lectura:** *El celular* por Tute ... 394 **Escritura** .... 396 **Escuchar**.................. 397 **En pantalla**............... 398 **Flash cultura** .... 399 **Panorama:** Argentina 400
En detalle: El patio central ... 412 **Perfil:** Las islas flotantes del lago Titicaca 413	12.1 Relative pronouns ..... 414 12.2 Formal (**usted/ustedes**) commands .... 418 12.3 The present subjunctive .. 422 12.4 Subjunctive with verbs of will and influence .... 426 **Recapitulación**............. 430	**Lectura:** *Bienvenidos al Palacio de Las Garzas* ..... 432 **Escritura** .... 434 **Escuchar**.................. 435 **En pantalla**............... 436 **Flash cultura** .... 437 **Panorama:** Panamá 438

table of contents

contextos | fotonovela

Lección 13
La naturaleza

Volume 3

contextos	fotonovela

Nature 442
The environment 442
Recycling
  and conservation 444
	**Aventuras en
	  la naturaleza** 446
	Ortografía
	  Los signos de puntuación .. 449

Lección 14
En la ciudad

Volume 3

contextos	fotonovela
City life .... 476 Daily chores .... 476 Money and banking .... 476 At a post office 478	**Corriendo por la ciudad** ..... 480 **Ortografía** Las abreviaturas 483

Lección 15
El bienestar

Volume 3

contextos	fotonovela

Health and well-being 508
Exercise and
  physical activity 508
Nutrition 510
	Chichén Itzá 512
	Ortografía
	  Las letras **b** y **v** 515

Lección 16
El mundo del trabajo

Volume 3

contextos	fotonovela
Professions and occupations . 542 The workplace .... 542 Job interviews 544	**La entrevista de trabajo** ..... 546 **Ortografía** Las letras **y**, **ll** y **h** 549

cultura	estructura	adelante
En detalle: ¡Los Andes se mueven! .... 450 **Perfil:** La Sierra Nevada de Santa Marta 451	**13.1** The subjunctive with verbs of emotion .... 452 **13.2** The subjunctive with doubt, disbelief, and denial .... 456 **13.3** The subjunctive with conjunctions .... 460 **Recapitulación** 464	**Lectura:** Dos fábulas .... 466 **Escritura** .... 468 **Escuchar** .... 469 **En pantalla** .... 470 **Flash cultura** .... 471 **Panorama:** Colombia 472
En detalle: Paseando en metro .... 484 **Perfil:** Luis Barragán: arquitectura y emoción 485	**14.1** The subjunctive in adjective clauses .... 486 **14.2 Nosotros/as** commands . 490 **14.3** Past participles used as adjectives .... 493 **Recapitulación** 496	**Lectura:** *Esquina peligrosa* por Marco Denevi .... 498 **Escritura** .... 500 **Escuchar** .... 501 **En pantalla** .... 502 **Flash cultura** .... 503 **Panorama:** Venezuela 504
En detalle: Spas naturales ... 516 **Perfil:** Las frutas y la salud ... 517	**15.1** The present perfect ..... 518 **15.2** The past perfect .... 522 **15.3** The present perfect subjunctive............ 525 **Recapitulación** 528	**Lectura:** *Un día de éstos* por Gabriel García Márquez..... 530 **Escritura** .... 532 **Escuchar** .... 533 **En pantalla** .... 534 **Flash cultura** .... 537 **Panorama:** Bolivia 538
En detalle: Beneficios en los empleos............. 550 **Perfil:** César Chávez 551	**16.1** The future............ 552 **16.2** The future perfect ..... 556 **16.3** The past subjunctive.... 558 **Recapitulación** 562	**Lectura:** *A Julia de Burgos* por Julia de Burgos .... 564 **Escritura** .... 566 **Escuchar** .... 567 **En pantalla** .... 568 **Flash cultura** .... 571 **Panorama:** Nicaragua y la República Dominicana .. 572

table of contents

Lección 17
Un festival de arte

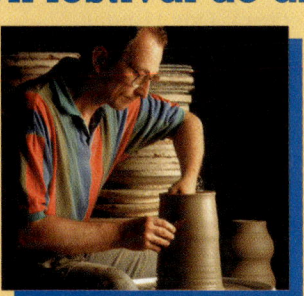
Volume 3

contextos
The arts 578
Movies 580
Television 580

fotonovela
Una sorpresa para Maru 582
Ortografía
  Las trampas ortográficas ... 585

Lección 18
Las actualidades

Volume 3

Current events and politics ... 612
The media 612
Natural disasters 612

Hasta pronto, Marissa 617
Ortografía
  Neologismos y
  anglicismos 619

Consulta (Reference) — Volumes 1–3

Apéndice A
  Plan de escritura A-2
Apéndice B
  Spanish Terms for Direction Lines and
  Classroom Use A-3
Apéndice C
  Glossary of Grammatical Terms A-5
Apéndice D
  Verb Conjugation Tables A-9

cultura

En detalle: Museo de
Arte Contemporáneo
de Caracas 586
Perfil: Fernando Botero:
un estilo único 587

En detalle: Protestas sociales .. 620
Perfiles: Dos nuevos líderes
en Latinoamérica 621

estructura

17.1 The conditional 588
17.2 The conditional perfect.. 592
17.3 The past perfect
subjunctive............ 595
Recapitulación 598

18.1 Si clauses............. 622
18.2 Summary of the uses
of the subjunctive 626
Recapitulación 630

adelante

Lectura: Tres poemas de
Federico García Lorca 600
Escritura 602
Escuchar 603
En pantalla................ 604
Flash cultura............... 605
Panorama: El Salvador
y Honduras 606

Lectura: *Don Quijote de la Mancha*
por Miguel de Cervantes ... 632
Escritura 634
Escuchar................... 635
En pantalla................ 636
Flash cultura............... 637
Panorama: Paraguay y
Uruguay 638

Vocabulario
   Spanish–English............................ A-19
   English–Spanish............................ A-35
Índice A-51
Credits A-56
Bios
   About the Authors A-58
   About the Illustrators....................... A-58
Maps....................................... A-59

VISTAS at-a-glance

Lesson Openers
outline the content and features of each lesson.

La familia

3

Communicative Goals
You will learn how to:
- Talk about your family and friends
- Describe people and things
- Express possession

contextos — pages 78–81
- The family
- Identifying people
- Professions and occupations

fotonovela — pages 82–85
The Díaz family spends Sunday afternoon in Xochimilco. Marissa meets the extended family and answers questions about her own family. The group has a picnic and takes a boat ride through the canals.

cultura — pages 86–87
- Surnames and families in the Spanish-speaking world
- Spain's Royal Family

estructura — pages 88–105
- Descriptive adjectives
- Possessive adjectives
- Present tense of -er and -ir verbs
- Present tense of tener and venir
- Recapitulación

adelante — pages 106–113
Lectura: A brief article about families
Escritura: A letter to a friend
Escuchar: A conversation between friends
En pantalla
Flash cultura
Panorama: Ecuador

A PRIMERA VISTA
- ¿Cuántos chicos hay en la foto?
- ¿Hay una mujer a la izquierda? ¿Y a la derecha?
- ¿Hay una cosa en la mano de la mujer?
- ¿Conversan ellos? ¿Trabajan? ¿Viajan?
- ¿Están lejos de su casa?

A primera vista activities jump-start the lessons, allowing you to use the Spanish you know to talk about the photos.

Communicative goals highlight the real-life tasks you will be able to carry out in Spanish by the end of each lesson.

Contextos
presents vocabulary in meaningful contexts.

Más vocabulario boxes call out other important theme-related vocabulary in easy-to-reference Spanish-English lists.

Illustrations High-frequency vocabulary is introduced through expansive, full-color illustrations.

Práctica This section always begins with two listening exercises and continues with activities that practice the new vocabulary in meaningful contexts.

Variación léxica presents alternate words and expressions used throughout the Spanish-speaking world.

Recursos The icons in the **Recursos** boxes let you know exactly which print and technology ancillaries you can use to reinforce and expand on every section of every lesson.

Comunicación activities allow you to use the vocabulary creatively in interactions with a partner, a small group, or the entire class.

VISTAS at-a-glance

Fotonovela
follows the adventures of a group of students living and traveling in Mexico.

Personajes The photo-based conversations take place among a cast of recurring characters—a Mexican family with two college-age children, and their group of friends.

Fotonovela Video Updated for the Fourth Edition, the **NEW!** video episodes that correspond to this section are available for viewing online. For more information on the **Fotonovela** Video, turn to page xxviii.

Conversations Taken from the **NEW! Fotonovela** Video, the conversations reinforce vocabulary from **Contextos**. They also preview structures from the upcoming **Estructura** section in context *and* in a comprehensible way.

Icons signal activities by type (pair, group, audio, info gap) and let you know which activities can be completed online. For a legend explaining all icons used in the student text, see page xxxi.

Expresiones útiles These expressions organize new, active structures by language function so you can focus on using them for real-life, practical purposes.

Pronunciación & Ortografía
present the rules of Spanish pronunciation and spelling.

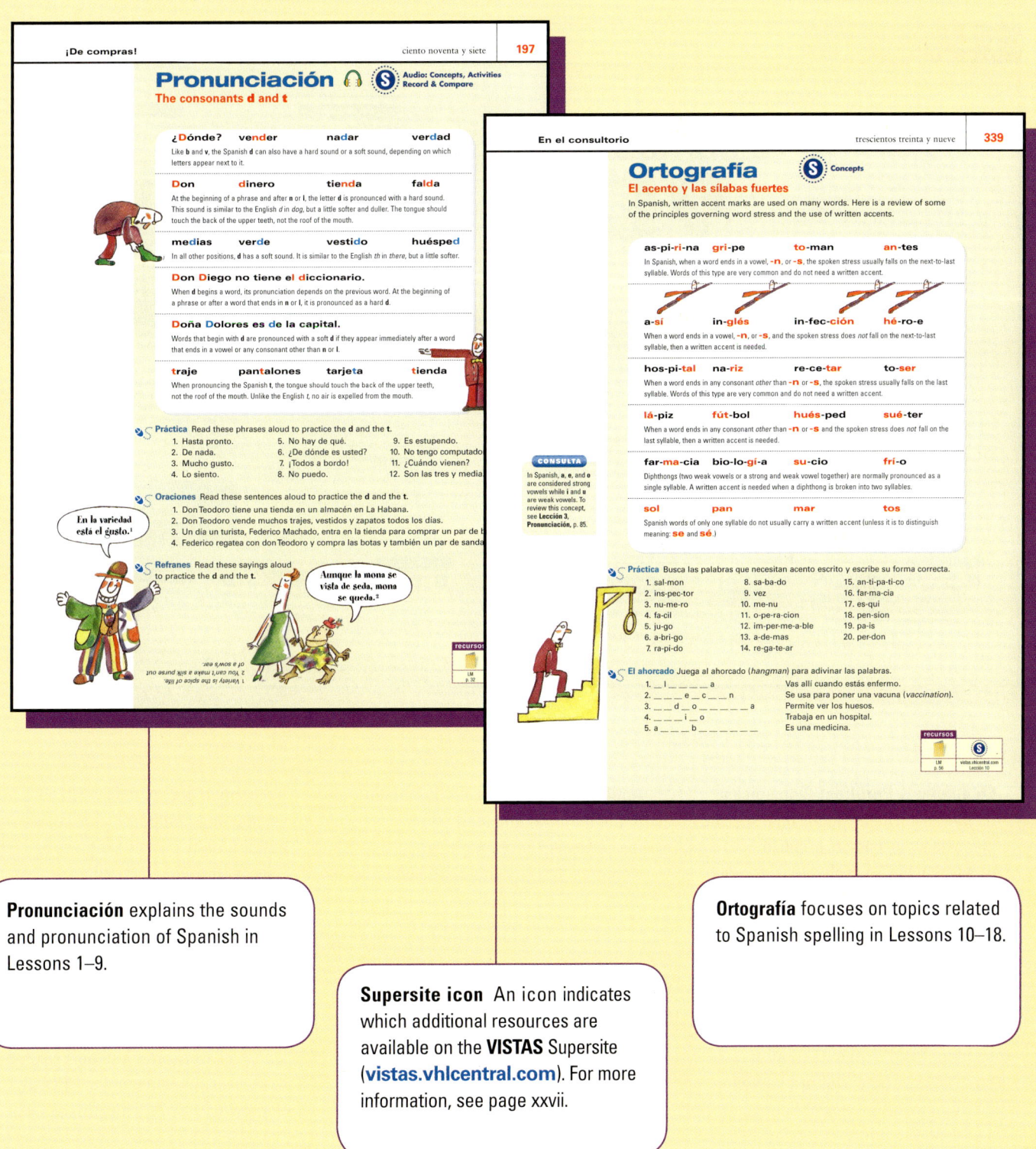

Pronunciación explains the sounds and pronunciation of Spanish in Lessons 1–9.

Supersite icon An icon indicates which additional resources are available on the **VISTAS** Supersite (**vistas.vhlcentral.com**). For more information, see page xxvii.

Ortografía focuses on topics related to Spanish spelling in Lessons 10–18.

VISTAS at-a-glance

Cultura
exposes you to different aspects of Hispanic culture tied to the lesson theme.

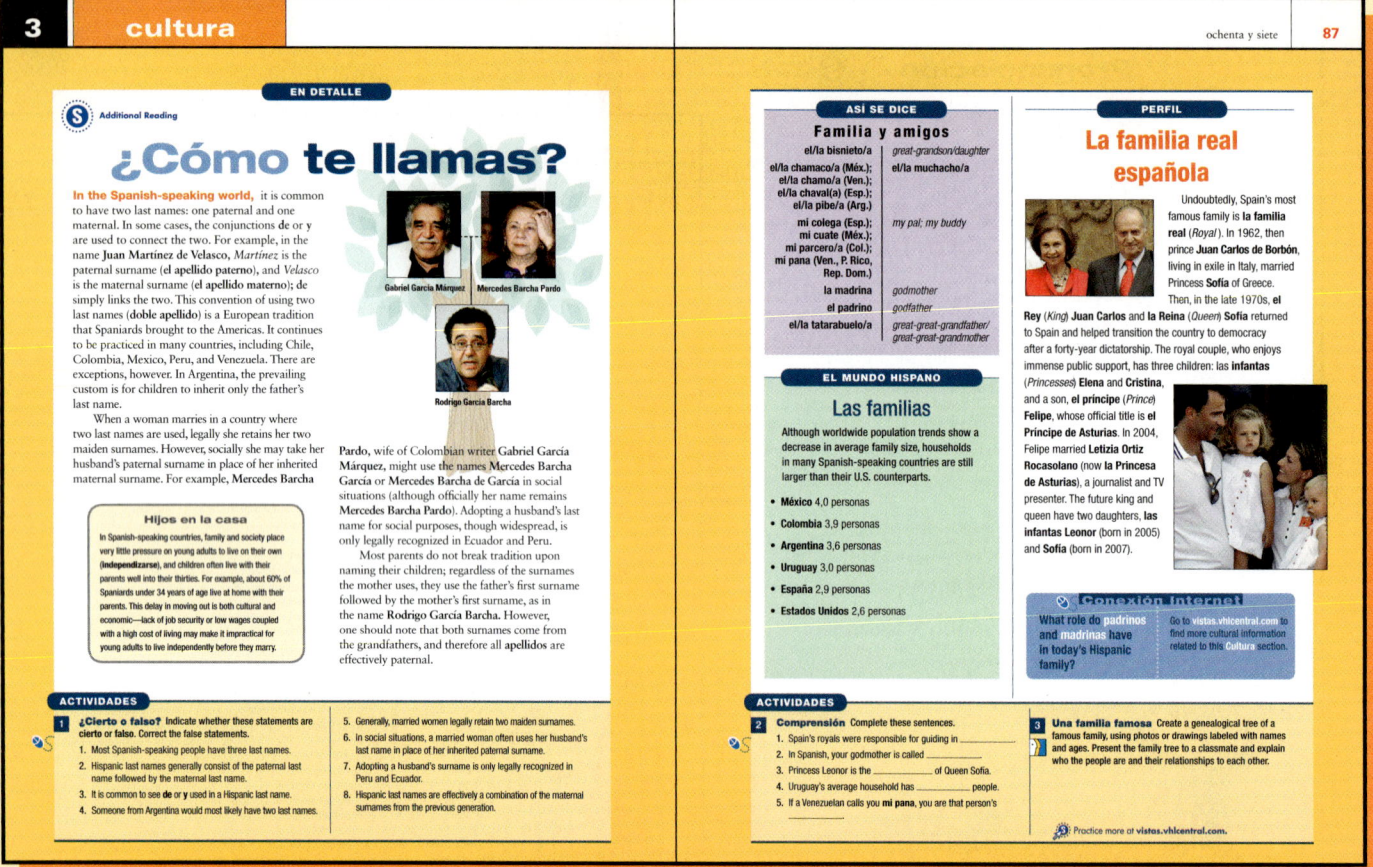

En detalle & Perfil(es) Two articles on the lesson theme focus on a specific place, custom, person, group, or tradition in the Spanish-speaking world. In Spanish starting in Lesson 7, these features also provide reading practice.

Activities check your understanding of the material and lead you to further exploration. A mouse icon indicates that activities are available on the **VISTAS** Supersite (vistas.vhlcentral.com).

Así se dice & El mundo hispano Lexical and comparative features expand cultural coverage to people, traditions, customs, trends, and vocabulary throughout the Spanish-speaking world.

Coverage While the **Panorama** section takes a regional approach to cultural coverage, **Cultura** is theme-driven, covering several Spanish-speaking regions in every lesson.

Conexión Internet A mouse icon leads you to research a topic related to the lesson theme on the **VISTAS** Supersite (vistas.vhlcentral.com).

Estructura
presents Spanish grammar in a graphic-intensive format.

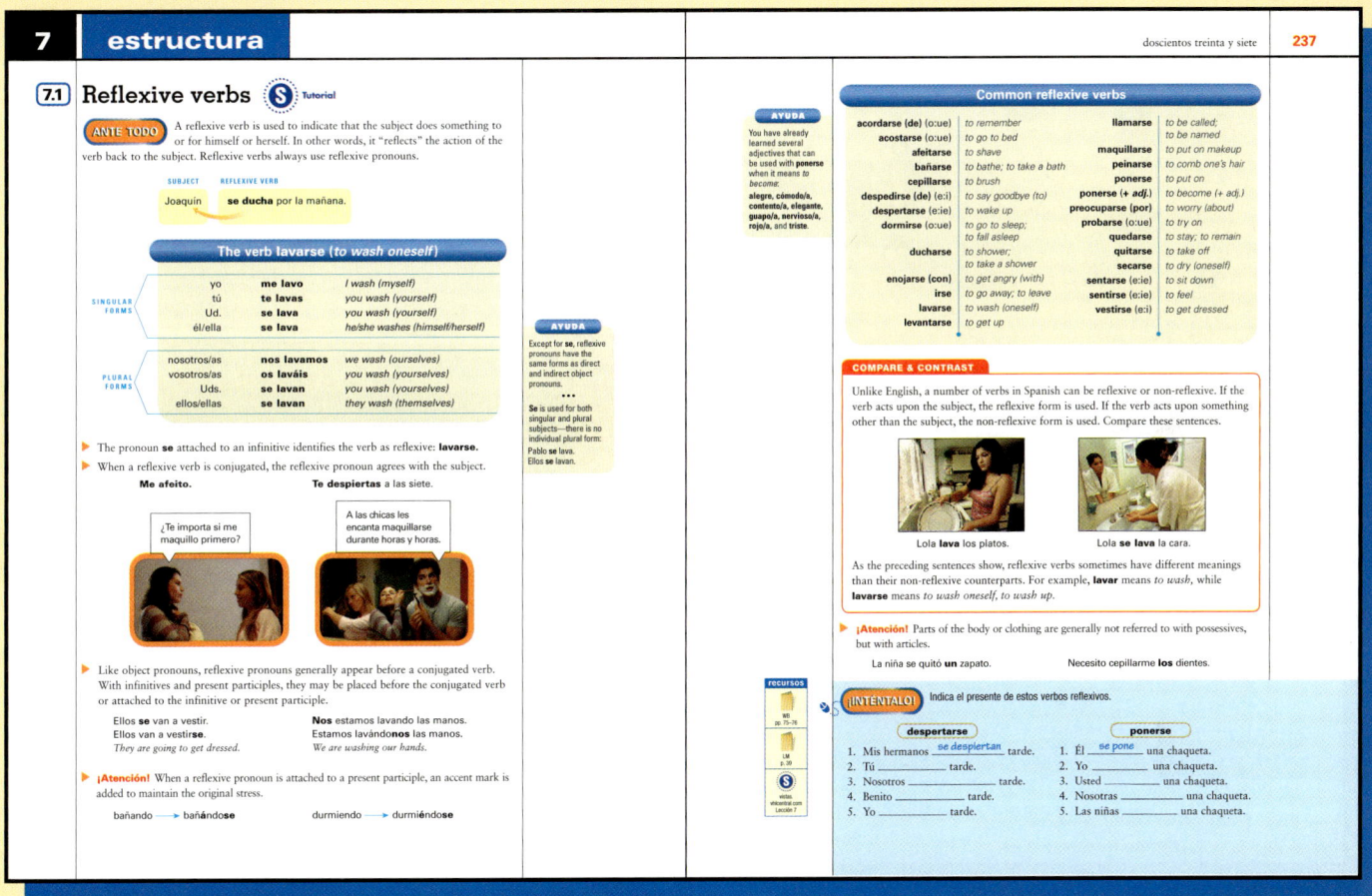

Ante todo This introduction eases you into the grammar with definitions of grammatical terms, reminders about what you already know of English grammar, and Spanish grammar you have learned in earlier lessons.

Compare & Contrast This feature focuses on aspects of grammar that native speakers of English may find difficult, clarifying similarities and differences between Spanish and English.

Diagrams To clarify concepts, clear and easy-to-grasp grammar explanations are reinforced by diagrams that colorfully present sample words, phrases, and sentences.

Charts To help you learn, colorful, easy-to-use charts call out key grammatical structures and forms, as well as important related vocabulary.

Student sidebars provide you with on-the-spot linguistic, cultural, or language-learning information directly related to the materials in front of you.

¡Inténtalo! offers an easy first step into each grammar point. A mouse icon indicates these activities are available with auto-grading on the VISTAS Supersite (vistas.vhlcentral.com).

VISTAS at-a-glance

Estructura
provides directed and communicative practice.

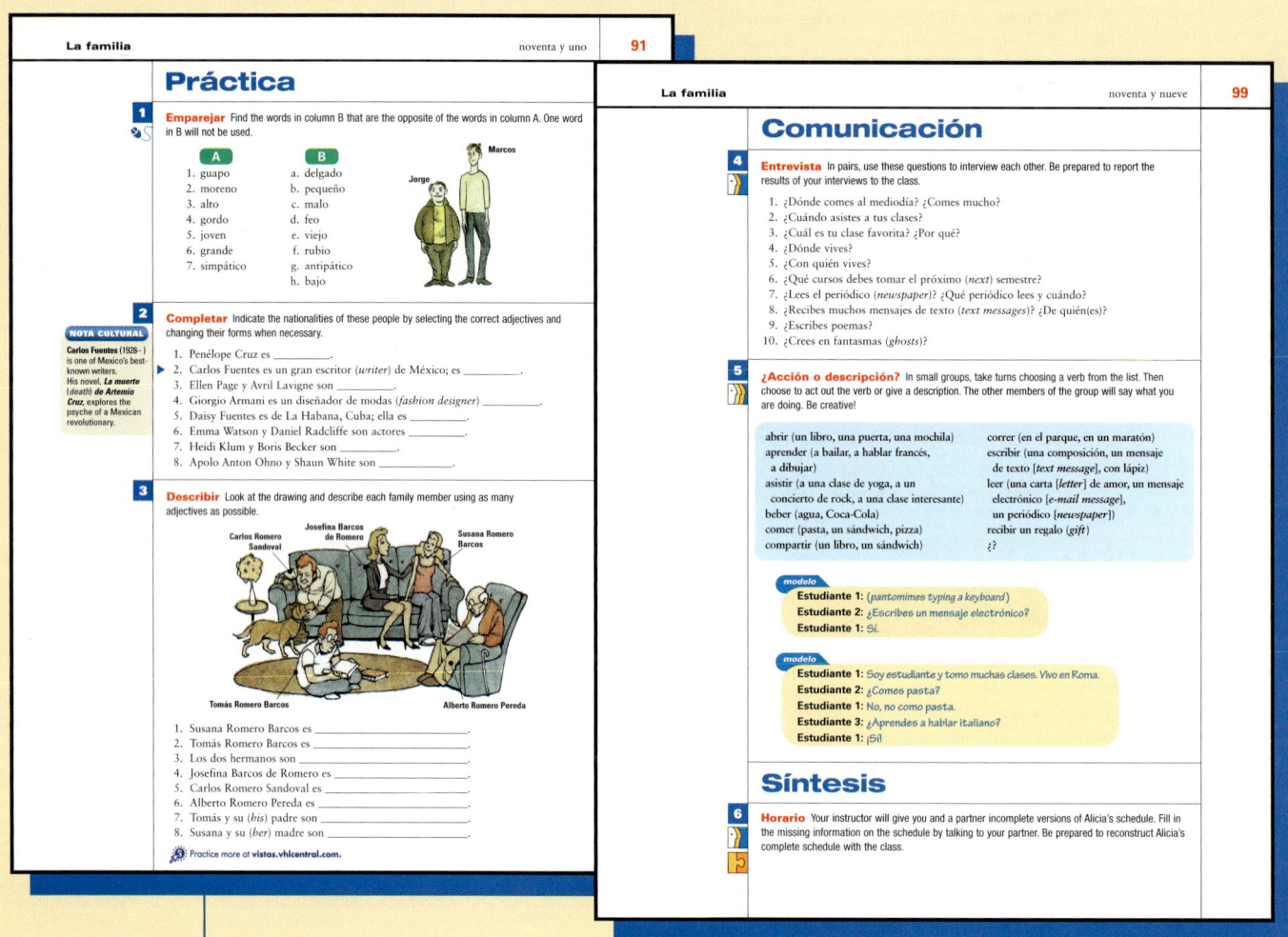

Práctica A wide range of guided, yet meaningful exercises weave current and previously learned vocabulary together with the current grammar point.

Comunicación Opportunities for creative expression use the lesson's grammar and vocabulary. These activities take place with a partner, in small groups, or with the whole class.

Síntesis activities integrate the current grammar point with previously learned points, providing built-in, consistent review and recycling as you progress through the text.

Information Gap activities engage you and a partner in problem-solving and other situations based on handouts your instructor gives you. However, you and your partner each have only half of the information you need, so you must work together to accomplish the task at hand.

Sidebars The **Notas culturales** expand coverage of the cultures of Spanish-speaking peoples and countries, while **Ayuda** sidebars provide on-the-spot language support.

NEW! Additional activities New to the Fourth Edition, the Activity Pack provides additional communicative and discrete practice for every grammar point. Your instructor will distribute these handouts for review and extra practice.

Estructura

Recapitulación reviews the grammar of each lesson and provides a short quiz, available with auto-grading on the Supersite.

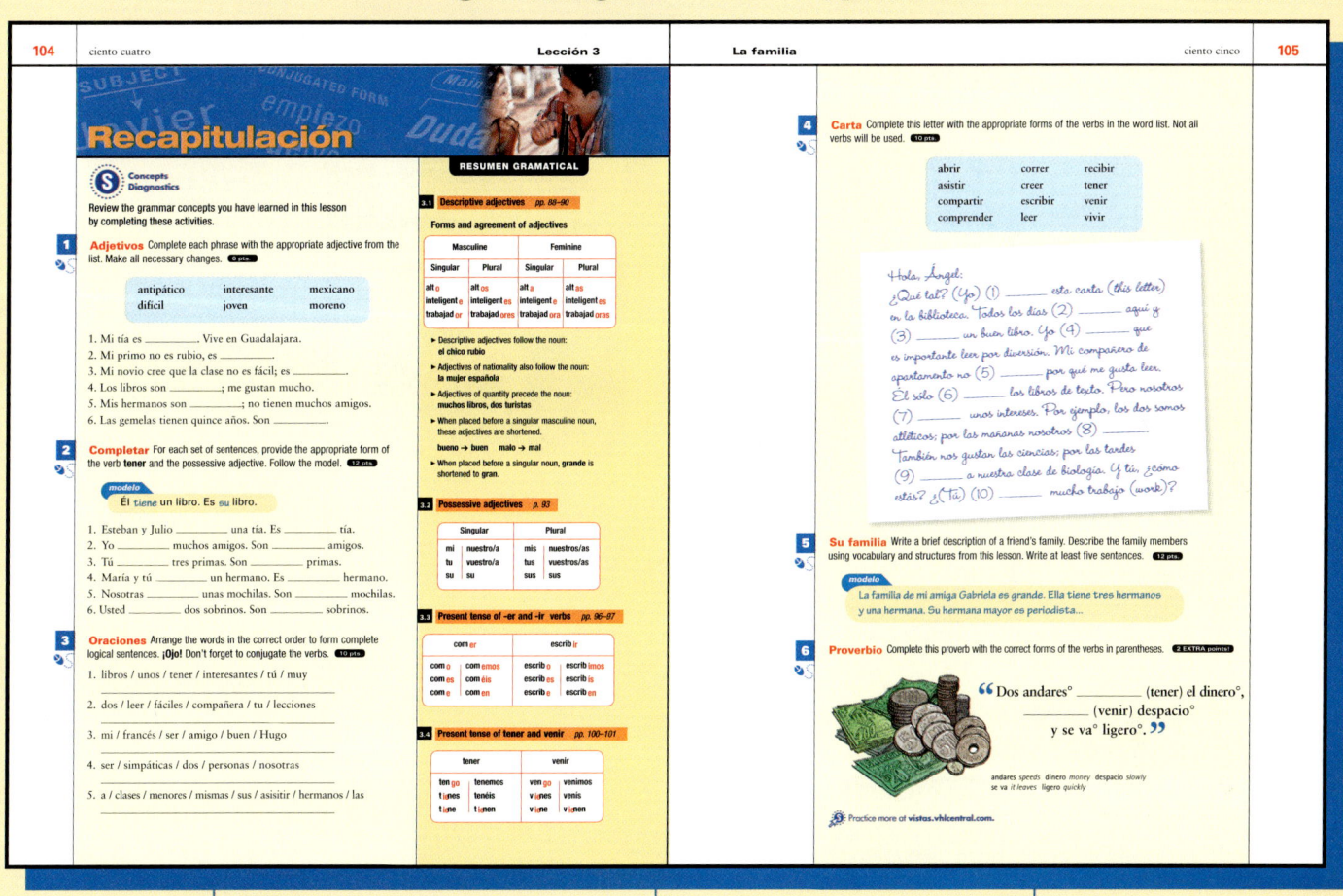

Resumen gramatical This review panel provides you with an easy-to-study summary of the basic concepts of the lesson's grammar, with page references to the full explanations.

Activities A series of activities, moving from directed to open-ended, systematically test your mastery of the lesson's grammar. The section ends with a riddle or puzzle using the grammar from the lesson.

Points Each activity is assigned a point value to help you track your progress. All **Recapitulación** sections add up to fifty points, plus two additional points for successfully completing the bonus activity.

Supersite icon An icon lets you know that **Recapitulación** can be completed online with diagnostics to help you identify where you are strong or where you might need review.

NEW! Extra practice An icon indicates when there is extra practice available online. In this case, after you finish **Recapitulación**, you can complete a set of follow-up activities to compare your results!

VISTAS at-a-glance

Adelante
Lectura develops reading skills in the context of the lesson theme.

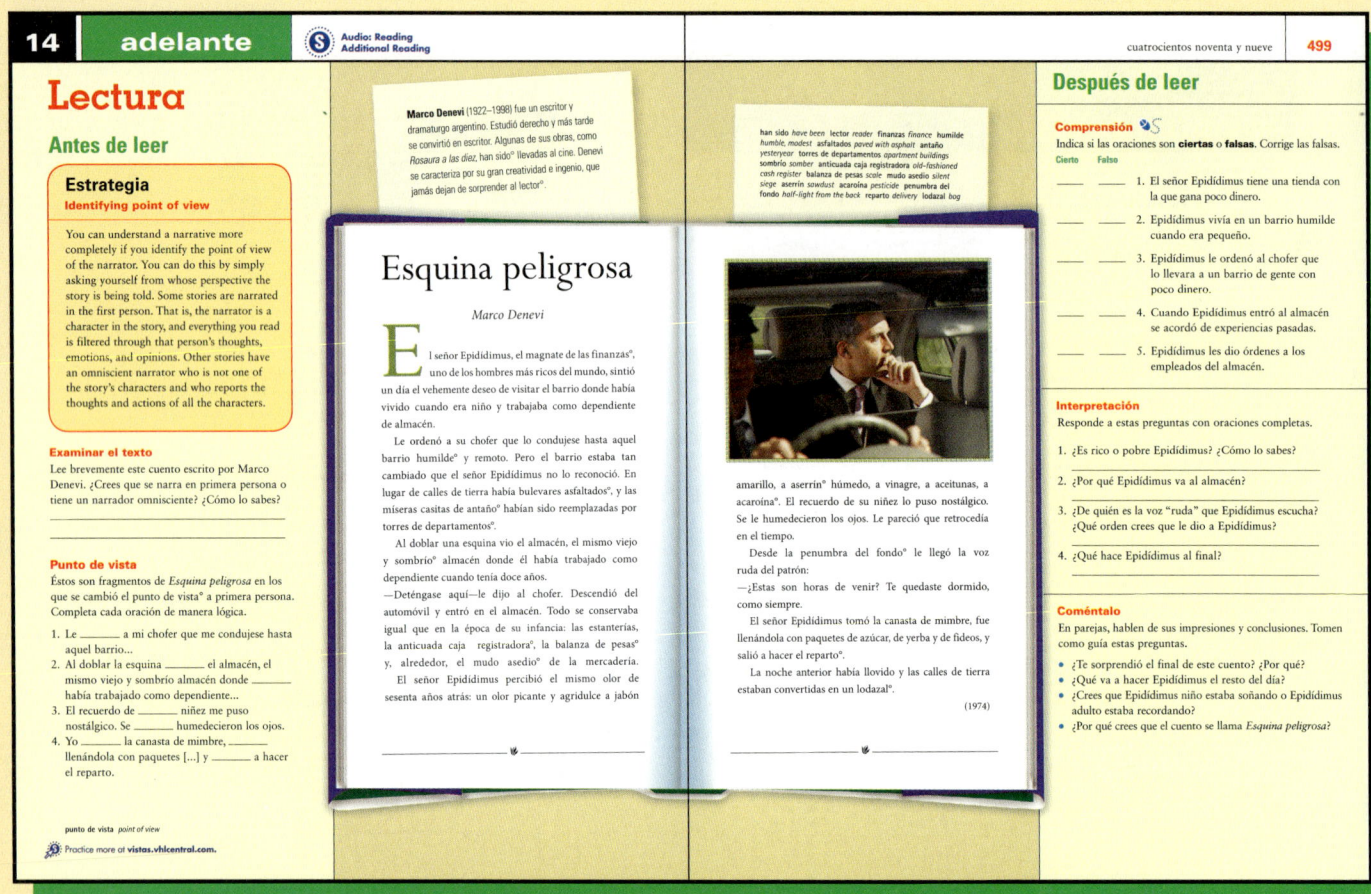

Antes de leer Valuable reading strategies and pre-reading activities strengthen your reading abilities in Spanish.

Readings Selections related to the lesson theme recycle vocabulary and grammar you have learned. The selections in Lessons 1–12 are cultural texts, while those in Lessons 13–18 are literary pieces.

Después de leer Activities include post-reading exercises that review and check your comprehension of the reading as well as expansion activities.

NEW! Selections Three readings are new to this edition. Lessons 1 and 11 now offer authentic comics by Quino and Tute, while lesson 14 now has a short story by Marco Denevi.

Adelante
Escritura develops writing skills while *Escuchar* practices listening skills in the context of the lesson theme.

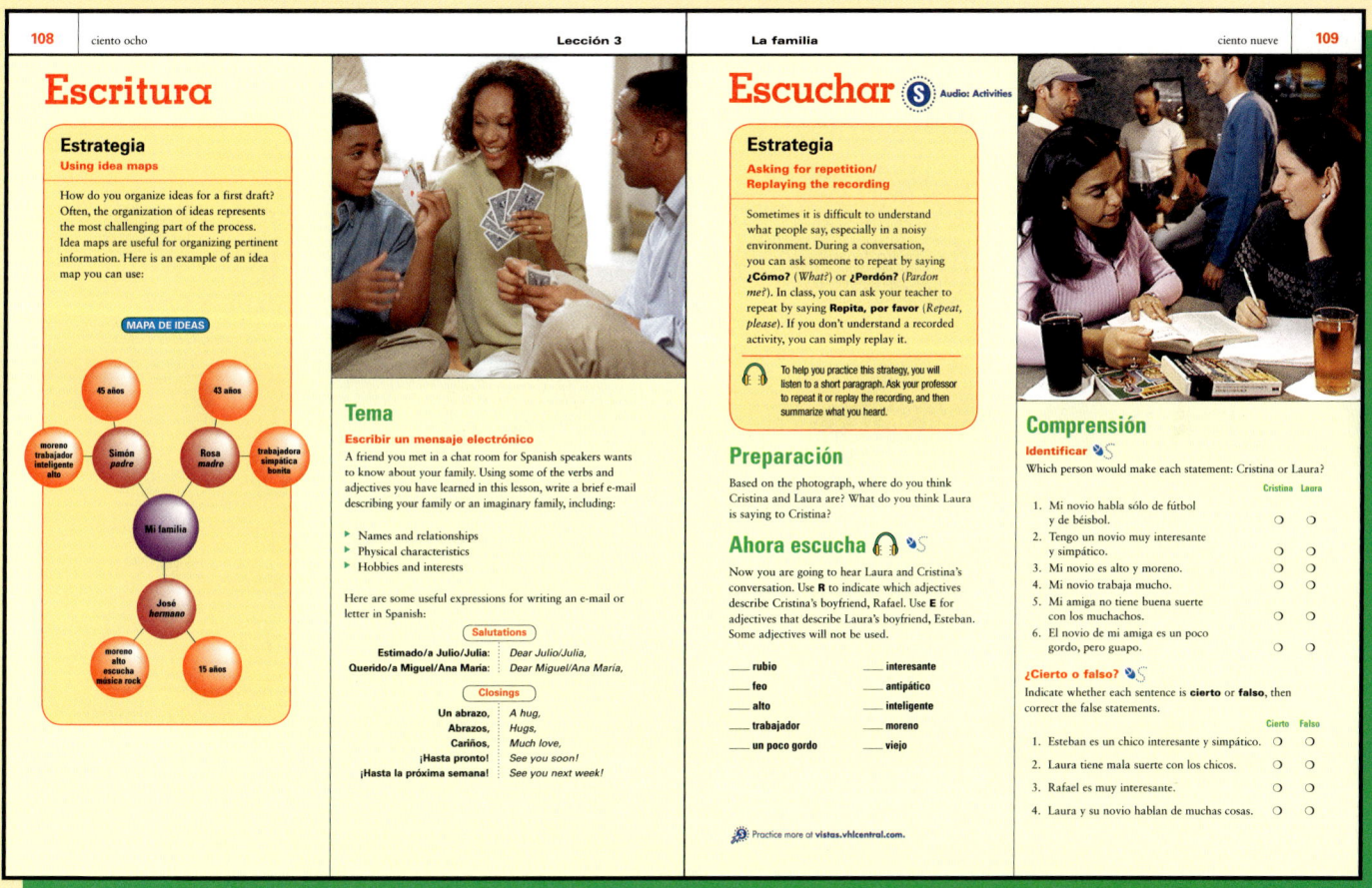

Estrategia Strategies help you prepare for the writing and listening tasks to come.

Escritura The **Tema** describes the writing topic and includes suggestions for approaching it.

Escuchar A recorded conversation or narration develops your listening skills in Spanish. **Preparación** prepares you for listening to the recorded passage.

Ahora escucha walks you through the passage, and **Comprensión** checks your listening comprehension.

VISTAS at-a-glance

Adelante
En pantalla and *Flash cultura* present additional video tied to the lesson theme.

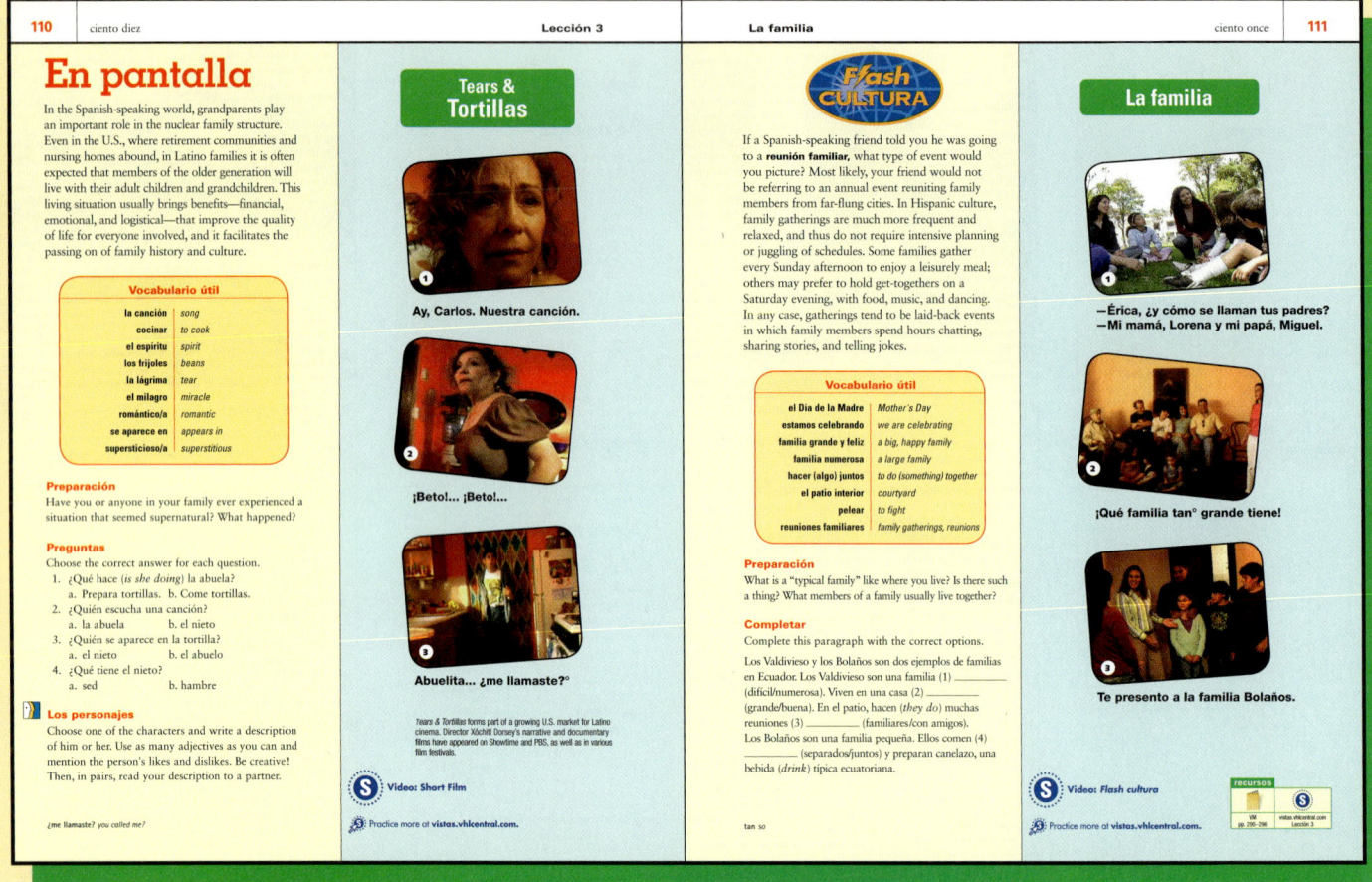

En pantalla TV clips, many **NEW!** to this edition, give you additional exposure to authentic language. The clips include commercials, newscasts, short films, and TV shows that feature the language, vocabulary, and theme of the lesson.

Presentation Cultural notes, video stills with captions, and vocabulary support all prepare you to view the clips. Activities check your comprehension and expand on the ideas presented.

NEW! Cortometraje The **En pantalla** sections for lessons 3, 15, and 16 now feature authentic short films from the U.S., Mexico, and Spain. Pre-and post-viewing support is increased in lessons 15 and 16.

Supersite icon Icons lead you to the Supersite (**vistas.vhlcentral.com**), where you can view the videos and get further practice.

Flash cultura An icon lets you know that the enormously successful **Flash cultura** Video offers specially-shot content tied to the lesson theme.

NEW! Activities Due to the overwhelming popularity of the **Flash cultura** Video, previewing support and comprehension activities are now integrated into the student text. To learn more about the video, turn to page xxx.

Panorama
presents the nations of the Spanish-speaking world.

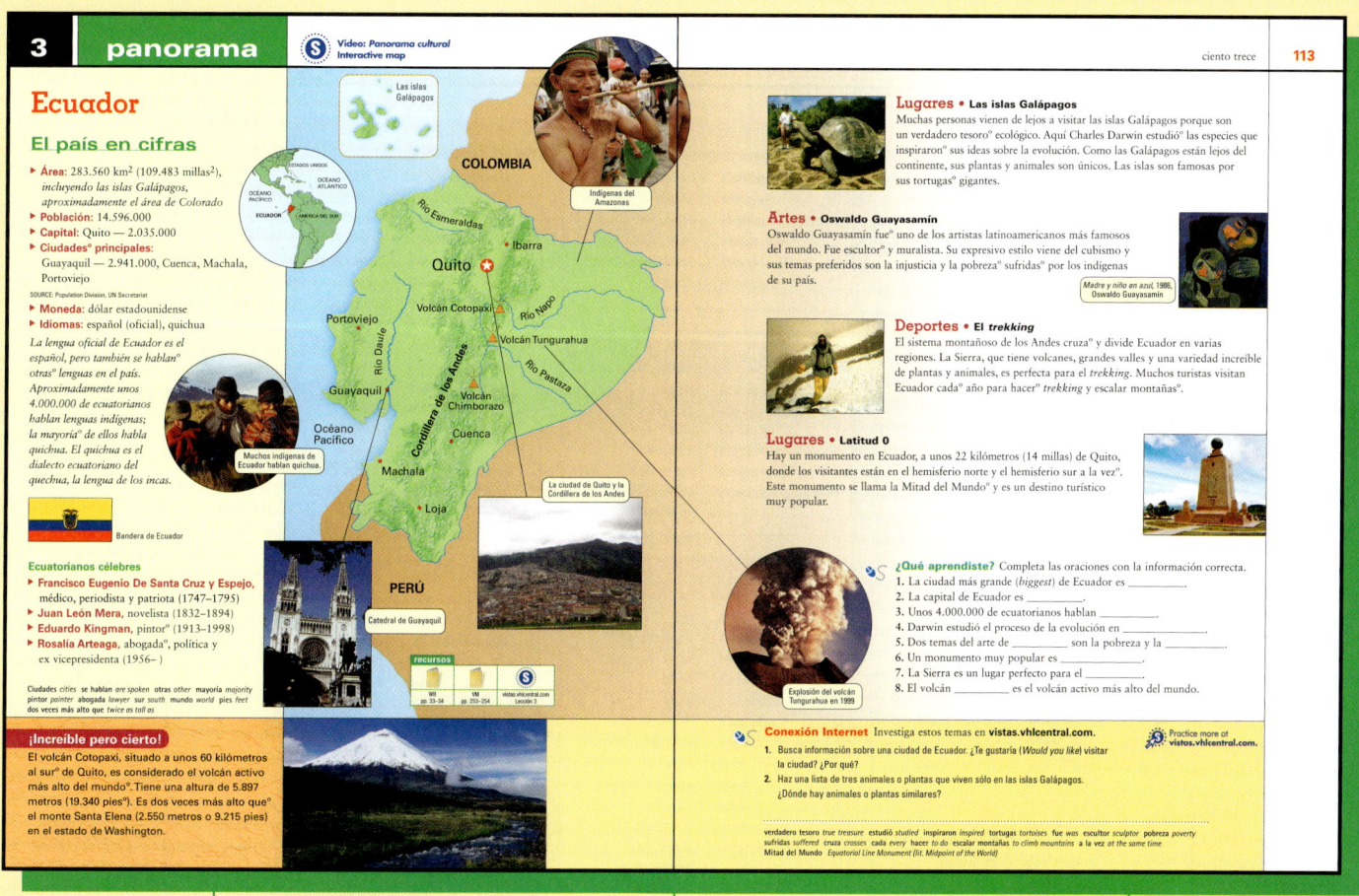

El país en cifras presents interesting key facts about the featured country.

Maps point out major cities, rivers, and geographical features and situate the country in the context of its immediate surroundings and the world.

Readings A series of brief paragraphs explores facets of the country's culture such as history, places, fine arts, literature, and aspects of everyday life.

¡Increíble pero cierto! highlights an intriguing fact about the country or its people.

Conexión Internet offers Internet activities on the **VISTAS** Supersite (vistas.vhlcentral.com) for additional avenues of discovery.

***Panorama cultural* Video** This video's authentic footage takes you to the featured Spanish-speaking country, letting you experience the sights and sounds of an aspect of its culture. To learn more about the video, turn to page xxx.

VISTAS at-a-glance

Vocabulario summarizes all the active vocabulary of the lesson.

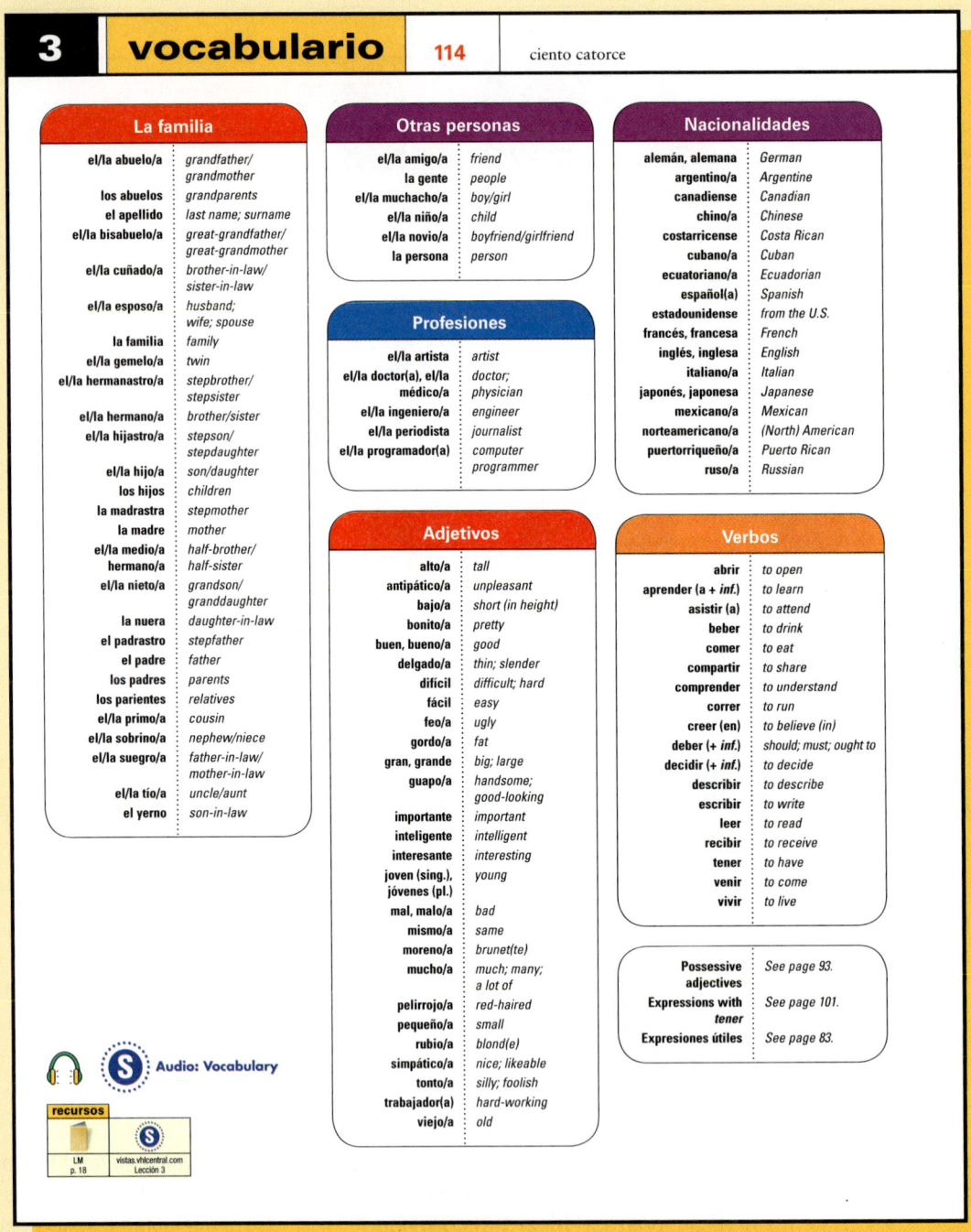

Recorded vocabulary The headset icon, the Supersite icon, and **Recursos** boxes highlight that the active lesson vocabulary is recorded for convenient study on the **VISTAS** Supersite (vistas.vhlcentral.com).

Supersite

Supersite

The **VISTAS** Supersite provides a wealth of resources for both students and instructors. Icons indicate exactly which resources are available on the Supersite for each strand of every lesson.

For Students

Student resources, available through a Supersite code, are provided free-of-charge with the purchase of a new student text. Here is an example of what you will find at **vistas.vhlcentral.com:**

- Activities from the student text, with auto-grading
- Additional practice for each and every textbook section
- Record and submit oral assessment activities
- Four video programs—**Fotonovela, Flash cultura, En pantalla,** and **Panorama cultural**—in streaming video
- MP3 files for the complete **VISTAS** Textbook, Lab, and Testing Programs
- **NEW!** Oxford Spanish Mini Dictionary OXFORD UNIVERSITY PRESS
- **NEW!** Flashcards with audio
- **NEW!** Wimba Voice Board

Practice more at vistas.vhlcentral.com.

For Instructors

Instructors have access to the entire student site, as well as these key resources:

- The entire instructor ancillary package, in downloadable and printable formats
- A robust course management system
- Voice Board capabilities for you to create additional activities
- And much, much more…

Supersiteplus

In addition to the resources already listed, Supersite Plus offers:

- **WebSAM** The online, interactive Student Activities Manual includes audio record and submit activities, auto-grading for select activities, and a single gradebook for Supersite and WebSAM activities.
- **Wimba Pronto** Extend communication beyond the classroom with this powerful tool that features synchronous chat, online tutoring, online office hour capabilities, and more.

video programs

FOTONOVELA VIDEO PROGRAM

The cast NEW!

Here are the main characters you will meet in the **Fotonovela** Video:

From Mexico,
Jimena Díaz Velázquez

From Argentina,
Juan Carlos Rossi

From Mexico,
Felipe Díaz Velázquez

From the U.S.,
Marissa Wagner

From Mexico,
María Eugenia (Maru)
Castaño Ricaurte

From Spain,
Miguel Ángel
Lagasca Martínez

Brand-new and fully integrated with your text, the **VISTAS 4/e Fotonovela** Video is a dynamic and contemporary window into the Spanish language. The new video centers around the Díaz family, whose household includes two college-aged children and a visiting student from the U.S. Over the course of an academic year, Jimena, Felipe, Marissa, and their friends explore **el D.F.** and other parts of Mexico as they make plans for their futures. Their adventures take them through some of the greatest natural and cultural treasures of the Spanish-speaking world, as well as the highs and lows of everyday life.

The **Fotonovela** section in each textbook lesson is actually an abbreviated version of the dramatic episode featured in the video. Therefore, each **Fotonovela** section can be done before you see the corresponding video episode, after it, or as a section that stands alone.

In each dramatic segment, the characters interact using the vocabulary and grammar you are studying. As the storyline unfolds, the episodes combine new vocabulary and grammar with previously taught language, exposing you to a variety of authentic accents along the way. At the end of each episode, the **Resumen** section highlights the grammar and vocabulary you are studying.

We hope you find the new **Fotonovela** Video to be an engaging and useful tool for learning Spanish!

EN PANTALLA
VIDEO PROGRAM

The **VISTAS** Supersite features an authentic video clip for each lesson. Clip formats include commercials, news stories, and even short films. These clips, many **NEW!** to the Fourth Edition, have been carefully chosen to be comprehensible for students learning Spanish, and are accompanied by activities and vocabulary lists to facilitate understanding. More importantly, though, these clips are a fun and motivating way to improve your Spanish!

Here are the countries represented in each lesson in **En pantalla:**

Lesson 1 U.S.	Lesson 7 Argentina	Lesson 13 Argentina
Lesson 2 Chile	Lesson 8 Peru	Lesson 14 Argentina
Lesson 3 U.S.	Lesson 9 Chile	Lesson 15 Mexico
Lesson 4 Peru	Lesson 10 Argentina	Lesson 16 Spain
Lesson 5 Mexico	Lesson 11 Colombia	Lesson 17 Mexico
Lesson 6 Mexico	Lesson 12 Argentina	Lesson 18 Mexico

FLASH CULTURA
VIDEO PROGRAM

In the dynamic **Flash cultura** Video, young people from all over the Spanish-speaking world share aspects of life in their countries with you. The similarities and differences among Spanish-speaking countries that come up through their adventures will challenge you to think about your own cultural practices and values. The segments provide valuable cultural insights as well as linguistic input; the episodes will introduce you to a variety of accents and vocabulary as they gradually move into Spanish.

PANORAMA CULTURAL
VIDEO PROGRAM

The **Panorama cultural** Video is integrated with the **Panorama** section in each lesson. Each segment is 2–3 minutes long and consists of documentary footage from each of the countries featured. The images were specially chosen for interest level and visual appeal, while the all-Spanish narrations were carefully written to reflect the vocabulary and grammar covered in the textbook.

icons and ancillaries

ICONS AND *RECURSOS* BOXES

Icons

Familiarize yourself with these icons that appear throughout **VISTAS, Fourth Edition**.

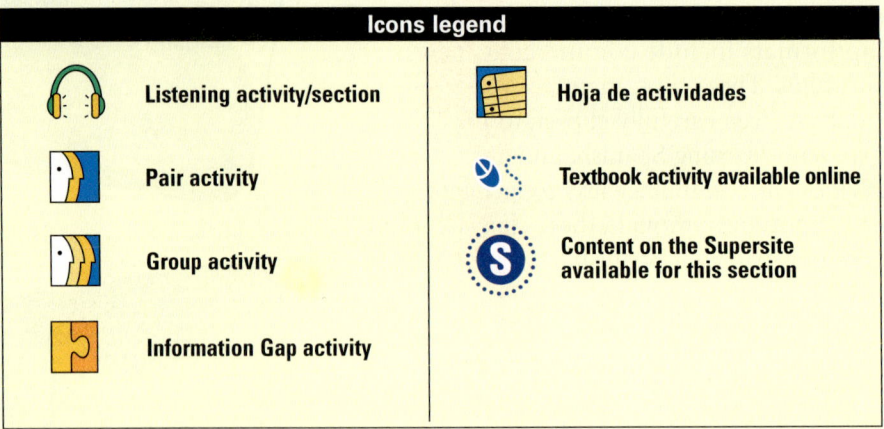

- The Information Gap activities and those involving **Hojas de actividades** (*activity sheets*) require handouts that your instructor will give you.
- You will see the listening icon in each lesson's **Contextos**, **Pronunciación**, **Escuchar**, and **Vocabulario** sections.
- A note next to the Supersite icon will let you know exactly what type of content is available online. See p. xxvii for a list of available resources.
- Additional practice on the Supersite, not included in the textbook, is indicated with this icon:

Recursos

Recursos boxes let you know exactly what print and technology ancillaries you can use to reinforce and expand on every section of the lessons in your textbook. They even include page numbers when applicable. See the next page for a description of the ancillaries.

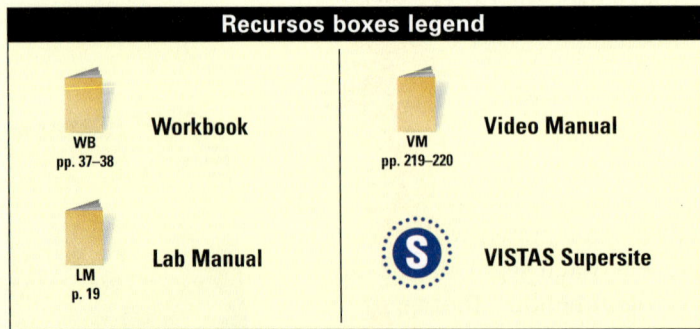

STUDENT ANCILLARIES

▶ **Supersite**
Student access to the Supersite (vhlcentral.com) is free with the purchase of a new student text. The Student Supersite provides:
- Textbook and extra-practice activities
- All **VISTAS 4/e** video programs
- Textbook Audio Program MP3s (audio recordings for the listening based textbook activities and recordings of the active vocabulary for each lesson of the student text)
- Lab Audio Program MP3s
- Study resources (online dictionary, tutorials, flashcards)

See page xxvii for a complete list of resources.

▶ **Supersite Plus**
The Student Supersite Plus provides:
- The **VISTAS 4/e** Supersite.
- **WebSAM**, the entire Workbook, Video Manual, and Lab Manual online, as well as a robust learning management system that completely integrates with the **VISTAS 4/e** Supersite.
- Instructor-enabled Wimba Pronto.

▶ **NEW! VText**
The online virtual interactive student edition provides students with:
- Note-taking and highlighting capabilities
- Easy browsing via table of contents or page number
- Links to textbook mouse-icon activities
- Assignments and grades on the **VText** page
- Direct access to all Supersite resources

▶ **Workbook/Video Manual**
The Workbook/Video Manual contains the workbook activities for each textbook lesson, activities for the **Fotonovela** Video, and pre-, while-, and post-viewing activities for the **Flash cultura** and **Panorama cultural** Videos.

▶ **Lab Manual**
The Lab Manual contains lab activities for each textbook lesson for use with the Lab Audio Program.

▶ ***Fotonovela* Video DVD**
The **Fotonovela** DVD provides the complete **Fotonovela** Video Program with subtitles in English and Spanish.

▶ **En línea 3.0**
The ground-breaking online version of **VISTAS 4/e, En línea 3.0** allows students to interact with the textbook, do practice activities, complete tests, and communicate with their instructors and e-partners online. For instructors, it also has complete classroom management tools.

INSTRUCTOR ANCILLARIES

▶ **Instructor's Annotated Edition (IAE)**
The IAE contains a wealth of teaching information. The expanded trim size and enhanced design of **VISTAS 4/e** make the annotations and facsimile student pages easy to read and reference in the classroom.

▶ **NEW! Activity Pack**
The **VISTAS** Activity Pack offers discrete and communicative practice for individuals, pairs, and groups. Formats include surveys, multiple choice questions, information gap activities, role-plays, board games, and more.

▶ **Supersite**
The password-protected Instructor Supersite allows instructors to assign and track student progress through its course management system. Instructors have full access to the Student Supersite, and seamless integration with the **VISTAS 4/e WebSAM** and **VText**. Instructor Resources for easy access and download include:
- Classroom handouts for the textbook
- Answers to directed activities in the textbook
- Audioscripts
- Video program transcripts and translations
- Workbook/Lab Manual/Video Manual Answer Keys
- Overhead Transparencies
- Grammar *PowerPoints*

▶ **Supersite Plus**
Supersite Plus offers:
- The complete **VISTAS 4/e** Supersite
- The **WebSAM** online Workbook/Lab Manual/Video Manual, with auto-graded and instructor-graded activities, and oral record-submit activities
- **NEW! Wimba Pronto**, with instant messaging, video calling, whiteboard for online collaboration and demonstration, application sharing, and online office hours

▶ **Instructor's DVD Set**
Three video DVDs (**Fotonovela, Flash cultura,** and **Panorama cultural**) available with subtitles in English and Spanish.

▶ **Testing Program**
The Testing Program is provided in three formats: within a powerful Test Generator, in customizable .rtf files, and as PDFs.

NEW! Volume I of the Testing Program contains quizzes for each **Contextos** presentation and each **Estructura** grammar point. There are two versions of each quiz.
NEW! Volume II of the Testing Program contains two additional versions (**Prueba E** and **Prueba F**) of the tests for each textbook lesson.
In addition to the six versions of tests for each textbook lesson, Volume II also contains quarter exams, semester exams, listening scripts, answer keys for the tests, and optional test items for culture, video, and reading sections.

acknowledgments

On behalf of its authors and editors, Vista Higher Learning expresses its sincere appreciation to the many instructors and college professors across the U.S. and Canada who contributed their ideas and suggestions. Their insights and detailed comments were invaluable to us as we created the Fourth Edition.

VISTAS, Fourth Edition, is the direct result of extensive reviews and ongoing input from both students and instructors using the Third Edition. Accordingly, we gratefully acknowledge those who shared their suggestions, recommendations, and ideas as we prepared this Fourth Edition.

We express our sincere appreciation to over 150 instructors using the Third Edition who completed our online review. Their comments and suggestions were instrumental in shaping the entire **VISTAS 4/e** program.

Finally, we thank those instructors who also served as editors and writers, including Martín Gaspar of Harvard University, Ronna Feit of Nassau Community College, and Mercedes Hussey Pailos of Brevard Community College.

Reviewers

Joseph Alonso
  The Evergreen State College, WA

Aleta Anderson
  Grand Rapids Community College, MI

Blanca Anderson
  Loyola University, LA

Patricia Antunez
  Choate Rosemary Hall, CT

Damian Bacich
  San Jose State University, CA

Vicki Baggia
  Phillips Exeter Academy, NH

Christine Bain
  Drake University, IA

Catherine R. Baranello
  SUNY Cortland, NY

Cindy Barnett
  Murray State University, KY

Kevin Beard
  Richland College, TX

Leon Bensadon
  University of Washington, WA

Leela Bingham
  San Diego Mesa College, CA

Joelle Bonamy
  Nicholls State University, LA

Josephine Books
  Inver Hills Community College, MN

Genevieve Breedon
  Darton College, GA

Amy Brevik
  Concordia College, MN

Carol Brinks
  Interlochen Arts Academy, MI

Froylan Cabuto
  Cerritos College, CA

Ramiro F. Canto-Lugo
  Yuba College, CA

Ezequiel Cardenas
  Cuyamaca College, CA

Beth Cardon
  Georgia Perimeter College, GA

Monica Casco
  Queens College, NY

Kirby Chadwick
  Scottsdale Community College, AZ

Donald R. Clymer
  Eastern Mennonite University, VA

Vilma Concha-Chiaraviglio
  Meredith College, NC

Mary Condon
  Park Center International Baccalaureate School, MN

Lisa Contreras
  Transylvania University, KY

Raymond D. Cornelius III
  Daytona State College/DeLand Campus, FL

Dominic Corraro
  Notre Dame High School, CT

Antonio Crespo
  Grossmont College, CA

Miryam Criado
  Hanover College, IN

José Cruz
  Fayetteville Technical Community College, NC

William R. Cummins
  Ashland University, OH

Debra Currere
  Rock Valley College, IL

Deborah Cutler
  Pima Community College, AZ

Patricia S. Davis
Darton College, GA

Callie K. DeBellis
Meredith College, NC

Alberto Descalzo de Blas
Franciscan University of
Steubenville, OH

Rejane Dias
Lake Land College, IL

Lucia Dzikowski
Seminole Community College, FL

Teresa Dombrowski
John Tyler Community College, VA

Hayden D. Duncan
Gustavus Adolphus College, MN

Deborah Edson
Tidewater Community College, VA

Steven Egland
Husson University, ME

Kristen Elley
Kennesaw State University, GA

Carol Faber
Grand Valley State University, MI

Joseph Fallis
John Tyler Community College, VA

Mary Farsaci
North Yarmouth Academy, ME

Linda Fix
Minnesota School of Business, MN

Ruston Ford
Indian Hills Community College, IA

Flor Frau
Knox College, IL

Sarah Fritz
Madison Area Technical College, WI

Dianne Fruit
Cascadia Community College, WA

Prospero N. Garcia
University of Massachusetts,
Amherst, MA

LeeAnn Gilroy
Solon High School, IA

Guillermo Giron
San Joaquin Delta College, CA

Angela M. Gonzales
University of Kentucky, KY

Lucila Gonzalez-Cirre
Cerro Coso Community College, CA

Kate Grovergrys
Madison Area Technical College, WI

Marta C. Gumpert
Southeastern Louisiana University, LA

John Hall
Minnesota State University,
Moorhead, MN

Richard Heath
Kirkwood Community College, IA

Claudio Hidalgo
Kirkwood Community College, IA

Carmen M. Hernández
Grossmont College, CA

Karla Hernández
Cuyamaca College, CA

Maria Eugenia Hernandez-Hall
Scottsdale College, AZ

Nan Hussey
Houghton College, NY

Stewart James-Lejarcegui
Iowa Wesleyan College, IA

Hilda M. Kachmar
College of St. Catherine, MN

Richard Keenan
Corpus Christi College, BC

Ruthanne Keenan Orihuela
University of Idaho, ID

Darcie Khanukayev
Cerro Coso Community College, CA

Telma Koch
Oakwood Friends, NY

Ruth F. Konopka
Grossmont College, CA

Marcela Labounty
College of Southern Nevada, NV

Stephanie Langston
Georgia Perimeter College, GA

Louis Lanni
Edison State College,
Collier Campus, FL

Jean LeLoup
SUNY Cortland, NY

Raul de Leon
San Diego Mesa College, CA

Patricia M. Lestrade
Mississippi State University, MS

Carla Ligo
Grove City College, PA

Pamela Llorens
Miami Dade College, FL

Debora Maldonado-DeOliveira
Meredith College, NC

Jodie Marion
Mt. Hood Community College, WA

Nereyda Maroot
Fresno City College, CA

Patricia Martin
Calvary Christian School, KY

Laura Martinez
Centralia College, WA

María Inés Martínez
University of Manitoba, Canada

Fernando Mayoral
Edison State College, FL

Leticia McGrath
Georgia Southern University, GA

Michael McGrath
Georgia Southern University, GA

MaryYetta McKelva
Grayson County College, TX

Albert Meggers
Cosby High School, VA

Luis Millan
Minnesota School of Business, MN

David Miller
St. Andrew's School of Delaware, DE

acknowledgments

Jerome Miner
   Knox College, IL

Deborah Mistron
   Middle Tennessee State University, TN

Clayton Mitchell
   Drake University, IA

Laura Lee Moore
   Pearl River Community College, MS

Iani Moreno
   Suffolk University, MA

Gabriel Mucino
   Concordia University, WI

Jose A. Narbona
   Rice University, TX

Kelly Negaard
   Minnesota School of Business, MN

Sherry Pachman
   St. Michael's College, VT

Joseph Palumbo
   College of Southern Nevada, NV

Elizabeth Parr
   Darton College, GA

Maria C. Perez
   Iowa Western Community College, IA

Maria Elena Perez
   Lubbock Christian University, TX

Martha Perez-Bendorf
   Kirkwood Commuity College, IA

Jennifer Perry
   East Carolina University, NC

Melissa Pilkington
   Georgia Institute of Technology, GA

Lori Piotrowski
   College of Southern Nevada, NV

Thomas R. Porter
   Southern Virginia University, VA

Antonio Prado
   Knox College, IL

Kay Queen
   Lon Morris College, TX

Robin Ragan
   Knox College, IL

Aida Ramos-Sellman
   Goucher College, MD

Jacqueline M. Ramsey
   Concordia University Wisconsin, WI

Kenneth Randall
   Cincinnati Country Day School, OH

Caterina Reitano
   University of Manitoba, Canada

Jose Manuel Reyes
   Hanover College, KY

Nelly Rios-Freund
   University of Saint Thomas, MN

Monica Rivas
   Mission College, FL

Wallace J. Robertson
   Ivy Tech Community College, IN

Patricia Robitaille
   Cincinnati Country Day School, OH

Monica Rodriguez
   Lyon College, AR

Amie Russell
   Mississippi State University, MS

Virginia Sánchez-Bernardy
   San Diego Mesa College, CA

Eduardo Santa Cruz
   Hanover College, IN

Jeffrey Schmidt
   Crafton Hill College, CA

Dora Schoenbrun-Fernandez
   San Diego Mesa College, CA

Elizabeth Schwartz
   San Joaquin Delta College, CA

Amber Schwegman
   Northwest Nazarene University, ID

Linda Q. Sites
   Piedmont Virginia Community College, VA

Anita Smith
   Pitt Community College, NC

Nancy Smith
   Allegheny College, PA

Kathleen Spinnenweber
   Franciscan University, OH

Carol Stuardo
   Cuyamaca College, CA

Cristina Szterensus
   Rock Valley College, IL

Roy Tanner
   Truman State University, MO

Ron Tapia
   Ivy Tech Community College, IN

Alison Tatum-Davis
   Goucher College, MD

John Nicholas Tavernakis
   College of San Mateo, CA

Robert Taylor
   Grand Rapids Community College, MI

Rachel Tease
   National-Louis University, WI

Daniel G. Tight
   University of St. Thomas, MN

Linda Tracy
   Santa Rosa Junior College, CA

Jorge Trinchet
   Murray State University, KY

James R. Wilson
   Madison Area Technical College, WI

Wendy Valenteen
   Mercersburg Academy, PA

María Villagomez
   Napa Valley College, CA

María Villalobos-Buehner
   Grand Valley State University, MI

Hilde Votaw
   University of Oklahoma, OK

Virginia Young
   Grossmont College, CA

Hola, ¿qué tal?

1

Communicative Goals

You will learn how to:
- Greet people in Spanish
- Say goodbye
- Identify yourself and others
- Talk about the time of day

contextos

pages 2–5
- Greetings and goodbyes
- Identifying yourself and others
- Courtesy expressions

fotonovela

pages 6–9

Marissa arrives from the US for a year abroad in Mexico City. She meets her Mexican hosts, the Díaz family, survives a practical joke, and settles in to unpack.

cultura

pages 10–11
- Greetings in the Spanish-speaking world
- The **plaza principal**

estructura

pages 12–29
- Nouns and articles
- Numbers 0–30
- Present tense of **ser**
- Telling time
- **Recapitulación**

adelante

pages 30–37

Lectura: A comic strip
Escritura: Address list in Spanish
Escuchar: Conversation in a bus station
En pantalla
Flash cultura
Panorama: Estados Unidos y Canadá

A PRIMERA VISTA
- Guess what the people on the photo are saying:
  a. Adiós. b. Hola. c. salsa
- Most likely they would also say:
  a. Gracias. b. fiesta c. Buenos días.
- The women are:
  a. amigas b. chicos c. señores

1 contextos

Talking Picture, Tutorials & Games
Audio: Activities

Hola, ¿qué tal?

Más vocabulario

Buenos días.	Good morning.
Buenas noches.	Good evening; Good night.
Hasta la vista.	See you later.
Hasta pronto.	See you soon.
¿Cómo se llama usted?	What's your name? (form.)
Le presento a…	I would like to introduce you to (name). (form.)
Te presento a…	I would like to introduce you to (name). (fam.)
el nombre	name
¿Cómo estás?	How are you? (fam.)
No muy bien.	Not very well.
¿Qué pasa?	What's happening?; What's going on?
por favor	please
De nada.	You're welcome.
No hay de qué.	You're welcome.
Lo siento.	I'm sorry.
Gracias.	Thank you; Thanks.
Muchas gracias.	Thank you very much; Thanks a lot.

Variación léxica

Items are presented for recognition purposes only.

Buenos días. ⟷ Buenas.
De nada. ⟷ A la orden.
Lo siento. ⟷ Perdón.
¿Qué tal? ⟷ ¿Qué hubo? (*Col.*)
Chau. ⟷ Ciao; Chao.

recursos

WB pp. 1–2 | LM p. 1 | vistas.vhlcentral.com Lección 1

1
ELENA Patricia, éste es el señor Perales.
PATRICIA Encantada.
SEÑOR PERALES Igualmente. ¿De dónde es usted, señorita?
PATRICIA Soy de México. ¿Y usted?
SEÑOR PERALES De Puerto Rico.

2
TOMÁS ¿Qué tal, Alberto?
ALBERTO Regular. ¿Y tú?
TOMÁS Bien. ¿Qué hay de nuevo?
ALBERTO Nada.

3
SEÑOR VARGAS Buenas tardes, señora Wong. ¿Cómo está usted?
SEÑORA WONG Muy bien, gracias. ¿Y usted, señor Vargas?
SEÑOR VARGAS Bien, gracias.
SEÑORA WONG Hasta mañana, señor Vargas. Saludos a la señora Vargas.
SEÑOR VARGAS Adiós.

AYUDA

In Spanish, people can be addressed either formally or informally. Dialogues 1 and 3 are formal exchanges and use **usted** (*you*) forms. Dialogues 2, 4, and 5 are informal and use the familiar **tú** (*you*) form or other informal expressions. You will learn more about this in **Estructura 1.3**.

BERTA Hasta luego, Tere.
TERESA Chau, Berta. Nos vemos mañana.

CARMEN Buenas tardes. Me llamo Carmen. ¿Cómo te llamas tú?
ANTONIO Buenas tardes. Me llamo Antonio. Mucho gusto.
CARMEN El gusto es mío. ¿De dónde eres?
ANTONIO Soy de los Estados Unidos, de California.

Práctica

1 Escuchar Listen to each question or statement, then choose the correct response.

1. a. Muy bien, gracias. b. Me llamo Graciela.
2. a. Lo siento. b. Mucho gusto.
3. a. Soy de Puerto Rico. b. No muy bien.
4. a. No hay de qué. b. Regular.
5. a. Mucho gusto. b. Hasta pronto.
6. a. Nada. b. Igualmente.
7. a. Me llamo Guillermo Montero. b. Muy bien, gracias.
8. a. Buenas tardes. ¿Cómo estás? b. El gusto es mío.
9. a. Saludos a la Sra. Ramírez. b. Encantada.
10. a. Adiós. b. Regular.

2 Identificar You will hear a series of expressions. Identify the expression (**a**, **b**, **c**, or **d**) that does not belong in each series.

1. ____   3. ____
2. ____   4. ____

3 Escoger For each expression, write another word or phrase that expresses a similar idea.

modelo
¿Cómo estás? ¿Qué tal?

1. De nada.   4. Te presento a Antonio.
2. Encantado.   5. Hasta la vista.
3. Adiós.   6. Mucho gusto.

4 Ordenar Work with a partner to put this scrambled conversation in order. Then act it out.

—Muy bien, gracias. Soy Rosabel.
—Soy de México. ¿Y tú?
—Mucho gusto, Rosabel.
—Hola. Me llamo Carlos. ¿Cómo estás?
—Soy de Argentina.
—Igualmente. ¿De dónde eres, Carlos?

CARLOS _____
ROSABEL _____
CARLOS _____
ROSABEL _____
CARLOS _____
ROSABEL _____

5 Completar
Work with a partner to complete these dialogues.

modelo
Estudiante 1: ¿Cómo estás?
Estudiante 2: _Muy bien, gracias._

1. Estudiante 1: _____
   Estudiante 2: Buenos días. ¿Qué tal?
2. Estudiante 1: _____
   Estudiante 2: Me llamo Carmen Sánchez.
3. Estudiante 1: _____
   Estudiante 2: De Canadá.
4. Estudiante 1: Te presento a Marisol.
   Estudiante 2: _____
5. Estudiante 1: Gracias.
   Estudiante 2: _____
6. Estudiante 1: _____
   Estudiante 2: Regular.
7. Estudiante 1: _____
   Estudiante 2: Nada.
8. Estudiante 1: ¡Hasta la vista!
   Estudiante 2: _____

6 Cambiar
Work with a partner and correct the second part of each conversation to make it logical.

modelo
Estudiante 1: ¿Qué tal?
Estudiante 2: ~~No hay de qué.~~ Bien. ¿Y tú?

1. Estudiante 1: Hasta mañana, señora Ramírez. Saludos al señor Ramírez.
   Estudiante 2: *Muy bien, gracias.*
2. Estudiante 1: ¿Qué hay de nuevo, Alberto?
   Estudiante 2: *Sí, me llamo Alberto. ¿Cómo te llamas tú?*
3. Estudiante 1: Gracias, Tomás.
   Estudiante 2: *Regular. ¿Y tú?*
4. Estudiante 1: Miguel, ésta es la señorita Perales.
   Estudiante 2: *No hay de qué, señorita.*
5. Estudiante 1: ¿De dónde eres, Antonio?
   Estudiante 2: *Muy bien, gracias. ¿Y tú?*
6. Estudiante 1: ¿Cómo se llama usted?
   Estudiante 2: *El gusto es mío.*
7. Estudiante 1: ¿Qué pasa?
   Estudiante 2: *Hasta luego, Alicia.*
8. Estudiante 1: Buenas tardes, señor. ¿Cómo está usted?
   Estudiante 2: *Soy de Puerto Rico.*

Practice more at vistas.vhlcentral.com.

¡LENGUA VIVA!

The titles **señor**, **señora**, and **señorita** are abbreviated **Sr.**, **Sra.**, and **Srta**. Note that these abbreviations are capitalized, while the titles themselves are not.

•••

There is no Spanish equivalent for the English title *Ms.*; women are addressed as **señora** or **señorita**.

Comunicación

7 **Diálogos** With a partner, complete and act out these conversations.

Conversación 1

—Hola. Me llamo Teresa. ¿Cómo te llamas tú?
—_____

—Soy de Puerto Rico. ¿Y tú?
—_____

Conversación 2

—_____
—Muy bien, gracias. ¿Y usted, señora López?
—_____
—Hasta luego, señora. Saludos al señor López.
—_____

Conversación 3

—_____
—Regular. ¿Y tú?
—_____
—Nada.

8 **Conversaciones** This is the first day of class. Write four short conversations based on what the people in this scene would say.

9 **Situaciones** In groups of three, write and act out these situations.

1. On your way out of class on the first day of school, you strike up a conversation with the two students who were sitting next to you. You find out each student's name and where he or she is from before you say goodbye and go to your next class.
2. At the next class you meet up with a friend and find out how he or she is doing. As you are talking, your friend Elena enters. Introduce her to your friend.
3. As you're leaving the bookstore, you meet your parents' friends Mrs. Sánchez and Mr. Rodríguez. You greet them and ask how each person is. As you say goodbye, you send greetings to Mrs. Rodríguez.
4. Make up and act out a real-life situation that you and your classmates can role-play with the language you've learned.

1 fotonovela

Bienvenida, Marissa

Marissa llega a México para pasar un año con la familia Díaz.

PERSONAJES  MARISSA SRA. DÍAZ

Video: *Fotonovela*
Record and Compare

MARISSA ¿Usted es de Cuba?
SRA. DÍAZ Sí, de La Habana. Y Roberto es de Mérida. Tú eres de Wisconsin, ¿verdad?
MARISSA Sí, de Appleton, Wisconsin.

MARISSA ¿Quiénes son los dos chicos de las fotos? ¿Jimena y Felipe?
SRA. DÍAZ Sí. Ellos son estudiantes.

DON DIEGO ¿Cómo está usted hoy, señora Carolina?
SRA. DÍAZ Muy bien, gracias. ¿Y usted?
DON DIEGO Bien, gracias.

DON DIEGO Buenas tardes, señora. Señorita, bienvenida a la Ciudad de México.
MARISSA ¡Muchas gracias!

MARISSA ¿Cómo se llama usted?
DON DIEGO Yo soy Diego. Mucho gusto.
MARISSA El gusto es mío, don Diego.

SRA. DÍAZ Ahí hay dos maletas. Son de Marissa.
DON DIEGO Con permiso.

siete 7

 **DON DIEGO**  **SR. DÍAZ**  **FELIPE**  **JIMENA**

SR. DÍAZ ¿Qué hora es?
FELIPE Son las cuatro y veinticinco.

SRA. DÍAZ Marissa, te presento a Roberto, mi esposo.
SR. DÍAZ Bienvenida, Marissa.
MARISSA Gracias, señor Díaz.

JIMENA ¿Qué hay en esta cosa?
MARISSA Bueno, a ver, hay tres cuadernos, un mapa... ¡Y un diccionario!
JIMENA ¿Cómo se dice mediodía en inglés?
FELIPE "Noon".

FELIPE Estás en México, ¿verdad?
MARISSA ¿Sí?
FELIPE Nosotros somos tu diccionario.

Expresiones útiles

Identifying yourself and others

¿Cómo se llama usted?
What's your name?
Yo soy Diego, el portero. Mucho gusto.
I'm Diego, the doorman. Nice to meet you.
¿Cómo te llamas?
What's your name?
Me llamo Marissa.
My name is Marissa.
¿Quién es...? / ¿Quiénes son...?
Who is...? / Who are...?
Es mi esposo.
He's my husband.
Tú eres..., ¿verdad?/¿cierto?/¿no?
You are..., right?

Identifying objects

¿Qué hay en esta cosa?
What's in this thing?
Bueno, a ver, aquí hay tres cuadernos...
Well, let's see, here are three notebooks...
Oye/Oiga, ¿cómo se dice *suitcase* en español?
Hey, how do you say suitcase in Spanish?
Se dice *maleta*.
You say maleta.

Saying what time it is

¿Qué hora es?
What time is it?
Es la una. / Son las dos.
It's one o'clock. / It's two o'clock.
Son las cuatro y veinticinco.
It's four twenty-five.

Polite expressions

Con permiso.
Pardon me; Excuse me. (to request permission)
Perdón.
Pardon me; Excuse me. (to get someone's attention or excuse yourself)
¡Bienvenido/a! *Welcome!*

¿Qué pasó?

1 **¿Cierto o falso?** Indicate if each statement is **cierto** or **falso**. Then correct the false statements.

	Cierto	Falso
1. La Sra. Díaz es de Caracas.	○	○
2. El Sr. Díaz es de Mérida.	○	○
3. Marissa es de Los Ángeles, California.	○	○
4. Jimena y Felipe son profesores.	○	○
5. Las dos maletas son de Jimena.	○	○
6. El Sr. Díaz pregunta "¿qué hora es?".	○	○
7. Hay un diccionario en la mochila (*backpack*) de Marissa.	○	○

2 **Identificar** Indicate which person would make each statement. One name will be used twice.

1. Son las cuatro y veinticinco, papá.
2. Roberto es mi esposo.
3. Yo soy de Wisconsin, ¿de dónde es usted?
4. ¿Qué hay de nuevo, doña Carolina?
5. Yo soy de Cuba.
6. ¿Qué hay en la mochila, Marissa?

MARISSA   FELIPE   SRA. DÍAZ

DON DIEGO   JIMENA

> **¡LENGUA VIVA!**
> In Spanish-speaking countries, **don** and **doña** are used with first names to show respect: **don Diego, doña Carolina**. Note that these titles, like **señor** and **señora**, are not capitalized.

3 **Completar** Complete the conversation between Don Diego and Marissa.

DON DIEGO Hola, (1)_____.
MARISSA Hola, señor. ¿Cómo se (2)_____ usted?
DON DIEGO Yo me llamo Diego, ¿y (3)_____?
MARISSA Yo me llamo Marissa. (4)_____.
DON DIEGO (5)_____, señorita Marissa.
MARISSA Nos (6)_____, don Diego.
DON DIEGO Hasta (7)_____, señorita Marissa.

4 **Conversar** Imagine that you are chatting with a traveler you just met at the airport. With a partner, prepare a conversation using these cues.

Estudiante 1	Estudiante 2
Say "good afternoon" to your partner and ask for his or her name.	Say hello and what your name is. Then ask what your partner's name is.
Say what your name is and that you are glad to meet your partner.	Say that the pleasure is yours.
Ask how your partner is.	Say that you're doing well, thank you.
Ask where your partner is from.	Say where you're from.
Say it's one o'clock and say goodbye.	Say goodbye.

Practice more at **vistas.vhlcentral.com**.

Hola, ¿qué tal? nueve 9

Pronunciación
The Spanish alphabet

Audio: Concepts, Activities Record & Compare

The Spanish and English alphabets are almost identical, with a few exceptions. For example, the Spanish letter **ñ (eñe)** doesn't occur in the English alphabet. Furthermore, the letters **k (ka)** and **w (doble ve)** are used only in words of foreign origin. Examine the chart below to find other differences.

¡LENGUA VIVA!
Note that **ch** and **ll** are digraphs, or two letters that together produce one sound. Conventionally they are considered part of the alphabet, but **ch** and **ll** do not have their own entries when placing words in alphabetical order, as in a glossary.

Letra	Nombre(s)	Ejemplos	Letra	Nombre(s)	Ejemplos
a	a	adiós	m	eme	mapa
b	be	bien, problema	n	ene	nacionalidad
c	ce	cosa, cero	ñ	eñe	mañana
ch	che	chico	o	o	once
d	de	diario, nada	p	pe	profesor
e	e	estudiante	q	cu	qué
f	efe	foto	r	ere	regular, señora
g	ge	gracias, Gerardo, regular	s	ese	señor
h	hache	hola	t	te	tú
i	i	igualmente	u	u	usted
j	jota	Javier	v	ve	vista, nuevo
k	ka, ca	kilómetro	w	doble ve	*walkman*
l	ele	lápiz	x	equis	existir, México
ll	elle	llave	y	i griega, ye	yo
			z	zeta, ceta	zona

AYUDA
The letter combination **rr** produces a strong trilled sound which does not have an English equivalent. English speakers commonly make this sound when imitating the sound of a motor. This sound occurs with the **rr** between vowels and with the **r** at the beginning of a word: **puertorriqueño, terrible, Roberto**, etc. See **Lección 7**, p. 233 for more information.

El alfabeto Repeat the Spanish alphabet and example words after your instructor.

Práctica Spell these words aloud in Spanish.

1. nada
2. maleta
3. quince
4. muy
5. hombre
6. por favor
7. San Fernando
8. Estados Unidos
9. Puerto Rico
10. España
11. Javier
12. Ecuador
13. Maite
14. gracias
15. Nueva York

Refranes Read these sayings aloud.

1 Seeing is believing. 2 Silence is golden.

recursos

LM p. 2

vistas.vhlcentral.com Lección 1

cultura

EN DETALLE

Additional Reading

Saludos y besos en los países hispanos

In Spanish-speaking countries, kissing on the cheek is a customary way to greet friends and family members. Even when people are introduced for the first time, it is common for them to kiss, particularly in non-business settings. Whereas North Americans maintain considerable personal space when greeting, Spaniards and Latin Americans tend to decrease their personal space and give one or two kisses (**besos**) on the cheek, sometimes accompanied by a handshake or a hug. In formal business settings, where associates do not know one another on a personal level, a simple handshake is appropriate.

Greeting someone with a **beso** varies according to gender and region. Men generally greet each other with a hug or warm handshake, with the exception of Argentina, where male friends and relatives lightly kiss on the cheek. Greetings between men and women, and between women, generally include kissing, but can differ depending on the country and context. In Spain, it is customary to give **dos besos**, starting with the right cheek first. In Latin American countries, including Mexico, Costa Rica, Colombia, and Chile, a greeting consists of a single "air kiss" on the right cheek. Peruvians also "air kiss," but strangers will simply shake hands. In Colombia, female acquaintances tend to simply pat each other on the right forearm or shoulder.

Tendencias

País	Beso	País	Beso
Argentina	💋	España	💋💋
Bolivia	🚫	México	💋
Chile	💋	Paraguay	💋💋
Colombia	💋	Puerto Rico	💋
El Salvador	💋	Venezuela	💋/💋💋

ACTIVIDADES

1 **¿Cierto o falso?** Indicate whether these statements are true (**cierto**) or false (**falso**). Correct the false statements.

1. Hispanic people use less personal space when greeting than in the U.S.
2. Men never greet with a kiss in Spanish-speaking countries.
3. Shaking hands is not appropriate for a business setting in Latin America.
4. Spaniards greet with one kiss on the right cheek.
5. In Mexico, people greet with an "air kiss."
6. Gender can play a role in the type of greeting given.
7. If two women acquaintances meet in Colombia, they should exchange two kisses on the cheek.
8. In Peru, a man and a woman meeting for the first time would probably greet each other with an "air kiss."

ASÍ SE DICE
Saludos y despedidas

¿Cómo te/le va?	How are things going (for you)?
¡Cuánto tiempo!	It's been a long time!
Hasta ahora.	See you soon.
¿Qué hay?	What's new?
¿Qué onda? (Méx., Arg., Chi.); ¿Qué más? (Ven., Col.)	What's going on?

EL MUNDO HISPANO
Parejas y amigos famosos

Here are some famous couples and friends from the Spanish-speaking world.

- **Jennifer López** y **Marc Anthony** (Estados Unidos/Puerto Rico) Both singers, the couple married in 2004, and often perform together. They both starred in the **2007** film *El Cantante*.

- **Gael García Bernal** (México) y **Diego Luna** (México) These lifelong friends became famous when they starred in the 2001 Mexican film *Y tu mamá también*. They continue to work together on projects, such as the 2008 film, *Rudo y Cursi*.

- **Salma Hayek** (México) y **Penélope Cruz** (España) These two close friends developed their acting skills in their countries of origin before meeting in Hollywood.

PERFIL
La plaza principal

In the Spanish-speaking world, public space is treasured. Small city and town life revolves around the **plaza principal.** Often surrounded by cathedrals or municipal buildings like the **ayuntamiento** (*city hall*), the pedestrian **plaza** is designated as a central meeting place for family and friends. During warmer months, when outdoor cafés usually line the **plaza**, it is a popular spot to have a leisurely cup of coffee, chat, and people watch. Many town festivals, or **ferias**, also take place in this space. One of the most famous town squares is the **Plaza Mayor** in the university town of Salamanca, Spain. Students gather underneath its famous clock tower to meet up with friends or simply take a coffee break.

La Plaza Mayor de Salamanca

La Plaza de Armas, Lima, Perú

Conexión Internet

What are the **plazas principales** in large cities such as Mexico City and Caracas?

Go to vistas.vhlcentral.com to find more cultural information related to this **Cultura** section.

ACTIVIDADES

2 Comprensión Answer these questions.
1. What are two types of buildings found on the **plaza principal**?
2. What two types of events or activities are common at a **plaza principal**?
3. How would Diego Luna greet his friends?
4. Would Salma Hayek and Jennifer López greet each other with one kiss or two?

3 Saludos Role-play these greetings with a partner. Include a verbal greeting as well as a kiss or handshake, as appropriate.
1. friends in Mexico
2. business associates at a conference in Chile
3. friends meeting in Madrid's Plaza Mayor
4. Peruvians meeting for the first time
5. relatives in Argentina

Practice more at **vistas.vhlcentral.com.**

1 estructura

1.1 Nouns and articles  Tutorial

Spanish nouns

ANTE TODO A noun is a word used to identify people, animals, places, things, or ideas. Unlike English, all Spanish nouns, even those that refer to non-living things, have gender; that is, they are considered either masculine or feminine. As in English, nouns in Spanish also have number, meaning that they are either singular or plural.

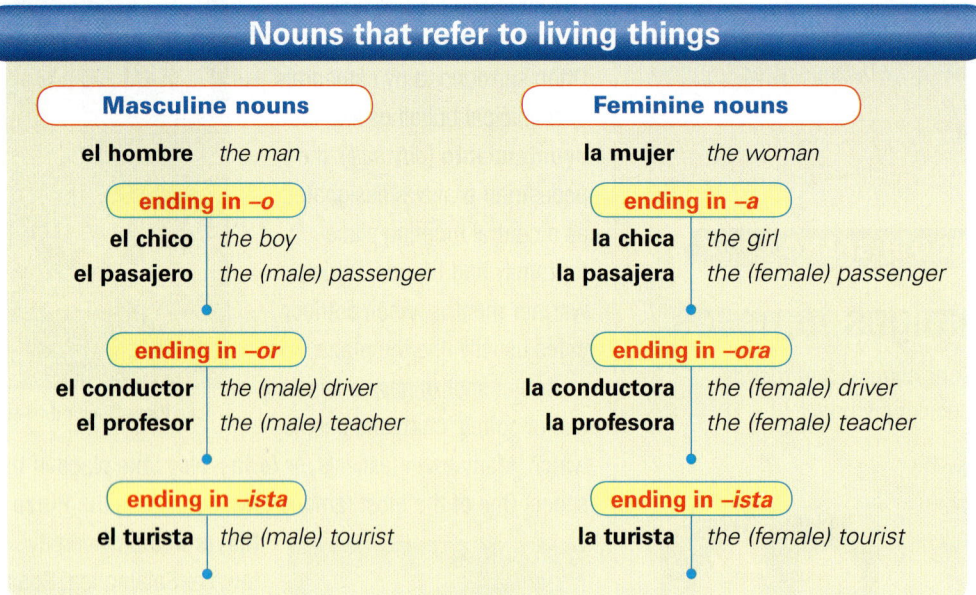

Nouns that refer to living things	
Masculine nouns	**Feminine nouns**
el hombre — the man	la mujer — the woman
ending in –o	*ending in –a*
el chico — the boy	la chica — the girl
el pasajero — the (male) passenger	la pasajera — the (female) passenger
ending in –or	*ending in –ora*
el conductor — the (male) driver	la conductora — the (female) driver
el profesor — the (male) teacher	la profesora — the (female) teacher
ending in –ista	*ending in –ista*
el turista — the (male) tourist	la turista — the (female) tourist

▶ Generally, nouns that refer to males, like **el hombre**, are masculine, while nouns that refer to females, like **la mujer**, are feminine.

▶ Many nouns that refer to male beings end in **–o** or **–or**. Their corresponding feminine forms end in **–a** and **–ora**, respectively.

el conductor

la profesora

▶ The masculine and feminine forms of nouns that end in **–ista**, like **turista**, are the same, so gender is indicated by the article **el** (masculine) or **la** (feminine). Some other nouns have identical masculine and feminine forms.

el joven *the youth; the young man*	**la** joven *the youth; the young woman*
el estudiante *the (male) student*	**la** estudiante *the (female) student*

¡LENGUA VIVA!

Profesor(a) and **turista** are *cognates*— words that share similar spellings and meanings in Spanish and English. Recognizing cognates will help you determine the meaning of many Spanish words. Here are some other cognates:
la administración,
el animal,
el apartamento,
el cálculo, el color,
la decisión, la historia,
la música,
el restaurante,
el/la secretario/a.

AYUDA

Cognates can certainly be very helpful in your study of Spanish. Beware, however, of "false" cognates, those that have similar spellings in Spanish and English, but different meanings:
la carpeta *folder*
el/la conductor(a) *driver*
el éxito *success*
la fábrica *factory*

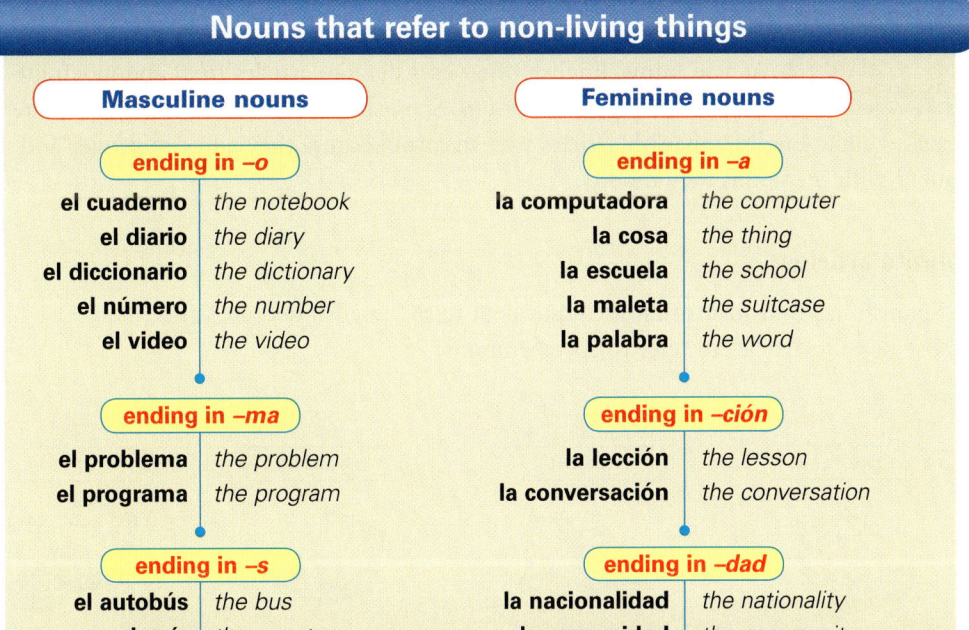

¡LENGUA VIVA!

The Spanish word for *video* can be pronounced with the stress on the **i** or the **e**. For that reason, you might see the word written with or without an accent: **video** or **vídeo**.

▸ As shown above, certain noun endings are strongly associated with a specific gender, so you can use them to determine if a noun is masculine or feminine.

▸ Because the gender of nouns that refer to non-living things cannot be determined by foolproof rules, you should memorize the gender of each noun you learn. It is helpful to learn each noun with its corresponding article, **el** for masculine and **la** for feminine.

▸ Another reason to memorize the gender of every noun is that there are common exceptions to the rules of gender. For example, **el mapa** (*map*) and **el día** (*day*) end in **–a**, but are masculine. **La mano** (*hand*) ends in **–o**, but is feminine.

Plural of nouns

▸ To form the plural, add **–s** to nouns that end in a vowel. For nouns that end in a consonant, add **–es**. For nouns that end in **z,** change the **z** to **c**, then add **–es**.

el chico ⟶ los chicos   la nacionalidad ⟶ las nacionalidades

el diario ⟶ los diarios   el país ⟶ los países

el problema ⟶ los problemas   el lápiz (*pencil*) ⟶ los lápices

▸ In general, when a singular noun has an accent mark on the last syllable, the accent is dropped from the plural form.

la lección ⟶ las lecciones   el autobús ⟶ los autobuses

▸ Use the masculine plural form to refer to a group that includes both males and females.

1 pasajero + 2 pasajeras = 3 pasajeros   2 chicos + 2 chicas = 4 chicos

CONSULTA

You will learn more about accent marks in **Lección 4, Pronunciación,** p. 123.

Spanish articles

ANTE TODO As you know, English often uses definite articles (*the*) and indefinite articles (*a, an*) before nouns. Spanish also has definite and indefinite articles. Unlike English, Spanish articles vary in form because they agree in gender and number with the nouns they modify.

Definite articles

▶ Spanish has four forms that are equivalent to the English definite article *the*. Use definite articles to refer to specific nouns.

Masculine		Feminine	
SINGULAR	PLURAL	SINGULAR	PLURAL
el diccionario	**los** diccionarios	**la** computadora	**las** computadoras
the dictionary	*the dictionaries*	*the computer*	*the computers*

¡LENGUA VIVA!
Feminine singular nouns that begin with **a-** or **ha-** require the masculine articles **el** and **un**. This is done in order to avoid repetition of the **a** sound. The plural forms still use the feminine articles.
el agua *water*
las aguas *waters*
un hacha *ax*
unas hachas *axes*

Indefinite articles

▶ Spanish has four forms that are equivalent to the English indefinite article, which according to context may mean *a, an,* or *some*. Use indefinite articles to refer to unspecified persons or things.

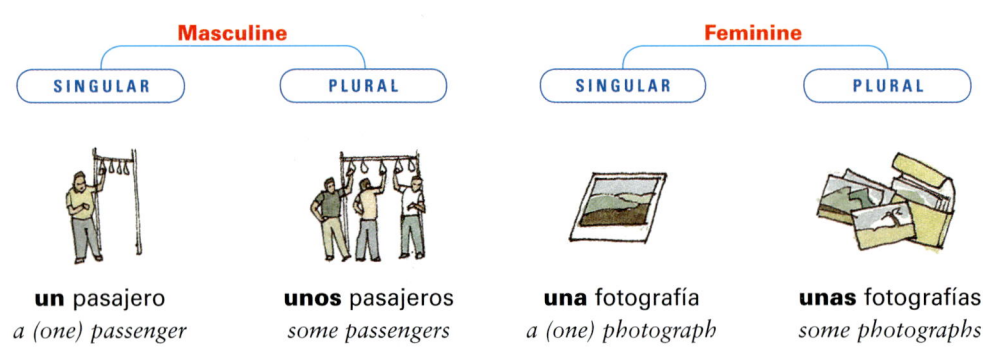

Masculine		Feminine	
SINGULAR	PLURAL	SINGULAR	PLURAL
un pasajero	**unos** pasajeros	**una** fotografía	**unas** fotografías
a (one) passenger	*some passengers*	*a (one) photograph*	*some photographs*

¡LENGUA VIVA!
Since **la fotografía** is feminine, so is its shortened form, **la foto**, even though it ends in –o.

¡INTÉNTALO! Provide a definite article for each noun in the first column and an indefinite article for each noun in the second column.

¿el, la, los o las?
1. __la__ chica
2. _____ chico
3. _____ maleta
4. _____ cuadernos
5. _____ lápiz
6. _____ mujeres

¿un, una, unos o unas?
1. __un__ autobús
2. _____ escuelas
3. _____ computadora
4. _____ hombres
5. _____ señora
6. _____ lápices

recursos
WB p. 3
LM p. 3
vistas.vhlcentral.com Lección 1

Práctica

1 **¿Singular o plural?** If the word is singular, make it plural. If it is plural, make it singular.

1. el número
2. un diario
3. la estudiante
4. el conductor
5. el país
6. las cosas
7. unos turistas
8. las nacionalidades
9. unas computadoras
10. los problemas
11. una fotografía
12. los profesores
13. unas señoritas
14. el hombre
15. la maleta
16. la señora

2 **Identificar** For each drawing, provide the noun with its corresponding definite and indefinite articles.

modelo
las maletas, unas maletas

1. _____ 2. _____

3. _____ 4. _____ 5. _____

6. _____ 7. _____ 8. _____

Comunicación

3 **Charadas** In groups, play a game of charades. Individually, think of two nouns for each charade, for example, a boy using a computer (**un chico**; **una computadora**). The first person to guess correctly acts out the next charade.

Practice more at **vistas.vhlcentral.com**.

1.2 Numbers 0–30

Los números 0 a 30

0	cero				
1	uno	11	once	21	veintiuno
2	dos	12	doce	22	veintidós
3	tres	13	trece	23	veintitrés
4	cuatro	14	catorce	24	veinticuatro
5	cinco	15	quince	25	veinticinco
6	seis	16	dieciséis	26	veintiséis
7	siete	17	diecisiete	27	veintisiete
8	ocho	18	dieciocho	28	veintiocho
9	nueve	19	diecinueve	29	veintinueve
10	diez	20	veinte	30	treinta

AYUDA

Though it is less common, the numbers 16 through 29 (except 20) can also be written as three words: **diez y seis, diez y siete...**

▶ The number **uno** (*one*) and numbers ending in **–uno**, such as **veintiuno**, have more than one form. Before masculine nouns, **uno** shortens to **un**. Before feminine nouns, **uno** changes to **una**.

    un hombre → veinti**ún** hombres   **una** mujer → veinti**una** mujeres

▶ **¡Atención!** The forms **uno** and **veintiuno** are used when counting (**uno, dos, tres... veinte, veintiuno, veintidós...**). They are also used when the number *follows* a noun, even if the noun is feminine: **la lección uno**.

▶ To ask *how many people* or *things* there are, use **cuántos** before masculine nouns and **cuántas** before feminine nouns.

▶ The Spanish equivalent of both *there is* and *there are* is **hay**. Use **¿Hay...?** to ask *Is there...?* or *Are there...?* Use **no hay** to express *there is not* or *there are not*.

—¿**Cuántos** estudiantes **hay**?
How many students are there?

—**Hay** seis estudiantes en la foto.
There are six students in the photo.

—¿**Hay** chicos en la fotografía?
Are there guys in the picture?

—**Hay** tres chicas y **no hay** chicos.
There are three girls, and there are no guys.

¡INTÉNTALO! Provide the Spanish words for these numbers.

1. 7 _____
2. 16 _____
3. 29 _____
4. 1 _____
5. 0 _____
6. 15 _____
7. 21 _____
8. 9 _____
9. 23 _____
10. 11 _____
11. 30 _____
12. 4 _____
13. 12 _____
14. 28 _____
15. 14 _____
16. 10 _____

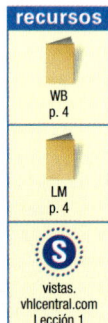

Hola, ¿qué tal? diecisiete **17**

Práctica

1 **Contar** Following the pattern, write out the missing numbers in Spanish.

1. 1, 3, 5, ..., 29
2. 2, 4, 6, ..., 30
3. 3, 6, 9, ..., 30
4. 30, 28, 26, ..., 0
5. 30, 25, 20, ..., 0
6. 28, 24, 20, ..., 0

2 **Resolver** Solve these math problems with a partner.

AYUDA
+ → más
− → menos
= → son

modelo
5 + 3 =
Estudiante 1: cinco más tres son...
Estudiante 2: ocho

1. **2 + 15 =**
2. **20 − 1 =**
3. **5 + 7 =**
4. **18 + 12 =**
5. **3 + 22 =**
6. **6 − 3 =**
7. **11 + 12 =**
8. **7 − 2 =**
9. **8 + 5 =**
10. **23 − 14 =**

3 **¿Cuántos hay?** How many persons or things are there in these drawings?

modelo
Hay tres maletas.

1. _____ 2. _____

3. _____ 4. _____ 5. _____

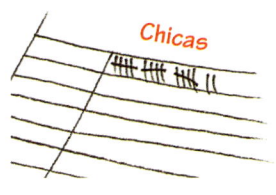

6. _____ 7. _____ 8. _____

Comunicación

4 En la clase With a classmate, take turns asking and answering these questions about your classroom.

1. ¿Cuántos estudiantes hay?
2. ¿Cuántos profesores hay?
3. ¿Hay una computadora?
4. ¿Hay una maleta?
5. ¿Cuántos mapas hay?
6. ¿Cuántos lápices hay?
7. ¿Hay cuadernos?
8. ¿Cuántos diccionarios hay?
9. ¿Hay hombres?
10. ¿Cuántas mujeres hay?

5 Preguntas With a classmate, take turns asking and answering questions about the drawing. Talk about:

1. how many children there are
2. how many women there are
3. if there are some photographs
4. if there is a boy
5. how many notebooks there are
6. if there is a bus
7. if there are tourists
8. how many pencils there are
9. if there is a man
10. how many computers there are

Practice more at vistas.vhlcentral.com.

1.3 Present tense of ser

Subject pronouns

ANTE TODO In order to use verbs, you will need to learn about subject pronouns. A subject pronoun replaces the name or title of a person or thing and acts as the subject of a verb. In both Spanish and English, subject pronouns are divided into three groups: first person, second person, and third person.

Subject pronouns

	SINGULAR		PLURAL	
FIRST PERSON	yo	*I*	nosotros	*we* (masculine)
			nosotras	*we* (feminine)
SECOND PERSON	tú	*you* (familiar)	vosotros	*you* (masc., fam.)
	usted (Ud.)	*you* (formal)	vosotras	*you* (fem., fam.)
			ustedes (Uds.)	*you* (form.)
THIRD PERSON	él	*he*	ellos	*they* (masc.)
	ella	*she*	ellas	*they* (fem.)

▶ Spanish has two subject pronouns that mean *you* (singular). Use **tú** when addressing a friend, a family member, or a child you know well. Use **usted** to address a person with whom you have a formal or more distant relationship, such as a superior at work, a professor, or an older person.

Tú eres de Canadá, ¿verdad, David?
You are from Canada, right, David?

¿**Usted** es la profesora de español?
Are you the Spanish professor?

▶ The masculine plural forms **nosotros**, **vosotros**, and **ellos** refer to a group of males or to a group of males and females. The feminine plural forms **nosotras**, **vosotras**, and **ellas** can refer only to groups made up exclusively of females.

nosotros, vosotros, ellos

nosotros, vosotros, ellos

nosotras, vosotras, ellas

▶ There is no Spanish equivalent of the English subject pronoun *it*. Generally *it* is not expressed in Spanish.

Es un problema.
It's a problem.

Es una computadora.
It's a computer.

¡LENGUA VIVA!

In Latin America, **ustedes** is used as the plural for both **tú** and **usted**. In Spain, however, **vosotros** and **vosotras** are used as the plural of **tú**, and **ustedes** is used only as the plural of **usted**.

•••

Usted and **ustedes** are abbreviated as **Ud.** and **Uds.**, or occasionally as **Vd.** and **Vds.**

The present tense of ser

ANTE TODO In **Contextos** and **Fotonovela**, you have already used several present-tense forms of **ser** (*to be*) to identify yourself and others, and to talk about where you and others are from. **Ser** is an irregular verb; its forms do not follow the regular patterns that most verbs follow. You need to memorize the forms, which appear in this chart.

The verb ser (*to be*)			
SINGULAR FORMS	yo	**soy**	*I am*
	tú	**eres**	*you are* (fam.)
	Ud./él/ella	**es**	*you are* (form.); *he/she is*
PLURAL FORMS	nosotros/as	**somos**	*we are*
	vosotros/as	**sois**	*you are* (fam.)
	Uds./ellos/ellas	**son**	*you are* (form.); *they are*

Uses of *ser*

▶ Use **ser** to identify people and things.

—¿Quién **es** él?
Who is he?

—**Es** Felipe Díaz Velázquez.
He's Felipe Díaz Velázquez.

—¿Qué **es**?
What is it?

—**Es** un mapa de España.
It's a map of Spain.

Es Marissa.

Es una maleta.

▶ **Ser** also expresses possession, with the preposition **de**. There is no Spanish equivalent of the English construction [*noun*] + 's (*Maru's*). In its place, Spanish uses [*noun*] + **de** + [*owner*].

—¿**De** quién **es**?
Whose is it?

—**Es** el diario **de** Maru.
It's Maru's diary.

—¿**De** quién **son**?
Whose are they?

—**Son** los lápices **de** la chica.
They are the girl's pencils.

▶ When **de** is followed by the article **el**, the two combine to form the contraction **del**. **De** does *not* contract with **la**, **las**, or **los**.

—**Es** la computadora **del** conductor.
It's the driver's computer.

—**Son** las maletas **del** chico.
They are the boy's suitcases.

Hola, ¿qué tal?

¡LENGUA VIVA!
Some geographic locations can be referred to either with or without a definite article:
Soy de Estados Unidos./Soy de los Estados Unidos.
...
Sometimes a definite article is a part of a proper name, as in **El Salvador, El Paso,** and **Los Ángeles**. In these cases, **de** and **el** do not contract:
Soy de El Salvador.

▶ **Ser** also uses the preposition **de** to express origin.

¿De dónde eres?
Yo soy de Wisconsin.

¿De dónde es usted?
Yo soy de Cuba.

—¿**De** dónde **es** Juan Carlos?
Where is Juan Carlos from?

—Es **de** Argentina.
He's from Argentina.

—¿**De** dónde **es** Maru?
Where is Maru from?

—Es **de** Costa Rica.
She's from Costa Rica.

▶ Use **ser** to express profession or occupation.

Don Francisco **es conductor**.
Don Francisco is a driver.

Yo **soy estudiante**.
I am a student.

▶ Unlike English, Spanish does not use the indefinite article (**un, una**) after **ser** when referring to professions, unless accompanied by an adjective or other description.

Marta **es** profesora.
Marta is a teacher.

Marta **es una** profesora excelente.
Marta is an excellent teacher.

CONSULTA
You will learn more about adjectives in **Estructura 3.1**, pp. 88–90.

NOTA CULTURAL
Created in 1999, LAN Perú is an affiliate of the Chilean-based LAN Airlines, one of the largest carriers in South America. LAN Perú operates out of Lima, offering domestic flights and international service to select major cities in the Americas and Spain.

recursos
WB pp. 5–6
LM p. 5
vistas.vhlcentral.com Lección 1

¡INTÉNTALO! Provide the correct subject pronouns and the present forms of **ser**.

1. Gabriel   _él_   _es_
2. Juan y yo   ____   ____
3. Óscar y Flora ____   ____
4. Adriana   ____   ____
5. las turistas ____   ____
6. el chico   ____   ____
7. los conductores ____   ____
8. los señores Ruiz ____   ____

Práctica

1 **Pronombres** What subject pronouns would you use to (a) talk *to* these people directly and (b) talk *about* them to others?

> modelo
> un joven tú, él

1. una chica
2. el presidente de México
3. tres chicas y un chico
4. un estudiante
5. la señora Ochoa
6. dos profesoras

2 **Identidad y origen** With a partner, take turns asking and answering these questions about the people indicated: **¿Quién es?/¿Quiénes son?** and **¿De dónde es?/¿De dónde son?**

> modelo
> Selena Gomez (Estados Unidos)
> **Estudiante 1:** ¿Quién es?   **Estudiante 1:** ¿De dónde es?
> **Estudiante 2:** Es Selena Gomez.   **Estudiante 2:** Es de los Estados Unidos.

1. Enrique Iglesias (España)
2. Robinson Canó (República Dominicana)
3. Rebecca Lobo y Martin Sheen (Estados Unidos)
4. Carlos Santana y Salma Hayek (México)
5. Shakira (Colombia)
6. Antonio Banderas y Penélope Cruz (España)
7. Taylor Swift y Demi Lovato (Estados Unidos)
8. Daisy Fuentes (Cuba)

3   **¿Qué es?** Ask your partner what each object is and to whom it belongs.

> modelo
> **Estudiante 1:** ¿Qué es?   **Estudiante 1:** ¿De quién es?
> **Estudiante 2:** Es un diccionario.   **Estudiante 2:** Es del profesor Núñez.

1. 2. 3. 4.

Comunicación

4 **Preguntas** Using the items in the word bank, ask your partner questions about the ad. Be imaginative in your responses.

| ¿Cuántas? | ¿De dónde? | ¿Qué? |
| ¿Cuántos? | ¿De quién? | ¿Quién? |

SOMOS ECOTURISTA, S.A.
Los autobuses oficiales de la Ruta Maya

- 25 autobuses en total
- 30 conductores del área
- pasajeros internacionales
- mapas de la región

¡Todos a bordo!

5 **¿Quién es?** In small groups, take turns pretending to be a famous person from a Spanish-speaking country (such as Spain, Mexico, Puerto Rico, Cuba, or the United States). Use the list of professions to think of people from a variety of backgrounds. Your partners will ask you questions and try to guess who you are.

| actor *actor* | cantante *singer* | escritor(a) *writer* |
| actriz *actress* | deportista *athlete* | músico/a *musician* |

NOTA CULTURAL

John Leguizamo was born in Bogotá, Colombia. John is best known for his work as an actor and comedian. He has appeared in movies such as *Moulin Rouge* and *The Happening*. Here are some other Hispanic celebrities: Laura Esquivel (writer from Mexico), Andy García (actor from Cuba), and Don Omar (singer from Puerto Rico).

modelo

Estudiante 3: ¿Eres de Puerto Rico?
Estudiante 1: No. Soy de Colombia.
Estudiante 2: ¿Eres hombre?
Estudiante 1: Sí. Soy hombre.
Estudiante 3: ¿Eres escritor?
Estudiante 1: No. Soy actor.
Estudiante 2: ¿Eres John Leguizamo?
Estudiante 1: ¡Sí! ¡Sí!

 Practice more at **vistas.vhlcentral.com**.

1.4 Telling time

ANTE TODO In both English and Spanish, the verb *to be* (**ser**) and numbers are used to tell time.

▶ To ask what time it is, use **¿Qué hora es?** When telling time, use **es + la** with **una** and **son + las** with all other hours.

Es la una.   **Son las** dos.   **Son las** seis.

▶ As in English, you express time in Spanish from the hour to the half-hour by adding minutes.

Son las cuatro **y cinco**.   Son las once **y veinte**.

▶ You may use either **y cuarto** or **y quince** to express fifteen minutes or quarter past the hour. For thirty minutes or half past the hour, you may use either **y media** or **y treinta**.

Es la una
y cuarto.

Son las nueve
y quince.

Son las doce
y media.

Son las siete
y treinta.

▶ You express time from the half-hour to the hour in Spanish by subtracting minutes or a portion of an hour from the next hour.

Es la una
menos cuarto.

Son las tres
menos quince.

Son las ocho
menos veinte.

Son las tres
menos diez.

Hola, ¿qué tal?

▶ To ask at what time a particular event takes place, use the phrase **¿A qué hora (...)?** To state at what time something takes place, use the construction **a la(s)** + *time*.

¿A qué hora es la clase de biología?
(At) what time is biology class?

La clase es **a las dos**.
The class is at two o'clock.

¿A qué hora es la fiesta?
(At) what time is the party?

A las ocho.
At eight.

▶ Here are some useful words and phrases associated with telling time.

Son las ocho **en punto**.
It's 8 o'clock on the dot/sharp.

Son las nueve **de la mañana**.
It's 9 a.m./in the morning.

Es **el mediodía**.
It's noon.

Son las cuatro y cuarto **de la tarde**.
It's 4:15 p.m./in the afternoon.

Es **la medianoche**.
It's midnight.

Son las diez y media **de la noche**.
It's 10:30 p.m./at night.

> **¡LENGUA VIVA!**
> Other useful expressions for telling time:
> **Son las doce (del día).**
> It is twelve o'clock (p.m.).
> **Son las doce (de la noche).**
> It is twelve o'clock (a.m.).

¿Qué hora es?
Son las cuatro menos diez.

¿Qué hora es?
Son las cuatro y veinticinco.

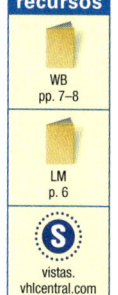

¡INTÉNTALO! Practice telling time by completing these sentences.

1. (1:00 a.m.) Es la _____una_____ de la mañana.
2. (2:50 a.m.) Son las tres _____ diez de la mañana.
3. (4:15 p.m.) Son las cuatro y _____ de la tarde.
4. (8:30 p.m.) Son las ocho y _____ de la noche.
5. (9:15 a.m.) Son las nueve y quince de la _____.
6. (12:00 p.m.) Es el _____.
7. (6:00 a.m.) Son las seis de la _____.
8. (4:05 p.m.) Son las cuatro y cinco de la _____.
9. (12:00 a.m.) Es la _____.
10. (3:45 a.m.) Son las cuatro menos _____ de la mañana.
11. (2:15 a.m.) Son las _____ y cuarto de la mañana.
12. (1:25 p.m.) Es la una y _____ de la tarde.
13. (6:50 a.m.) Son las _____ menos diez de la mañana.
14. (10:40 p.m.) Son las once menos veinte de la _____.

Práctica

1 **Ordenar** Put these times in order, from the earliest to the latest.

a. Son las dos de la tarde.
b. Son las once de la mañana.
c. Son las siete y media de la noche.
d. Son las seis menos cuarto de la tarde.
e. Son las dos menos diez de la tarde.
f. Son las ocho y veintidós de la mañana.

2 **¿Qué hora es?** Give the times shown on each clock or watch.

modelo
Son las cuatro y cuarto/quince de la tarde.

 p.m.   p.m.  p.m.  a.m.

1. _____ 2. _____ 3. _____ 4. _____ 5. _____

 a.m.   a.m.   p.m.

6. _____ 7. _____ 8. _____ 9. _____ 10. _____

> **NOTA CULTURAL**
> Many Spanish-speaking countries use both the 12-hour clock and the 24-hour clock (that is, military time). The 24-hour clock is commonly used in written form on signs and schedules. For example, 1 p.m. is **13h**, 2 p.m. is **14h** and so on. See the photo on p. 33 for a sample schedule.

3 **¿A qué hora?** Ask your partner at what time these events take place. Your partner will answer according to the cues provided.

modelo
la clase de matemáticas (2:30 p.m.)
Estudiante 1: ¿A qué hora es la clase de matemáticas?
Estudiante 2: Es a las dos y media de la tarde.

1. el programa *Las cuatro amigas* (11:30 a.m.)
2. el drama *La casa de Bernarda Alba* (7:00 p.m.)
3. el programa *Las computadoras* (8:30 a.m.)
4. la clase de español (10:30 a.m.)
5. la clase de biología (9:40 a.m.)
6. la clase de historia (10:50 a.m.)
7. el partido (*game*) de béisbol (5:15 p.m.)
8. el partido de tenis (12:45 p.m.)
9. el partido de baloncesto (*basketball*) (7:45 p.m.)

> **NOTA CULTURAL**
> **La casa de Bernarda Alba** is a famous play by Spanish poet and playwright **Federico García Lorca** (1898–1936). Lorca was one of the most famous writers of the 20th century and a close friend of Spain's most talented artists, including the painter Salvador Dalí and the filmmaker Luis Buñuel.

Comunicación

4 **En la televisión** With a partner, take turns asking questions about these television listings.

modelo
Estudiante 1: ¿A qué hora es el documental *Las computadoras*?
Estudiante 2: Es a las nueve en punto de la noche.

> **NOTA CULTURAL**
>
> **Telenovelas** are the Latin American version of soap operas, but they differ from North American soaps in many ways. Many **telenovelas** are prime-time shows enjoyed by a large segment of the population. They seldom run for more than one season and they are sometimes based on famous novels.

TV Hoy – Programación

11:00 am	Telenovela: *La casa de la familia Díaz*		5:00 pm	Telenovela: *Tres mujeres*
12:00 pm	Película: *El cóndor* (drama)		6:00 pm	Noticias
2:00 pm	Telenovela: *Dos mujeres y dos hombres*		7:00 pm	Especial musical: *Música folklórica de México*
3:00 pm	Programa juvenil: *Fiesta*		7:30 pm	La naturaleza: *Jardín secreto*
3:30 pm	Telenovela: *¡Sí, sí, sí!*		8:00 pm	Noticiero: *Veinticuatro horas*
4:00 pm	Telenovela: *El diario de la Sra. González*		9:00 pm	Documental: *Las computadoras*

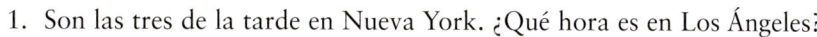

5 **Preguntas** With a partner, answer these questions based on your own knowledge.

1. Son las tres de la tarde en Nueva York. ¿Qué hora es en Los Ángeles?
2. Son las ocho y media en Chicago. ¿Qué hora es en Miami?
3. Son las dos menos cinco en San Francisco. ¿Qué hora es en San Antonio?
4. ¿A qué hora es el programa *Saturday Night Live?*; ¿A qué hora es el programa *American Idol?*

6 **Más preguntas** Using the questions in the previous activity as a model, make up four questions of your own. Then get together with a classmate and take turns asking and answering each other's questions.

Síntesis

7 **Situación** With a partner, play the roles of a journalism student interviewing a visiting literature professor (**profesor(a) de literatura**) from Venezuela. Be prepared to act out the conversation for your classmates.

Estudiante	Profesor(a) de literatura
Ask the professor his/her name.	→ Ask the student his/her name.
Ask the professor what time his/her literature class is.	→ Ask the student where he/she is from.
Ask how many students are in his/her class.	→ Ask to whom the notebook belongs.
Say thank you and goodbye.	→ Say thank you and you are pleased to meet him/her.

Recapitulación

Concepts Diagnostics

Review the grammar concepts you have learned in this lesson by completing these activities.

1 Completar Complete the charts according to the models. **14 pts.**

Masculino	Femenino
el chico	la chica
	la profesora
	la amiga
el señor	
	la pasajera
el estudiante	
	la turista
el joven	

Singular	Plural
una cosa	unas cosas
un libro	
	unas clases
una lección	
un conductor	
	unos países
	unos lápices
un problema	

2 En la clase Complete each conversation with the correct word. **11 pts.**

 César    Beatriz

CÉSAR ¿(1) _____ (Cuántos/Cuántas) chicas hay en la (2) _____ (maleta/clase)?

BEATRIZ Hay (3) _____ (catorce/cuatro) [14] chicas.

CÉSAR Y, ¿(4) _____ (cuántos/cuántas) chicos hay?

BEATRIZ Hay (5) _____ (tres/trece) [13] chicos.

CÉSAR Entonces (*Then*), en total hay (6) _____ (veintiséis/veintisiete) (7) _____ (estudiantes/chicas) en la clase.

 Ariana    Daniel

ARIANA ¿Tienes (*Do you have*) (8) _____ (un/una) diccionario?

DANIEL No, pero (*but*) aquí (9) _____ (es/hay) uno.

ARIANA ¿De quién (10) _____ (son/es)?

DANIEL (11) _____ (Son/Es) de Carlos.

RESUMEN GRAMATICAL

1.1 Nouns and articles *pp. 12–14*

Gender of nouns

Nouns that refer to living things

	Masculine		Feminine
-o	el chico	-a	la chica
-or	el profesor	-ora	la profesora
-ista	el turista	-ista	la turista

Nouns that refer to non-living things

	Masculine		Feminine
-o	el libro	-a	la cosa
-ma	el programa	-ción	la lección
-s	el autobús	-dad	la nacionalidad

Plural of nouns

▶ ending in vowel + -s   la chica → las chicas
▶ ending in consonant + -es   el señor → los señores
  (-z → -ces un lápiz → unos lápices)
▶ Definite articles: el, la, los, las
▶ Indefinite articles: un, una, unos, unas

1.2 Numbers 0–30 *p. 16*

0	cero	8	ocho	16	dieciséis
1	uno	9	nueve	17	diecisiete
2	dos	10	diez	18	dieciocho
3	tres	11	once	19	diecinueve
4	cuatro	12	doce	20	veinte
5	cinco	13	trece	21	veintiuno
6	seis	14	catorce	22	veintidós
7	siete	15	quince	30	treinta

1.3 Present tense of *ser* *pp. 19–21*

yo	soy	nosotros/as	somos
tú	eres	vosotros/as	sois
Ud./él/ella	es	Uds./ellos/ellas	son

Hola, ¿qué tal?

3 **Presentaciones** Complete this conversation with the correct form of the verb **ser**. (6 pts.)

JUAN ¡Hola! Me llamo Juan. (1) _____ estudiante en la clase de español.

DANIELA ¡Hola! Mucho gusto. Yo (2) _____ Daniela y ella (3) _____ Mónica. ¿De dónde (4) _____ (tú), Juan?

JUAN De California. Y ustedes, ¿de dónde (5) _____?

MÓNICA Nosotras (6) _____ de Florida.

> **1.4 Telling time** *pp. 24–25*
>
> | | |
> |---:|:---|
> | Es la **una**. | It's 1:00. |
> | Son las **dos**. | It's 2:00. |
> | Son las tres **y diez**. | It's 3:10. |
> | Es la una **y cuarto/ quince**. | It's 1:15. |
> | Son las siete **y media/ treinta**. | It's 7:30. |
> | Es la una **menos cuarto/quince**. | It's 12:45. |
> | Son las once **menos veinte**. | It's 10:40. |
> | Es **el mediodía**. | It's noon. |
> | Es **la medianoche**. | It's midnight. |

4 **¿Qué hora es?** Write out in words the following times, indicating whether it's morning, noon, afternoon, or night. (10 pts.)

1. It's 12:00 p.m.
   _____

2. It's 7:05 a.m.
   _____

3. It's 9:35 p.m.
   _____

4. It's 5:15 p.m.
   _____

5. It's 1:30 p.m.
   _____

5 **¡Hola!** Write five sentences introducing yourself and talking about your classes. You may want to include: your name, where you are from, who your Spanish teacher is, the time of your Spanish class, how many students are in the class, etc. (9 pts.)

_____
_____
_____
_____

6 **Canción** Use the two appropriate words from the list to complete this children's song. (2 EXTRA points!)

| cinco | cuántas | cuatro | media | quiénes |

" ¿_____ patas° tiene un gato°?
Una, dos, tres y
_____ . "

patas legs *tiene un gato* does a cat have

Practice more at **vistas.vhlcentral.com**.

1 adelante

Lectura

Antes de leer

Estrategia
Recognizing cognates

As you learned earlier in this lesson, cognates are words that share similar meanings and spellings in two or more languages. When reading in Spanish, it's helpful to look for cognates and use them to guess the meaning of what you're reading. But watch out for false cognates. For example, **librería** means *bookstore*, not *library*, and **embarazada** means *pregnant*, not *embarrassed*. Look at this list of Spanish words, paying special attention to prefixes and suffixes. Can you guess the meaning of each word?

importante	oportunidad
farmacia	cultura
inteligente	activo
dentista	sociología
decisión	espectacular
televisión	restaurante
médico	policía

Examinar el texto
Glance quickly at the reading selection and guess what type of document it is. Explain your answer.

Cognados
Read the document and make a list of the cognates you find. Guess their English equivalents, then compare your answers with those of a classmate.

Joaquín Salvador Lavado nació (*was born*) en Argentina en 1932 (mil novecientos treinta y dos). Su nombre profesional es **Quino**. Es muy popular en Latinoamérica, Europa y Canadá por sus tiras cómicas (*comic strips*). Mafalda es su serie más famosa. La protagonista, Mafalda, es una chica muy inteligente de seis años (*years*). La tira cómica ilustra las aventuras de ella y su grupo de amigos. Las anécdotas de Mafalda y los chicos también presentan temas (*themes*) importantes como la paz (*peace*) y los derechos humanos (*human rights*).

Después de leer
Preguntas
Answer these questions.

1. What is Joaquín Salvador Lavado's pen name?
2. What is Mafalda like?
3. Where is Mafalda in panel 1? What is she doing?
4. What happens to the sheep in panel 3? Why?
5. Why does Mafalda wake up?
6. What number corresponds to the sheep in panel 5?
7. In panel 6, what is Mafalda doing? How do you know?

Practice more at vistas.vhlcentral.com.

Los animales

This comic strip uses a device called onomatopoeia: a word that represents the sound that it stands for. Did you know that many common instances of onomatopoeia are different from language to language? The noise a sheep makes in English is *baaaah*, but in Mafalda's language it is **béeeee**. Do you think you can match these animals with their Spanish sounds? First, practice saying aloud each animal sound in group B. Then, match each animal with its sound in Spanish. If you need help remembering the sounds the alphabet makes in Spanish, see p. 9.

A

 1. ___ gato
 2. ___ perro
 3. ___ vacas 
 4. ___ gallo 

 5. ___ rana
 6. ___ pato
 7. ___ cerdo

B

a. kikirikí   b. muuu   c. croac   d. guau

e. cuac cuac   f. miau   g. oinc

Escritura

Estrategia
Writing in Spanish

Why do we write? All writing has a purpose. For example, we may write an e-mail to share important information or compose an essay to persuade others to accept a point of view. Proficient writers are not born, however. Writing requires time, thought, effort, and a lot of practice. Here are some tips to help you write more effectively in Spanish.

DO

- Try to write your ideas in Spanish
- Use the grammar and vocabulary that you know
- Use your textbook for examples of style, format, and expression in Spanish
- Use your imagination and creativity
- Put yourself in your reader's place to determine if your writing is interesting

AVOID

- Translating your ideas from English to Spanish
- Simply repeating what is in the textbook or on a web page
- Using a dictionary until you have learned how to use foreign language dictionaries

Tema

Hacer una lista

Create a telephone/address list that includes important names, numbers, and websites that will be helpful to you in your study of Spanish. Make whatever entries you can in Spanish without using a dictionary. You might want to include this information:

- The names, phone numbers, and e-mail addresses of at least four classmates
- Your professor's name, e-mail address, and office hours
- Three phone numbers and e-mail addresses of campus offices or locations related to your study of Spanish
- Five electronic resources for students of Spanish, such as chat rooms and sites dedicated to the study of Spanish as a second language

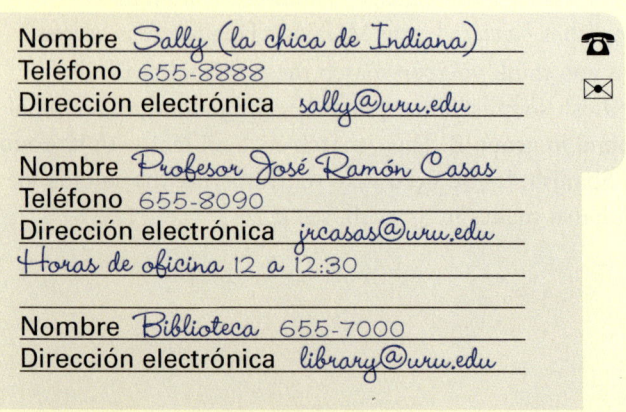

Nombre *Sally (la chica de Indiana)*
Teléfono 655-8888
Dirección electrónica *sally@uru.edu*

Nombre *Profesor José Ramón Casas*
Teléfono 655-8090
Dirección electrónica *jrcasas@uru.edu*
Horas de oficina *12 a 12:30*

Nombre *Biblioteca* 655-7000
Dirección electrónica *library@uru.edu*

Hola, ¿qué tal?   treinta y tres   **33**

Escuchar  Audio: Activities

> ### Estrategia
> **Listening for words you know**
>
> You can get the gist of a conversation by listening for words and phrases you already know.
>
> To help you practice this strategy, listen to the following sentence and make a list of the words you have already learned.

Preparación

Based on the photograph, what do you think Dr. Cavazos and Srta. Martínez are talking about? How would you get the gist of their conversation, based on what you know about Spanish?

Ahora escucha

Now you are going to hear Dr. Cavazos's conversation with Srta. Martínez. List the familiar words and phrases each person says.

Dr. Cavazos	Srta. Martínez
1. _____	9. _____
2. _____	10. _____
3. _____	11. _____
4. _____	12. _____
5. _____	13. _____
6. _____	14. _____
7. _____	15. _____
8. _____	16. _____

With a classmate, use your lists of familiar words as a guide to come up with a summary of what happened in the conversation.

Comprensión

Identificar
Who would say the following things, Dr. Cavazos or Srta. Martínez?

1. Me llamo...
2. De nada.
3. Gracias. Muchas gracias.
4. Aquí tiene usted los documentos de viaje (*trip*) señor.
5. Usted tiene tres maletas, ¿no?
6. Tengo dos maletas.
7. Hola, señor.
8. ¿Viaja usted a Buenos Aires?

Contestar

1. Does this scene take place in the morning, afternoon, or evening? How do you know?
2. How many suitcases does Dr. Cavazos have?
3. Using the words you already know to determine the context, what might the following words and expressions mean?
   - boleto
   - pasaporte
   - un viaje de ida y vuelta
   - ¡Buen viaje!

 Practice more at **vistas.vhlcentral.com**.

En pantalla

Latinos form the largest-growing minority group in the United States. This trend is expected to continue; the Census Bureau projects that by the year 2050, the Latino population will grow to 30 percent. Viewership of the two major Spanish-language TV stations, **Univisión** and **Telemundo**, has skyrocketed, at times surpassing that of the four major English-language networks. With Latino purchasing power estimated at 1.3 trillion dollars for 2015, many companies have responded by adapting successful marketing campaigns to target a Spanish-speaking audience. Turn on a Spanish-language channel any night of the week, and you'll see ads for the world's biggest consumer brands, from soft drinks to car makers; many of these advertisements are adaptations of their English-language counterparts. Bilingual ads, which use English and Spanish in a way that is accessible to all viewers, have become popular during events such as the Super Bowl, where advertisers want to appeal to a diverse market.

Vocabulario útil

carne en salsa	beef with sauce
copa de helado	cup of ice cream
no tiene precio	priceless
plato principal	main course
un domingo en familia	Sunday with the family

Emparejar

Match each item with its price according to the ad. **¡Ojo!** (*Careful!*) One of the responses will not be used.

_____ 1. aperitivo   a. quince dólares
_____ 2. plato principal   b. ocho dólares
_____ 3. postre   c. treinta dólares
                                           d. seis dólares

Un comercial

With a partner, brainstorm and write a MasterCard-like TV ad about something you consider priceless. Then read it to the class. Use as much Spanish as you can.

Aperitivo Appetizer   *Postre* Dessert

Anuncio de MasterCard

Aperitivo°...

Postre°...

Un domingo en familia...

Video: TV Clip

Practice more at **vistas.vhlcentral.com**.

Hola, ¿qué tal? treinta y cinco **35**

The **Plaza de Mayo** in Buenos Aires, Argentina, is perhaps best known as a place of political protest. Aptly nicknamed **Plaza de Protestas** by the locals, it is the site of weekly demonstrations. Despite this reputation, for many it is also a traditional **plaza**, a spot to escape from the hustle of city life. In warmer months, office workers from neighboring buildings flock to the plaza during lunch hour. **Plaza de Mayo** is also a favorite spot for families, couples, and friends to gather, stroll, or simply sit and chat. Tourists come year-round to take in the iconic surroundings: **Plaza de Mayo** is flanked by the rose-colored presidential palace (**Casa Rosada**), city hall (**municipalidad**), a colonial-era museum (**Cabildo**), and a spectacular cathedral (**Catedral Metropolitana**).

Vocabulario útil

abrazo	hug
¡Cuánto tiempo!	It's been a long time!
encuentro	encounter
plaza	city or town square
¡Qué bueno verte!	It's great to see you!
¡Qué suerte verlos!	How lucky to see you!

Preparación
Where do you and your friends usually meet? Are there public places where you get together? What activities do you take part in there?

Identificar
Identify the person or people who make(s) each of these statements.

1. ¿Cómo están ustedes?
2. ¡Qué bueno verte!
3. Bien, ¿y vos?
4. Hola.
5. ¡Qué suerte verlos!

a. Gonzalo
b. Mariana
c. Mark
d. Silvina

Encuentros en la plaza

Today we are at the Plaza de Mayo.

People come to walk and get some fresh air...

And children come to play...

Video: *Flash cultura*

Practice more at vistas.vhlcentral.com.

recursos
VM pp. 291–292
vistas.vhlcentral.com Lección 1

1 panorama

Video: *Panorama cultural*
Interactive map

Estados Unidos

El país en cifras°

▶ Población° de los EE.UU.: 310 millones
▶ Población de origen hispano: 49 millones
▶ País de origen de hispanos en los EE.UU.:

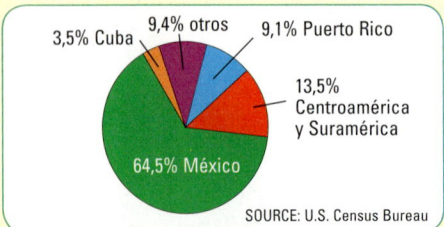

- 3,5% Cuba
- 9,4% otros
- 9,1% Puerto Rico
- 13,5% Centroamérica y Suramérica
- 64,5% México

SOURCE: U.S. Census Bureau

▶ Estados con la mayor° población hispana:

- California 13.161.000
- Texas 8.566.000
- Florida 3.725.173
- Nueva York 3.194.000
- Illinois 1.910.000

SOURCE: U.S. Census Bureau

Canadá

El país en cifras

▶ Población de Canadá: 34 millones
▶ Población de origen hispano: 700.000
▶ País de origen de hispanos en Canadá:

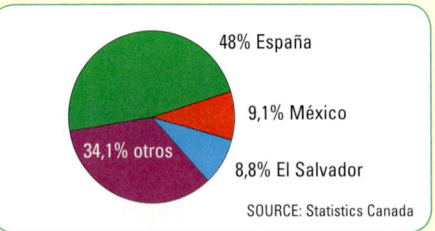

- 48% España
- 9,1% México
- 8,8% El Salvador
- 34,1% otros

SOURCE: Statistics Canada

▶ Ciudades° con la mayor población hispana:
Montreal, Toronto, Vancouver

en cifras *by the numbers* Población *Population* mayor *largest*
Ciudades *Cities* creció *grew* más *more* cada *every* niños *children*
Se estima *It is estimated* va a ser *it is going to be*

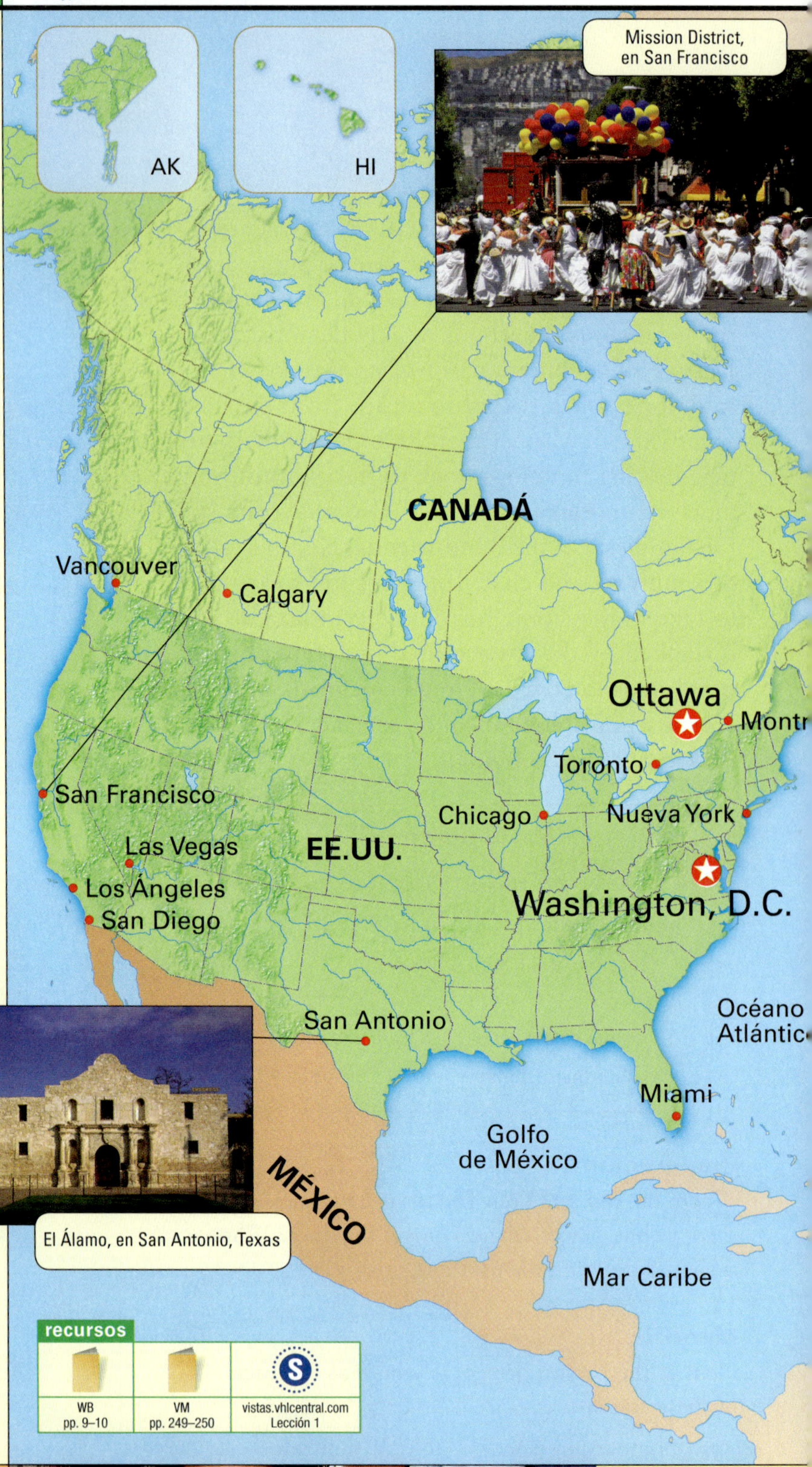

Mission District, en San Francisco

El Álamo, en San Antonio, Texas

recursos

WB pp. 9–10
VM pp. 249–250
vistas.vhlcentral.com Lección 1

¡Increíble pero cierto!

La población hispana en los EE.UU. creció° un 3,2% entre los años 2007 (dos mil siete) y 2008 (dos mil ocho) (1,5 millones de personas más°). Hoy, uno de cada° cinco niños° en los EE.UU. es de origen hispano. Se estima° que en el año 2021 va a ser° uno de cada tres.

SOURCE: U.S. Census Bureau and The Associated Press

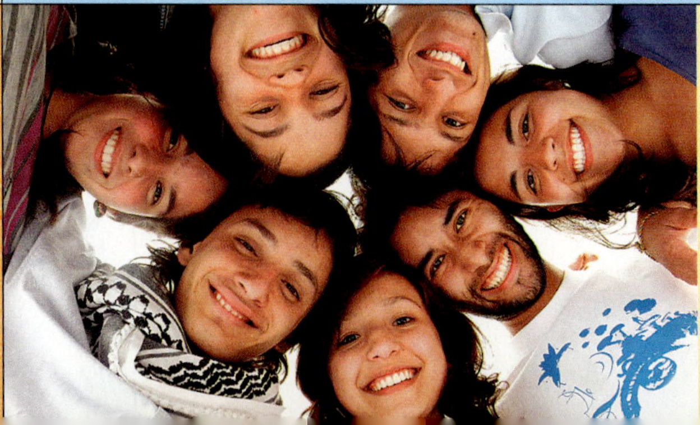

treinta y siete **37**

Comida • La comida mexicana
La comida° mexicana es muy popular en los Estados Unidos. Los tacos, las enchiladas, las quesadillas y los frijoles frecuentemente forman parte de las comidas de muchos norteamericanos. También° son populares las variaciones de la comida mexicana en los Estados Unidos: el tex-mex y el cali-mex.

Lugares • La Pequeña Habana
La Pequeña Habana° es un barrio° de Miami, Florida, donde viven° muchos cubanoamericanos. Es un lugar° donde se encuentran° las costumbres° de la cultura cubana, los aromas y sabores° de su comida y la música salsa. La Pequeña Habana es una parte de Cuba en los Estados Unidos.

Costumbres • Desfile puertorriqueño
Cada junio, desde° 1951 (mil novecientos cincuenta y uno), los puertorriqueños celebran su cultura con un desfile° en Nueva York. Es un gran espectáculo con carrozas° y música salsa, merengue y hip-hop. Muchos espectadores llevan° la bandera° de Puerto Rico en su ropa° o pintada en la cara°.

Comunidad • Hispanos en Canadá
En Canadá viven° muchos hispanos. Toronto y Montreal son las ciudades° con mayor° población hispana. Muchos de ellos tienen estudios universitarios° y hablan° una de las lenguas° oficiales: inglés o francés°. Los hispanos participan activamente en la vida cotidiana° y profesional de Canadá.

¿Qué aprendiste? Completa las frases con la información adecuada (*appropriate*).

1. Hay _____ de personas de origen hispano en los Estados Unidos.
2. Los cuatro estados con las poblaciones hispanas más grandes son (en orden) _____, Texas, Florida y _____.
3. Toronto, Montreal y _____ son las ciudades con más población hispana de Canadá.
4. Las quesadillas y las enchiladas son platos (*dishes*) _____.
5. La Pequeña _____ es un barrio de Miami.
6. En Miami hay muchas personas de origen _____.
7. Cada junio se celebra en Nueva York un gran desfile para personas de origen _____.
8. Muchos hispanos en Canadá hablan _____ o francés.

Conexión Internet Investiga estos temas en **vistas.vhlcentral.com**.

1. Haz (*Make*) una lista de seis hispanos célebres de los EE.UU. o Canadá. Explica (*Explain*) por qué (*why*) son célebres.
2. Escoge (*Choose*) seis lugares en los Estados Unidos con nombres hispanos e investiga sobre el origen y el significado (*meaning*) de cada nombre.

Practice more at **vistas.vhlcentral.com**.

---

comida *food* También *Also* La Pequeña Habana *Little Havana* barrio *neighborhood* viven *live* lugar *place* se encuentran *are found* costumbres *customs* sabores *flavors* Cada junio desde *Each June since* desfile *parade* con carrozas *with floats* llevan *wear* bandera *flag* ropa *clothing* cara *face* viven *live* ciudades *cities* mayor *most* tienen estudios universitarios *have a degree* hablan *speak* lenguas *languages* inglés o francés *English or French* vida cotidiana *daily life*

vocabulario

Saludos

Hola.	Hello; Hi.
Buenos días.	Good morning.
Buenas tardes.	Good afternoon.
Buenas noches.	Good evening; Good night.

Despedidas

Adiós.	Goodbye.
Nos vemos.	See you.
Hasta luego.	See you later.
Hasta la vista.	See you later.
Hasta pronto.	See you soon.
Hasta mañana.	See you tomorrow.
Saludos a...	Greetings to…
Chau.	Bye.

¿Cómo está?

¿Cómo está usted?	How are you? (form.)
¿Cómo estás?	How are you? (fam.)
¿Qué hay de nuevo?	What's new?
¿Qué pasa?	What's happening?; What's going on?
¿Qué tal?	How are you?; How is it going?
(Muy) bien, gracias.	(Very) well, thanks.
Nada.	Nothing.
No muy bien.	Not very well.
Regular.	So-so; OK.

Expresiones de cortesía

Con permiso.	Pardon me; Excuse me.
De nada.	You're welcome.
Lo siento.	I'm sorry.
(Muchas) gracias.	Thank you (very much); Thanks (a lot).
No hay de qué.	You're welcome.
Perdón.	Pardon me; Excuse me.
por favor	please

Títulos

señor (Sr.); don	Mr.; sir
señora (Sra.); doña	Mrs.; ma'am
señorita (Srta.)	Miss

Presentaciones

¿Cómo se llama usted?	What's your name? (form.)
¿Cómo te llamas?	What's your name? (fam.)
Me llamo...	My name is…
¿Y usted?	And you? (form.)
¿Y tú?	And you? (fam.)
Mucho gusto.	Pleased to meet you.
El gusto es mío.	The pleasure is mine.
Encantado/a.	Delighted; Pleased to meet you.
Igualmente.	Likewise.
Éste/Ésta es...	This is…
Le presento a...	I would like to introduce you to (name). (form.)
Te presento a...	I would like to introduce you to (name). (fam.)
el nombre	name

¿De dónde es?

¿De dónde es usted?	Where are you from? (form.)
¿De dónde eres?	Where are you from? (fam.)
Soy de...	I'm from…

Palabras adicionales

¿cuánto(s)/a(s)?	how much/many?
¿de quién...?	whose…? (sing.)
¿de quiénes...?	whose…? (plural)
(no) hay	there is (not); there are (not)

Países

Argentina	Argentina
Costa Rica	Costa Rica
Cuba	Cuba
Ecuador	Ecuador
España	Spain
Estados Unidos (EE.UU.)	United States
México	Mexico
Puerto Rico	Puerto Rico

Sustantivo

el autobús	bus
la capital	capital city
el chico	boy
la chica	girl
la computadora	computer
la comunidad	community
el/la conductor(a)	driver
la conversación	conversation
la cosa	thing
el cuaderno	notebook
el día	day
el diario	diary
el diccionario	dictionary
la escuela	school
el/la estudiante	student
la foto(grafía)	photograph
el hombre	man
el/la joven	youth; young person
el lápiz	pencil
la lección	lesson
la maleta	suitcase
la mano	hand
el mapa	map
la mujer	woman
la nacionalidad	nationality
el número	number
el país	country
la palabra	word
el/la pasajero/a	passenger
el problema	problem
el/la profesor(a)	teacher
el programa	program
el/la turista	tourist
el video	video

Verbo

ser	to be

Numbers 0–30	See page 16.
Telling time	See pages 24–25.
Expresiones útiles	See page 7.

  Audio: Vocabulary

recursos

LM p. 6

vistas.vhlcentral.com
Lección 1

En la universidad

2

Communicative Goals

You will learn how to:
- Talk about your classes and school life
- Discuss everyday activities
- Ask questions in Spanish
- Describe the location of people and things

contextos

pages 40–43
- The classroom and academic life
- Days of the week
- Fields of study and academic subjects
- Class schedules

fotonovela

pages 44–47
Felipe takes Marissa around Mexico City. Along the way, they meet some friends and discuss the upcoming semester.

cultura

pages 48–49
- Universities and majors in the Spanish-speaking world
- The University of Salamanca

estructura

pages 50–67
- Present tense of -ar verbs
- Forming questions in Spanish
- Present tense of **estar**
- Numbers 31 and higher
- **Recapitulación**

adelante

pages 68–75
Lectura: A brochure for a summer course in Madrid
Escritura: A description of yourself
Escuchar: A conversation about courses
En pantalla
Flash cultura
Panorama: España

A PRIMERA VISTA
- ¿Hay dos chicos en la foto?
- ¿Hay tres cuadernos o siete?
- ¿Son turistas o estudiantes?
- ¿Qué hora es, la una de la mañana o de la tarde?

2 contextos

Talking Picture, Tutorials & Games
Audio: Activities

En la universidad

Más vocabulario

la biblioteca	library
la cafetería	cafeteria
la casa	house; home
el estadio	stadium
el laboratorio	laboratory
la librería	bookstore
la residencia estudiantil	dormitory
la universidad	university; college
el/la compañero/a de clase	classmate
el/la compañero/a de cuarto	roommate
la clase	class
el curso	course
la especialización	major
el examen	test; exam
el horario	schedule
la prueba	test; quiz
el semestre	semester
la tarea	homework
el trimestre	trimester; quarter
la administración de empresas	business administration
el arte	art
la biología	biology
las ciencias	sciences
la computación	computer science
la contabilidad	accounting
la economía	economics
el español	Spanish
la física	physics
la geografía	geography
la música	music

Variación léxica

pluma ←→ bolígrafo
pizarra ←→ tablero (*Col.*)

recursos

WB pp. 11–12
LM p. 7
vistas.vhlcentral.com Lección 2

Práctica

1. Escuchar 🎧 Listen to Professor Morales talk about her Spanish classroom, then check the items she mentions.

puerta ○	tiza ○	plumas ○
ventanas ○	escritorios ○	mochilas ○
pizarra ○	sillas ○	papel ○
borrador ○	libros ○	reloj ○

2. Identificar 🎧 You will hear a series of words. Write each one in the appropriate category.

Personas	Lugares	Materias
___	___	___
___	___	___
___	___	___

3. Emparejar Match each question with its most logical response. ¡Ojo! (*Careful!*) One response will not be used.

1. ¿Qué clase es?
2. ¿Quiénes son?
3. ¿Quién es?
4. ¿De dónde es?
5. ¿A qué hora es la clase de inglés?
6. ¿Cuántos estudiantes hay?

a. Hay veinticinco.
b. Es un reloj.
c. Es de Perú.
d. Es la clase de química.
e. Es el señor Bastos.
f. Es a las nueve en punto.
g. Son los profesores.

4. Identificar Identify the word that does not belong in each group.

1. examen • casa • tarea • prueba
2. economía • matemáticas • biblioteca • contabilidad
3. pizarra • tiza • borrador • librería
4. lápiz • cafetería • papel • cuaderno
5. veinte • diez • pluma • treinta
6. conductor • laboratorio • autobús • pasajero

5. ¿Qué clase es? Name the class associated with the subject matter.

modelo
los elementos, los átomos   Es la clase de química.

1. Abraham Lincoln, Winston Churchill
2. Picasso, Leonardo da Vinci
3. Freud, Jung
4. África, el océano Pacífico
5. la cultura de España, verbos
6. Hemingway, Shakespeare
7. geometría, calculadora

Los días de la semana

lunes	martes	miércoles	jueves	viernes	sábado	domingo
	1	2	3	4	5	6
7	8	9	10			

septiembre

¡LENGUA VIVA!
The days of the week are never capitalized in Spanish.
• • •
Monday is considered the first day of the week in Spanish-speaking countries.

CONSULTA
Note that September in Spanish is **septiembre**. For all of the months of the year, go to **Contextos, Lección 5**, p. 154.

6 **¿Qué día es hoy?** Complete each statement with the correct day of the week.

1. Hoy es martes. Mañana es _____. Ayer fue (*Yesterday was*) _____.
2. Ayer fue sábado. Mañana es _____. Hoy es _____.
3. Mañana es viernes. Hoy es _____. Ayer fue _____.
4. Ayer fue domingo. Hoy es _____. Mañana es _____.
5. Hoy es jueves. Ayer fue _____. Mañana es _____.
6. Mañana es lunes. Hoy es _____. Ayer fue _____.

7 **Analogías** Use these words to complete the analogies. Some words will not be used.

arte	día	martes	pizarra
biblioteca	domingo	matemáticas	profesor
catorce	estudiante	mujer	reloj

1. maleta ↔ pasajero ⊜ mochila ↔ _____
2. chico ↔ chica ⊜ hombre ↔ _____
3. pluma ↔ papel ⊜ tiza ↔ _____
4. inglés ↔ lengua ⊜ miércoles ↔ _____
5. papel ↔ cuaderno ⊜ libro ↔ _____
6. quince ↔ dieciséis ⊜ lunes ↔ _____
7. Cervantes ↔ literatura ⊜ Dalí ↔ _____
8. autobús ↔ conductor ⊜ clase ↔ _____
9. los EE.UU. ↔ mapa ⊜ hora ↔ _____
10. veinte ↔ veintitrés ⊜ jueves ↔ _____

Practice more at **vistas.vhlcentral.com**.

En la universidad

Comunicación

8 **Horario** Choose three courses from the chart to create your own class schedule, then discuss it with a classmate.

materia	horas	días	profesor(a)
historia	9–10	lunes, miércoles	Prof. Ordóñez
biología	12–1	lunes, jueves	Profa. Dávila
periodismo	2–3	martes, jueves	Profa. Quiñones
matemáticas	2–3	miércoles, jueves	Prof. Jiménez
arte	12–1:30	lunes, miércoles	Prof. Molina

¡ATENCIÓN!

Use **el** + [day of the week] when an activity occurs on a specific day and **los** + [day of the week] when an activity occurs regularly.

El lunes tengo un examen.
On Monday I have an exam.

Los lunes y miércoles tomo biología.
On Mondays and Wednesdays I take biology.

•••

Except for **sábados** and **domingos**, the singular and plural forms for days of the week are the same.

modelo
Estudiante 1: Tomo (*I take*) biología los lunes y jueves, de 12 a 1, con (*with*) la profesora Dávila.
Estudiante 2: ¿Sí? Yo no tomo biología. Yo tomo arte los lunes y miércoles, de 12 a 1:30, con el profesor Molina.

9 **Memoria** How well do you know your Spanish classroom? Take a good look around and then close your eyes. Your partner will ask you questions about the classroom, using these words and other vocabulary. Each person should answer six questions and switch roles every three questions.

escritorio	mapa	pizarra	reloj
estudiante	mesa	profesor(a)	ventana
libro	mochila	puerta	silla

modelo
Estudiante 1: ¿Cuántas ventanas hay?
Estudiante 2: Hay cuatro ventanas.

10 **Nuevos amigos** During the first week of class, you meet a new student in the cafeteria. With a partner, prepare a conversation using these cues. Then act it out for the class.

Estudiante 1
Greet your new acquaintance.
Find out about him or her.
Ask about your partner's class schedule.
Say nice to meet you and goodbye.

Estudiante 2
Introduce yourself.
Tell him or her about yourself.
Compare your schedule to your partner's.
Say nice to meet you and goodbye.

2 fotonovela

¿Qué estudias?

Felipe, Marissa, Juan Carlos y Miguel visitan Chapultepec y hablan de las clases.

PERSONAJES MARISSA FELIPE

Video: *Fotonovela*
Record and Compare

FELIPE Dos boletos, por favor.

EMPLEADO Dos boletos son 64 pesos.
FELIPE Aquí están 100 pesos.
EMPLEADO 100 menos 64 son 36 pesos de cambio.

MIGUEL Marissa, hablas muy bien el español... ¿Y dónde está tu diccionario?
MARISSA En casa de los Díaz. Felipe necesita practicar inglés.
MIGUEL ¡Ay, Maru! Chicos, nos vemos más tarde.

FELIPE Ésta es la Ciudad de México.

FELIPE Oye, Marissa, ¿cuántas clases tomas?
MARISSA Tomo cuatro clases: español, historia, literatura y también geografía. Me gusta mucho la cultura mexicana.

FELIPE Juan Carlos, ¿quién enseña la clase de química este semestre?
JUAN CARLOS El profesor Morales. Ah, ¿por qué tomo química y computación?
FELIPE Porque te gusta la tarea.

cuarenta y cinco 45

JUAN CARLOS **MIGUEL** **EMPLEADO** **MARU**

FELIPE Los lunes y los miércoles, economía a las 2:30. Tú tomas computación los martes en la tarde, y química, a ver... Los lunes, los miércoles y los viernes ¿a las 10? ¡Uf!

FELIPE Y Miguel, ¿cuándo regresa?
JUAN CARLOS Hoy estudia con Maru.
MARISSA ¿Quién es Maru?

MIGUEL ¿Hablas con tu mamá?
MARU Mamá habla. Yo escucho. Es la 1:30.
MIGUEL Ay, lo siento. Juan Carlos y Felipe...
MARU Ay, Felipe.

MARU Y ahora, ¿adónde? ¿A la biblioteca?
MIGUEL Sí, pero primero a la librería. Necesito comprar unos libros.

Expresiones útiles

Talking about classes

¿Cuántas clases tomas?
How many classes are you taking?
Tomo cuatro clases.
I'm taking four classes.
Mi especialización es en arqueología.
My major is archeology.
Este año, espero sacar buenas notas y, por supuesto, viajar por el país.
This year, I hope / I'm hoping to get good grades. And, of course, travel through the country.

Talking about likes/dislikes

Me gusta mucho la cultura mexicana.
I like Mexican culture a lot.
Me gustan las ciencias ambientales.
I like environmental science.
Me gusta dibujar.
I like to draw.
¿Te gusta este lugar?
Do you like this place?

Paying for tickets

Dos boletos, por favor.
Two tickets, please.
Dos boletos son sesenta y cuatro pesos.
Two tickets are sixty-four pesos.
Aquí están cien pesos.
Here's a hundred pesos.
Son treinta y seis pesos de cambio.
That's thirty-six pesos change.

Talking about location and direction

¿Dónde está tu diccionario?
Where is your dictionary?
Está en casa de los Díaz.
It's at the Díaz's house.
Y ahora, ¿adónde? ¿A la biblioteca?
And now, where to? To the library?
Sí, pero primero a la librería.
Está al lado.
Yes, but first to the bookstore.
It's next door.

recursos
VM pp. 215–216
vistas.vhlcentral.com Lección 2

¿Qué pasó?

1 Escoger Choose the answer that best completes each sentence.

1. Marissa toma (*is taking*) _____ en la universidad.
   a. español, psicología, economía y música   b. historia, inglés, sociología y periodismo
   c. español, historia, literatura y geografía
2. El profesor Morales enseña (*teaches*) _____.
   a. química   b. matemáticas   c. historia
3. Juan Carlos toma química _____.
   a. los miércoles, jueves y viernes   b. los lunes, miércoles y viernes
   c. los lunes, martes y jueves
4. Miguel necesita ir a (*needs to go to*) _____.
   a. la biblioteca   b. la residencia estudiantil   c. la librería

2 Identificar Indicate which person would make each statement. The names may be used more than once.

1. ¿Maru es compañera de ustedes? _____
2. Mi mamá habla mucho. _____
3. El profesor Morales enseña la clase de química este semestre. _____
4. Mi diccionario está en casa de Felipe y Jimena. _____
5. Necesito estudiar con Maru. _____
6. Yo tomo clase de computación los martes por la tarde. _____

NOTA CULTURAL

Maru is a shortened version of the name **María Eugenia**. Other popular "combination names" in Spanish are **Juanjo (Juan José)** and **Maite (María Teresa)**.

3 Completar These sentences are similar to things said in the **Fotonovela**. Complete each sentence with the correct word(s).

| Castillo de Chapultepec | estudiar | miércoles |
| clase | inglés | tarea |

1. Marissa, éste es el _____.
2. Felipe tiene (*has*) el diccionario porque (*because*) necesita practicar _____.
3. A Juan Carlos le gusta mucho la _____.
4. Hay clase de economía los lunes y _____.
5. Miguel está con Maru para _____.

NOTA CULTURAL

The **Castillo de Chapultepec** is one of Mexico City's most historic landmarks. Constructed in 1785, it was the residence of emperors and presidents. It has been open to the public since 1944 and now houses the National Museum of History.

4 Preguntas personales Interview a classmate about his/her university life.

1. ¿Qué clases tomas en la universidad?
2. ¿Qué clases tomas los martes?
3. ¿Qué clases tomas los viernes?
4. ¿En qué clase hay más chicos?
5. ¿En qué clase hay más chicas?
6. ¿Te gusta la clase de español?

Practice more at vistas.vhlcentral.com.

En la universidad

Pronunciación
Spanish vowels

Audio: Concepts, Activities
Record & Compare

a   **e**   **i**   **o**   **u**

Spanish vowels are never silent; they are always pronounced in a short, crisp way without the glide sounds used in English.

Álex	**clase**	**nada**	**encantada**

The letter **a** is pronounced like the *a* in *father*, but shorter.

el	**ene**	**mesa**	**elefante**

The letter **e** is pronounced like the *e* in *they*, but shorter.

Inés	**chica**	**tiza**	**señorita**

The letter **i** sounds like the *ee* in *beet*, but shorter.

hola	**con**	**libro**	**don Francisco**

The letter **o** is pronounced like the *o* in *tone*, but shorter.

uno	**regular**	**saludos**	**gusto**

The letter **u** sounds like the *oo* in *room*, but shorter.

Práctica Practice the vowels by saying the names of these places in Spain.
1. Madrid
2. Alicante
3. Tenerife
4. Toledo
5. Barcelona
6. Granada
7. Burgos
8. La Coruña

Oraciones Read the sentences aloud, focusing on the vowels.
1. Hola. Me llamo Ramiro Morgado.
2. Estudio arte en la Universidad de Salamanca.
3. Tomo también literatura y contabilidad.
4. Ay, tengo clase en cinco minutos. ¡Nos vemos!

Refranes Practice the vowels by reading these sayings aloud.

AYUDA
Although **hay** and **ay** are pronounced identically, they do not have the same meaning. As you learned in **Lección 1**, **hay** is a verb form that means *there is/are*. **Hay veinte libros**. (*There are twenty books*.) **¡Ay!** is an exclamation expressing pain, shock, or affliction: *Oh!; Oh, dear!*

Del dicho al hecho hay un gran trecho.[1]

Cada loco con su tema.[2]

[1] Easier said than done.
[2] To each his own.

recursos

LM p. 8

vistas.vhlcentral.com
Lección 2

cultura

EN DETALLE

Additional Reading

La elección de una carrera universitaria

Since higher education in the Spanish-speaking world is heavily state-subsidized, tuition is almost free. As a result, public universities see large enrollments. Spanish and Latin American students generally choose their **carrera universitaria** (major) when they're eighteen—which is either the year they enter the university or the year before. In order to enroll, all students must complete a high school degree, known as the **bachillerato**. In countries like Bolivia, Mexico, and Peru, the last year of high school (**colegio***) tends to be specialized in an area of study, such as the arts or natural sciences.

Students then choose their major according to their area of specialization. Similarly, university-bound students in Argentina follow the **polimodal** track during the last three years of high school. **Polimodal** refers to exposure to various disciplines, such as business, social sciences, or design. Based on this coursework, Argentine students choose their **carrera**. Finally, in Spain, students choose their major according to the score they receive on the **prueba de aptitud** (skills test or entrance exam).

University graduates receive a **licenciatura**, or bachelor's degree. In Argentina and Chile, a **licenciatura** takes four to six years to complete,

Universidad Central de Venezuela en Caracas

and may be considered equivalent to a master's degree. In Peru and Venezuela, a bachelor's degree is a five-year process. Spanish and Colombian **licenciaturas** take four to five years, although some fields, such as medicine, require six or more.

> **Estudiantes hispanos en los EE.UU.**
>
> In the 2004–05 academic year, over 13,000 Mexican students (2.3% of all international students) studied at U.S. universities. Colombians were the second-largest Spanish-speaking group, with over 7,000 students.

***¡Ojo!** El **colegio** is a false cognate. In most countries, it means *high school*, but in some regions it refers to an elementary school. All undergraduate study takes place at la **universidad**.

ACTIVIDADES

1 **¿Cierto o falso?** Indicate whether these statements are **cierto** or **falso**. Correct the false statements.

1. Students in Spanish-speaking countries must pay large amounts of money toward their college tuition.
2. **Carrera** refers to any undergraduate or graduate program that students enroll in to obtain a professional degree.
3. After studying at a **colegio**, students receive their **bachillerato**.
4. Undergraduates study at a **colegio** or an **universidad**.
5. In Latin America and Spain, students usually choose their majors in their second year at the university.
6. The **polimodal** system helps students choose their university major.
7. In Mexico, the **bachillerato** involves specialized study.
8. In Spain, majors depend on entrance exam scores.
9. Venezuelans complete a **licenciatura** in five years.
10. According to statistics, Colombians constitute the third-largest Latin American group studying at U.S. universities.

ASÍ SE DICE
Clases y exámenes

aprobar	to pass
la asignatura (Esp.)	la clase, la materia
la clase anual	year-long course
el examen parcial	midterm exam
la facultad	department, school
la investigación	research
el profesorado	faculty
reprobar; suspender (Esp.)	to fail
sacar buenas/ malas notas	to get good/ bad grades
tomar apuntes	to take notes

EL MUNDO HISPANO
Las universidades hispanas

It is not uncommon for universities in Spain and Latin America to have extremely large student body populations.

- **Universidad de Buenos Aires** (Argentina) 325.000 estudiantes
- **Universidad Autónoma de Santo Domingo** (República Dominicana) 180.000 estudiantes
- **Universidad Complutense de Madrid** (España) 86.200 estudiantes
- **Universidad Central de Venezuela** (Venezuela) 62.600 estudiantes

PERFIL
La Universidad de Salamanca

The University of Salamanca, established in 1218, is the oldest university in Spain. It is located in Salamanca, one of the most spectacular Renaissance cities in Europe. Salamanca is nicknamed **La Ciudad Dorada** (*The Golden City*) for the golden glow of its famous sandstone buildings, and it was declared a UNESCO World Heritage Site in 1968.

Salamanca is a true college town, as its prosperity and city life depend and revolve around the university population. Over 38,000 students from all over Spain, as well as abroad, come to study here each year. The school offers over 250 academic programs, as well as renowned Spanish courses for foreign students. To walk through the university's historic grounds is to follow the footsteps of immortal writers like Miguel de Cervantes and Miguel de Unamuno.

To which facultad does your major belong in Spain or Latin America? Go to vistas.vhlcentral.com to find more cultural information related to this **Cultura** section.

ACTIVIDADES

2 Comprensión Complete these sentences.
1. The University of Salamanca was established in the year _____.
2. A _____ is a year-long course.
3. Salamanca is called _____.
4. Over 300,000 students attend the _____.
5. An _____ occurs about halfway through a course.

3 La universidad en cifras With a partner, research a Spanish or Latin American university online and find five statistics about that institution (for instance, the total enrollment, majors offered, year it was founded, etc.). Using the information you found, create a dialogue between a prospective student and a university representative. Present your dialogue to the class.

Practice more at **vistas.vhlcentral.com**.

2 estructura

2.1 Present tense of -ar verbs

ANTE TODO In order to talk about activities, you need to use verbs. Verbs express actions or states of being. In English and Spanish, the infinitive is the base form of the verb. In English, the infinitive is preceded by the word *to*: *to study*, *to be*. The infinitive in Spanish is a one-word form and can be recognized by its endings: **-ar**, **-er**, or **-ir**.

-ar verb		*-er* verb		*-ir* verb	
estudiar	to study	comer	to eat	escribir	to write

▶ In this lesson, you will learn the forms of regular **-ar** verbs.

The verb estudiar (to study)

SINGULAR FORMS
yo	estudi**o**	I study
tú	estudi**as**	you (fam.) study
Ud./él/ella	estudi**a**	you (form.) study; he/she studies

PLURAL FORMS
nosotros/as	estudi**amos**	we study
vosotros/as	estudi**áis**	you (fam.) study
Uds./ellos/ellas	estudi**an**	you (form.) study; they study

Juan Carlos estudia ciencias ambientales.

Y tú, ¿qué estudias, Miguel?

▶ To create the forms of most regular verbs in Spanish, drop the infinitive endings (**-ar**, **-er**, **-ir**). You then add to the stem the endings that correspond to the different subject pronouns. This diagram will help you visualize verb conjugation.

Conjugation of *-ar* verbs

INFINITIVE	VERB STEM	CONJUGATED FORM
estudi**ar**	estudi-	yo estudi**o**
bail**ar**	bail-	tú bail**as**
trabaj**ar**	trabaj-	nosotros trabaj**amos**

Common -ar verbs

bailar	to dance	estudiar	to study
buscar	to look for	explicar	to explain
caminar	to walk	hablar	to talk; to speak
cantar	to sing	llegar	to arrive
cenar	to have dinner	llevar	to carry
comprar	to buy	mirar	to look (at); to watch
contestar	to answer	necesitar (+ *inf.*)	to need
conversar	to converse, to chat	practicar	to practice
desayunar	to have breakfast	preguntar	to ask (a question)
descansar	to rest	preparar	to prepare
desear (+ *inf.*)	to desire; to wish	regresar	to return
dibujar	to draw	terminar	to end; to finish
enseñar	to teach	tomar	to take; to drink
escuchar	to listen (to)	trabajar	to work
esperar (+ *inf.*)	to wait (for); to hope	viajar	to travel

▶ **¡Atención!** Unless referring to a person, the Spanish verbs **buscar**, **escuchar**, **esperar**, and **mirar** do not need to be followed by prepositions as they do in English.

Busco la tarea.
I'm looking for the homework.

Espero el autobús.
I'm waiting for the bus.

Escucho la música.
I'm listening to the music.

Miro la pizarra.
I'm looking at the blackboard.

COMPARE & CONTRAST

English uses three sets of forms to talk about the present: (1) the simple present (*Paco works*), (2) the present progressive (*Paco is working*), and (3) the emphatic present (*Paco does work*). In Spanish, the simple present can be used in all three cases.

Paco **trabaja** en la cafetería.
1. Paco *works* in the cafeteria.
2. Paco *is working* in the cafeteria.
3. Paco *does work* in the cafeteria.

In Spanish and English, the present tense is also sometimes used to express future action.

Marina **viaja** a Madrid mañana.
1. Marina *travels* to Madrid tomorrow.
2. Marina *will travel* to Madrid tomorrow.
3. Marina *is traveling* to Madrid tomorrow.

▶ When two verbs are used together with no change of subject, the second verb is generally in the infinitive. To make a sentence negative in Spanish, the word **no** is placed before the conjugated verb. In this case, **no** means *not*.

Deseo hablar con el señor Díaz.
I want to speak with Mr. Díaz.

Alicia **no** desea bailar ahora.
Alicia doesn't want to dance now.

▸ Spanish speakers often omit subject pronouns because the verb endings indicate who the subject is. In Spanish, subject pronouns are used for emphasis, clarification, or contrast.

—¿Qué enseñan? —**Ella** enseña arte y **él** enseña física.
What do they teach? *She teaches art, and he teaches physics.*

—¿Quién desea trabajar hoy? —**Yo** no deseo trabajar hoy.
Who wants to work today? *I don't want to work today.*

The verb gustar

▸ To express your likes and dislikes, use the expression **(no) me gusta** + **el/la** + [*singular noun*] or **(no) me gustan** + **los/las** + [*plural noun*]. Note: You may use the phrase **a mí** for emphasis, but never the subject pronoun **yo**.

Me gusta la música clásica. **Me gustan las clases** de español y biología.
I like classical music. *I like Spanish and biology classes.*

A mí me gustan las artes. **A mí no me gusta el programa.**
I like the arts. *I don't like the program.*

▸ To talk about what you like and don't like to do, use **(no) me gusta** + [*infinitive(s)*]. Note that the singular **gusta** is always used, even with more than one infinitive.

No me gusta viajar en autobús. **Me gusta cantar** y **bailar**.
I don't like to travel by bus. *I like to sing and dance.*

▸ To ask a classmate about likes and dislikes, use the pronoun **te** instead of **me**. Note: You may use **a ti** for emphasis, but never the subject pronoun **tú**.

—¿**Te gusta la geografía?** —Sí, **me gusta**. Y a ti, ¿**te gusta el inglés?**
Do you like geography? *Yes, I like it. And you, do you like English?*

▸ You can use this same structure to talk about other people by using the pronouns **nos**, **le**, and **les**. Unless your instructor tells you otherwise, only the **me** and **te** forms will appear on test materials until **Lección 7**.

Nos gusta dibujar. (nosotros) **Nos gustan las clases** de español
We like to draw.   e inglés. (nosotros)
  We like Spanish class and English class.

No le gusta trabajar. **Les gusta el arte.**
  (usted, él, ella)   (ustedes, ellos, ellas)
You don't like to work. *You like art.*
He/She doesn't like to work. *They like art.*

¡ATENCIÓN!
Note that **gustar** does not behave like other **-ar** verbs. You must study its use carefully and pay attention to prepositions, pronouns, and agreement.

AYUDA
Use the construction **a** + [*name/pronoun*] to clarify to whom you are referring. This construction is not always necessary.
A Gabriela le gusta bailar.
A Sara y a él les gustan los animales.
A mí me gusta viajar.
¿**A ti** te gustan las clases?

CONSULTA
For more on **gustar** and other verbs like it, see **Estructura 7.4**, pp. 246–247.

¡INTÉNTALO! Provide the present tense forms of these verbs. The first items have been done for you.

hablar
1. Yo ___hablo___ español.
2. Ellos _____ español.
3. Inés _____ español.
4. Nosotras _____ español.
5. Tú _____ español.

gustar
1. ___Me gusta___ el café. (a mí)
2. ¿_____ las clases? (a ti)
3. No _____ el café. (a ti)
4. No _____ las clases. (a mí)
5. No _____ el café. (a mí)

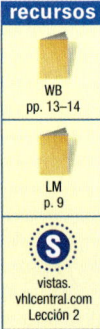

recursos

WB pp. 13–14

LM p. 9

vistas.vhlcentral.com Lección 2

Práctica

1 Completar Complete the conversation with the appropriate forms of the verbs in parentheses.

JUAN ¡Hola, Linda! ¿Qué tal las clases?
LINDA Bien. (1)_____ (Tomar) tres clases... química, biología y computación. Y tú, ¿cuántas clases (2)_____ (tomar)?
JUAN (3)_____ (Tomar) tres también... biología, arte y literatura. El doctor Cárdenas (4)_____ (enseñar) la clase de biología.
LINDA ¿Ah, sí? Lily, Alberto y yo (5)_____ (tomar) biología a las diez con la profesora Garza.
JUAN ¿(6)_____ (Estudiar) mucho ustedes?
LINDA Sí, porque hay muchos exámenes. Alberto y yo (7)_____ (necesitar) estudiar dos horas todos los días (*every day*).

2 Oraciones Form sentences using the words provided. Remember to conjugate the verbs and add any other necessary words.

1. ustedes / practicar / vocabulario
2. ¿preparar (tú) / tarea?
3. clase de español / terminar / once
4. ¿qué / buscar / ustedes?
5. (nosotros) buscar / pluma
6. (yo) comprar / calculadora

3 Gustos Read what these people do. Then use the information in parentheses to tell what they like.

> **modelo**
> Yo enseño en la universidad. (las clases)   Me gustan las clases.

1. Tú deseas mirar cuadros (*paintings*) de Picasso. (el arte)
2. Soy estudiante de economía. (estudiar)
3. Tú estudias italiano y español. (las lenguas extranjeras)
4. No descansas los sábados. (cantar y bailar)
5. Busco una computadora. (la computación)

4 Actividades Get together with a classmate and take turns asking each other if you do these activities. Which activities does your partner like? Which do you both like?

> **modelo**
> tomar el autobús
> **Estudiante 1:** ¿Tomas el autobús?
> **Estudiante 2:** Sí, tomo el autobús, pero (*but*) no me gusta./ No, no tomo el autobús.

bailar merengue	escuchar música rock	practicar el español
cantar bien	estudiar física	trabajar en la universidad
dibujar en clase	mirar la televisión	viajar a Europa

AYUDA
The Spanish **no** translates to both *no* and *not* in English. In negative answers to questions, you will need to use **no** twice:
¿**Estudias** geografía?
No, no estudio geografía.

En la universidad — cincuenta y tres — 53

Comunicación

5 **Describir** With a partner, describe what you see in the pictures using the given verbs. Also ask your partner whether or not he/she likes one of the activities.

modelo
enseñar
La profesora enseña química. ¿Te gusta la química?

1. caminar, hablar, llevar

2. buscar, descansar, estudiar

3. dibujar, cantar, escuchar

4. llevar, tomar, viajar

6 **Charadas** In groups of three, play a game of charades using the verbs in the word bank. For example, if someone is studying, you say "**Estudias**." The first person to guess correctly acts out the next charade.

| bailar | cantar | descansar | enseñar | mirar |
| caminar | conversar | dibujar | escuchar | preguntar |

Síntesis

7 **Conversación** Get together with a classmate and pretend that you are friends who have not seen each other on campus for a few days. Have a conversation in which you catch up on things. Mention how you're feeling, what classes you're taking, what days and times you have classes, and which classes you like and don't like.

Practice more at vistas.vhlcentral.com.

En la universidad   cincuenta y cinco   **55**

2.2 Forming questions in Spanish

ANTE TODO There are three basic ways to ask questions in Spanish. Can you guess what they are by looking at the photos and photo captions on this page?

Te gusta mucho la tarea, ¿no?

¿Hablas con tu mamá?

¿Quién es Maru?

▶ One way to form a question is to raise the pitch of your voice at the end of a declarative sentence. When writing any question in Spanish, be sure to use an upside down question mark (¿) at the beginning and a regular question mark (?) at the end of the sentence.

Statement	Question
Ustedes trabajan los sábados.	¿Ustedes trabajan los sábados?
You work on Saturdays.	*Do you work on Saturdays?*
Carlota busca un mapa.	¿Carlota busca un mapa?
Carlota is looking for a map.	*Is Carlota looking for a map?*

▶ You can also form a question by inverting the order of the subject and the verb of a declarative statement. The subject may even be placed at the end of the sentence.

Statement	Question
SUBJECT VERB	VERB SUBJECT
Ustedes trabajan los sábados.	¿**Trabajan ustedes** los sábados?
You work on Saturdays.	*Do you work on Saturdays?*
SUBJECT VERB	VERB SUBJECT
Carlota regresa a las seis.	¿**Regresa** a las seis **Carlota**?
Carlota returns at six.	*Does Carlota return at six?*

▶ Questions can also be formed by adding the tags **¿no?** or **¿verdad?** at the end of a statement.

Statement	Question
Ustedes trabajan los sábados.	Ustedes trabajan los sábados, **¿no?**
You work on Saturdays.	*You work on Saturdays, don't you?*
Carlota regresa a las seis.	Carlota regresa a las seis, **¿verdad?**
Carlota returns at six.	*Carlota returns at six, right?*

AYUDA

With a partner, take turns saying out loud the example statements and questions on this page. Your pitch indicates whether you are making a statement or asking a question. Then take turns making up statements of your own and turning them into questions, using all three methods.

AYUDA

With negative statements, only the tag ¿verdad? may be used.
Statement
Ustedes **no** trabajan los sábados.
You don't work on Saturdays.
Question
Ustedes **no** trabajan los sábados, **¿verdad?**
You don't work on Saturdays, right?

Question words

Interrogative words			
¿Adónde?	Where (to)?	¿De dónde?	From where?
¿Cómo?	How?	¿Dónde?	Where?
¿Cuál?, ¿Cuáles?	Which?; Which one(s)?	¿Por qué?	Why?
¿Cuándo?	When?	¿Qué?	What?; Which?
¿Cuánto/a?	How much?	¿Quién?	Who?
¿Cuántos/as?	How many?	¿Quiénes?	Who (plural)?

▶ To ask a question that requires more than a *yes* or *no* answer, use an interrogative word.

¿Cuál de ellos estudia en la biblioteca?
Which of them studies in the library?

¿Adónde caminamos?
Where are we walking?

¿Cuántos estudiantes hablan español?
How many students speak Spanish?

¿Por qué necesitas hablar con ella?
Why do you need to talk to her?

¿Dónde trabaja Ricardo?
Where does Ricardo work?

¿Quién enseña la clase de arte?
Who teaches the art class?

¿Qué clases tomas?
What classes are you taking?

¿Cuánta tarea hay?
How much homework is there?

> **CONSULTA**
> You will learn more about the difference between **qué** and **cuál** in **Estructura 9.3**, p. 316.

▶ When pronouncing this type of question, the pitch of your voice falls at the end of the sentence.

¿Cómo llegas a clase?
How do you get to class?

¿Por qué necesitas estudiar?
Why do you need to study?

▶ Notice the difference between **¿por qué?**, which is written as two words and has an accent, and **porque**, which is written as one word without an accent.

¿Por qué estudias español?
Why do you study Spanish?

¡Porque es divertido!
Because it's fun!

▶ In Spanish **no** can mean both *no* and *not*. Therefore, when answering a yes/no question in the negative, you need to use **no** twice.

¿Caminan a la universidad?
Do you walk to the university?

No, no caminamos a la universidad.
No, we do not walk to the university.

 **¡INTÉNTALO!** Make questions out of these statements. Use the intonation method in column 1 and the tag **¿no?** method in column 2.

Statement	Intonation	Tag questions
1. Hablas inglés.	¿Hablas inglés?	Hablas inglés, ¿no?
2. Trabajamos mañana.	_____	_____
3. Ustedes desean bailar.	_____	_____
4. Raúl estudia mucho.	_____	_____
5. Enseño a las nueve.	_____	_____
6. Luz mira la televisión.	_____	_____

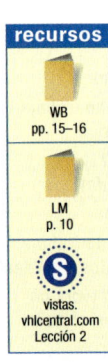

En la universidad

Práctica

1 **Preguntas** Change these sentences into questions by inverting the word order.

> **modelo**
> Ernesto habla con su compañero de clase.
> ¿Habla Ernesto con su compañero de clase? /
> ¿Habla con su compañero de clase Ernesto?

1. La profesora Cruz prepara la prueba.
2. Sandra y yo necesitamos estudiar.
3. Los chicos practican el vocabulario.
4. Jaime termina la tarea.
5. Tú trabajas en la biblioteca.

2 **Completar** Irene and Manolo are chatting in the library. Complete their conversation with the appropriate questions.

IRENE Hola, Manolo. (1)_____
MANOLO Bien, gracias. (2)_____
IRENE Muy bien. (3)_____
MANOLO Son las nueve.
IRENE (4)_____
MANOLO Estudio historia.
IRENE (5)_____
MANOLO Porque hay un examen mañana.
IRENE (6)_____
MANOLO Sí, me gusta mucho la clase.
IRENE (7)_____
MANOLO El profesor Padilla enseña la clase.
IRENE (8)_____
MANOLO No, no tomo psicología este (*this*) semestre.
IRENE (9)_____
MANOLO Regreso a la residencia a las once.
IRENE (10)_____
MANOLO No, no deseo tomar una soda. ¡Deseo estudiar!

3 **Dos profesores** In pairs, create a dialogue, similar to the one in **Actividad 2**, between Professor Padilla and his colleague Professor Martínez. Use question words.

> **modelo**
> **Prof. Padilla:** ¿Qué enseñas este semestre?
> **Prof. Martínez:** Enseño dos cursos de sociología.

Practice more at **vistas.vhlcentral.com**.

Comunicación

4 Encuesta Your instructor will give you a worksheet. Change the categories in the first column into questions, then use them to survey your classmates. Find at least one person for each category. Be prepared to report the results of your survey to the class.

5 Un juego In groups of four or five, play a game (**un juego**) of Jeopardy®. Each person has to write two clues. Then take turns reading the clues and guessing the questions. The person who guesses correctly reads the next clue.

> **Es algo que...** *It's something that...*
> **Es un lugar donde...** *It's a place where...*
> **Es una persona que...** *It's a person that...*

modelo

Estudiante 1: Es un lugar donde estudiamos.
Estudiante 2: ¿Qué es la biblioteca?

Estudiante 1: Es algo que escuchamos.
Estudiante 2: ¿Qué es la música?

Estudiante 1: Es un director de España.
Estudiante 2: ¿Quién es Pedro Almodóvar?

NOTA CULTURAL
Pedro Almodóvar is an award-winning film director from Spain. His films are full of both humor and melodrama, and their controversial subject matter has often sparked great debate. His film **Hable con ella** won the Oscar for Best Original Screenplay in 2002. His 2006 hit **Volver** was nominated for numerous awards, and won the Best Screenplay and Best Actress award for the entire female cast at the Cannes Film Festival.

6 El nuevo estudiante In pairs, imagine you are a transfer student and today is your first day of Spanish class. Ask your partner questions to find out all you can about the class, your classmates, and the university. Then switch roles.

modelo

Estudiante 1: Hola, me llamo Samuel. ¿Cómo te llamas?
Estudiante 2: Me llamo Laura.
Estudiante 1: ¿Quiénes son ellos?
Estudiante 2: Son Melanie y Lucas.
Estudiante 1: Y él, ¿de dónde es?
Estudiante 2: Es de California.
Estudiante 1: En la universidad hay cursos de ciencias, ¿verdad?
Estudiante 2: Sí, hay clases de biología, química y física.
Estudiante 1: ¿Cuántos exámenes hay en esta clase?
Estudiante 2: Hay dos.

Síntesis

7 Entrevista Imagine that you are a reporter for the school newspaper. Write five questions about student life at your school and use them to interview two classmates. Be prepared to report your findings to the class.

En la universidad

2.3 Present tense of estar

CONSULTA

To review the forms of **ser**, see **Estructura 1.3**, pp. 19–21.

ANTE TODO In **Lección 1**, you learned how to conjugate and use the verb **ser** *(to be)*. You will now learn a second verb which means *to be*, the verb **estar**. Although **estar** ends in **-ar**, it does not follow the pattern of regular **-ar** verbs. The **yo** form (**estoy**) is irregular. Also, all forms have an accented **á** except the **yo** and **nosotros/as** forms.

The verb estar (to be)

SINGULAR FORMS	yo	est**oy**	*I am*
	tú	est**ás**	*you (fam.) are*
	Ud./él/ella	est**á**	*you (form.) are; he/she is*
PLURAL FORMS	nosotros/as	est**amos**	*we are*
	vosotros/as	est**áis**	*you (fam.) are*
	Uds./ellos/ellas	est**án**	*you (form.) are; they are*

¡Estamos en Perú!

María está en la biblioteca.

COMPARE & CONTRAST

Compare the uses of the verb **estar** to those of the verb **ser**.

Uses of estar	**Uses of ser**

Location
Estoy en casa.
I am at home.

Marissa **está** al lado de Felipe.
Marissa is next to Felipe.

Health
Juan Carlos **está** enfermo hoy.
Juan Carlos is sick today.

Well-being
—¿Cómo **estás**, Jimena?
How are you, Jimena?

—**Estoy** muy bien, gracias.
I'm very well, thank you.

Identity
Hola, **soy** Maru.
Hello, I'm Maru.

Occupation
Soy estudiante.
I'm a student.

Origin
—¿**Eres** de México?
Are you from Mexico?

—Sí, **soy** de México.
Yes, I'm from Mexico.

Telling time
Son las cuatro.
It's four o'clock.

AYUDA

Use **la casa** to express *the house*, but **en casa** to express *at home*.

CONSULTA

To learn more about the difference between **ser** and **estar**, see **Estructura 5.3**, pp. 170–171.

▶ **Estar** is often used with certain prepositions to describe the location of a person or an object.

Prepositions often used with estar

al lado de	next to; beside	delante de	in front of
a la derecha de	to the right of	detrás de	behind
a la izquierda de	to the left of	en	in; on
allá	over there	encima de	on top of
allí	there	entre	between; among
cerca de	near	lejos de	far from
con	with	sin	without
debajo de	below	sobre	on; over

La tiza **está al lado de** la pluma.
The chalk is next to the pen.

Los libros **están encima del** escritorio.
The books are on top of the desk.

El laboratorio **está cerca de** la clase.
The lab is near the classroom.

Maribel **está delante de** José.
Maribel is in front of José.

La maleta **está allí**.
The suitcase is there.

El estadio no **está lejos de** la librería.
The stadium isn't far from the bookstore.

El mapa **está entre** la pizarra y la puerta.
The map is between the blackboard and the door.

Los estudiantes **están en** la clase.
The students are in class.

La calculadora **está sobre** la mesa.
The calculator is on the table.

Los turistas **están allá**.
The tourists are over there.

Hoy estudia con Maru.

La biblioteca está al lado de la librería.

¡INTÉNTALO!

Provide the present tense forms of **estar**.

1. Ustedes _están_ en la clase.
2. José _____ en la biblioteca.
3. Yo _____ bien, gracias.
4. Nosotras _____ en la cafetería.
5. Tú _____ en el laboratorio.
6. Elena _____ en la librería.
7. Ellas _____ en la clase.
8. Ana y yo _____ en la clase.
9. ¿Cómo _____ usted?
10. Javier y Maribel _____ en el estadio.
11. Nosotros _____ en la cafetería.
12. Yo _____ en el laboratorio.
13. Carmen y María _____ enfermas.
14. Tú _____ en la clase.

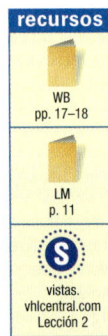

Práctica

1 **Completar** Daniela has just returned home from the library. Complete this conversation with the appropriate forms of **ser** or **estar**.

MAMÁ Hola, Daniela. ¿Cómo (1)_____?
▶ **DANIELA** Hola, mamá. (2)_____ bien. ¿Dónde (3)_____ papá? ¡Ya (*Already*) (4)_____ las ocho de la noche!
MAMÁ No (5)_____ aquí. (6)_____ en la oficina.
DANIELA Y Andrés y Margarita, ¿dónde (7)_____ ellos?
MAMÁ (8)_____ en el restaurante La Palma con Martín.
DANIELA ¿Quién (9)_____ Martín?
MAMÁ (10)_____ un compañero de clase. (11)_____ de México.
DANIELA Ah. Y el restaurante La Palma, ¿dónde (12)_____?
MAMÁ (13)_____ cerca de la Plaza Mayor, en San Modesto.
DANIELA Gracias, mamá. Voy (*I'm going*) al restaurante. ¡Hasta pronto!

> **NOTA CULTURAL**
> In many Spanish-speaking countries, students attend college in their home city. Many tend to live at home instead of in a college dormitory. However, students from small towns without universities typically study away from home.

2 **Escoger** Choose the preposition that best completes each sentence.

1. La pluma está (encima de / detrás de) la mesa.
2. La ventana está (a la izquierda de / debajo de) la puerta.
3. La pizarra está (debajo de / delante de) los estudiantes.
4. Las sillas están (encima de / detrás de) los escritorios.
5. Los estudiantes llevan los libros (en / sobre) la mochila.
6. La biblioteca está (sobre / al lado de) la residencia estudiantil.
7. España está (cerca de / lejos de) Puerto Rico.
8. México está (cerca de / lejos de) los Estados Unidos.
9. Felipe trabaja (con / en) Ricardo en la cafetería.

3 **La librería** Imagine that you are in the school bookstore and can't find various items. Ask the clerk (your partner) the location of five items in the drawing. Then switch roles.

> **NOTA CULTURAL**
> Many universities in the Spanish-speaking world do not have a central campus bookstore. Students generally purchase their texts at designated commercial bookstores.

modelo
Estudiante 1: ¿Dónde están los diccionarios?
Estudiante 2: Los diccionarios están debajo de los libros de literatura.

En la universidad sesenta y uno **61**

 Practice more at **vistas.vhlcentral.com**.

Comunicación

4 **¿Dónde estás...?** Get together with a partner and take turns asking each other where you normally are at these times.

> **modelo**
> lunes / 10:00 a.m.
> **Estudiante 1:** ¿Dónde estás los lunes a las diez de la mañana?
> **Estudiante 2:** Estoy en la clase de español.

1. sábados / 6:00 a.m.
2. miércoles / 9:15 a.m.
3. lunes / 11:10 a.m.
4. jueves / 12:30 a.m.
5. viernes / 2:25 p.m.
6. martes / 3:50 p.m.
7. jueves / 5:45 p.m.
8. miércoles / 8:20 p.m.

5 **La ciudad universitaria** You are an exchange student at a Spanish university. Tell a classmate which buildings you are looking for and ask for their location relative to where you are.

> **modelo**
> **Estudiante 1:** ¿Está lejos la Facultad de Medicina?
> **Estudiante 2:** No, está cerca. Está a la izquierda de la Facultad de Administración de Empresas.

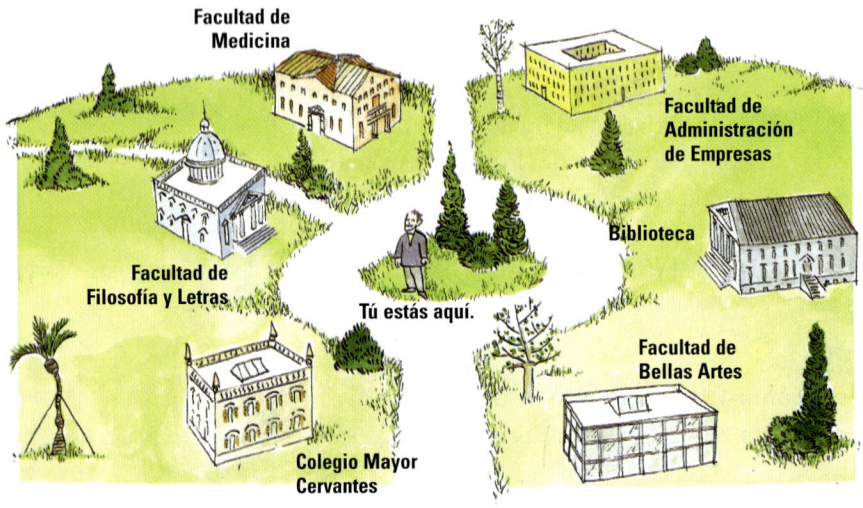

¡LENGUA VIVA!

La Facultad (*School*) de Filosofía y Letras includes departments such as language, literature, philosophy, history, and linguistics. Fine arts can be studied in **la Facultad de Bellas Artes**. In Spain, the business school is sometimes called **la Facultad de Administración de Empresas**. **Residencias estudiantiles** are referred to as **colegios mayores**.

Síntesis

6 **Entrevista** In groups of three, ask each other these questions.

1. ¿Cómo estás?
2. ¿Dónde tomas la clase de inglés/periodismo/física/computación?
3. ¿Dónde está tu (*your*) compañero/a de cuarto ahora?
4. ¿Cuántos estudiantes hay en tu clase de historia/literatura/química/matemáticas?
5. ¿Quién(es) no está(n) en la clase hoy?
6. ¿A qué hora terminan tus clases los lunes?
7. ¿Estudias mucho?
8. ¿Cuántas horas estudias para (*for*) una prueba?

En la universidad   sesenta y tres   **63**

2.4 Numbers 31 and higher

 You have already learned numbers 0–30. Now you will learn the rest of the numbers.

Numbers 31–100

▶ Numbers 31–99 follow the same basic pattern as 21–29.

	Numbers 31–100				
31	treinta y uno	40	cuarenta	50	cincuenta
32	treinta y dos	41	cuarenta y uno	51	cincuenta y uno
33	treinta y tres	42	cuarenta y dos	52	cincuenta y dos
34	treinta y cuatro	43	cuarenta y tres	60	sesenta
35	treinta y cinco	44	cuarenta y cuatro	63	sesenta y tres
36	treinta y seis	45	cuarenta y cinco	64	sesenta y cuatro
37	treinta y siete	46	cuarenta y seis	70	setenta
38	treinta y ocho	47	cuarenta y siete	80	ochenta
39	treinta y nueve	48	cuarenta y ocho	90	noventa
		49	cuarenta y nueve	100	cien, ciento

▶ **Y** is used in most numbers from **31** through **99**. Unlike numbers 21–29, these numbers must be written as three separate words.

Hay **noventa y dos** exámenes.
There are ninety-two exams.

Hay **cuarenta y dos** estudiantes.
There are forty-two students.

Hay cuarenta y siete estudiantes en la clase de geografía.

Cien menos sesenta y cuatro son treinta y seis pesos de cambio.

▶ With numbers that end in **uno** (31, 41, etc.), **uno** becomes **un** before a masculine noun and **una** before a feminine noun.

Hay **treinta y un** chicos.
There are thirty-one guys.

Hay **treinta y una** chicas.
There are thirty-one girls.

▶ **Cien** is used before nouns and in counting. The words **un**, **una**, and **uno** are never used before **cien** in Spanish. Use **cientos** to say *hundreds*.

Hay **cien** libros y **cien** sillas.
There are one hundred books and one hundred chairs.

¿Cuántos libros hay? **Cientos.**
How many books are there? Hundreds.

Numbers 101 and higher

▶ As shown in the chart, Spanish uses a period to indicate thousands and millions, rather than a comma, as is used in English.

Numbers 101 and higher

101	ciento uno	1.000	mil
200	doscientos/as	1.100	mil cien
300	trescientos/as	2.000	dos mil
400	cuatrocientos/as	5.000	cinco mil
500	quinientos/as	100.000	cien mil
600	seiscientos/as	200.000	doscientos/as mil
700	setecientos/as	550.000	quinientos/as cincuenta mil
800	ochocientos/as	1.000.000	un millón (de)
900	novecientos/as	8.000.000	ocho millones (de)

▶ Notice that you should use **ciento**, not **cien**, to count numbers over 100.

110 = **ciento diez**   118 = **ciento dieciocho**   150 = **ciento cincuenta**

▶ The numbers 200 through 999 agree in gender with the nouns they modify.

324 plum**as**   3.505 libr**os**
trescient**as** veinticuatro plum**as**   tres mil quinient**os** cinco libr**os**

▶ The word **mil**, which can mean *a thousand* and *one thousand*, is not usually used in the plural form to refer to an exact number, but it can be used to express the idea of *a lot, many,* or *thousands*. **Cientos** can also be used to express *hundreds* in this manner.

¡Hay **miles** de personas en el estadio!   Hay **cientos** de libros en la biblioteca.
There are thousands of people   *There are hundreds of books*
in the stadium!   *in the library!*

▶ To express a complex number (including years), string together all of its components.

55.422   cincuenta y cinco mil cuatrocientos veintidós

¡VIVA LENGUA!

In Spanish, years are not expressed as pairs of two-digit numbers as they are in English (1979, *nineteen seventy-nine*): 1776, **mil setecientos setenta y seis**; 1945, **mil novecientos cuarenta y cinco**; 2012, **dos mil doce**.

¡ATENCIÓN!

When **millón** or **millones** is used before a noun, the word **de** is placed between the two:
1.000.000 hombres = un millón de hombres
12.000.000 casas = doce millones de casas.

Write out the Spanish equivalent of each number.

1. **102** _____ *ciento dos*
2. **5.000.000** _____
3. **201** _____
4. **76** _____
5. **92** _____
6. **550.300** _____
7. **235** _____
8. **79** _____
9. **113** _____
10. **88** _____
11. **17.123** _____
12. **497** _____

recursos

WB pp. 19–20

LM p. 12

vistas.
vhlcentral.com
Lección 2

Práctica y Comunicación

1 **Baloncesto** Provide these basketball scores in Spanish.

1. Ohio State 76, Michigan 65
2. Florida 92, Florida State 104
3. Stanford 83, UCLA 89
4. Purdue 81, Indiana 78
5. Princeton 67, Harvard 55
6. Duke 115, Virginia 121

2 **Completar** Following the pattern, write out the missing numbers in Spanish.

1. 50, 150, 250 ... 1.050
2. 5.000, 20.000, 35.000 ... 95.000
3. 100.000, 200.000, 300.000 ... 1.000.000
4. 100.000.000, 90.000.000, 80.000.000 ... 0

3 **Resolver** In pairs, take turns reading the math problems aloud for your partner to solve.

AYUDA
+ → más
− → menos
= → son

> **modelo**
> 200 + 300 =
> **Estudiante 1:** Doscientos más trescientos son...
> **Estudiante 2:** ...quinientos.

1. 1.000 + 753 =
2. 1.000.000 − 30.000 =
3. 10.000 + 555 =
4. 15 + 150 =
5. 100.000 + 205.000 =
6. 29.000 − 10.000 =

4 **Entrevista** Find out the telephone numbers and e-mail addresses of four classmates.

> **modelo**
> **Estudiante 1:** ¿Cuál es tu (your) número de teléfono?
> **Estudiante 2:** Es el 635-19-51.
> **Estudiante 1:** ¿Y tu dirección de correo electrónico?
> **Estudiante 2:** Es a-Smith-arroba-pe-ele-punto-e-de-u. (asmith@pl.edu)

AYUDA
arroba at (@)
punto dot (.)

Síntesis

5 **¿A qué distancia...?** Your instructor will give you and a partner incomplete charts that indicate the distances between Madrid and various locations. Fill in the missing information on your chart by asking your partner questions.

> **modelo**
> **Estudiante 1:** ¿A qué distancia está Arganda del Rey?
> **Estudiante 2:** Está a veintisiete kilómetros de Madrid.

Practice more at **vistas.vhlcentral.com.**

Recapitulación

Concepts Diagnostics

Review the grammar concepts you have learned in this lesson by completing these activities.

1 Completar Complete the chart with the correct verb forms. *12 pts.*

yo	tú	nosotros	ellas
compro			
	deseas		
		miramos	
			preguntan

2 Números Write these numbers in Spanish. *8 pts.*

> **modelo**
> 645: seiscientos cuarenta y cinco

1. **49:** _____
2. **97:** _____
3. **113:** _____
4. **632:** _____
5. **1.781:** _____
6. **3.558:** _____
7. **1.006.015:** _____
8. **67.224.370:** _____

3 Preguntas Write questions for these answers. *12 pts.*

1. —¿_____ Patricia?
   —Patricia es de Colombia.
2. —¿_____ él?
   —Él es mi amigo (*friend*).
3. —¿_____ (tú)?
   —Hablo dos idiomas (*languages*).
4. —¿_____ (ustedes)?
   —Deseamos tomar café.
5. —¿_____?
   —Tomo biología porque me gustan las ciencias.
6. —¿_____?
   —Camilo descansa por las mañanas.

RESUMEN GRAMATICAL

2.1 Present tense of -ar verbs *pp. 50–52*

estudiar	
estudio	estudiamos
estudias	estudiáis
estudia	estudian

The verb gustar

(no) me gusta + el/la + [*singular noun*]

(no) me gustan + los/las + [*plural noun*]

(no) me gusta + [*infinitive(s)*]

Note: You may use **a mí** for emphasis, but never **yo**.

To ask a classmate about likes and dislikes, use **te** instead of **me**, but never **tú**.

¿Te gusta la historia?

2.2 Forming questions in Spanish *pp. 55–56*

▶ ¿Ustedes trabajan los sábados?
▶ ¿Trabajan ustedes los sábados?
▶ Ustedes trabajan los sábados, ¿verdad?/¿no?

Interrogative words		
¿Adónde?	¿Cuánto/a?	¿Por qué?
¿Cómo?	¿Cuántos/as?	¿Qué?
¿Cuál(es)?	¿De dónde?	¿Quién(es)?
¿Cuándo?	¿Dónde?	

2.3 Present tense of estar *pp. 59–60*

▶ estar: estoy, estás, está, estamos, estáis, están

2.4 Numbers 31 and higher *pp. 63–64*

31	treinta y uno	101	ciento uno
32	treinta y dos	200	doscientos/as
	(and so on)	500	quinientos/as
40	cuarenta	700	setecientos/as
50	cincuenta	900	novecientos/as
60	sesenta	1.000	mil
70	setenta	2.000	dos mil
80	ochenta	5.100	cinco mil cien
90	noventa	100.000	cien mil
100	cien, ciento	1.000.000	un millón (de)

En la universidad

4 **Al teléfono** Complete this telephone conversation with the correct forms of the verb **estar**. 8 pts.

MARÍA TERESA Hola, señora López. (1) ¿_____ Elisa en casa?

SRA. LÓPEZ Hola, ¿quién es?

MARÍA TERESA Soy María Teresa. Elisa y yo (2) _____ en la misma (*same*) clase de literatura.

SRA. LÓPEZ ¡Ah, María Teresa! ¿Cómo (3) _____?

MARÍA TERESA (4) _____ muy bien, gracias. Y usted, ¿cómo (5) _____?

SRA. LÓPEZ Bien, gracias. Pues, no, Elisa no (6) _____ en casa. Ella y su hermano (*her brother*) (7) _____ en la Biblioteca Cervantes.

MARÍA TERESA ¿Cervantes?

SRA. LÓPEZ Es la biblioteca que (8) _____ al lado del café Bambú.

MARÍA TERESA ¡Ah, sí! Gracias, señora López.

SRA. LÓPEZ Hasta luego, María Teresa.

5 **¿Qué te gusta?** Write a paragraph of at least five sentences stating what you like and don't like about your university. If possible, explain your likes and dislikes. 10 pts.

Me gusta la clase de música porque no hay muchos exámenes. No me gusta cenar en la cafetería...

6 **Canción** Use the appropriate forms of the verb **gustar** to complete the beginning of a popular song by Manu Chao. 2 EXTRA points!

"Me _____ los aviones°,
me gustas tú,
me _____ viajar,
me gustas tú,
me gusta la mañana,
me gustas tú."

aviones *airplanes*

 Practice more at **vistas.vhlcentral.com**.

Lectura

Antes de leer

Estrategia
Predicting Content through Formats

Recognizing the format of a document can help you to predict its content. For instance, invitations, greeting cards, and classified ads follow an easily identifiable format, which usually gives you a general idea of the information they contain. Look at the text and identify it based on its format.

	lunes	martes	miércoles	jueves	viernes
8:30	biología		biología		biología
9:00		historia		historia	
9:30	inglés		inglés		inglés
10:00					
10:30					
11:00					
12:00					
12:30					
1:00					
2:00	arte		arte		arte

If you guessed that this is a page from a student's schedule, you are correct. You can now infer that the document contains information about a student's weekly schedule, including days, times, and activities.

Cognados
With a classmate, make a list of the cognates in the text and guess their English meanings. What do cognates reveal about the content of the document?

Examinar el texto
Look at the format of the document entitled *¡Español en Madrid!* What type of text is it? What information do you expect to find in this type of document?

¡ESPAÑOL EN MADRID!

UAM
Programa de Cursos Intensivos de Español
Universidad Autónoma de Madrid

Después de leer

Correspondencias
Provide the letter of each item in Column B that matches the words in Column A. Two items will not be used.

A
1. profesores
2. vivienda
3. Madrid
4. número de teléfono
5. Español 2B
6. número de fax

B
a. (34) 91 523 4500
b. (34) 91 524 0210
c. 23 junio–30 julio
d. capital cultural de Europa
e. 16 junio–22 julio
f. especializados en enseñar español como lengua extranjera
g. (34) 91 523 4623
h. familias españolas

Universidad Autónoma de Madrid

Madrid, la capital cultural de Europa, y la UAM te ofrecen cursos intensivos de verano° para aprender° español como nunca antes°.

Cursos	Empieza°	Termina
Español 1A	16 junio	22 julio
Español 1B	23 junio	30 julio
Español 1C	30 junio	10 agosto
Español 2A	16 junio	22 julio
Español 2B	23 junio	30 julio
Español 3A	16 junio	22 julio
Español 3B	23 junio	30 julio

¿Dónde?
En el campus de la UAM, edificio° de la Facultad de Filosofía y Letras.

¿Quiénes son los profesores?
Son todos hablantes nativos del español y catedráticos° de la UAM especializados en enseñar el español como lengua extranjera.

¿Qué niveles se ofrecen?
Se ofrecen tres niveles° básicos:
1. Español Elemental, A, B y C
2. Español Intermedio, A y B
3. Español Avanzado, A y B

Viviendas
Para estudiantes extranjeros se ofrece vivienda° con familias españolas.

¿Cuándo?
Este verano desde° el 16 de junio hasta el 10 de agosto. Los cursos tienen una duración de 6 semanas.

Información
Para mayor información, sirvan comunicarse con la siguiente° oficina:

Universidad Autónoma de Madrid
Programa de Español como Lengua Extranjera
Ctra. Colmenar Viejo, Km. 15, 28049 Madrid, España
Tel. (34) 91 523 4500, **Fax** (34) 91 523 4623
www.uam.es

---

verano *summer*   aprender *to learn*   nunca antes *never before*   edificio *building*   catedráticos *professors*   niveles *levels*   vivienda *housing*   desde *from*   Empieza *Begins*   siguiente *following*

¿Cierto o falso?

Indicate whether each statement is **cierto** or **falso**.
Then correct the false statements.

	Cierto	Falso
1. La Universidad Autónoma de Madrid ofrece (*offers*) cursos intensivos de italiano.	○	○
2. La lengua nativa de los profesores del programa es el inglés.	○	○
3. Los cursos de español son en la Facultad de Ciencias.	○	○
4. Los estudiantes pueden vivir (*can live*) con familias españolas.	○	○
5. La universidad que ofrece los cursos intensivos está en Salamanca.	○	○
6. Español 3B termina en agosto.	○	○
7. Si deseas información sobre (*about*) los cursos intensivos de español, es posible llamar al (34) 91 523 4500.	○	○
8. Español 1A empieza en julio.	○	○

Escritura

Estrategia
Brainstorming

How do you find ideas to write about? In the early stages of writing, brainstorming can help you generate ideas on a specific topic. You should spend ten to fifteen minutes brainstorming and jotting down any ideas about the topic. Whenever possible, try to write your ideas in Spanish. Express your ideas in single words or phrases, and jot them down in any order. While brainstorming, don't worry about whether your ideas are good or bad. Selecting and organizing ideas should be the second stage of your writing. Remember that the more ideas you write down while you're brainstorming, the more options you'll have to choose from later when you start to organize your ideas.

Me gusta
- bailar
- viajar
- mirar la televisión
- la clase de español
- la clase de psicología

No me gusta
- cantar
- dibujar
- trabajar
- la clase de química
- la clase de biología

Tema

Una descripción

Write a description of yourself to post in a chat room on a website in order to meet Spanish-speaking people. Include this information in your description:

▶ your name and where you are from, and a photo (optional) of yourself
▶ your major and where you go to school
▶ the courses you are taking
▶ where you work (if you have a job)
▶ some of your likes and dislikes

¡Hola! Me llamo Alicia Roberts. Estudio matemáticas en la Universidad de Toronto.

En la universidad

Escuchar Audio: Activities

> **Estrategia**
> **Listening for cognates**
>
> You already know that cognates are words that have similar spellings and meanings in two or more languages: for example, *group* and **grupo** or *stereo* and **estéreo**. Listen for cognates to increase your comprehension of spoken Spanish.
>
> To help you practice this strategy, you will now listen to two sentences. Make a list of all the cognates you hear.

Preparación

Based on the photograph, who do you think Armando and Julia are? What do you think they are talking about?

Ahora escucha

Now you are going to hear Armando and Julia's conversation. Make a list of the cognates they use.

Armando	Julia
_____	_____
_____	_____
_____	_____
_____	_____

Based on your knowledge of cognates, decide whether the following statements are **cierto** or **falso**.

	Cierto	Falso
1. Armando y Julia hablan de la familia.	○	○
2. Armando y Julia toman una clase de matemáticas.	○	○
3. Julia toma clases de ciencias.	○	○
4. Armando estudia lenguas extranjeras.	○	○
5. Julia toma una clase de religión.	○	○

 Practice more at vistas.vhlcentral.com.

Comprensión

Preguntas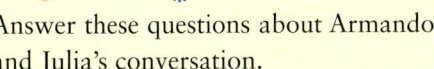
Answer these questions about Armando and Julia's conversation.
1. ¿Qué clases toma Armando?
   _____
2. ¿Qué clases toma Julia?
   _____

Seleccionar
Choose the answer that best completes each sentence.
1. Armando toma _____ clases en la universidad.
   a. cuatro   b. cinco   c. seis
2. Julia toma dos clases de _____.
   a. matemáticas   b. lengua   c. ciencias
3. Armando toma italiano y _____.
   a. astronomía   b. japonés   c. geología
4. Armando y Julia estudian _____ los martes y jueves.
   a. filosofía   b. matemáticas   c. italiano

Preguntas personales
1. ¿Cuántas clases tomas tú este semestre?
2. ¿Qué clases tomas este semestre?
3. ¿Qué clases te gustan y qué clases no te gustan?

En pantalla

Christmas isn't always in winter. During the months of cold weather and snow in North America, the southern hemisphere enjoys warm weather and longer days. Since Chile's summer lasts from December to February, school vacation coincides with these months. In Chile, the school year starts in early March and finishes toward the end of December. All schools, from preschools to universities, observe this scholastic calendar, with only a few days' variation between institutions.

Vocabulario útil

quería	I wanted
pedirte	to ask you
te preocupa	it worries you
ahorrar	to save (money)
Navidad	Christmas
aprovecha	take advantage of
nuestras	our
ofertas	offers, deals
calidad	quality
no cuesta	doesn't cost

¿Qué hay?
For each item, write **sí** if it appears in the TV clip or **no** if it does not.

_____ 1. papelera   _____ 5. diccionario
_____ 2. lápiz   _____ 6. cuaderno
_____ 3. mesa   _____ 7. tiza
_____ 4. computadora   _____ 8. ventana

¿Qué quieres?
Write a list of things that you want for your next birthday. Then read it to the class so they know what to get you. Use as much Spanish as you can.

Lista de cumpleaños°

Quiero°...

cumpleaños *birthday*   Quiero *I want*   Viejito Pascuero *Santa Claus (Chile)*

Anuncio de Jumbo

Viejito Pascuero°...

¿Cómo se escribe *mountain bike*?

M... O...

Video: TV Clip

Practice more at vistas.vhlcentral.com.

En la universidad

Mexican author and diplomat Octavio Paz (March 31, 1914–April 19, 1998) studied both law and literature at the **Universidad Nacional Autónoma de México** (**UNAM**), but after graduating he immersed himself in the art of writing. An incredibly prolific writer of novels, poetry, and essays, Paz solidified his prestige as Mexico's preeminent author with his 1950 book *El laberinto de la soledad*, a fundamental study of Mexican identity. Among the many awards he received in his lifetime are the **Premio Miguel de Cervantes** (1981) and Nobel Prize for Literature (1990). Paz foremost considered himself a poet and affirmed that poetry constitutes "**la religión secreta de la edad° moderna**".

Vocabulario útil

¿Cuál es tu materia favorita?	What is your favorite subject?
¿Cuántos años tienes?	How old are you?
¿Qué estudias?	What do you study?
el/la alumno/a	student
la carrera (de medicina)	(medical) degree program, major
derecho	law
reconocido	well-known

Preparación
What is the name of your school or university? What degree program are you in? What classes are you taking this semester?

Emparejar
Match the first part of the sentence in the left column with the appropriate ending in the right column.

1. En la UNAM no hay
2. México, D.F. es
3. La UNAM es
4. La UNAM ofrece

a. una universidad muy grande.
b. 74 carreras de estudio.
c. residencias estudiantiles.
d. la ciudad más grande (*biggest*) de Hispanoamérica.

edad *age* ¿Conoces a algún...? *Do you know any...?* que dé *that teaches*

Los estudios

—¿Qué estudias?
—Ciencias de la comunicación.

Estudio derecho en la UNAM.

¿Conoces a algún° profesor famoso que dé° clases... en la UNAM?

Video: *Flash cultura*

Practice more at vistas.vhlcentral.com.

panorama 2

España

El país en cifras

- **Área:** 504.750 km² (kilómetros cuadrados) o 194.884 millas cuadradas°, incluyendo las islas Baleares y las islas Canarias
- **Población:** 47.203.000
- **Capital:** Madrid—6.213.000
- **Ciudades° principales:** Barcelona—5.315.000, Valencia—832.000, Sevilla, Zaragoza
  SOURCE: Population Division, UN Secretariat
- **Moneda°:** euro
- **Idiomas°:** español o castellano, catalán, gallego, valenciano, euskera

Bandera de España

Españoles célebres
- **Miguel de Cervantes,** escritor° (1547–1616)
- **Pedro Almodóvar,** director de cine° (1949–)
- **Rosa Montero,** escritora y periodista° (1951–)
- **Fernando Alonso,** corredor de autos° (1981–)
- **Paz Vega,** actriz° (1976–)

millas cuadradas *square miles* Ciudades *Cities* Moneda *Currency* Idiomas *Languages* escritor *writer* cine *film* periodista *reporter* corredor de autos *race car driver* actriz *actress* pueblo *town* Cada año *Every year* Durante todo un día *All day long* se tiran *throw at each other* varias toneladas *many tons*

Plaza Mayor en Madrid

La Sagrada Familia en Barcelona

El baile flamenco

recursos
WB pp. 21–22
VM pp. 251–252
vistas.vhlcentral.com Lección 2

¡Increíble pero cierto!

En Buñol, un pueblo° de Valencia, la producción de tomates es un recurso económico muy importante. Cada año° se celebra el festival de *La Tomatina*. Durante todo un día°, miles de personas se tiran° tomates. Llegan turistas de todo el país, y se usan varias toneladas° de tomates.

Gastronomía • José Andrés

José Andrés es un chef español famoso internacionalmente°. Le gusta combinar platos° tradicionales de España con las técnicas de cocina más innovadoras°. Andrés vive° en Washington, DC, es dueño° de varios restaurantes en los EE.UU. y presenta° un programa en PBS (foto, izquierda). También° ha estado° en *Late Show with David Letterman* y *Top Chef*.

Cultura • La diversidad

La riqueza° cultural y lingüística de España refleja la combinación de las diversas culturas que han habitado° en su territorio durante siglos°. El español es la lengua oficial del país, pero también° son oficiales el catalán, el gallego, el euskera y el valenciano.

Póster en catalán

Artes • Velázquez y el Prado

Las meninas, Diego Velázquez, 1656

El Prado, en Madrid, es uno de los museos más famosos del mundo°. En el Prado hay pinturas° importantes de Botticelli, de El Greco y de los españoles Goya y Velázquez. *Las meninas* es la obra° más conocida° de Diego Velázquez, pintor° oficial de la corte real° durante el siglo° XVII.

Comida • La paella

La paella es uno de los platos más típicos de España. Siempre se prepara° con arroz° y azafrán°, pero hay diferentes recetas°. La paella valenciana, por ejemplo, es de pollo° y conejo°, y la paella marinera es de mariscos°.

La costa de Ibiza

¿Qué aprendiste? Completa las oraciones con la información adecuada.

1. El chef español _____ es muy famoso.
2. El arroz y el azafrán son ingredientes básicos de la _____.
3. El Prado está en _____.
4. José Andrés vive en _____.
5. El chef José Andrés tiene un _____ de televisión en PBS.
6. El gallego es una de las lenguas oficiales de _____.

Conexión Internet Investiga estos temas en **vistas.vhlcentral.com**.

Practice more at **vistas.vhlcentral.com**.

1. Busca información sobre la Universidad de Salamanca u otra universidad española. ¿Qué cursos ofrece (*does it offer*)? ¿Ofrece tu universidad cursos similares?
2. Busca información sobre un español o una española célebre (por ejemplo, un[a] político/a, un actor, una actriz, un[a] artista). ¿De qué parte de España es y por qué es célebre?

internacionalmente *internationally* platos *dishes* más innovadoras *most innovative* vive *lives* dueño *owner* presenta *hosts* También *Also* ha estado *has been* riqueza *richness* han habitado *have lived* durante siglos *for centuries* mundo *world* pinturas *paintings* obra *work* más conocida *best-known* pintor *painter* corte real *royal court* siglo *century* Siempre se prepara *It is always prepared* arroz *rice* azafrán *saffron* recetas *recipes* pollo *chicken* conejo *rabbit* mariscos *seafood*

vocabulario

La clase y la universidad

el/la compañero/a de clase	classmate
el/la compañero/a de cuarto	roommate
el/la estudiante	student
el/la profesor(a)	teacher
el borrador	eraser
la calculadora	calculator
el escritorio	desk
el libro	book
el mapa	map
la mesa	table
la mochila	backpack
el papel	paper
la papelera	wastebasket
la pizarra	blackboard
la pluma	pen
la puerta	door
el reloj	clock; watch
la silla	seat
la tiza	chalk
la ventana	window
la biblioteca	library
la cafetería	cafeteria
la casa	house; home
el estadio	stadium
el laboratorio	laboratory
la librería	bookstore
la residencia estudiantil	dormitory
la universidad	university; college
la clase	class
el curso, la materia	course
la especialización	major
el examen	test; exam
el horario	schedule
la prueba	test; quiz
el semestre	semester
la tarea	homework
el trimestre	trimester; quarter

Las materias

la administración de empresas	business administration
la arqueología	archeology
el arte	art
la biología	biology
las ciencias	sciences
la computación	computer science
la contabilidad	accounting
la economía	economics
el español	Spanish
la física	physics
la geografía	geography
la historia	history
las humanidades	humanities
el inglés	English
las lenguas extranjeras	foreign languages
la literatura	literature
las matemáticas	mathematics
la música	music
el periodismo	journalism
la psicología	psychology
la química	chemistry
la sociología	sociology

Preposiciones

al lado de	next to; beside
a la derecha de	to the right of
a la izquierda de	to the left of
allá	over there
allí	there
cerca de	near
con	with
debajo de	below; under
delante de	in front of
detrás de	behind
en	in; on
encima de	on top of
entre	between; among
lejos de	far from
sin	without
sobre	on; over

Palabras adicionales

¿Adónde?	Where (to)?
ahora	now
¿Cuál?, ¿Cuáles?	Which?; Which one(s)?
¿Por qué?	Why?
porque	because

Verbos

bailar	to dance
buscar	to look for
caminar	to walk
cantar	to sing
cenar	to have dinner
comprar	to buy
contestar	to answer
conversar	to converse, to chat
desayunar	to have breakfast
descansar	to rest
desear	to wish; to desire
dibujar	to draw
enseñar	to teach
escuchar la radio/música	to listen (to) the radio/music
esperar (+ *inf.*)	to wait (for); to hope
estar	to be
estudiar	to study
explicar	to explain
gustar	to like
hablar	to talk; to speak
llegar	to arrive
llevar	to carry
mirar	to look (at); to watch
necesitar (+ *inf.*)	to need
practicar	to practice
preguntar	to ask (a question)
preparar	to prepare
regresar	to return
terminar	to end; to finish
tomar	to take; to drink
trabajar	to work
viajar	to travel

Los días de la semana

¿Cuándo?	When?
¿Qué día es hoy?	What day is it?
Hoy es…	Today is…
la semana	week
lunes	Monday
martes	Tuesday
miércoles	Wednesday
jueves	Thursday
viernes	Friday
sábado	Saturday
domingo	Sunday

Numbers 31 and higher	See pages 63–64.
Expresiones útiles	See page 45.

  Audio: Vocabulary

recursos
LM p. 12
vistas.vhlcentral.com
Lección 2

La familia

3

Communicative Goals
You will learn how to:
- Talk about your family and friends
- Describe people and things
- Express possession

A PRIMERA VISTA
- ¿Cuántos chicos hay en la foto?
- ¿Hay una mujer a la izquierda? ¿Y a la derecha?
- ¿Hay una cosa en la mano de la mujer?
- ¿Conversan ellos? ¿Trabajan? ¿Viajan?
- ¿Están lejos de su casa?

contextos
pages 78–81
- The family
- Identifying people
- Professions and occupations

fotonovela
pages 82–85
The Díaz family spends Sunday afternoon in Xochimilco. Marissa meets the extended family and answers questions about her own family. The group has a picnic and takes a boat ride through the canals.

cultura
pages 86–87
- Surnames and families in the Spanish-speaking world
- Spain's Royal Family

estructura
pages 88–105
- Descriptive adjectives
- Possessive adjectives
- Present tense of **-er** and **-ir** verbs
- Present tense of **tener** and **venir**
- Recapitulación

adelante
pages 106–113
Lectura: A brief article about families
Escritura: A letter to a friend
Escuchar: A conversation between friends
En pantalla
Flash cultura
Panorama: Ecuador

3 contextos

Talking Picture, Tutorials & Games
Audio: Activities

La familia

Más vocabulario

los abuelos	grandparents
el/la bisabuelo/a	great-grandfather/ great-grandmother
el/la gemelo/a	twin
el/la hermanastro/a	stepbrother/stepsister
el/la hijastro/a	stepson/stepdaughter
la madrastra	stepmother
el medio hermano/ la media hermana	half-brother/ half-sister
el padrastro	stepfather
los padres	parents
los parientes	relatives
el/la cuñado/a	brother-in-law/ sister-in-law
la nuera	daughter-in-law
el/la suegro/a	father-in-law/ mother-in-law
el yerno	son-in-law
el/la amigo/a	friend
el apellido	last name; surname
la gente	people
el/la muchacho/a	boy/girl
el/la niño/a	child
el/la novio/a	boyfriend/girlfriend
la persona	person
el/la artista	artist
el/la ingeniero/a	engineer
el/la doctor(a), el/la médico/a	doctor; physician
el/la periodista	journalist
el/la programador(a)	computer programmer

Variación léxica

madre ↔ mamá, mami (*colloquial*)
padre ↔ papá, papi (*colloquial*)
muchacho/a ↔ chico/a

recursos
WB pp. 23–24
LM p. 13
vistas.vhlcentral.com Lección 3

La familia de José Miguel Pérez Santoro

Juan Santoro Sánchez
mi abuelo (*my grandfather*)

Ernesto Santoro González
mi tío (*uncle*)
hijo (*son*) de Juan y Socorro

Marina Gutiérrez de Santoro
mi tía (*aunt*)
esposa (*wife*) de Ernesto

Silvia Socorro Santoro Gutiérrez
mi prima (*cousin*)
hija (*daughter*) de Ernesto y Marina

Héctor Manuel Santoro Gutiérrez
mi primo (*cousin*)
nieto (*grandson*) de Juan y Socorro

Carmen Santoro Gutiérrez
mi prima
hija de Ernesto y Marina

¡LENGUA VIVA!
In Spanish-speaking countries, it is common for people to go by both their first name and middle name, such as **José Miguel** or **Juan Carlos.** You will learn more about names and naming conventions on p. 86.

Práctica

Socorro González de Santoro
mi abuela (*my grandmother*)

Mirta Santoro de Pérez
mi madre (*mother*)
hija de Juan y Socorro

Rubén Ernesto Pérez Gómez
mi padre (*father*)
esposo de mi madre

José Miguel Pérez Santoro
hijo de Rubén y de Mirta

Beatriz Alicia Pérez de Morales
mi hermana (*sister*)

Felipe Morales Zapata
esposo (*husband*) de Beatriz Alicia

Víctor Miguel Morales Pérez
mi sobrino (*nephew*)
hermano (*brother*) de Anita

Anita Morales Pérez
mi sobrina (*niece*)
nieta (*granddaughter*) de mis padres

los hijos (*children*) de Beatriz Alicia y de Felipe

---

1 Escuchar Listen to each statement made by José Miguel Pérez Santoro, then indicate whether it is **cierto** or **falso**, based on his family tree.

	Cierto	Falso		Cierto	Falso
1.	○	○	6.	○	○
2.	○	○	7.	○	○
3.	○	○	8.	○	○
4.	○	○	9.	○	○
5.	○	○	10.	○	○

2 Personas Indicate each word that you hear mentioned in the narration.

1. _____ cuñado
2. _____ tía
3. _____ periodista
4. _____ niño
5. _____ esposo
6. _____ abuelos
7. _____ ingeniera
8. _____ primo

3 Emparejar Provide the letter of the phrase that matches each description. Two items will not be used.

1. Mi hermano programa las computadoras.
2. Son los padres de mi esposo.
3. Son los hijos de mis (*my*) tíos.
4. Mi tía trabaja en un hospital.
5. Es el hijo de mi madrastra y el hijastro de mi padre.
6. Es el esposo de mi hija.
7. Es el hijo de mi hermana.
8. Mi primo dibuja y pinta mucho.
9. Mi hermanastra enseña en la universidad.
10. Mi padre trabaja con planos (*blueprints*).

a. Es médica.
b. Es mi hermanastro.
c. Es programador.
d. Es ingeniero.
e. Son mis suegros.
f. Es mi novio.
g. Es mi padrastro.
h. Son mis primos.
i. Es artista.
j. Es profesora.
k. Es mi sobrino.
l. Es mi yerno.

4 Definiciones Define these family terms in Spanish.

modelo
hijastro *Es el hijo de mi esposo/a, pero no es mi hijo.*

1. abuela
2. bisabuelo
3. tío
4. primas
5. suegra
6. cuñado
7. nietos
8. medio hermano

5 **Escoger** Complete the description of each photo using words you have learned in **Contextos**.

1. La _____ de Sara es grande.

2. Héctor y Lupita son _____.

3. Maira Díaz es _____.

4. Rubén habla con su _____.

5. Los dos _____ están en el parque.

6. Irene es _____.

7. Elena Vargas Soto es _____.

8. Don Manuel es el _____ de Martín.

La familia ochenta y uno 81

Comunicación

6 **Una familia** With a classmate, identify the members in the family tree by asking questions about how each family member is related to Graciela Vargas García.

> **modelo**
> **Estudiante 1:** ¿Quién es Beatriz Pardo de Vargas?
> **Estudiante 2:** Es la abuela de Graciela.

CONSULTA
To see the cities where these family members live, look at the map in **Panorama** on p. 112.

Now take turns asking each other these questions. Then invent three original questions.

1. ¿Cómo se llama el primo de Graciela?
2. ¿Cómo se llama la hija de David y de Beatriz?
3. ¿De dónde es María Susana?
4. ¿De dónde son Ramón y Graciela?
5. ¿Cómo se llama el yerno de David y de Beatriz?
6. ¿De dónde es Carlos Antonio?
7. ¿De dónde es Ernesto?
8. ¿Cuáles son los apellidos del sobrino de Lupe?

7 **Preguntas personales** With a classmate, take turns asking each other these questions.

1. ¿Cuántas personas hay en tu familia?
2. ¿Cómo se llaman tus padres? ¿De dónde son? ¿Dónde trabajan?
3. ¿Cuántos hermanos tienes? ¿Cómo se llaman? ¿Dónde estudian o trabajan?
4. ¿Cuántos primos tienes? ¿Cuáles son los apellidos de ellos? ¿Cuántos son niños y cuántos son adultos? ¿Hay más chicos o más chicas en tu familia?
5. ¿Eres tío/a? ¿Cómo se llaman tus sobrinos/as? ¿Dónde estudian o trabajan?
6. ¿Quién es tu pariente favorito?
7. ¿Tienes novio/a? ¿Tienes esposo/a? ¿Cómo se llama?

AYUDA
tu *your* (sing.)
tus *your* (plural)
mi *my* (sing.)
mis *my* (plural)
tienes *you have*
tengo *I have*

3 fotonovela

Un domingo en familia

Marissa pasa el día en Xochimilco con la familia Díaz.

PERSONAJES  FELIPE  TÍA NAYELI

Video: *Fotonovela* — Record and Compare

1

JIMENA Hola, tía Nayeli.
TÍA NAYELI ¡Hola, Jimena! ¿Cómo estás?
JIMENA Bien, gracias. Y, ¿dónde están mis primas?
TÍA NAYELI No sé. ¿Dónde están mis hijas? ¡Ah!

2

MARISSA ¡Qué bonitas son tus hijas! Y ¡qué simpáticas!

MARISSA La verdad, mi familia es pequeña.
SRA. DÍAZ ¿Pequeña? Yo soy hija única. Bueno, y ¿qué más? ¿Tienes novio?
MARISSA No. Tengo mala suerte con los novios.

3

FELIPE Soy guapo y delgado.
JIMENA Ay, ¡por favor! Eres gordo, antipático y muy feo.

TÍO RAMÓN ¿Tienes una familia grande, Marissa?
MARISSA Tengo dos hermanos mayores, Zack y Jennifer, y un hermano menor, Adam.

4

MARISSA Tía Nayeli, ¿cuántos años tienen tus hijas?
TÍA NAYELI Marta tiene ocho años y Valentina doce.

JIMENA   **MARTA**   **VALENTINA**   **SRA. DÍAZ**   **TÍO RAMÓN**   **SR. DÍAZ**   **MARISSA**

7

SRA. DÍAZ Chicas, ¿compartimos una trajinera?
MARISSA ¡Claro que sí! ¡Qué bonitas son!
SRA. DÍAZ ¿Vienes, Jimena?
JIMENA No, gracias. Tengo que leer.

8

MARISSA Me gusta mucho este sitio. Tengo ganas de visitar otros lugares en México.
SRA. DÍAZ ¡Debes viajar a Mérida!
TÍA NAYELI ¡Sí, con tus amigos! Debes visitar a Ana María, la hermana de Roberto y de Ramón.

9

(*La Sra. Díaz habla por teléfono con la tía Ana María.*)
SRA. DÍAZ ¡Qué bien! Excelente. Sí, la próxima semana. Muchísimas gracias.

10

MARISSA ¡Gracias, Sra. Díaz!
SRA. DÍAZ Tía Ana María.
MARISSA Tía Ana María.
SRA. DÍAZ ¡Un beso, chau!
MARISSA Bye!

Expresiones útiles

Talking about your family

¿Tienes una familia grande?
Do you have a big family?
Tengo dos hermanos mayores y un hermano menor.
I have two older siblings and a younger brother.
La verdad, mi familia es pequeña.
The truth is, my family is small.
¿Pequeña? Yo soy hija única.
Small? I'm an only child.

Describing people

¡Qué bonitas son tus hijas!
Y ¡qué simpáticas!
Your daughters are so pretty! And so nice!
Soy guapo y delgado.
I'm handsome and slim.
¡Por favor! Eres gordo, antipático y muy feo.
Please! You're fat, unpleasant, and very ugly.

Talking about plans

¿Compartimos una trajinera?
Shall we share a trajinera?
¡Claro que sí! ¡Qué bonitas son!
Of course! They're so pretty!
¿Vienes, Jimena?
Are you coming, Jimena?
No, gracias. Tengo que leer.
No, thanks. I have to read.

Saying how old people are

¿Cuántos años tienen tus hijas?
How old are your daughters?
Marta tiene ocho años y Valentina doce.
Marta is eight and Valentina twelve.

Additional vocabulary

ensayo *essay*
pobrecito/a *poor thing*
próxima *next*
sitio *place*
todavía *still*
trajinera *type of barge*

recursos

VM pp. 217–218   vistas.vhlcentral.com Lección 3

ochenta y tres   **83**

¿Qué pasó?

1 ¿Cierto o falso? Indicate whether each sentence is **cierto** or **falso**. Correct the false statements.

	Cierto	Falso
1. Marissa dice que (*says that*) tiene una familia grande.	○	○
2. La Sra. Díaz tiene dos hermanos.	○	○
3. Marissa no tiene novio.	○	○
4. Valentina tiene veinte años.	○	○
5. Marissa comparte una trajinera con la Sra. Díaz y la tía Nayeli.	○	○
6. A Marissa le gusta mucho Xochimilco.	○	○

> **NOTA CULTURAL**
> **Xochimilco** is famous for its system of canals and **chinampas**, or artificial islands, which have been used for agricultural purposes since Pre-Hispanic times. In 1987, UNESCO declared **Xochimilco** a World Heritage Site.

2 Identificar Indicate which person would make each statement. The names may be used more than once. **¡Ojo!** One name will not be used.

1. Felipe es antipático y feo.
2. Mis hermanos se llaman Jennifer, Adam y Zack.
3. ¡Soy un joven muy guapo!
4. Mis hijas tienen ocho y doce años.
5. ¡Qué bonitas son las trajineras!
6. Ana María es la hermana de Ramón y Roberto.
7. No puedo (*I can't*) compartir una trajinera porque tengo que leer.
8. Tus hijas son bonitas y simpáticas, tía Nayeli.

SRA. DÍAZ

JIMENA

MARISSA

FELIPE

TÍA NAYELI

> **NOTA CULTURAL**
> **Trajineras** are large passenger barges that you can rent in **Xochimilco**. Each boat is named and decorated and has a table and chairs so passengers can picnic while they ride.

3 Escribir In pairs, choose Marissa, Sra. Díaz, or tía Nayeli and write a brief description of her family. Be creative!

MARISSA
Marissa es de los EE.UU.
¿Cómo es su familia?

SRA. DÍAZ
La Sra. Díaz es de Cuba.
¿Cómo es su familia?

TÍA NAYELI
La tía Nayeli es de México.
¿Cómo es su familia?

4 Conversar With a partner, use these questions to talk about your families.

1. ¿Cuántos años tienes?
2. ¿Tienes una familia grande?
3. ¿Tienes hermanos o hermanas?
4. ¿Cuántos años tiene tu abuelo (tu hermana, tu primo, etc.)?
5. ¿De dónde son tus padres?

> **AYUDA**
> Here are some expressions to help you talk about age.
> **Yo tengo… años.**
> *I am… years old.*
> **Mi abuelo tiene… años.**
> *My grandfather is… years old.*

Practice more at **vistas.vhlcentral.com**.

La familia   ochenta y cinco   **85**

Pronunciación
Diphthongs and linking

h erm**a**n**o**   n**i**ñ**a**   c**u**ñ**a**d**o**

In Spanish, **a**, **e**, and **o** are considered strong vowels. The weak vowels are **i** and **u**.

r**ui**d**o**   par**ie**ntes   per**io**dista

A diphthong is a combination of two weak vowels or of a strong vowel and a weak vowel. Diphthongs are pronounced as a single syllable.

m**i h**i**j**o   una clas**e e**xcelente

Two identical vowel sounds that appear together are pronounced like one long vowel.

l**a a**buela

co**n** Natalia   su**s** sobrinos   la**s** sillas

Two identical consonants together sound like a single consonant.

e**s** ingeniera   mi**s** abuelos   su**s** hijos

A consonant at the end of a word is linked with the vowel at the beginning of the next word.

m**i** hermano   s**u** esposa   nuestr**o** amigo

A vowel at the end of a word is linked with the vowel at the beginning of the next word.

Práctica Say these words aloud, focusing on the diphthongs.

1. historia
2. nieto
3. parientes
4. novia
5. residencia
6. prueba
7. puerta
8. ciencias
9. lenguas
10. estudiar
11. izquierda
12. ecuatoriano

Oraciones Read these sentences aloud to practice diphthongs and linking words.

1. Hola. Me llamo Anita Amaral. Soy del Ecuador.
2. Somos seis en mi familia.
3. Tengo dos hermanos y una hermana.
4. Mi papá es del Ecuador y mi mamá es de España.

Refranes Read these sayings aloud to practice diphthongs and linking sounds.

Cuando una puerta se cierra, otra se abre.¹

Hablando del rey de Roma, por la puerta se asoma.²

1 When one door closes, another opens.
2 Speak of the devil and he will appear.

cultura

EN DETALLE

¿Cómo te llamas?

In the Spanish-speaking world, it is common to have two last names: one paternal and one maternal. In some cases, the conjunctions **de** or **y** are used to connect the two. For example, in the name **Juan Martínez de Velasco,** *Martínez* is the paternal surname (**el apellido paterno**), and *Velasco* is the maternal surname (**el apellido materno**); **de** simply links the two. This convention of using two last names (**doble apellido**) is a European tradition that Spaniards brought to the Americas. It continues to be practiced in many countries, including Chile, Colombia, Mexico, Peru, and Venezuela. There are exceptions, however. In Argentina, the prevailing custom is for children to inherit only the father's last name.

When a woman marries in a country where two last names are used, legally she retains her two maiden surnames. However, socially she may take her husband's paternal surname in place of her inherited maternal surname. For example, Mercedes Barcha

Gabriel García Márquez
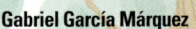

Mercedes Barcha Pardo

Rodrigo García Barcha

Pardo, wife of Colombian writer **Gabriel García Márquez,** might use the names **Mercedes Barcha García** or **Mercedes Barcha de García** in social situations (although officially her name remains **Mercedes Barcha Pardo**). Adopting a husband's last name for social purposes, though widespread, is only legally recognized in Ecuador and Peru.

Most parents do not break tradition upon naming their children; regardless of the surnames the mother uses, they use the father's first surname followed by the mother's first surname, as in the name **Rodrigo García Barcha.** However, one should note that both surnames come from the grandfathers, and therefore all **apellidos** are effectively paternal.

Hijos en la casa

In Spanish-speaking countries, family and society place very little pressure on young adults to live on their own (**independizarse**), and children often live with their parents well into their thirties. For example, about 60% of Spaniards under 34 years of age live at home with their parents. This delay in moving out is both cultural and economic—lack of job security or low wages coupled with a high cost of living may make it impractical for young adults to live independently before they marry.

ACTIVIDADES

1 **¿Cierto o falso?** Indicate whether these statements are **cierto** or **falso**. Correct the false statements.

1. Most Spanish-speaking people have three last names.
2. Hispanic last names generally consist of the paternal last name followed by the maternal last name.
3. It is common to see **de** or **y** used in a Hispanic last name.
4. Someone from Argentina would most likely have two last names.
5. Generally, married women legally retain two maiden surnames.
6. In social situations, a married woman often uses her husband's last name in place of her inherited paternal surname.
7. Adopting a husband's surname is only legally recognized in Peru and Ecuador.
8. Hispanic last names are effectively a combination of the maternal surnames from the previous generation.

ASÍ SE DICE

Familia y amigos

el/la bisnieto/a	great-grandson/daughter
el/la chamaco/a (Méx.); el/la chamo/a (Ven.); el/la chaval(a) (Esp.); el/la pibe/a (Arg.)	el/la muchacho/a
mi colega (Esp.); mi cuate (Méx.); mi parcero/a (Col.); mi pana (Ven., P. Rico, Rep. Dom.)	my pal; my buddy
la madrina	godmother
el padrino	godfather
el/la tatarabuelo/a	great-great-grandfather/ great-great-grandmother

EL MUNDO HISPANO

Las familias

Although worldwide population trends show a decrease in average family size, households in many Spanish-speaking countries are still larger than their U.S. counterparts.

- **México** 4,0 personas
- **Colombia** 3,9 personas
- **Argentina** 3,6 personas
- **Uruguay** 3,0 personas
- **España** 2,9 personas
- **Estados Unidos** 2,6 personas

PERFIL

La familia real española

Undoubtedly, Spain's most famous family is **la familia real** (*Royal*). In 1962, then prince **Juan Carlos de Borbón**, living in exile in Italy, married Princess **Sofía** of Greece. Then, in the late 1970s, **el Rey** (*King*) **Juan Carlos** and **la Reina** (*Queen*) **Sofía** returned to Spain and helped transition the country to democracy after a forty-year dictatorship. The royal couple, who enjoys immense public support, has three children: las **infantas** (*Princesses*) **Elena** and **Cristina**, and a son, **el príncipe** (*Prince*) **Felipe**, whose official title is **el Príncipe de Asturias**. In 2004, Felipe married **Letizia Ortiz Rocasolano** (now **la Princesa de Asturias**), a journalist and TV presenter. The future king and queen have two daughters, **las infantas Leonor** (born in 2005) and **Sofía** (born in 2007).

Conexión Internet

What role do **padrinos** and **madrinas** have in today's Hispanic family?

Go to **vistas.vhlcentral.com** to find more cultural information related to this **Cultura** section.

ACTIVIDADES

2 Comprensión Complete these sentences.
1. Spain's royals were responsible for guiding in _____.
2. In Spanish, your godmother is called _____.
3. Princess Leonor is the _____ of Queen Sofía.
4. Uruguay's average household has _____ people.
5. If a Venezuelan calls you **mi pana**, you are that person's _____.

3 Una familia famosa Create a genealogical tree of a famous family, using photos or drawings labeled with names and ages. Present the family tree to a classmate and explain who the people are and their relationships to each other.

Practice more at **vistas.vhlcentral.com**.

3 estructura

3.1 Descriptive adjectives

ANTE TODO Adjectives are words that describe people, places, and things. In Spanish, descriptive adjectives are used with the verb **ser** to point out characteristics such as nationality, size, color, shape, personality, and appearance.

Forms and agreement of adjectives

COMPARE & CONTRAST

In English, the forms of descriptive adjectives do not change to reflect the gender (masculine/feminine) and number (singular/plural) of the noun or pronoun they describe.

   *Juan is **nice**.*   *Elena is **nice**.*   *They are **nice**.*

In Spanish, the forms of descriptive adjectives agree in gender and/or number with the nouns or pronouns they describe.

   Juan es simpátic**o**.   Elena es simpátic**a**.   Ellos son simpátic**os**.

▶ Adjectives that end in **-o** have four different forms. The feminine singular is formed by changing the **-o** to **-a**. The plural is formed by adding **-s** to the singular forms.

Masculine		Feminine	
SINGULAR	PLURAL	SINGULAR	PLURAL
el muchach**o** alt**o**	los muchach**os** alt**os**	la muchach**a** alt**a**	las muchach**as** alt**as**

¡Qué bonitas son tus hijas, tía Nayeli!

Felipe es gordo, antipático y muy feo.

▶ Adjectives that end in **-e** or a consonant have the same masculine and feminine forms.

Masculine		Feminine	
SINGULAR	PLURAL	SINGULAR	PLURAL
el chico inteligent**e**	los chicos inteligent**es**	la chica inteligent**e**	las chicas inteligent**es**
el examen difíci**l**	los exámenes difíci**les**	la clase difícil	las clases difíci**les**

▶ Adjectives that end in **-or** are variable in both gender and number.

Masculine		Feminine	
SINGULAR	PLURAL	SINGULAR	PLURAL
el hombre trabajad**or**	los hombres trabajad**ores**	la mujer trabajad**ora**	las mujeres trabajad**oras**

▶ Use the masculine plural form to refer to groups that include males and females.

Manuel es alt**o**.   Lola es alt**a**.   Manuel y Lola son alt**os**.

> **AYUDA**
>
> Many adjectives are cognates, that is, words that share similar spellings and meanings in Spanish and English. A cognate can be a noun like **profesor** or a descriptive adjective like **interesante**.

Common adjectives

alto/a	tall	**gordo/a**	fat	**moreno/a**	brunet(te)
antipático/a	unpleasant	**grande**	big; large	**mucho/a**	much; many; a lot of
bajo/a	short (in height)	**guapo/a**	handsome; good-looking	**pelirrojo/a**	red-haired
bonito/a	pretty	**importante**	important	**pequeño/a**	small
bueno/a	good	**inteligente**	intelligent	**rubio/a**	blond(e)
delgado/a	thin; slender	**interesante**	interesting	**simpático/a**	nice; likeable
difícil	hard; difficult	**joven**	young	**tonto/a**	silly; foolish
fácil	easy	**malo/a**	bad	**trabajador(a)**	hard-working
feo/a	ugly	**mismo/a**	same	**viejo/a**	old

> **¡ATENCIÓN!**
>
> Note that **joven** takes an accent in its plural form. **Los jóvenes estudian mucho.**

Adjectives of nationality

▶ Unlike in English, Spanish adjectives of nationality are **not** capitalized. Proper names of countries, however, are capitalized.

Some adjectives of nationality

alemán, alemana	German	**francés, francesa**	French
argentino/a	Argentine	**inglés, inglesa**	English
canadiense	Canadian	**italiano/a**	Italian
chino/a	Chinese	**japonés, japonesa**	Japanese
costarricense	Costa Rican	**mexicano/a**	Mexican
cubano/a	Cuban	**norteamericano/a**	(North) American
ecuatoriano/a	Ecuadorian	**puertorriqueño**	Puerto Rican
español(a)	Spanish	**ruso/a**	Russian
estadounidense	from the U.S.		

▶ Adjectives of nationality are formed like other descriptive adjectives. Those that end in **-o** change to **-a** when forming the feminine.

chin**o** ⟶ chin**a**   mexican**o** ⟶ mexican**a**

The plural is formed by adding an **-s** to the masculine or feminine form.

argentin**o** ⟶ argentin**os**   cuban**a** ⟶ cuban**as**

▶ Adjectives of nationality that end in **-e** have only two forms, singular and plural.

canadiens**e** ⟶ canadiens**es**   estadounidens**e** ⟶ estadounidens**es**

▶ To form the feminine of adjectives of nationality that end in a consonant, add **–a**.

alemá**n** ⟶ alema**na**   españo**l** ⟶ españo**la**
japoné**s** ⟶ japone**sa**   inglé**s** ⟶ ingle**sa**

> **¡ATENCIÓN!**
>
> Note that adjectives with an accent on the last syllable drop the accent in the feminine and plural forms.
>
> inglés ➔ inglesa
> alemán ➔ alemanes

Position of adjectives

▶ Descriptive adjectives and adjectives of nationality generally follow the nouns they modify.

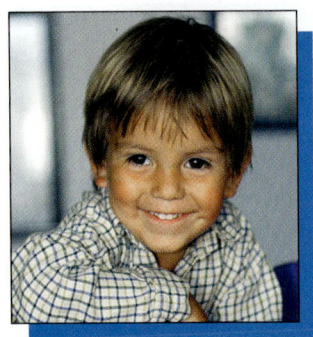

El niño **rubio** es de España.
The blond boy is from Spain.

La mujer **española** habla inglés.
The Spanish woman speaks English.

▶ Unlike descriptive adjectives, adjectives of quantity precede the modified noun.

Hay **muchos** libros en la biblioteca.
There are many books in the library.

Hablo con **dos** turistas puertorriqueños.
I am talking with two Puerto Rican tourists.

▶ **Bueno/a** and **malo/a** can appear before or after a noun. When placed before a masculine singular noun, the forms are shortened: **bueno** → **buen**; **malo** → **mal**.

Joaquín es un **buen** amigo.
Joaquín es un amigo **bueno**. → *Joaquín is a good friend.*

Hoy es un **mal** día.
Hoy es un día **malo**. → *Today is a bad day.*

▶ When **grande** appears before a singular noun, it is shortened to **gran**, and the meaning of the word changes: **gran** = *great* and **grande** = *big, large*.

Don Francisco es un **gran** hombre.
Don Francisco is a great man.

La familia de Inés es **grande**.
Inés' family is large.

> **¡LENGUA VIVA!**
>
> Like **bueno** and **grande**, **santo** (*saint*) is also shortened before masculine nouns (unless they begin with **To-** or **Do-**): **San Francisco, San José,** (but: **Santo Tomás, Santo Domingo**). **Santa** is used with names of female saints: **Santa Bárbara, Santa Clara**.

 **¡INTÉNTALO!** Provide the appropriate forms of the adjectives.

simpático
1. Mi hermano es _simpático_.
2. La profesora Martínez es _____.
3. Rosa y Teresa son _____.
4. Nosotros somos _____.

alemán
1. Hans es _alemán_.
2. Mis primas son _____.
3. Marcus y yo somos _____.
4. Mi tía es _____.

difícil
1. La química es _difícil_.
2. El curso es _____.
3. Las pruebas son _____.
4. Los libros son _____.

guapo
1. Su esposo es _guapo_.
2. Mis sobrinas son _____.
3. Los padres de ella son _____.
4. Marta es _____.

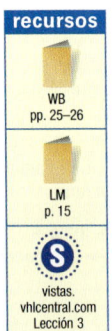

recursos

WB pp. 25–26

LM p. 15

vistas.vhlcentral.com
Lección 3

La familia

Práctica

1 **Emparejar** Find the words in column B that are the opposite of the words in column A. One word in B will not be used.

A
1. guapo
2. moreno
3. alto
4. gordo
5. joven
6. grande
7. simpático

B
a. delgado
b. pequeño
c. malo
d. feo
e. viejo
f. rubio
g. antipático
h. bajo

Jorge Marcos

2 **Completar** Indicate the nationalities of these people by selecting the correct adjectives and changing their forms when necessary.

1. Penélope Cruz es _____.
2. Carlos Fuentes es un gran escritor (*writer*) de México; es _____.
3. Ellen Page y Avril Lavigne son _____.
4. Giorgio Armani es un diseñador de modas (*fashion designer*) _____.
5. Daisy Fuentes es de La Habana, Cuba; ella es _____.
6. Emma Watson y Daniel Radcliffe son actores _____.
7. Heidi Klum y Boris Becker son _____.
8. Apolo Anton Ohno y Shaun White son _____.

NOTA CULTURAL

Carlos Fuentes (1928–) is one of Mexico's best-known writers. His novel, ***La muerte*** (*death*) ***de Artemio Cruz***, explores the psyche of a Mexican revolutionary.

3 **Describir** Look at the drawing and describe each family member using as many adjectives as possible.

Carlos Romero Sandoval — Josefina Barcos de Romero — Susana Romero Barcos — Tomás Romero Barcos — Alberto Romero Pereda

1. Susana Romero Barcos es _____.
2. Tomás Romero Barcos es _____.
3. Los dos hermanos son _____.
4. Josefina Barcos de Romero es _____.
5. Carlos Romero Sandoval es _____.
6. Alberto Romero Pereda es _____.
7. Tomás y su (*his*) padre son _____.
8. Susana y su (*her*) madre son _____.

Practice more at **vistas.vhlcentral.com**.

Comunicación

4 **¿Cómo es?** With a partner, take turns describing each item on the list. Tell your partner whether you agree (**Estoy de acuerdo**) or disagree (**No estoy de acuerdo**) with their descriptions.

> **modelo**
> San Francisco
> **Estudiante 1:** San Francisco es una ciudad (*city*) muy bonita.
> **Estudiante 2:** No estoy de acuerdo. Es muy fea.

1. Nueva York
2. Steve Carell
3. las canciones (*songs*) de Celine Dion
4. el presidente de los Estados Unidos
5. Steven Spielberg
6. la primera dama (*first lady*) de los Estados Unidos
7. el/la profesor(a) de español
8. las personas de Los Ángeles
9. las residencias de mi universidad
10. mi clase de español

AYUDA

Here are some tips to help you complete the descriptions:
- Steve Carell es actor de cine y de televisión.
- Celine Dion es cantante.
- Steven Spielberg es director de cine.

5 **Anuncio personal** Write a personal ad that describes yourself and your ideal boyfriend, girlfriend, or mate. Then compare your ad with a classmate's. How are you similar and how are you different? Are you looking for the same things in a romantic partner?

SOY ALTA, morena y bonita. Soy cubana, de Holguín. Estudio arte en la universidad. Busco un chico similar. Mi novio ideal es alto, moreno, inteligente y muy simpático.

AYUDA

casado/a	*married*
divorciado/a	*divorced*
soltero/a	*single; unmarried*

These words and others like them are presented in **Contextos, Lección 9**, p. 302.

Síntesis

6 **Diferencias** Your instructor will give you and a partner each a drawing of a family. Describe your version of the drawing to your partner in order to find at least five differences between your picture and your partner's.

> **modelo**
> **Estudiante 1:** Susana, la madre, es rubia.
> **Estudiante 2:** No, la madre es morena.

3.2 Possessive adjectives

ANTE TODO Possessive adjectives, like descriptive adjectives, are words that are used to qualify people, places, or things. Possessive adjectives express the quality of ownership or possession.

Forms of possessive adjectives

SINGULAR FORMS	PLURAL FORMS	
mi	mis	my
tu	tus	your (fam.)
su	sus	his, her, its, your (form.)
nuestro/a	nuestros/as	our
vuestro/a	vuestros/as	your (fam.)
su	sus	their, your (form.)

COMPARE & CONTRAST

In English, possessive adjectives are invariable; that is, they do not agree in gender and number with the nouns they modify. Spanish possessive adjectives, however, do agree in number with the nouns they modify.

my cousin	*my* cousins	*my* aunt	*my* aunts
mi primo	**mis** primos	**mi** tía	**mis** tías

The forms **nuestro** and **vuestro** agree in both gender and number with the nouns they modify.

nuestr**o** prim**o**   nuestr**os** prim**os**   nuestr**a** tí**a**   nuestr**as** tí**as**

▶ Possessive adjectives are always placed before the nouns they modify.

—¿Está **tu novio** aquí? —No, **mi novio** está en la biblioteca.
Is your boyfriend here? *No, my boyfriend is in the library.*

▶ Because **su** and **sus** have multiple meanings (*your, his, her, their, its*), you can avoid confusion by using this construction instead: [*article*] + [*noun*] + **de** + [*subject pronoun*].

sus parientes ◀ los parientes **de él/ella**   *his/her* relatives
los parientes **de Ud./Uds.**   *your* relatives
los parientes **de ellos/ellas**   *their* relatives

AYUDA
Look at the context, focusing on nouns and pronouns, to help you determine the meaning of **su(s)**.

 ¡INTÉNTALO! Provide the appropriate form of each possessive adjective.

1. Es ___mi___ (*my*) libro.
2. _____ (*My*) familia es ecuatoriana.
3. ____ (*Your*, fam.) esposo es italiano.
4. _____ (*Our*) profesor es español.
5. Es _____ (*her*) reloj.
6. Es _____ (*your*, fam.) mochila.
7. Es _____ (*your*, form.) maleta.
8. _____ (*Their*) sobrina es alemana.

1. ___Sus___ (*Her*) primos son franceses.
2. _____ (*Our*) primos son canadienses.
3. Son _____ (*their*) lápices.
4. _____ (*Their*) nietos son japoneses.
5. Son _____ (*our*) plumas.
6. Son _____ (*my*) papeles.
7. _____ (*My*) amigas son inglesas.
8. Son _____ (*his*) cuadernos.

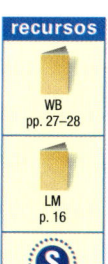
recursos
WB pp. 27–28
LM p. 16
vistas.vhlcentral.com Lección 3

Práctica

1. La familia de Manolo Complete each sentence with the correct possessive adjective from the options in parentheses. Use the subject of each sentence as a guide.

1. Me llamo Manolo, y _____ (nuestro, mi, sus) hermano es Federico.
2. _____ (Nuestra, Sus, Mis) madre Silvia es profesora y enseña química.
3. Ella admira a _____ (tu, nuestro, sus) estudiantes porque trabajan mucho.
4. Yo estudio en la misma universidad, pero no tomo clases con _____ (mi, nuestras, tus) madre.
5. Federico trabaja en una oficina con _____ (mis, tu, nuestro) padre.
6. _____ (Mi, Su, Tu) oficina está en el centro de la Ciudad de México.
7. Javier y Óscar son _____ (mis, mi, sus) tíos de Oaxaca.
8. ¿Y tú? ¿Cómo es _____ (mi, su, tu) familia?

> **AYUDA**
> Remember that possessive adjectives don't agree in number or gender with the owner of an item; they always agree with the item(s) being possessed.

2. Clarificar Clarify each sentence with a prepositional phrase. Follow the model.

> **modelo**
> Su hermana es muy bonita. (ella)
> La hermana de ella es muy bonita.

1. Su casa es muy grande. (ellos) _____
2. ¿Cómo se llama su hermano? (ellas) _____
3. Sus padres trabajan en el centro. (ella) _____
4. Sus abuelos son muy simpáticos. (él) _____
5. Maribel es su prima. (ella) _____
6. Su primo lee los libros. (ellos) _____

3. ¿Dónde está? With a partner, imagine that you can't remember where you put some of the belongings you see in the pictures. Your partner will help you by reminding you where your things are. Take turns playing each role.

> **CONSULTA**
> For a list of useful prepositions, refer to the table *Prepositions often used with* **estar**, in **Estructura 2.3**, p. 60.

> **modelo**
> **Estudiante 1:** ¿Dónde está mi mochila?
> **Estudiante 2:** Tu mochila está encima del escritorio.

1.

2.

3.

4.

5.

6.

Practice more at vistas.vhlcentral.com.

Comunicación

4 **Describir** With a partner, describe the people and places listed below. Make note of any similarities and be prepared to share them with the class.

> **modelo**
> la biblioteca de su universidad
> La biblioteca de nuestra universidad es muy grande. Hay muchos libros en la biblioteca. Mis amigos y yo estudiamos en la biblioteca.

1. tu profesor favorito
2. tu profesora favorita
3. su clase de español
4. la librería de su universidad
5. tus padres
6. tus abuelos
7. tu mejor (*best*) amigo
8. tu mejor amiga
9. su universidad
10. tu país de origen

5 **Una familia famosa** Assume the identity of a member of a famous family, real or fictional (the Hiltons, Cyruses, Simpsons, Clintons, Beckhams, Jolie-Pitts, etc.) and write a description of "your" family. Be sure not to use any names! Then, in small groups, take turns reading the descriptions aloud. The other group members may ask follow-up questions to help them identify the famous person.

> **modelo**
> **Estudiante 1:** Hay cuatro personas en mi familia. Mi padre es delgado y muy trabajador. Su trabajo (*job*) es importante; él viaja mucho. Mi madre es guapa e inteligente. Tengo una hermana mayor. Ella y yo estudiamos en una escuela privada. Nuestra casa está en la capital.
> **Estudiante 2:** ¿Son ustedes de la capital?
> **Estudiante 1:** No, somos de Chicago.
> **Estudiante 3:** ¿Eres Sasha Obama?
> **Estudiante 1:** Sí.

Síntesis

6 **Describe a tu familia** Get together with two classmates and describe your family to them in several sentences (**Mi padre es alto y moreno. Mi madre es delgada y muy bonita. Mis hermanos son...**). They will work together to try to repeat your description (**Su padre es alto y moreno. Su madre...**). If they forget any details, they can ask you questions (**¿Es alto tu hermano?**). Alternate roles until all of you have described your families.

3.3 Present tense of -er and -ir verbs

ANTE TODO In **Lección 2**, you learned how to form the present tense of regular **-ar** verbs. You also learned about the importance of verb forms, which change to show who is performing the action. The chart below shows the forms from two other important groups, **-er** verbs and **-ir** verbs.

> **CONSULTA**
> To review the conjugation of **-ar** verbs, see **Estructura 2.1**, p. 50.

Present tense of -er and -ir verbs

		comer (to eat)	**escribir** (to write)
SINGULAR FORMS	yo	com**o**	escrib**o**
	tú	com**es**	escrib**es**
	Ud./él/ella	com**e**	escrib**e**
PLURAL FORMS	nosotros/as	com**emos**	escrib**imos**
	vosotros/as	com**éis**	escrib**ís**
	Uds./ellos/ellas	com**en**	escrib**en**

▶ **-Er** and **-ir** verbs have very similar endings. Study the preceding chart to detect the patterns that make it easier for you to use them to communicate in Spanish.

Felipe y su tío comen.

Jimena lee.

> **AYUDA**
> Here are some tips on learning Spanish verbs:
> 1) Learn to identify the verb's stem, to which all endings attach.
> 2) Memorize the endings that go with each verb and verb tense.
> 3) As often as possible, practice using different forms of each verb in speech and writing.
> 4) Devote extra time to learning irregular verbs, such as **ser** and **estar**.

▶ Like **-ar** verbs, the **yo** forms of **-er** and **-ir** verbs end in **-o**.

   Yo com**o**.   Yo escrib**o**.

▶ Except for the **yo** form, all of the verb endings for **-er** verbs begin with **-e**.

   -es   -emos   -en
   -e   -éis

▶ **-Er** and **-ir** verbs have the exact same endings, except in the **nosotros/as** and **vosotros/as** forms.

La familia

Common -er and -ir verbs

-er verbs		-ir verbs	
aprender (a + *inf.*)	to learn	abrir	to open
beber	to drink	asistir (a)	to attend
comer	to eat	compartir	to share
comprender	to understand	decidir (+ *inf.*)	to decide
correr	to run	describir	to describe
creer (en)	to believe (in)	escribir	to write
deber (+ *inf.*)	should; must; ought to	recibir	to receive
leer	to read	vivir	to live

Ellos **corren** en el parque.

Él **escribe** una carta.

¡INTÉNTALO! Provide the appropriate present tense forms of these verbs.

correr
1. Graciela __corre__.
2. Tú _____.
3. Yo _____.
4. Sara y Ana _____.
5. Usted _____.
6. Ustedes _____.
7. La gente _____.
8. Marcos y yo _____.

abrir
1. Ellos __abren__ la puerta.
2. Carolina _____ la maleta.
3. Yo _____ las ventanas.
4. Nosotras _____ los libros.
5. Usted _____ el cuaderno.
6. Tú _____ la ventana.
7. Ustedes _____ las maletas.
8. Los muchachos _____ los cuadernos.

aprender
1. Él __aprende__ español.
2. Maribel y yo _____ inglés.
3. Tú _____ japonés.
4. Tú y tu hermanastra _____ francés.
5. Mi hijo _____ chino.
6. Yo _____ alemán.
7. Usted _____ inglés.
8. Nosotros _____ italiano.

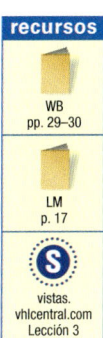

recursos
WB pp. 29–30
LM p. 17
vistas.vhlcentral.com Lección 3

Práctica

1 **Completar** Complete Susana's sentences about her family with the correct forms of the verbs in parentheses. One of the verbs will remain in the infinitive.

1. Mi familia y yo _____ (vivir) en Mérida, Yucatán.
2. Tengo muchos libros. Me gusta _____ (leer).
3. Mi hermano Alfredo es muy inteligente. Alfredo _____ (asistir) a clases los lunes, miércoles y viernes.
4. Los martes y jueves Alfredo y yo _____ (correr) en el Parque del Centenario.
5. Mis padres _____ (comer) mucha lasaña los domingos y se quedan dormidos (*they fall asleep*).
6. Yo _____ (creer) que (*that*) mis padres deben comer menos (*less*).

2 **Oraciones** Juan is talking about what he and his friends do after school. Form complete sentences by adding any other necessary elements.

> **modelo**
> yo / correr / amigos / lunes y miércoles
> Yo corro con mis amigos los lunes y miércoles.

1. Manuela / asistir / clase / yoga
2. Eugenio / abrir / correo electrónico (*e-mail*)
3. Isabel y yo / leer / biblioteca
4. Sofía y Roberto / aprender / hablar / inglés
5. tú / comer / cafetería / universidad
6. mi novia y yo / compartir / libro de historia

3 **Consejos** Mario and his family are spending a year abroad to learn Japanese. In pairs, use the words below to say what he and/or his family members are doing or should do to adjust to life in Japan. Then, create one more sentence using a verb not on the list.

> **modelo**
> recibir libros / deber practicar japonés
> **Estudiante 1:** Mario y su esposa reciben muchos libros en japonés.
> **Estudiante 2:** Los hijos deben practicar japonés.

aprender japonés	decidir explorar el país
asistir a clases	escribir listas de palabras en japonés
beber sake	leer novelas japonesas
deber comer cosas nuevas	vivir con una familia japonesa
¿?	¿?

Practice more at **vistas.vhlcentral.com**.

Comunicación

4 **Entrevista** In pairs, use these questions to interview each other. Be prepared to report the results of your interviews to the class.

1. ¿Dónde comes al mediodía? ¿Comes mucho?
2. ¿Cuándo asistes a tus clases?
3. ¿Cuál es tu clase favorita? ¿Por qué?
4. ¿Dónde vives?
5. ¿Con quién vives?
6. ¿Qué cursos debes tomar el próximo (*next*) semestre?
7. ¿Lees el periódico (*newspaper*)? ¿Qué periódico lees y cuándo?
8. ¿Recibes muchos mensajes de texto (*text messages*)? ¿De quién(es)?
9. ¿Escribes poemas?
10. ¿Crees en fantasmas (*ghosts*)?

5 **¿Acción o descripción?** In small groups, take turns choosing a verb from the list. Then choose to act out the verb or give a description. The other members of the group will say what you are doing. Be creative!

abrir (un libro, una puerta, una mochila)
aprender (a bailar, a hablar francés, a dibujar)
asistir (a una clase de yoga, a un concierto de rock, a una clase interesante)
beber (agua, Coca-Cola)
comer (pasta, un sándwich, pizza)
compartir (un libro, un sándwich)

correr (en el parque, en un maratón)
escribir (una composición, un mensaje de texto [*text message*], con lápiz)
leer (una carta [*letter*] de amor, un mensaje electrónico [*e-mail message*], un periódico [*newspaper*])
recibir un regalo (*gift*)
¿?

modelo

Estudiante 1: (*pantomimes typing a keyboard*)
Estudiante 2: ¿Escribes un mensaje electrónico?
Estudiante 1: Sí.

modelo

Estudiante 1: Soy estudiante y tomo muchas clases. Vivo en Roma.
Estudiante 2: ¿Comes pasta?
Estudiante 1: No, no como pasta.
Estudiante 3: ¿Aprendes a hablar italiano?
Estudiante 1: ¡Sí!

Síntesis

6 **Horario** Your instructor will give you and a partner incomplete versions of Alicia's schedule. Fill in the missing information on the schedule by talking to your partner. Be prepared to reconstruct Alicia's complete schedule with the class.

3.4 Present tense of tener and venir

ANTE TODO The verbs **tener** (*to have*) and **venir** (*to come*) are among the most frequently used in Spanish. Because most of their forms are irregular, you will have to learn each one individually.

The verbs tener and venir

		tener	**venir**
SINGULAR FORMS	yo	ten**go**	ven**go**
	tú	tien**es**	vien**es**
	Ud./él/ella	tien**e**	vien**e**
PLURAL FORMS	nosotros/as	ten**emos**	ven**imos**
	vosotros/as	ten**éis**	ven**ís**
	Uds./ellos/ellas	tien**en**	vien**en**

▶ The endings are the same as those of regular **-er** and **-ir** verbs, except for the **yo** forms, which are irregular: **tengo, vengo**.

▶ In the **tú, Ud.,** and **Uds.** forms, the **e** of the stem changes to **ie**, as shown below.

INFINITIVE	VERB STEM	VERB FORM
tener	ten-	tú t**ie**nes
		Ud./él/ella t**ie**ne
		Uds./ellos/ellas t**ie**nen
venir	ven-	tú v**ie**nes
		Ud./él/ella v**ie**ne
		Uds./ellos/ellas v**ie**nen

AYUDA

Use what you already know about regular **-er** and **-ir** verbs to identify the irregularities in **tener** and **venir**.
1) Which verb forms use a regular stem? Which use an irregular stem?
2) Which verb forms use the regular endings? Which use irregular endings?

¿Tienes una familia grande, Marissa?

No, tengo una familia pequeña.

▶ Only the **nosotros** and **vosotros** forms are regular. Compare them to the forms of **comer** and **escribir** that you learned on page 96.

	tener	**comer**	**venir**	**escribir**
nosotros/as	ten**emos**	com**emos**	ven**imos**	escrib**imos**
vosotros/as	ten**éis**	com**éis**	ven**ís**	escrib**ís**

La familia

▶ In certain idiomatic or set expressions in Spanish, you use the construction **tener** + [*noun*] to express *to be* + [*adjective*]. This chart contains a list of the most common expressions with **tener**.

Expressions with tener

tener… años	to be… years old	tener (mucha) prisa	to be in a (big) hurry
tener (mucho) calor	to be (very) hot	tener razón	to be right
tener (mucho) cuidado	to be (very) careful	no tener razón	to be wrong
tener (mucho) frío	to be (very) cold	tener (mucha) sed	to be (very) thirsty
tener (mucha) hambre	to be (very) hungry	tener (mucho) sueño	to be (very) sleepy
tener (mucho) miedo (de)	to be (very) afraid/scared (of)	tener (mucha) suerte	to be (very) lucky

—¿**Tienen** hambre ustedes?
Are you hungry?

—Sí, y **tenemos** sed también.
Yes, and we're thirsty, too.

▶ To express an obligation, use **tener que** (*to have to*) + [*infinitive*].

—¿Qué **tienes que** estudiar hoy?
What do you have to study today?

—**Tengo que** estudiar biología.
I have to study biology.

▶ To ask people if they feel like doing something, use **tener ganas de** (*to feel like*) + [*infinitive*].

—¿**Tienes ganas de** comer?
Do you feel like eating?

—No, **tengo ganas de** dormir.
No, I feel like sleeping.

¡INTÉNTALO! Provide the appropriate forms of **tener** and **venir**.

tener
1. Ellos ___tienen___ dos hermanos.
2. Yo _____ una hermana.
3. El artista _____ tres primos.
4. Nosotros _____ diez tíos.
5. Eva y Diana _____ un sobrino.
6. Usted _____ cinco nietos.
7. Tú _____ dos hermanastras.
8. Ustedes _____ cuatro hijos.
9. Ella _____ una hija.

venir
1. Mis padres ___vienen___ de México.
2. Tú _____ de España.
3. Nosotras _____ de Cuba.
4. Pepe _____ de Italia.
5. Yo _____ de Francia.
6. Ustedes _____ de Canadá.
7. Alfonso y yo _____ de Portugal.
8. Ellos _____ de Alemania.
9. Usted _____ de Venezuela.

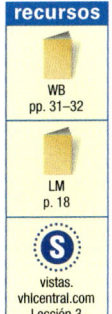

Práctica

1 **Emparejar** Find the expression in column B that best matches an item in column A. Then, come up with a new item that corresponds with the leftover expression in column B.

A	B
1. el Polo Norte	a. tener calor
2. una sauna	b. tener sed
3. la comida salada (*salty food*)	c. tener frío
4. una persona muy inteligente	d. tener razón
5. un abuelo	e. tener ganas de
6. una dieta	f. tener hambre
	g. tener 75 años

2 **Completar** Complete the sentences with the correct forms of **tener** or **venir**.

1. Hoy nosotros _____ una reunión familiar (*family reunion*).
2. Yo _____ en autobús de la Universidad de Quito.
3. Todos mis parientes _____, excepto mi tío Manolo y su esposa.
4. Ellos no _____ ganas de venir porque viven en Portoviejo.
5. Mi prima Susana y su novio no _____ hasta las ocho porque ella _____ que trabajar.
6. En las fiestas, mi hermana siempre (*always*) _____ muy tarde (*late*).
7. Nosotros _____ mucha suerte porque las reuniones son divertidas (*fun*).
8. Mi madre cree que mis sobrinos son muy simpáticos. Creo que ella _____ razón.

3 **Describir** Describe what these people are doing or feeling using an expression with **tener**.

1. _____

2. _____

3. _____

4. _____

5. _____

6. _____

Practice more at **vistas.vhlcentral.com**.

Comunicación

4

¿Sí o no? Indicate whether these statements apply to you by checking either **Sí** or **No**.

	Sí	No
1. Mi padre tiene 50 años.	○	○
2. Mis amigos vienen a mi casa todos los días (*every day*).	○	○
3. Vengo a la universidad los martes.	○	○
4. Tengo hambre.	○	○
5. Tengo dos computadoras.	○	○
6. Tengo sed.	○	○
7. Tengo que estudiar los domingos.	○	○
8. Tengo una familia grande.	○	○

Now interview a classmate by transforming each statement into a question. Be prepared to report the results of your interview to the class.

modelo
Estudiante 1: ¿Tiene tu padre 50 años?
Estudiante 2: No, no tiene 50 años. Tiene 65.

5

Preguntas Get together with a classmate and ask each other these questions.

1. ¿Tienes que estudiar hoy?
2. ¿Cuántos años tienes? ¿Y tus hermanos/as?
3. ¿Cuándo vienes a la clase de español?
4. ¿Cuándo vienen tus amigos a tu casa, apartamento o residencia estudiantil?
5. ¿De qué tienes miedo? ¿Por qué?
6. ¿Qué tienes ganas de hacer esta noche (*tonight*)?

6

Conversación Use an expression with **tener** to hint at what's on your mind. Your partner will ask questions to find out why you feel that way. If your partner cannot guess what's on your mind after three attempts, tell him/her. Then switch roles.

modelo
Estudiante 1: Tengo miedo.
Estudiante 2: ¿Tienes que hablar en público?
Estudiante 1: No.
Estudiante 2: ¿Tienes un examen hoy?
Estudiante 1: Sí, y no tengo tiempo para estudiar.

Síntesis

7

Minidrama Act out this situation with a partner: you are introducing your boyfriend/girlfriend to your extended family. To avoid any surprises before you go, talk about who is coming and what each family member is like. Switch roles.

Recapitulación

Concepts Diagnostics

Review the grammar concepts you have learned in this lesson by completing these activities.

RESUMEN GRAMATICAL

3.1 Descriptive adjectives pp. 88–90

Forms and agreement of adjectives

Masculine		Feminine	
Singular	Plural	Singular	Plural
alto	altos	alta	altas
inteligente	inteligentes	inteligente	inteligentes
trabajador	trabajadores	trabajadora	trabajadoras

▶ Descriptive adjectives follow the noun:
   el chico rubio

▶ Adjectives of nationality also follow the noun:
   la mujer española

▶ Adjectives of quantity precede the noun:
   muchos libros, dos turistas

▶ When placed before a singular masculine noun, these adjectives are shortened.
   bueno → buen   malo → mal

▶ When placed before a singular noun, **grande** is shortened to **gran**.

1 Adjetivos Complete each phrase with the appropriate adjective from the list. Make all necessary changes. **6 pts.**

| antipático | interesante | mexicano |
| difícil | joven | moreno |

1. Mi tía es _____. Vive en Guadalajara.
2. Mi primo no es rubio, es _____.
3. Mi novio cree que la clase no es fácil; es _____.
4. Los libros son _____; me gustan mucho.
5. Mis hermanos son _____; no tienen muchos amigos.
6. Las gemelas tienen quince años. Son _____.

2 Completar For each set of sentences, provide the appropriate form of the verb **tener** and the possessive adjective. Follow the model. **12 pts.**

modelo
Él **tiene** un libro. Es **su** libro.

1. Esteban y Julio _____ una tía. Es _____ tía.
2. Yo _____ muchos amigos. Son _____ amigos.
3. Tú _____ tres primas. Son _____ primas.
4. María y tú _____ un hermano. Es _____ hermano.
5. Nosotras _____ unas mochilas. Son _____ mochilas.
6. Usted _____ dos sobrinos. Son _____ sobrinos.

3.2 Possessive adjectives p. 93

Singular		Plural	
mi	nuestro/a	mis	nuestros/as
tu	vuestro/a	tus	vuestros/as
su	su	sus	sus

3.3 Present tense of -er and -ir verbs pp. 96–97

comer		escribir	
como	comemos	escribo	escribimos
comes	coméis	escribes	escribís
come	comen	escribe	escriben

3.4 Present tense of tener and venir pp. 100–101

tener		venir	
tengo	tenemos	vengo	venimos
tienes	tenéis	vienes	venís
tiene	tienen	viene	vienen

3 Oraciones Arrange the words in the correct order to form complete logical sentences. **¡Ojo!** Don't forget to conjugate the verbs. **10 pts.**

1. libros / unos / tener / interesantes / tú / muy
   _____
2. dos / leer / fáciles / compañera / tu / lecciones
   _____
3. mi / francés / ser / amigo / buen / Hugo
   _____
4. ser / simpáticas / dos / personas / nosotras
   _____
5. a / clases / menores / mismas / sus / asisitir / hermanos / las
   _____

La familia   ciento cinco **105**

4 **Carta** Complete this letter with the appropriate forms of the verbs in the word list. Not all verbs will be used. `10 pts.`

abrir	correr	recibir
asistir	creer	tener
compartir	escribir	venir
comprender	leer	vivir

Hola, Ángel:
¿Qué tal? (Yo) (1) _____ esta carta (this letter) en la biblioteca. Todos los días (2) _____ aquí y (3) _____ un buen libro. Yo (4) _____ que es importante leer por diversión. Mi compañero de apartamento no (5) _____ por qué me gusta leer. Él sólo (6) _____ los libros de texto. Pero nosotros (7) _____ unos intereses. Por ejemplo, los dos somos atléticos; por las mañanas nosotros (8) _____. También nos gustan las ciencias; por las tardes (9) _____ a nuestra clase de biología. Y tú, ¿cómo estás? ¿(Tú) (10) _____ mucho trabajo (work)?

5 **Su familia** Write a brief description of a friend's family. Describe the family members using vocabulary and structures from this lesson. Write at least five sentences. `12 pts.`

> **modelo**
> La familia de mi amiga Gabriela es grande. Ella tiene tres hermanos y una hermana. Su hermana mayor es periodista...

6 **Proverbio** Complete this proverb with the correct forms of the verbs in parentheses. `2 EXTRA points!`

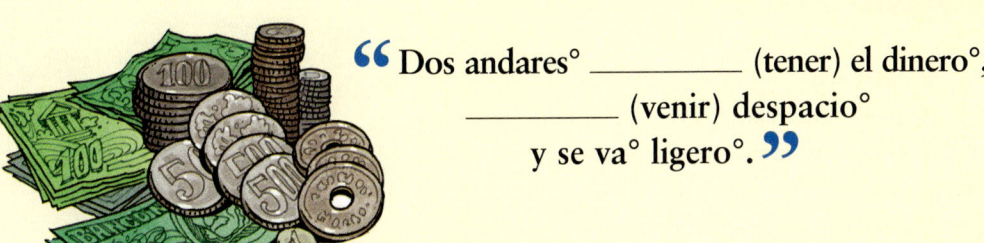

" Dos andares° _____ (tener) el dinero°,
_____ (venir) despacio°
y se va° ligero°. "

andares *speeds* dinero *money* despacio *slowly*
se va *it leaves* ligero *quickly*

Practice more at **vistas.vhlcentral.com**.

adelante

Lectura
Antes de leer

Estrategia
Guessing meaning from context

As you read in Spanish, you'll often come across words you haven't learned. You can guess what they mean by looking at the surrounding words and sentences. Look at the following text and guess what **tía abuela** means, based on the context.

> ¡Hola, Claudia!
> ¿Qué hay de nuevo?
> ¿Sabes qué? Ayer fui a ver a mi tía abuela, la hermana de mi abuela. Tiene 85 años, pero es muy independiente. Vive en un apartamento en Quito con su prima Lorena, quien también tiene 85 años.

If you guessed *great-aunt*, you are correct, and you can conclude from this word and the format clues that this is a letter about someone's visit with his or her great-aunt.

Examinar el texto
Quickly read through the paragraphs and find two or three words you don't know. Using the context as your guide, guess what these words mean. Then glance at the paragraphs where these words appear and try to predict what the paragraphs are about.

Examinar el formato
Look at the format of the reading. What clues do the captions, photos, and layout give you about its content?

Gente... Las familias

1. Me llamo Armando y tengo setenta años, pero no me considero viejo. Tengo seis nietas y un nieto. Vivo con mi hija y tengo la oportunidad de pasar mucho tiempo con ella y con mi nieto. Por las tardes salgo a pasear° por el parque con él y por la noche le leo cuentos°.

Armando. Tiene seis nietas y un nieto.

2. Mi prima Victoria y yo nos llevamos muy bien. Estudiamos juntas° en la universidad y compartimos un apartamento. Ella es muy inteligente y me ayuda° con los estudios. Además°, es muy simpática y generosa. Si necesito cualquier° cosa, ¡ella me la compra!

Diana. Vive con su prima.

3. Me llamo Ramona y soy paraguaya, aunque° ahora vivo en los Estados Unidos. Tengo tres hijos, uno de nueve años, uno de doce y el mayor de quince. Es difícil a veces, pero mi esposo y yo tratamos° de ayudarlos y comprenderlos siempre°.

Ramona. Sus hijos son muy importantes para ella.

Practice more at vistas.vhlcentral.com.

4. Tengo mucha suerte. Aunque mis padres están divorciados, tengo una familia muy unida. Tengo dos hermanos y dos hermanas. Me gusta hablar y salir a fiestas con ellos. Ahora tengo novio en la universidad y él no conoce a mis hermanos. ¡Espero que se lleven bien!

Ana María. Su familia es muy unida.

5. Antes quería° tener hermanos, pero ya no° es tan importante. Ser hijo único tiene muchas ventajas°: no tengo que compartir mis cosas con hermanos, no hay discusiones° y, como soy nieto único también, ¡mis abuelos piensan° que soy perfecto!

Fernando. Es hijo único.

6. Como soy joven todavía°, no tengo ni esposa ni hijos. Pero tengo un sobrino, el hijo de mi hermano, que es muy especial para mí. Se llama Benjamín y tiene diez años. Es un muchacho muy simpático. Siempre tiene hambre y por lo tanto vamos° frecuentemente a comer hamburguesas. Nos gusta también ir al cine° a ver películas de acción. Hablamos de todo. ¡Creo que ser tío es mejor que ser padre!

Santiago. Cree que ser tío es divertido.

salgo a pasear *I go take a walk* **cuentos** *stories* **juntas** *together* **me ayuda** *she helps me* **Además** *Besides* **cualquier** *any* **aunque** *although* **tratamos** *we try* **siempre** *always* **quería** *I wanted* **ya no** *no longer* **ventajas** *advantages* **discusiones** *arguments* **piensan** *think* **todavía** *still* **vamos** *we go* **ir al cine** *to go to the movies*

Después de leer

Emparejar

Glance at the paragraphs and see how the words and phrases in column A are used in context. Then find their definitions in column B.

A   **B**

1. me la compra
2. nos llevamos bien
3. no conoce
4. películas
5. mejor que
6. el mayor

a. the oldest
b. movies
c. the youngest
d. buys it for me
e. borrows it from me
f. we see each other
g. doesn't know
h. we get along
i. portraits
j. better than

Seleccionar

Choose the sentence that best summarizes each paragraph.

1. Párrafo 1
   a. Me gusta mucho ser abuelo.
   b. No hablo mucho con mi nieto.
   c. No tengo nietos.
2. Párrafo 2
   a. Mi prima es antipática.
   b. Mi prima no es muy trabajadora.
   c. Mi prima y yo somos muy buenas amigas.
3. Párrafo 3
   a. Tener hijos es un gran sacrificio, pero es muy bonito también.
   b. No comprendo a mis hijos.
   c. Mi esposo y yo no tenemos hijos.
4. Párrafo 4
   a. No hablo mucho con mis hermanos.
   b. Comparto mis cosas con mis hermanos.
   c. Mis hermanos y yo somos como (*like*) amigos.
5. Párrafo 5
   a. Me gusta ser hijo único.
   b. Tengo hermanos y hermanas.
   c. Vivo con mis abuelos.
6. Párrafo 6
   a. Mi sobrino tiene diez años.
   b. Me gusta mucho ser tío.
   c. Mi esposa y yo no tenemos hijos.

Escritura

Estrategia

Using idea maps

How do you organize ideas for a first draft? Often, the organization of ideas represents the most challenging part of the process. Idea maps are useful for organizing pertinent information. Here is an example of an idea map you can use:

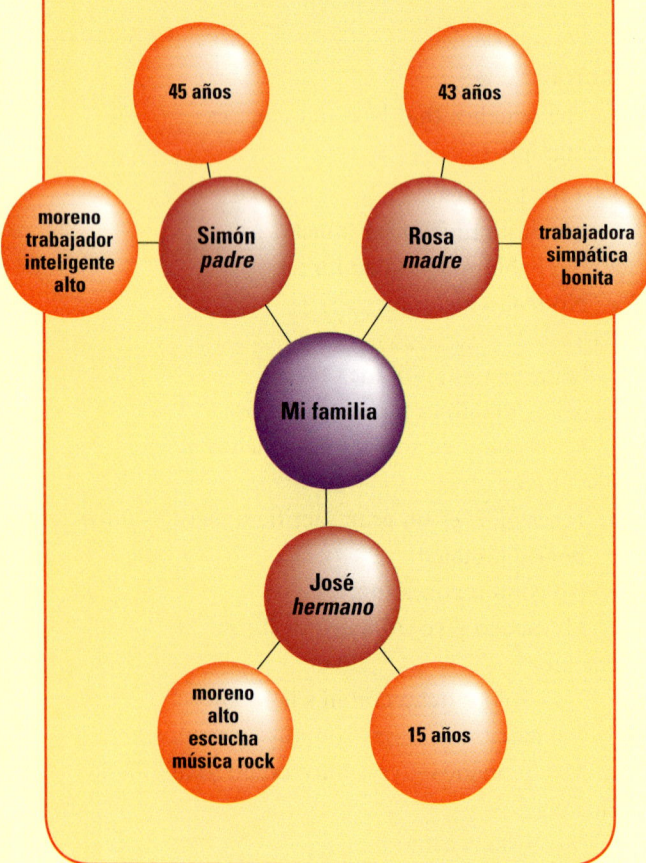

Tema

Escribir un mensaje electrónico

A friend you met in a chat room for Spanish speakers wants to know about your family. Using some of the verbs and adjectives you have learned in this lesson, write a brief e-mail describing your family or an imaginary family, including:

▶ Names and relationships
▶ Physical characteristics
▶ Hobbies and interests

Here are some useful expressions for writing an e-mail or letter in Spanish:

Salutations

Estimado/a Julio/Julia:	Dear Julio/Julia,
Querido/a Miguel/Ana María:	Dear Miguel/Ana María,

Closings

Un abrazo,	A hug,
Abrazos,	Hugs,
Cariños,	Much love,
¡Hasta pronto!	See you soon!
¡Hasta la próxima semana!	See you next week!

Escuchar

Estrategia

Asking for repetition/ Replaying the recording

Sometimes it is difficult to understand what people say, especially in a noisy environment. During a conversation, you can ask someone to repeat by saying **¿Cómo?** (*What?*) or **¿Perdón?** (*Pardon me?*). In class, you can ask your teacher to repeat by saying **Repita, por favor** (*Repeat, please*). If you don't understand a recorded activity, you can simply replay it.

 To help you practice this strategy, you will listen to a short paragraph. Ask your professor to repeat it or replay the recording, and then summarize what you heard.

Preparación

Based on the photograph, where do you think Cristina and Laura are? What do you think Laura is saying to Cristina?

Ahora escucha

Now you are going to hear Laura and Cristina's conversation. Use **R** to indicate which adjectives describe Cristina's boyfriend, Rafael. Use **E** for adjectives that describe Laura's boyfriend, Esteban. Some adjectives will not be used.

___ rubio   ___ interesante
___ feo   ___ antipático
___ alto   ___ inteligente
___ trabajador   ___ moreno
___ un poco gordo ___ viejo

Comprensión

Identificar

Which person would make each statement: Cristina or Laura?

	Cristina	Laura
1. Mi novio habla sólo de fútbol y de béisbol.	○	○
2. Tengo un novio muy interesante y simpático.	○	○
3. Mi novio es alto y moreno.	○	○
4. Mi novio trabaja mucho.	○	○
5. Mi amiga no tiene buena suerte con los muchachos.	○	○
6. El novio de mi amiga es un poco gordo, pero guapo.	○	○

¿Cierto o falso?

Indicate whether each sentence is **cierto** or **falso**, then correct the false statements.

	Cierto	Falso
1. Esteban es un chico interesante y simpático.	○	○
2. Laura tiene mala suerte con los chicos.	○	○
3. Rafael es muy interesante.	○	○
4. Laura y su novio hablan de muchas cosas.	○	○

Practice more at vistas.vhlcentral.com.

En pantalla

In the Spanish-speaking world, grandparents play an important role in the nuclear family structure. Even in the U.S., where retirement communities and nursing homes abound, in Latino families it is often expected that members of the older generation will live with their adult children and grandchildren. This living situation usually brings benefits—financial, emotional, and logistical—that improve the quality of life for everyone involved, and it facilitates the passing on of family history and culture.

Vocabulario útil

la canción	song
cocinar	to cook
el espíritu	spirit
los frijoles	beans
la lágrima	tear
el milagro	miracle
romántico/a	romantic
se aparece en	appears in
supersticioso/a	superstitious

Preparación
Have you or anyone in your family ever experienced a situation that seemed supernatural? What happened?

Preguntas
Choose the correct answer for each question.
1. ¿Qué hace (*is she doing*) la abuela?
   a. Prepara tortillas.   b. Come tortillas.
2. ¿Quién escucha una canción?
   a. la abuela   b. el nieto
3. ¿Quién se aparece en la tortilla?
   a. el nieto   b. el abuelo
4. ¿Qué tiene el nieto?
   a. sed   b. hambre

Los personajes
Choose one of the characters and write a description of him or her. Use as many adjectives as you can and mention the person's likes and dislikes. Be creative! Then, in pairs, read your description to a partner.

¿me llamaste? *you called me?*

Tears & Tortillas

Ay, Carlos. Nuestra canción.

¡Beto!... ¡Beto!...

Abuelita... ¿me llamaste?°

Tears & Tortillas forms part of a growing U.S. market for Latino cinema. Director Xóchitl Dorsey's narrative and documentary films have appeared on Showtime and PBS, as well as in various film festivals.

Video: Short Film

Practice more at vistas.vhlcentral.com.

La familia

If a Spanish-speaking friend told you he was going to a **reunión familiar,** what type of event would you picture? Most likely, your friend would not be referring to an annual event reuniting family members from far-flung cities. In Hispanic culture, family gatherings are much more frequent and relaxed, and thus do not require intensive planning or juggling of schedules. Some families gather every Sunday afternoon to enjoy a leisurely meal; others may prefer to hold get-togethers on a Saturday evening, with food, music, and dancing. In any case, gatherings tend to be laid-back events in which family members spend hours chatting, sharing stories, and telling jokes.

Vocabulario útil

el Día de la Madre	Mother's Day
estamos celebrando	we are celebrating
familia grande y feliz	a big, happy family
familia numerosa	a large family
hacer (algo) juntos	to do (something) together
el patio interior	courtyard
pelear	to fight
reuniones familiares	family gatherings, reunions

Preparación
What is a "typical family" like where you live? Is there such a thing? What members of a family usually live together?

Completar
Complete this paragraph with the correct options.

Los Valdivieso y los Bolaños son dos ejemplos de familias en Ecuador. Los Valdivieso son una familia (1) _____ (difícil/numerosa). Viven en una casa (2) _____ (grande/buena). En el patio, hacen (*they do*) muchas reuniones (3) _____ (familiares/con amigos). Los Bolaños son una familia pequeña. Ellos comen (4) _____ (separados/juntos) y preparan canelazo, una bebida (*drink*) típica ecuatoriana.

La familia

—Érica, ¿y cómo se llaman tus padres?
—Mi mamá, Lorena y mi papá, Miguel.

¡Qué familia tan° grande tiene!

Te presento a la familia Bolaños.

Video: *Flash cultura*

tan *so*

3 panorama

Video: *Panorama cultural*
Interactive map

Ecuador

El país en cifras

- **Área:** 283.560 km^2 (109.483 millas^2), incluyendo las islas Galápagos, aproximadamente el área de Colorado
- **Población:** 14.596.000
- **Capital:** Quito — 2.035.000
- **Ciudades° principales:**
  Guayaquil — 2.941.000, Cuenca, Machala, Portoviejo

SOURCE: Population Division, UN Secretariat

- **Moneda:** dólar estadounidense
- **Idiomas:** español (oficial), quichua

La lengua oficial de Ecuador es el español, pero también se hablan° otras° lenguas en el país. Aproximadamente unos 4.000.000 de ecuatorianos hablan lenguas indígenas; la mayoría° de ellos habla quichua. El quichua es el dialecto ecuatoriano del quechua, la lengua de los incas.

Muchos indígenas de Ecuador hablan quichua.

Bandera de Ecuador

Ecuatorianos célebres
- **Francisco Eugenio De Santa Cruz y Espejo,** médico, periodista y patriota (1747–1795)
- **Juan León Mera,** novelista (1832–1894)
- **Eduardo Kingman,** pintor° (1913–1998)
- **Rosalía Arteaga,** abogada°, política y ex vicepresidenta (1956–)

Ciudades *cities* se hablan *are spoken* otras *other* mayoría *majority*
pintor *painter* abogada *lawyer* sur *south* mundo *world* pies *feet*
dos veces más alto que *twice as tall as*

Las islas Galápagos

COLOMBIA

Indígenas del Amazonas

Río Esmeraldas
• Ibarra
Quito ★
Volcán Cotopaxi
Río Napo
Portoviejo •
Volcán Tungurahua
Río Daule
Río Pastaza
Guayaquil •
Cordillera de los Andes
Volcán Chimborazo
Océano Pacífico
• Cuenca
• Machala
• Loja

La ciudad de Quito y la Cordillera de los Andes

Catedral de Guayaquil

PERÚ

recursos

WB pp. 33–34 | VM pp. 253–254 | vistas.vhlcentral.com Lección 3

¡Increíble pero cierto!

El volcán Cotopaxi, situado a unos 60 kilómetros al sur° de Quito, es considerado el volcán activo más alto del mundo°. Tiene una altura de 5.897 metros (19.340 pies°). Es dos veces más alto que° el monte Santa Elena (2.550 metros o 9.215 pies) en el estado de Washington.

Lugares • Las islas Galápagos
Muchas personas vienen de lejos a visitar las islas Galápagos porque son un verdadero tesoro° ecológico. Aquí Charles Darwin estudió° las especies que inspiraron° sus ideas sobre la evolución. Como las Galápagos están lejos del continente, sus plantas y animales son únicos. Las islas son famosas por sus tortugas° gigantes.

Artes • Oswaldo Guayasamín
Oswaldo Guayasamín fue° uno de los artistas latinoamericanos más famosos del mundo. Fue escultor° y muralista. Su expresivo estilo viene del cubismo y sus temas preferidos son la injusticia y la pobreza° sufridas° por los indígenas de su país.

Madre y niño en azul, 1986, Oswaldo Guayasamín

Deportes • El *trekking*
El sistema montañoso de los Andes cruza° y divide Ecuador en varias regiones. La Sierra, que tiene volcanes, grandes valles y una variedad increíble de plantas y animales, es perfecta para el *trekking*. Muchos turistas visitan Ecuador cada° año para hacer° *trekking* y escalar montañas°.

Lugares • Latitud 0
Hay un monumento en Ecuador, a unos 22 kilómetros (14 millas) de Quito, donde los visitantes están en el hemisferio norte y el hemisferio sur a la vez°. Este monumento se llama la Mitad del Mundo° y es un destino turístico muy popular.

Explosión del volcán Tungurahua en 1999

¿Qué aprendiste? Completa las oraciones con la información correcta.
1. La ciudad más grande (*biggest*) de Ecuador es _____.
2. La capital de Ecuador es _____.
3. Unos 4.000.000 de ecuatorianos hablan _____.
4. Darwin estudió el proceso de la evolución en _____.
5. Dos temas del arte de _____ son la pobreza y la _____.
6. Un monumento muy popular es _____.
7. La Sierra es un lugar perfecto para el _____.
8. El volcán _____ es el volcán activo más alto del mundo.

Conexión Internet Investiga estos temas en **vistas.vhlcentral.com**.
1. Busca información sobre una ciudad de Ecuador. ¿Te gustaría (*Would you like*) visitar la ciudad? ¿Por qué?
2. Haz una lista de tres animales o plantas que viven sólo en las islas Galápagos. ¿Dónde hay animales o plantas similares?

Practice more at vistas.vhlcentral.com.

---

verdadero tesoro *true treasure* **estudió** *studied* **inspiraron** *inspired* **tortugas** *tortoises* **fue** *was* **escultor** *sculptor* **pobreza** *poverty* **sufridas** *suffered* **cruza** *crosses* **cada** *every* **hacer** *to do* **escalar montañas** *to climb mountains* **a la vez** *at the same time* **Mitad del Mundo** *Equatorial Line Monument (lit. Midpoint of the World)*

vocabulario

La familia

el/la abuelo/a	grandfather/grandmother
los abuelos	grandparents
el apellido	last name; surname
el/la bisabuelo/a	great-grandfather/great-grandmother
el/la cuñado/a	brother-in-law/sister-in-law
el/la esposo/a	husband; wife; spouse
la familia	family
el/la gemelo/a	twin
el/la hermanastro/a	stepbrother/stepsister
el/la hermano/a	brother/sister
el/la hijastro/a	stepson/stepdaughter
el/la hijo/a	son/daughter
los hijos	children
la madrastra	stepmother
la madre	mother
el/la medio/a hermano/a	half-brother/half-sister
el/la nieto/a	grandson/granddaughter
la nuera	daughter-in-law
el padrastro	stepfather
el padre	father
los padres	parents
los parientes	relatives
el/la primo/a	cousin
el/la sobrino/a	nephew/niece
el/la suegro/a	father-in-law/mother-in-law
el/la tío/a	uncle/aunt
el yerno	son-in-law

Otras personas

el/la amigo/a	friend
la gente	people
el/la muchacho/a	boy/girl
el/la niño/a	child
el/la novio/a	boyfriend/girlfriend
la persona	person

Profesiones

el/la artista	artist
el/la doctor(a), el/la médico/a	doctor; physician
el/la ingeniero/a	engineer
el/la periodista	journalist
el/la programador(a)	computer programmer

Adjetivos

alto/a	tall
antipático/a	unpleasant
bajo/a	short (in height)
bonito/a	pretty
buen, bueno/a	good
delgado/a	thin; slender
difícil	difficult; hard
fácil	easy
feo/a	ugly
gordo/a	fat
gran, grande	big; large
guapo/a	handsome; good-looking
importante	important
inteligente	intelligent
interesante	interesting
joven (sing.), jóvenes (pl.)	young
mal, malo/a	bad
mismo/a	same
moreno/a	brunet(te)
mucho/a	much; many; a lot of
pelirrojo/a	red-haired
pequeño/a	small
rubio/a	blond(e)
simpático/a	nice; likeable
tonto/a	silly; foolish
trabajador(a)	hard-working
viejo/a	old

Nacionalidades

alemán, alemana	German
argentino/a	Argentine
canadiense	Canadian
chino/a	Chinese
costarricense	Costa Rican
cubano/a	Cuban
ecuatoriano/a	Ecuadorian
español(a)	Spanish
estadounidense	from the U.S.
francés, francesa	French
inglés, inglesa	English
italiano/a	Italian
japonés, japonesa	Japanese
mexicano/a	Mexican
norteamericano/a	(North) American
puertorriqueño/a	Puerto Rican
ruso/a	Russian

Verbos

abrir	to open
aprender (a + inf.)	to learn
asistir (a)	to attend
beber	to drink
comer	to eat
compartir	to share
comprender	to understand
correr	to run
creer (en)	to believe (in)
deber (+ inf.)	should; must; ought to
decidir (+ inf.)	to decide
describir	to describe
escribir	to write
leer	to read
recibir	to receive
tener	to have
venir	to come
vivir	to live

Possessive adjectives	See page 93.
Expressions with *tener*	See page 101.
Expresiones útiles	See page 83.

Audio: Vocabulary

recursos
LM p. 18
vistas.vhlcentral.com Lección 3

Los pasatiempos

4

Communicative Goals

You will learn how to:
- Talk about pastimes, weekend activities, and sports
- Make plans and invitations

pages 116–119
- Pastimes
- Sports
- Places in the city

contextos

pages 120–123
The friends spend the day exploring Mérida and the surrounding area. Maru, Jimena, and Miguel take Marissa to a **cenote**; Felipe and Juan Carlos join Felipe's cousins for soccer and lunch.

fotonovela

pages 124–125
- Soccer rivalries
- Lionel Messi and Lorena Ochoa

cultura

pages 126–141
- Present tense of **ir**
- Stem-changing verbs: e→ie; o→ue
- Stem-changing verbs: e→i
- Verbs with irregular **yo** forms
- **Recapitulación**

estructura

pages 142–149
Lectura: Popular sports in Latin America
Escritura: A pamphlet about activities in your area
Escuchar: A conversation about pastimes
En pantalla
Flash cultura
Panorama: México

adelante

A PRIMERA VISTA
- ¿Es esta persona un atleta o un artista?
- ¿En qué tiene interés, en el ciclismo o en el tenis?
- ¿Es viejo? ¿Es delgado?
- ¿Tiene frío o calor?

4 contextos

Talking Picture, Tutorials & Games
Audio: Activities

Los pasatiempos

Más vocabulario

el béisbol	baseball
el ciclismo	cycling
el esquí (acuático)	(water) skiing
el fútbol americano	football
el golf	golf
el hockey	hockey
la natación	swimming
el tenis	tennis
el vóleibol	volleyball
el equipo	team
el parque	park
el partido	game; match
la plaza	city or town square
andar en patineta	to skateboard
bucear	to scuba dive
escalar montañas (f., pl.)	to climb mountains
esquiar	to ski
ganar	to win
ir de excursión	to go on a hike
practicar deportes (m., pl.)	to play sports
escribir una carta/ un mensaje electrónico	to write a letter/ an e-mail
leer correo electrónico	to read e-mail
leer una revista	to read a magazine
deportivo/a	sports-related

Variación léxica

piscina ⟷ pileta (*Arg.*); alberca (*Méx.*)
baloncesto ⟷ básquetbol (*Amér. L.*)
béisbol ⟷ pelota (*P. Rico, Rep. Dom.*)

Lee el periódico. (leer)

Pasea en bicicleta. (pasear)

la pelota

el fútbol

la jugadora

Visitan el monumento. (visitar)

Pasean. (pasear)

Toma el sol. (tomar)

Nada. (nadar)

la piscina

recursos
WB pp. 37–38
LM p. 19
vistas.vhlcentral.com
Lección 4

Práctica

1. Escuchar Indicate the letter of the activity in Column B that best corresponds to each statement you hear. Two items in Column B will not be used.

A
1. _____
2. _____
3. _____
4. _____
5. _____
6. _____

B
a. leer correo electrónico
b. tomar el sol
c. pasear en bicicleta
d. ir a un partido de fútbol americano
e. escribir una carta
f. practicar muchos deportes
g. nadar
h. ir de excursión

2. Ordenar Order these activities according to what you hear in the narration.

_____ a. pasear en bicicleta   _____ d. tomar el sol
_____ b. nadar   _____ e. practicar deportes
_____ c. leer una revista   _____ f. patinar en línea

3. ¿Cierto o falso? Indicate whether each statement is **cierto** or **falso** based on the illustration.

	Cierto	Falso
1. Un hombre nada en la piscina.	○	○
2. Un hombre lee una revista.	○	○
3. Un chico pasea en bicicleta.	○	○
4. Dos muchachos esquían.	○	○
5. Una mujer y dos niños visitan un monumento.	○	○
6. Un hombre bucea.	○	○
7. Hay un equipo de hockey.	○	○
8. Una mujer toma el sol.	○	○

4. Clasificar Fill in the chart below with as many terms from **Contextos** as you can.

Actividades	Deportes	Personas

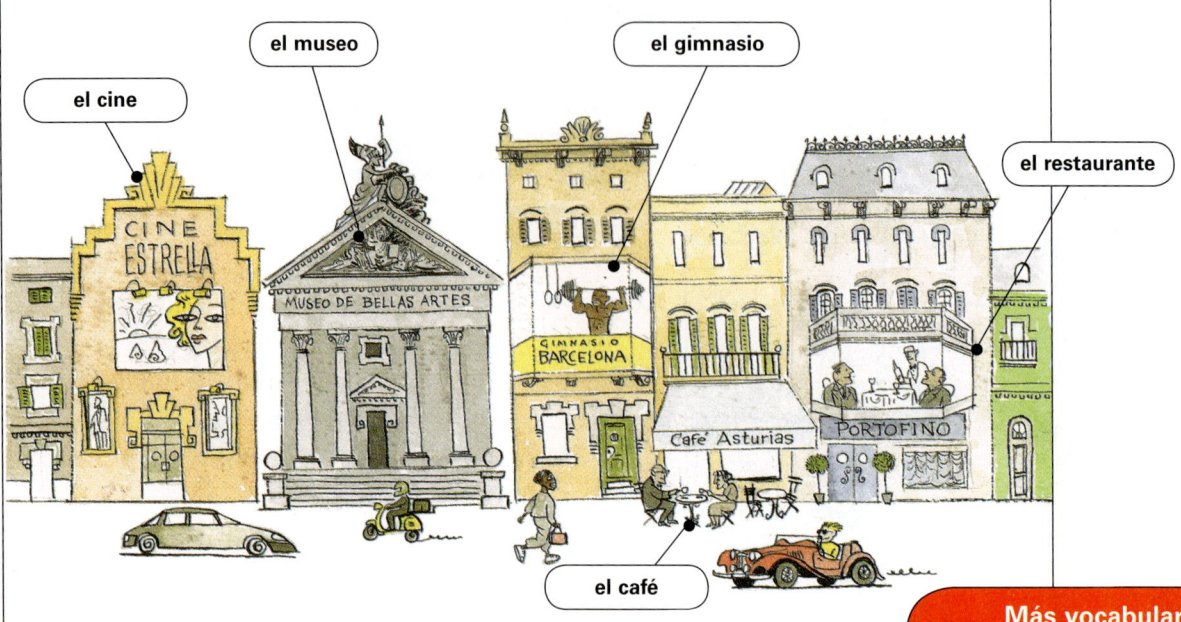

En el centro

Más vocabulario

la diversión	fun activity; entertainment; recreation
el fin de semana	weekend
el pasatiempo	pastime; hobby
los ratos libres	spare (free) time
el videojuego	video game
la iglesia	church
el lugar	place
ver películas (f., pl.)	to watch movies
favorito/a	favorite

5 **Identificar** Identify the place where these activities would take place.

modelo
Esquiamos. Es una montaña.

1. Tomamos una limonada.
2. Vemos una película.
3. Nadamos y tomamos el sol.
4. Hay muchos monumentos.
5. Comemos tacos y fajitas.
6. Miramos pinturas (*paintings*) de Diego Rivera y Frida Kahlo.
7. Hay mucho tráfico.
8. Practicamos deportes.

6 **Preguntar** Ask a classmate what he or she does in the places mentioned below. Your classmate will respond using verbs from the word bank.

modelo
una plaza
Estudiante 1: ¿Qué haces (*do you do*) cuando estás en una plaza?
Estudiante 2: Camino por la plaza y miro a las personas.

beber	escalar	mirar	practicar
caminar	escribir	nadar	tomar
correr	leer	patinar	visitar

1. una biblioteca
2. un estadio
3. una plaza
4. una piscina
5. las montañas
6. un parque
7. un café
8. un museo

 Practice more at **vistas.vhlcentral.com**.

Comunicación

7 **Crucigrama** Your instructor will give you and your partner an incomplete crossword puzzle. Yours has the words your partner needs and vice versa. In order to complete the puzzle, take turns giving each other clues, using definitions, examples, and phrases.

> **modelo**
> **2 horizontal:** Es un deporte que practicamos en la piscina.
> **6 vertical:** Es un mensaje que escribimos con lápiz o con pluma.

8 **Entrevista** In pairs, take turns asking and answering these questions.

1. ¿Hay un café cerca de la universidad? ¿Dónde está?
2. ¿Cuál es tu restaurante favorito?
3. ¿Te gusta viajar y visitar monumentos? ¿Por qué?
4. ¿Te gusta ir al cine los fines de semana?
5. ¿Cuáles son tus películas favoritas?
6. ¿Te gusta practicar deportes?
7. ¿Cuáles son tus deportes favoritos? ¿Por qué?
8. ¿Cuáles son tus pasatiempos favoritos?

CONSULTA
To review expressions with **gustar**, see **Estructura 2.1**, p. 52.

9 **Conversación** Using the words and expressions provided, work with a partner to prepare a short conversation about pastimes.

| ¿a qué hora? | ¿con quién(es)? | ¿dónde? |
| ¿cómo? | ¿cuándo? | ¿qué? |

> **modelo**
> **Estudiante 1:** ¿Cuándo patinas en línea?
> **Estudiante 2:** Patino en línea los domingos. Y tú, ¿patinas en línea?
> **Estudiante 1:** No, no me gusta patinar en línea. Me gusta practicar el béisbol.

10 **Pasatiempos** In pairs, tell each other what pastimes three of your friends and family members enjoy. Be prepared to share with the class any pastimes you noticed they have in common.

> **modelo**
> **Estudiante 1:** Mi hermana pasea mucho en bicicleta, pero mis padres practican la natación. Mi hermano no nada, pero visita muchos museos.
> **Estudiante 2:** Mi primo lee muchas revistas, pero no practica muchos deportes. Mis tíos esquían y practican el golf...

4 fotonovela

Fútbol, cenotes y mole

Maru, Miguel, Jimena y Marissa visitan un cenote, mientras Felipe y Juan Carlos van a un partido de fútbol.

PERSONAJES  MIGUEL  PABLO

Video: *Fotonovela*
Record and Compare

MIGUEL Buenos días a todos.
TÍA ANA MARÍA Hola Miguel. Maru, ¿qué van a hacer hoy?
MARU Miguel y yo vamos a llevar a Marissa a un cenote.

MARISSA ¿No vamos a nadar? ¿Qué es un cenote?
MIGUEL Sí, sí vamos a nadar. Un cenote... difícil de explicar. Es una piscina natural en un hueco profundo.
MARU ¡Ya vas a ver! Seguro que te va a gustar.

ANA MARÍA Marissa, ¿qué te gusta hacer? ¿Escalar montañas? ¿Ir de excursión?
MARISSA Sí, me gusta ir de excursión y practicar el esquí acuático. Y usted, ¿qué prefiere hacer en sus ratos libres?

(*unos minutos después*)
EDUARDO Hay un partido de fútbol en el parque. ¿Quieren ir conmigo?
PABLO Y conmigo. Si no consigo más jugadores, nuestro equipo va a perder.

PABLO Mi mamá tiene muchos pasatiempos y actividades.
EDUARDO Sí. Ella nada y juega al tenis y al golf.
PABLO Va al cine y a los museos.
ANA MARÍA Sí, salgo mucho los fines de semana.

FELIPE ¿Recuerdas el restaurante del mole?
EDUARDO ¿Qué restaurante?
JIMENA El mole de mi tía Ana María es mi favorito.
MARU Chicos, ya es hora. ¡Vamos!

ANA MARÍA **MARU** **MARISSA** **EDUARDO** **FELIPE** **JUAN CARLOS** **JIMENA** **DON GUILLERMO**

7

(*más tarde, en el parque*)

PABLO No puede ser. ¡Cinco a uno!

FELIPE ¡Vamos a jugar! Si perdemos, compramos el almuerzo. Y si ganamos...

EDUARDO ¡Empezamos!

8

(*mientras tanto, en el cenote*)

MARISSA ¿Hay muchos cenotes en México?

MIGUEL Sólo en la península de Yucatán.

MARISSA ¡Vamos a nadar!

9

(*Los chicos visitan a don Guillermo, un vendedor de paletas heladas.*)

JUAN CARLOS Don Guillermo, ¿dónde podemos conseguir un buen mole?

FELIPE Eduardo y Pablo van a pagar el almuerzo. Y yo voy a pedir un montón de comida.

10

FELIPE Sí, éste es el restaurante. Recuerdo la comida.

EDUARDO Oye, Pablo... No tengo...

PABLO No te preocupes, hermanito.

FELIPE ¿Qué buscas? (*muestra la cartera de Pablo*) ¿Esto?

Expresiones útiles

Making invitations

Hay un partido de fútbol en el parque. ¿Quieren ir conmigo?
There's a soccer game in the park. Do you want to come with me?

¡Yo puedo jugar!
I can play!

Mmm... no quiero.
Hmm... I don't want to.

Lo siento, pero no puedo.
I'm sorry, but I can't.

¡Vamos a nadar!
Let's go swimming!

Sí, vamos.
Yes, let's go.

Making plans

¿Qué van a hacer hoy?
What are you going to do today?

Vamos a llevar a Marissa a un cenote.
We are taking Marissa to a cenote.

Vamos a comprar unas paletas heladas.
We're going to buy some popsicles.

Vamos a jugar. Si perdemos, compramos el almuerzo.
Let's play. If we lose, we'll buy lunch.

Talking about pastimes

¿Qué te gusta hacer? ¿Escalar montañas? ¿Ir de excursión?
What do you like to do? Mountain climbing? Hiking?

Sí, me gusta ir de excursión y practicar esquí acuático.
Yes, I like hiking and water skiing.

Y usted, ¿qué prefiere hacer en sus ratos libres?
And you, what do you like to do in your free time?

Salgo mucho los fines de semana.
I go out a lot on the weekends.

Voy al cine y a los museos.
I go to the movies and to museums.

Additional vocabulary

la cartera *wallet*   **el hueco** *hole*
un montón de *a lot of*

recursos

VM pp. 219–220

vistas.vhlcentral.com Lección 4

¿Qué pasó?

1 Escoger Choose the answer that best completes each sentence.

1. Marissa, Maru y Miguel desean _____.
   a. nadar   b. correr por el parque   c. leer el periódico

2. A Marissa le gusta _____.
   a. el tenis   b. el vóleibol   c. ir de excursión y practicar esquí acuático

3. A la tía Ana María le gusta _____.
   a. jugar al hockey   b. nadar y jugar al tenis y al golf   c. hacer ciclismo

4. Pablo y Eduardo pierden el partido de _____.
   a. fútbol   b. béisbol   c. baloncesto

5. Juan Carlos y Felipe desean _____.
   a. patinar   b. esquiar   c. comer mole

> **NOTA CULTURAL**
>
> **Mole** is a typical sauce in Mexican cuisine. It is made from pumpkin seeds, chile, and chocolate, and it is usually served with chicken, beef, or pork. To learn more about **mole**, go to page 272.

2 Identificar Identify the person who would make each statement.

1. A mí me gusta nadar, pero no sé qué es un cenote. _____
2. Mamá va al cine y al museo en sus ratos libres. _____
3. Yo voy a pedir mucha comida. _____
4. ¿Quieren ir a jugar al fútbol con nosotros en el parque? _____
5. Me gusta salir los fines de semana. _____

MARISSA
FELIPE
EDUARDO
PABLO
TÍA ANA MARÍA

> **NOTA CULTURAL**
>
> **Cenotes** are deep, freshwater sinkholes found in caves throughout the Yucatán peninsula. They were formed in prehistoric times by the erosion and collapse of cave walls. The Mayan civilization considered the **cenotes** sacred, and performed rituals there. Today, they are popular destinations for swimming and diving.

3 Preguntas Answer the questions using the information from the **Fotonovela**.

1. ¿Qué van a hacer Miguel y Maru?

2. ¿Adónde van Felipe y Juan Carlos mientras sus amigos van al cenote?

3. ¿Quién gana el partido de fútbol?

4. ¿Quiénes van al cenote con Maru y Miguel?

4 Conversación With a partner, prepare a conversation in which you talk about pastimes and invite each other to do some activity together. Use these expressions and also look at **Expresiones útiles** on the previous page.

¿A qué hora? (At) What time?	¿Dónde? Where?	Nos vemos a las siete. See you at seven.
contigo with you	No puedo porque... I can't because...	

▶ ¿Eres aficionado/a a...?   ▶ ¿Por qué no...?   ▶ ¿Qué vas a hacer esta noche?
▶ ¿Te gusta...?   ▶ ¿Quieres... conmigo?

Practice more at vistas.vhlcentral.com.

Pronunciación
Word stress and accent marks

  Audio: Concepts, Activities Record & Compare

pe-lí-cu-la   e-di-fi-cio   ver   yo

Every Spanish syllable contains at least one vowel. When two vowels are joined in the same syllable they form a **diphthong***. A **monosyllable** is a word formed by a single syllable.

bi-blio-te-ca   vi-si-tar   par-que   fút-bol

The syllable of a Spanish word that is pronounced most emphatically is the "stressed" syllable.

pe-lo-ta   pis-ci-na   ra-tos   ha-blan

Words that end in **n**, **s**, or a **vowel** are usually stressed on the next to last syllable.

na-ta-ción   pa-pá   in-glés   Jo-sé

If words that end in **n**, **s**, or a **vowel** are stressed on the last syllable, they must carry an accent mark on the stressed syllable.

bai-lar   es-pa-ñol   u-ni-ver-si-dad   tra-ba-ja-dor

Words that do *not* end in **n**, **s**, or a **vowel** are usually stressed on the last syllable.

béis-bol   lá-piz   ár-bol   Gó-mez

If words that do *not* end in **n**, **s**, or a **vowel** are stressed on the next to last syllable, they must carry an accent mark on the stressed syllable.

*The two vowels that form a diphthong are either both weak or one is weak and the other is strong.

Práctica Pronounce each word, stressing the correct syllable. Then give the word stress rule for each word.

1. profesor
2. Puebla
3. ¿Cuántos?
4. Mazatlán
5. examen
6. ¿Cómo?
7. niños
8. Guadalajara
9. programador
10. México
11. están
12. geografía

Oraciones Read the conversation aloud to practice word stress.

MARINA Hola, Carlos. ¿Qué tal?
CARLOS Bien. Oye, ¿a qué hora es el partido de fútbol?
MARINA Creo que es a las siete.
CARLOS ¿Quieres ir?
MARINA Lo siento, pero no puedo. Tengo que estudiar biología.

Refranes Read these sayings aloud to practice word stress.

En la unión está la fuerza.[2]

Quien ríe de último, ríe mejor.[1]

[1] He who laughs last, laughs best. [2] United we stand.

recursos

LM p. 20

vistas.vhlcentral.com Lección 4

4 cultura

EN DETALLE

Real Madrid y Barça: rivalidad total

Soccer in Spain is a force to be reckoned with, and no two teams draw more attention than **Real Madrid** and the **Fútbol Club Barcelona**. Whether the venue is Madrid's **Santiago Bernabéu** or Barcelona's **Camp Nou**, the two cities shut down for the showdown, paralyzed by **fútbol** fever. A ticket to the actual game is always the hottest ticket in town.

The rivalry between **Real Madrid** and **Barça** is about more than soccer. As the two biggest, most powerful cities in Spain, Barcelona and Madrid are constantly compared to one another and have a natural rivalry. There is also a political component to the dynamic. Barcelona, with its distinct language and culture, has long struggled for increased autonomy from Madrid's centralized government. Under Francisco Franco's rule (1939–1975), when repression of the Catalan identity was at its height, a game between **Real Madrid** and **FC Barcelona** was wrapped up with all the symbolism of the regime versus the resistance, even though both teams suffered casualties in Spain's civil war and the subsequent Franco dictatorship.

Although the dictatorship is far behind, the momentum of all those decades of competition still transforms both cities into a frenzied, tense panic leading up to the game. Once the final score is announced, one of those cities is transformed again, this time into the best party in the country.

Rivalidades del fútbol

Argentina: Boca Juniors vs River Plate
México: Águilas del América vs Chivas del Guadalajara
Chile: Colo Colo vs Universidad de Chile
Guatemala: Comunicaciones vs Municipal
Uruguay: Peñarol vs Nacional
Colombia: Millonarios vs Independiente Santa Fe

ACTIVIDADES

1 **¿Cierto o falso?** Indicate whether each statement is **cierto** or **falso**. Correct the false statements.

1. People from Spain don't like soccer.
2. Madrid and Barcelona are the most important cities in Spain.
3. Santiago Bernabéu is a stadium in Barcelona.
4. The rivalry between Real Madrid and FC Barcelona is not only in soccer.
5. Barcelona has resisted Madrid's centralized government.
6. Only the FC Barcelona team was affected by the civil war.
7. During Franco's regime, the Catalan culture thrived.
8. There are many famous rivalries between soccer teams in the Spanish-speaking world.
9. River Plate is a popular team from Argentina.
10. Comunicaciones and Peñarol are famous rivals in Guatemala.

ASÍ SE DICE
Los deportes

el/la árbitro/a	referee
el/la atleta	athlete
la bola; el balón	la pelota
el campeón/la campeona	champion
la carrera	race
competir	to compete
empatar	to draw; to tie
la medalla	medal
el/la mejor	the best
mundial	worldwide
el torneo	tournament

EL MUNDO HISPANO
Atletas importantes

World-renowned Hispanic athletes:

- **Rafael Nadal** (España) is one of the best tennis players in the world. His medals include six Grand Slam singles titles and the 2008 Olympic gold medal in singles.

- **Dayron Robles** (Cuba), an Olympic champion hurdler, holds the world record in the 110-meter hurdles.

- **Carolina Ruiz Castillo** (España), an alpine skier, competed in the 2006 and 2010 Olympics.

- **Paola Milagros Espinosa Sánchez** (México) has made two Olympic appearances (2004, 2008) in diving. She and her partner, Tatiana Ortiz, took home the bronze medal in 2008.

PERFIL
Lionel Messi y Lorena Ochoa

Lionel Andrés Messi is considered one of the best soccer players of his generation. Born in 1987 in Argentina, Messi suffered a hormone deficiency that conflicted with his athletic dreams. He moved to Spain as a teenager and, at just 17, played his first game for the team **Fútbol Club Barcelona**. He is now the highest-paid player in the Spanish league.

Mexican golfer **Lorena Ochoa**, born in 1981, took up the sport at the age of five and won her first national event two years later. Winner of the LPGA Tour Player of the Year award every year from 2006-2009, Ochoa was ranked number one worldwide among female golfers when she retired in 2010.

Conexión Internet

¿Qué deportes son populares en los países hispanos?

Go to vistas.vhlcentral.com to find more cultural information related to this **Cultura** section.

ACTIVIDADES

2 Comprensión Write the name of the athlete described in each sentence.
1. Es un jugador de fútbol de Argentina. _____
2. Es una chica que practica el golf. _____
3. Es una chica española a la que le gusta esquiar. _____
4. Es una chica mexicana que practica un deporte en la piscina. _____

3 ¿Quién es? Write a short paragraph describing an athlete that you like, but do not mention their name. What do they look like? What sport do they play? Where do they live? Read your description to the class to see if they can guess who they are.

Practice more at vistas.vhlcentral.com.

4 estructura

4.1 Present tense of ir  Tutorial

ANTE TODO The verb **ir** (*to go*) is irregular in the present tense. Note that, except for the **yo** form (**voy**) and the lack of a written accent on the **vosotros** form (**vais**), the endings are the same as those for regular present tense **-ar** verbs.

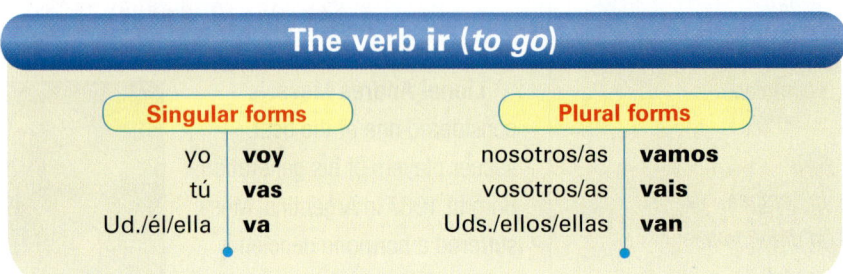

▸ **Ir** is often used with the preposition **a** (*to*). If **a** is followed by the definite article **el**, they combine to form the contraction **al**. If **a** is followed by the other definite articles (**la, las, los**), there is no contraction.

a + el = al

Voy **al** parque con Juan.
I'm going to the park with Juan.

Mis amigos van **a las** montañas.
My friends are going to the mountains.

▸ The construction **ir a** + [*infinitive*] is used to talk about actions that are going to happen in the future. It is equivalent to the English *to be going* + [*infinitive*].

Va a leer el periódico.
He is going to read the newspaper.

Van a pasear por el pueblo.
They are going to walk around town.

¡Voy a ir con ellos!

Ella va al cine y a los museos.

▸ **Vamos a** + [*infinitive*] can also express the idea of *let's (do something)*.

Vamos a pasear.
Let's take a stroll.

¡Vamos a ver!
Let's see!

CONSULTA
To review the contraction **de** + **el**, see **Estructura 1.3**, pp. 20–21.

AYUDA
When asking a question that contains a form of the verb **ir**, remember to use **adónde**:
¿Adónde vas?
(To) Where are you going?

¡INTÉNTALO!

Provide the present tense forms of **ir**.

1. Ellos ___van___.
2. Yo _____.
3. Tu novio _____.
4. Adela _____.
5. Mi prima y yo _____.
6. Tú _____.
7. Ustedes _____.
8. Nosotros _____.
9. Usted _____.
10. Nosotras _____.
11. Miguel _____.
12. Ellas _____.

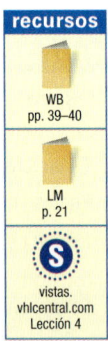

Práctica

1 **¿Adónde van?** Everyone in your neighborhood is dashing off to various places. Say where they are going.

1. la señora Castillo / el centro
2. las hermanas Gómez / la piscina
3. tu tío y tu papá / el partido de fútbol
4. yo / el Museo de Arte Moderno
5. nosotros / el restaurante Miramar

2 **¿Qué van a hacer?** These sentences describe what several students in a college hiking club are doing today. Use **ir a** + [*infinitive*] to say that they are also going to do the same activities tomorrow.

> **modelo**
> Martín y Rodolfo nadan en la piscina.
> Van a nadar en la piscina mañana también.

1. Sara lee una revista.
2. Yo practico deportes.
3. Ustedes van de excursión.
4. El presidente del club patina.
5. Tú tomas el sol.
6. Paseamos con nuestros amigos.

3 **Preguntas** With a partner, take turns asking and answering questions about where the people are going and what they are going to do there.

> **modelo**
> **Estudiante 1:** ¿Adónde va Estela?
> **Estudiante 2:** Va a la Librería Sol.
> **Estudiante 1:** Va a comprar un libro.

Estela

1. Álex y Miguel

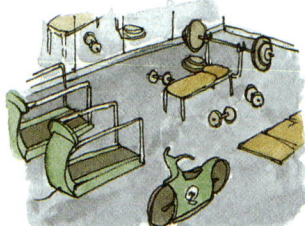
2. mi amigo

3. tú

4. los estudiantes

5. profesora Torres

6. ustedes

Comunicación

4 **Situaciones** Work with a partner and say where you and your friends go in these situations.

1. Cuando deseo descansar…
2. Cuando mi novio/a tiene que estudiar…
3. Si mis compañeros de clase necesitan practicar el español…
4. Si deseo hablar con mis amigos…
5. Cuando tengo dinero (*money*)…
6. Cuando mis amigos y yo tenemos hambre…
7. En mis ratos libres…
8. Cuando mis amigos desean esquiar…
9. Si estoy de vacaciones…
10. Si tengo ganas de leer…

5 **Encuesta** Your instructor will give you a worksheet. Walk around the class and ask your classmates if they are going to do these activities today. Find one person to answer **Sí** and one to answer **No** for each item and note their names on the worksheet in the appropriate column. Be prepared to report your findings to the class.

modelo
Tú: ¿Vas a leer el periódico hoy?
Ana: Sí, voy a leer el periódico hoy.
Luis: No, no voy a leer el periódico hoy.

Actividades	Sí	No
1. comer en un restaurante chino		
2. leer el periódico	Ana	Luis
3. escribir un mensaje electrónico		
4. correr 20 kilómetros		
5. ver una película de terror		
6. pasear en bicicleta		

6 **Entrevista** Talk to two classmates in order to find out where they are going and what they are going to do on their next vacation.

modelo
Estudiante 1: ¿Adónde vas de vacaciones (*on vacation*)?
Estudiante 2: Voy a Guadalajara con mis amigos.
Estudiante 3: ¿Y qué van a hacer (*to do*) ustedes en Guadalajara?
Estudiante 2: Vamos a visitar unos monumentos y museos. ¿Y tú?

Síntesis

7 **Planes** Make a schedule of your activities for the weekend. Then, share with a partner.

▶ For each day, list at least three things you have to do.
▶ For each day, list at least two things you will do for fun.
▶ Tell a classmate what your weekend schedule is like. He or she will write down what you say.
▶ Switch roles to see if you have any plans in common.
▶ Take turns asking each other to participate in some of the activities you listed.

Los pasatiempos

4.2 Stem-changing verbs: e→ie, o→ue

Tutorial

ANTE TODO Stem-changing verbs deviate from the normal pattern of regular verbs. When stem-changing verbs are conjugated, they have a vowel change in the last syllable of the stem.

CONSULTA

To review the present tense of regular -ar verbs, see **Estructura 2.1**, p. 50.

To review the present tense of regular -er and -ir verbs, see **Estructura 3.3**, p. 96.

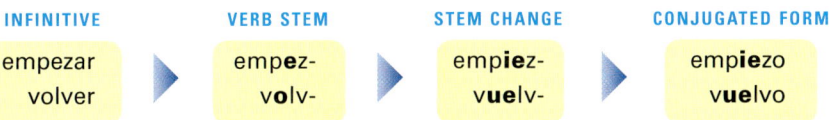

▶ In many verbs, such as **empezar** (*to begin*), the stem vowel changes from **e** to **ie**. Note that the **nosotros/as** and **vosotros/as** forms don't have a stem change.

The verb empezar (e:ie) (to begin)

Singular forms		Plural forms	
yo	emp**ie**zo	nosotros/as	empezamos
tú	emp**ie**zas	vosotros/as	empezáis
Ud./él/ella	emp**ie**za	Uds./ellos/ellas	emp**ie**zan

Los chicos empiezan a hablar de su visita al cenote.

Ellos vuelven a comer en el restaurante.

▶ In many other verbs, such as **volver** (*to return*), the stem vowel changes from **o** to **ue**. The **nosotros/as** and **vosotros/as** forms have no stem change.

The verb volver (o:ue) (to return)

Singular forms		Plural forms	
yo	v**ue**lvo	nosotros/as	volvemos
tú	v**ue**lves	vosotros/as	volvéis
Ud./él/ella	v**ue**lve	Uds./ellos/ellas	v**ue**lven

▶ To help you identify stem-changing verbs, they will appear as follows throughout the text:

empezar (e:ie), volver (o:ue)

Common stem-changing verbs

e:ie		o:ue	
cerrar	to close	almorzar	to have lunch
comenzar (a + *inf.*)	to begin	contar	to count; to tell
empezar (a + *inf.*)	to begin	dormir	to sleep
entender	to understand	encontrar	to find
pensar	to think	mostrar	to show
perder	to lose; to miss	poder (+ *inf.*)	to be able to; can
preferir (+ *inf.*)	to prefer	recordar	to remember
querer (+ *inf.*)	to want; to love	volver	to return

> **¡LENGUA VIVA!**
> The verb **perder** can mean *to lose* or *to miss*, in the sense of "to miss a train".
> **Siempre pierdo mis llaves.**
> *I always lose my keys.*
> **Es importante no perder el autobús.**
> *It's important not to miss the bus.*

▶ **Jugar** (*to play a sport or a game*) is the only Spanish verb that has a **u:ue** stem change. **Jugar** is followed by **a** + [*definite article*] when the name of a sport or game is mentioned.

Ella juega al tenis y al golf.

Los chicos juegan al fútbol.

▶ **Comenzar** and **empezar** require the preposition **a** when they are followed by an infinitive.

Comienzan a jugar a las siete.
They begin playing at seven.

Ana **empieza a** escribir una postal.
Ana is starting to write a postcard.

▶ **Pensar** + [*infinitive*] means *to plan* or *to intend to do something*. **Pensar en** means *to think about someone* or *something*.

¿**Piensan** ir al gimnasio?
Are you planning to go to the gym?

¿**En** qué **piensas**?
What are you thinking about?

 **¡INTÉNTALO!** Provide the present tense forms of these verbs.

cerrar (e:ie)
1. Ustedes _cierran_.
2. Tú _____.
3. Nosotras _____.
4. Mi hermano _____.
5. Yo _____.
6. Usted _____.
7. Los chicos _____.
8. Ella _____.

dormir (o:ue)
1. Mi abuela no _duerme_.
2. Yo no _____.
3. Tú no _____.
4. Mis hijos no _____.
5. Usted no _____.
6. Nosotros no _____.
7. Él no _____.
8. Ustedes no _____.

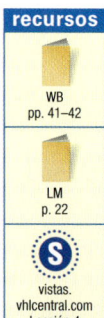

recursos
WB pp. 41–42
LM p. 22
vistas.vhlcentral.com
Lección 4

Práctica

1 **Completar** Complete this conversation with the appropriate forms of the verbs. Then act it out with a partner.

PABLO Óscar, voy al centro ahora.
ÓSCAR ¿A qué hora (1)_____ (pensar) volver? El partido de fútbol
(2)_____ (empezar) a las dos.
PABLO (3)_____ (Volver) a la una. (4)_____ (Querer) ver el partido.
ÓSCAR (5)¿_____ (Recordar) que (*that*) nuestro equipo es muy bueno?
(6)¡_____ (Poder) ganar!
PABLO No, (7)_____ (pensar) que va a (8)_____ (perder). Los jugadores de Guadalajara son salvajes (*wild*) cuando (9)_____ (jugar).

2 **Preferencias** With a partner, take turns asking and answering questions about what these people want to do, using the cues provided.

> **modelo**
> Guillermo: estudiar / pasear en bicicleta
> **Estudiante 1:** ¿Quiere estudiar Guillermo?
> **Estudiante 2:** No, prefiere pasear en bicicleta.

1. tú: trabajar / dormir
2. ustedes: mirar la televisión / jugar al dominó
3. tus amigos: ir de excursión / descansar
4. tú: comer en la cafetería / ir a un restaurante
5. Elisa: ver una película / leer una revista
6. María y su hermana: tomar el sol / practicar el esquí acuático

NOTA CULTURAL

Dominó (*Dominoes*) is a popular pastime throughout Colombia, Venezuela, Central America, and the Spanish-speaking countries of the Caribbean. It's played both socially and competitively by people of all ages.

3 **Describir** Use a verb from the list to describe what these people are doing.

almorzar   cerrar   contar   dormir   encontrar   mostrar

1. las niñas
2. yo
3. nosotros
4. tú
5. Pedro
6. Teresa

 Practice more at **vistas.vhlcentral.com**.

Comunicación

4 **Frecuencia** In pairs, take turns using the verbs from the list and other stem-changing verbs you know to tell your partner which activities you do daily (**todos los días**), which you do once a month (**una vez al mes**), and which you do once a year (**una vez al año**). Record your partner's responses in the chart so that you can report back to the class.

modelo

Estudiante 1: Yo recuerdo a mi familia todos los días.
Estudiante 2: Yo pierdo uno de mis libros una vez al año.

cerrar	perder
dormir	poder
empezar	preferir
encontrar	querer
jugar	recordar
¿?	¿?

todos los días	una vez al mes	una vez al año

5 **En la televisión** Read the television listings for Saturday. In pairs, write a conversation between two siblings arguing about what to watch. Be creative and be prepared to act out your conversation for the class.

modelo

Hermano: Podemos ver la Copa Mundial.
Hermana: ¡No, no quiero ver la Copa Mundial! Prefiero ver...

	13:00	14:00	15:00	16:00	17:00	18:00	19:00	20:00	21:00	22:00	23:00
7	Copa Mundial (*World Cup*) de fútbol			República Deportiva		Campeonato (*Championship*) Mundial de Vóleibol: México-Argentina				Torneo de Natación	
8	Abierto (*Open*) Mexicano de Tenis: Santiago González (México) vs. Nicolás Almagro (España). Semifinales			Campeonato de baloncesto: Los Correcaminos de Tampico vs. los Santos de San Luis				Aficionados al buceo		Cozumel: Aventuras	
12	Yo soy Betty, la fea		Héroes		Hermanos y hermanas			Película: Sin nombre		Película: El coronel no tiene quien le escriba	
13	El padrastro		60 Minutos			El esquí acuático				Patinaje artístico	
17	Biografías: La artista Frida Kahlo		Música de la semana			Entrevista del día: Iker Casillas y su pasión por el fútbol				Cine de la noche: Elsa y Fred	

NOTA CULTURAL

Iker Casillas Fernández is a famous goalkeeper for **Real Madrid**. A native of Madrid, he is among the best goalkeepers of his generation.

Síntesis

6 **Situación** Your instructor will give you and your partner each a partially illustrated itinerary of a city tour. Complete the itineraries by asking each other questions using the verbs in the captions and vocabulary you have learned.

modelo

Estudiante 1: Por la mañana, empiezan en el café.
Estudiante 2: Y luego...

Los pasatiempos   ciento treinta y tres   **133**

4.3 Stem-changing verbs: e→i  Tutorial

ANTE TODO You've already seen that many verbs in Spanish change their stem vowel when conjugated. There is a third kind of stem-vowel change in some verbs, such as **pedir** (*to ask for; to request*). In these verbs, the stressed vowel in the stem changes from **e** to **i**, as shown in the diagram.

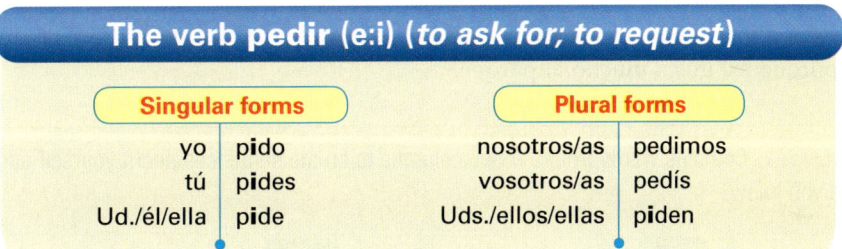

▶ As with other stem-changing verbs you have learned, there is no stem change in the **nosotros/as** or **vosotros/as** forms in the present tense.

The verb pedir (e:i) (*to ask for; to request*)

Singular forms		Plural forms	
yo	pido	nosotros/as	pedimos
tú	pides	vosotros/as	pedís
Ud./él/ella	pide	Uds./ellos/ellas	piden

¡LENGUA VIVA!
As you learned in **Lección 2**, **preguntar** means *to ask a question*. **Pedir**, however, means *to ask for something*.
Ella me pregunta cuántos años tengo.
She asks me how old I am.
Él me pide ayuda.
He asks me for help.

▶ To help you identify verbs with the **e:i** stem change, they will appear as follows throughout the text:

pedir (e:i)

▶ These are the most common **e:i** stem-changing verbs:

conseguir	decir	repetir	seguir
to get; to obtain	*to say; to tell*	*to repeat*	*to follow; to continue; to keep (doing something)*

Pido favores cuando es necesario.
I ask for favors when it's necessary.

Sigue con su tarea.
He continues with his homework.

Javier **dice** la verdad.
Javier is telling the truth.

Consiguen ver buenas películas.
They get to see good movies.

▶ **¡Atención!** The verb **decir** is irregular in its **yo** form: **yo digo**.

▶ The **yo** forms of **seguir** and **conseguir** have a spelling change in addition to the stem change **e:i**.

Sigo su plan.
I'm following their plan.

Consigo novelas en la librería.
I get novels at the bookstore.

recursos
WB pp. 43–44
LM p. 23
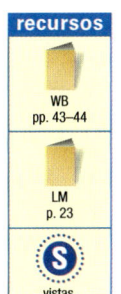
vistas.
vhlcentral.com
Lección 4

 Provide the correct forms of the verbs.

repetir (e:i)
1. Arturo y Eva _repiten_.
2. Yo _____.
3. Nosotros _____.
4. Julia _____.
5. Sofía y yo _____.

decir (e:i)
1. Yo _digo_.
2. Él _____.
3. Tú _____.
4. Usted _____.
5. Ellas _____.

seguir (e:i)
1. Yo _sigo_.
2. Nosotros _____.
3. Tú _____.
4. Los chicos _____.
5. Usted _____.

Práctica

1 Completar Complete these sentences with the correct form of the verb provided.

1. Cuando mi familia pasea por la ciudad, mi madre siempre (*always*) va a un café y _____ (pedir) una soda.
2. Pero mi padre _____ (decir) que perdemos mucho tiempo. Tiene prisa por llegar al Bosque de Chapultepec.
3. Mi padre tiene suerte, porque él siempre _____ (conseguir) lo que (*that which*) desea.
4. Cuando llegamos al parque, mis hermanos y yo _____ (seguir) conversando (*talking*) con nuestros padres.
5. Mis padres siempre _____ (repetir) la misma cosa: "Nosotros tomamos el sol aquí sin ustedes".
6. Yo siempre _____ (pedir) permiso para volver a casa un poco más tarde porque me gusta mucho el parque.

> **NOTA CULTURAL**
>
> A popular weekend destination for residents and tourists, **el Bosque de Chapultepec** is a beautiful park located in Mexico City. It occupies over 1.5 square miles and includes lakes, wooded areas, several museums, and a botanical garden. You may recognize this park from **Fotonovela, Lección 2**.

2 Combinar Combine words from the two columns to create sentences about yourself and people you know.

A	B
yo	(no) pedir muchos favores
mi compañero/a de cuarto	nunca (*never*) pedir perdón
mi mejor (*best*) amigo/a	nunca seguir las instrucciones
mi familia	siempre seguir las instrucciones
mis amigos/as	conseguir libros en Internet
mis amigos/as y yo	repetir el vocabulario
mis padres	poder hablar dos lenguas
mi hermano/a	dormir hasta el mediodía
mi profesor(a) de español	siempre perder sus libros

3 Opiniones In pairs, take turns guessing how your partner completed the sentences from **Actividad 2**. If you guess incorrectly, your partner must supply the correct answer.

> **modelo**
>
> **Estudiante 1:** Creo que tus padres consiguen libros en Internet.
> **Estudiante 2:** ¡No! Mi hermana consigue libros en Internet.

> **CONSULTA**
>
> To review possessive adjectives, see **Estructura 3.2**, p. 93.

4 ¿Quién? Your instructor will give you a worksheet. Talk to your classmates until you find one person who does each of the activities. Use **e:ie**, **o:ue**, and **e:i** stem-changing verbs.

> **modelo**
>
> **Tú:** ¿Pides consejos con frecuencia?
> **Maira:** No, no pido consejos con frecuencia.
> **Tú:** ¿Pides consejos con frecuencia?
> **Lucas:** Sí, pido consejos con frecuencia.

Practice more at **vistas.vhlcentral.com**.

Comunicación

5 **Las películas** Use these questions to interview a classmate.

1. ¿Prefieres las películas románticas, las películas de acción o las películas de terror? ¿Por qué?
2. ¿Dónde consigues información sobre (*about*) cine y televisión?
3. ¿Dónde consigues las entradas (*tickets*) para ver una película?
4. Para decidir qué películas vas a ver, ¿sigues las recomendaciones de los críticos de cine? ¿Qué dicen los críticos en general?
5. ¿Qué cines en tu comunidad muestran las mejores (*best*) películas?
6. ¿Vas a ver una película esta semana? ¿A qué hora empieza la película?

Síntesis

6 **El cine** In pairs, first scan the ad and jot down all the stem-changing verbs. Then answer the questions. Be prepared to share your answers with the class.

1. ¿Qué palabras indican que *Avatar* es una película dramática?
2. ¿Cómo son los dos personajes (*characters*) del póster? ¿Qué relación tienen?
3. ¿Te gustan las películas como ésta (*this one*)? ¿Por qué?
4. Describe tu película favorita con los verbos de la **Lección 4**.

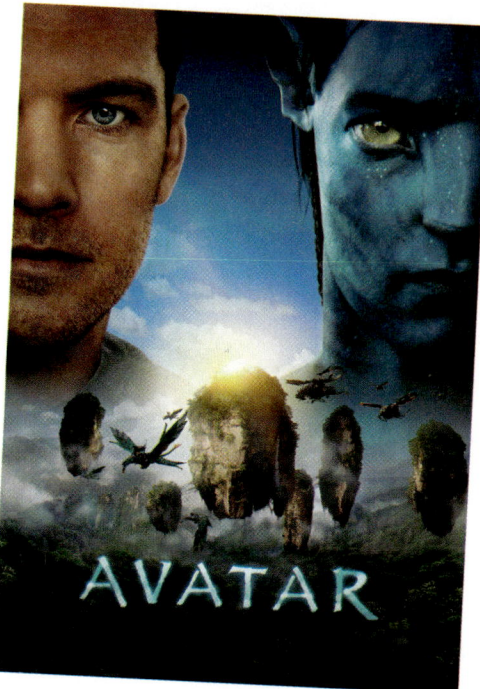

Ganadora de tres premios Óscar

Cuando todas las puertas se cierran, siempre hay una oportunidad para volver a empezar.

Del productor y director de Titanic y Terminator

Un mundo lejano puede desaparecer, su salvación está en las manos de un hombre que también puede perderlo todo... Incluso el amor.
¿Cuentan con él?

4.4 Verbs with irregular yo forms

ANTE TODO In Spanish, several verbs have irregular **yo** forms in the present tense. You have already seen three verbs with the **-go** ending in the **yo** form: **decir → digo**, **tener → tengo**, and **venir → vengo**.

▶ Here are some common expressions with **decir**.

decir la verdad *to tell the truth*	**decir mentiras** *to tell lies*
decir que *to say that*	**decir la respuesta** *to say the answer*

▶ The verb **hacer** is often used to ask questions about what someone does. Note that when answering, **hacer** is frequently replaced with another, more specific action verb.

Verbs with irregular yo forms

	hacer (to do; to make)	poner (to put; to place)	salir (to leave)	suponer (to suppose)	traer (to bring)
SINGULAR FORMS	hago	pongo	salgo	supongo	traigo
	haces	pones	sales	supones	traes
	hace	pone	sale	supone	trae
PLURAL FORMS	hacemos	ponemos	salimos	suponemos	traemos
	hacéis	ponéis	salís	suponéis	traéis
	hacen	ponen	salen	suponen	traen

Salgo mucho los fines de semana.

Yo no salgo, yo hago la tarea y veo películas en la televisión.

▶ **Poner** can also mean *to turn on* a household appliance.

Carlos **pone** la radio.
Carlos turns on the radio.

María **pone** la televisión.
María turns on the television.

▶ **Salir de** is used to indicate that someone is leaving a particular place.

Hoy **salgo del** hospital.
Today I leave the hospital.

Sale de la clase a las cuatro.
He leaves class at four.

Los pasatiempos

▸ **Salir para** is used to indicate someone's destination.

    Mañana **salgo para** México.   Hoy **salen para** España.
    Tomorrow I leave for Mexico.   *Today they leave for Spain.*

▸ **Salir con** means *to leave with someone* or *something*, or *to date someone*.

    Alberto **sale con** su mochila.   Margarita **sale con** Guillermo.
    Alberto is leaving with his backpack.   *Margarita is going out with Guillermo.*

The verbs ver and oír

▸ The verb **ver** (*to see*) has an irregular **yo** form. The other forms of **ver** are regular.

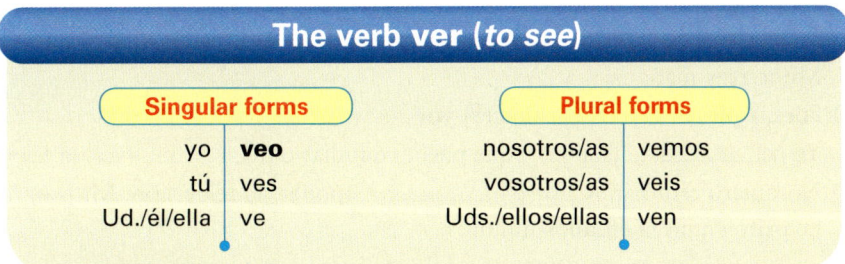

The verb ver (to see)

Singular forms		Plural forms	
yo	**veo**	nosotros/as	vemos
tú	ves	vosotros/as	veis
Ud./él/ella	ve	Uds./ellos/ellas	ven

▸ The verb **oír** (*to hear*) has an irregular **yo** form and the spelling change **i:y** in the **tú**, **usted**, **él**, **ella**, **ustedes**, **ellos**, and **ellas** forms. The **nosotros/as** and **vosotros/as** forms have an accent mark.

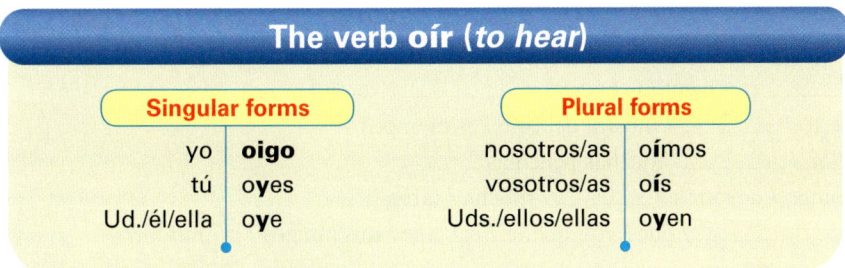

The verb oír (to hear)

Singular forms		Plural forms	
yo	**oigo**	nosotros/as	oímos
tú	o**y**es	vosotros/as	oís
Ud./él/ella	o**y**e	Uds./ellos/ellas	o**y**en

▸ While most commonly translated as *to hear*, **oír** is also used in contexts where the verb *to listen* would be used in English.

    Oigo a unas personas en la otra sala.   ¿**Oyes** la radio por la mañana?
    I hear some people in the other room.   *Do you listen to the radio in the morning?*

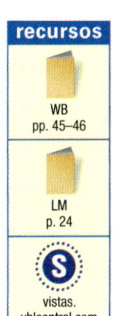

recursos
WB pp. 45–46
LM p. 24
vistas.vhlcentral.com Lección 4

 **¡INTÉNTALO!**   Provide the appropriate forms of these verbs.

1. salir   Isabel _sale_.   Nosotros _____.   Yo _____.
2. ver   Yo _____.   Uds. _____.   Tú _____.
3. poner   Rita y yo _____.   Yo _____.   Los niños _____.
4. hacer   Yo _____.   Tú _____.   Ud. _____.
5. oír   Él _____.   Nosotros _____.   Yo _____.
6. traer   Ellas _____.   Yo _____.   Tú _____.
7. suponer   Yo _____.   Mi amigo _____.   Nosotras _____.

Práctica

1 Completar Complete this conversation with the appropriate forms of the verbs. Then act it out with a partner.

ERNESTO David, ¿qué (1)_____ (hacer) hoy?

DAVID Ahora estudio biología, pero esta noche (2)_____ (salir) con Luisa. Vamos al cine. Los críticos (3)_____ (decir) que la nueva (*new*) película de Almodóvar es buena.

ERNESTO ¿Y Diana? ¿Qué (4)_____ (hacer) ella?

DAVID (5)_____ (Salir) a comer con sus padres.

ERNESTO ¿Qué (6)_____ (hacer) Andrés y Javier?

DAVID Tienen que (7)_____ (hacer) las maletas. (8)_____ (Salir) para Monterrey mañana.

ERNESTO Pues, ¿qué (9)_____ (hacer) yo?

DAVID Yo (10)_____ (suponer) que puedes estudiar o (11)_____ (ver) la televisión.

ERNESTO No quiero estudiar. Mejor (12)_____ (poner) la televisión. Mi programa favorito empieza en unos minutos.

2 Oraciones Form sentences using the cues provided and verbs from **Estructura 4.4**.

> **modelo**
> tú / _____ / cosas / en / su lugar / antes de (*before*) / salir
> Tú pones las cosas en su lugar antes de salir.

1. mis amigos / _____ / conmigo / centro
2. tú / _____ / mentiras / pero / yo _____ / verdad
3. Alberto / _____ / música del café Pasatiempos
4. yo / no / _____ / muchas películas
5. domingo / nosotros / _____ / mucha / tarea
6. si / yo / _____ / que / yo / querer / ir / cine / mis amigos / ir / también

3 Describir Use the verbs from **Estructura 4.4** to describe what these people are doing.

1. Fernán

2. los aficionados

3. yo

4. nosotros

5. la señora Vargas

6. el estudiante

Practice more at vistas.vhlcentral.com.

Comunicación

4 **Tu rutina** In pairs, take turns asking each other these questions.

1. ¿Qué traes a clase?
2. ¿Quiénes traen un diccionario a clase? ¿Por qué traen un diccionario?
3. ¿A qué hora sales de tu residencia estudiantil o de tu casa por la mañana? ¿A qué hora sale tu compañero/a de cuarto?
4. ¿Dónde pones tus libros cuando regresas de clase? ¿Siempre (*Always*) pones tus cosas en su lugar?
5. ¿Qué prefieres hacer, oír la radio o ver la televisión?
6. ¿Oyes música cuando estudias?
7. ¿Ves películas en casa o prefieres ir al cine?
8. ¿Haces mucha tarea los fines de semana?
9. ¿Sales con tus amigos los fines de semana? ¿A qué hora? ¿Qué hacen?
10. ¿Te gusta ver deportes en la televisión o prefieres ver otros programas? ¿Cuáles?

5 **Charadas** In groups, play a game of charades. Each person should think of two phrases containing the verbs **hacer, oír, poner, salir, traer,** or **ver**. The first person to guess correctly acts out the next charade.

6 **Entrevista** You are doing a market research report on lifestyles. Interview a classmate to find out when he or she goes out with these people and what they do for entertainment.

▶ los/las amigos/as
▶ el/la novio/a
▶ el/la esposo/a
▶ la familia

Síntesis

7 **Situación** Imagine that you are speaking with your roommate. With a partner, prepare a conversation using these cues.

Estudiante 1	Estudiante 2
Ask your partner what he or she is doing.	Tell your partner that you are watching TV.
Say what you suppose he or she is watching.	Say that you like the show _____. Ask if he or she wants to watch.
Say no, because you are going out with friends, and tell where you are going.	Say you think it's a good idea, and ask what your partner and his or her friends are doing there.
Say what you are going to do, and ask your partner whether he or she wants to come along.	Say no and tell your partner what you prefer to do.

Recapitulación

Concepts Diagnostics

Review the grammar concepts you have learned in this lesson by completing these activities.

1 Completar Complete the chart with the correct verb forms. `15 pts.`

Infinitive	yo	nosotros/as	ellos/as
	vuelvo		
comenzar		comenzamos	
		hacemos	hacen
ir			
	juego		
repetir			repiten

2 Un día típico Complete the paragraph with the appropriate forms of the verbs in the word list. Not all verbs will be used. Some may be used more than once. `10 pts.`

almorzar	ir	salir
cerrar	jugar	seguir
empezar	mostrar	ver
hacer	querer	volver

¡Hola! Me llamo Cecilia y vivo en Puerto Vallarta, México. ¿Cómo es un día típico en mi vida (*life*)? Por la mañana bebo café con mis padres y juntos (*together*) (1)_____ las noticias (*news*) en la televisión. A las siete y media, (yo) (2)_____ de mi casa y tomo el autobús. Me gusta llegar temprano (*early*) a la universidad porque siempre (*always*) (3)_____ a mis amigos en la cafetería. Tomamos café y planeamos lo que (4)_____ hacer cada (*each*) día. A las ocho y cuarto, mi amiga Sandra y yo (5)_____ al laboratorio de lenguas. La clase de francés (6)_____ a las ocho y media. ¡Es mi clase favorita! A las doce y media (yo) (7)_____ en la cafetería con mis amigos. Después (*Afterwards*), yo (8)_____ con mis clases. Por las tardes, mis amigos (9)_____ a sus casas, pero yo (10)_____ al vóleibol con mi amigo Tomás.

RESUMEN GRAMATICAL

4.1 Present tense of ir *p. 126*

yo	voy	nos.	vamos
tú	vas	vos.	vais
él	va	ellas	van

▶ ir a + [*infinitive*] = *to be going* + [*infinitive*]
▶ a + el = al
▶ vamos a + [*infinitive*] = *let's (do something)*

4.2 Stem-changing verbs e:ie, o:ue, u:ue *pp. 129–130*

	empezar	volver	jugar
yo	emp**ie**zo	v**ue**lvo	j**ue**go
tú	emp**ie**zas	v**ue**lves	j**ue**gas
él	emp**ie**za	v**ue**lve	j**ue**ga
nos.	empezamos	volvemos	jugamos
vos.	empezáis	volvéis	jugáis
ellas	emp**ie**zan	v**ue**lven	j**ue**gan

▶ Other e:ie verbs: cerrar, comenzar, entender, pensar, perder, preferir, querer
▶ Other o:ue verbs: almorzar, contar, dormir, encontrar, mostrar, poder, recordar

4.3 Stem-changing verbs e:i *p. 133*

pedir			
yo	p**i**do	nos.	pedimos
tú	p**i**des	vos.	pedís
él	p**i**de	ellas	p**i**den

▶ Other e:i verbs: conseguir, decir, repetir, seguir

4.4 Verbs with irregular yo forms *pp. 136–137*

hacer	poner	salir	suponer	traer
hago	pongo	salgo	supongo	traigo

▶ ver: veo, ves, ve, vemos, veis, ven
▶ oír: oigo, oyes, oye, oímos, oís, oyen

Los pasatiempos

3 **Oraciones** Arrange the cues provided in the correct order to form complete sentences. Make all necessary changes. **14 pts.**

1. tarea / los / hacer / sábados / nosotros / la
   _____
2. en / pizza / Andrés / una / restaurante / el / pedir
   _____
3. a / ? / museo / ir / ¿ / el / (tú)
   _____
4. de / oír / amigos / bien / los / no / Elena
   _____
5. libros / traer / yo / clase / mis / a
   _____
6. película / ver / en / Jorge y Carlos / pensar / cine / una / el
   _____
7. unos / escribir / Mariana / electrónicos / querer / mensajes
   _____

4 **Escribir** Write a short paragraph about what you do on a typical day. Use at least six of the verbs you have learned in this lesson. You can use the paragraph on the opposite page (**Actividad 2**) as a model. **11 pts.**

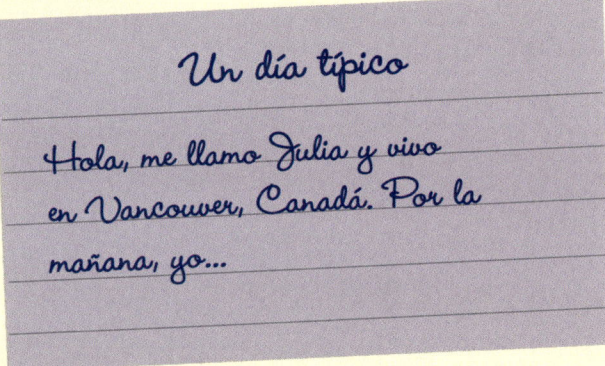

Un día típico

Hola, me llamo Julia y vivo en Vancouver, Canadá. Por la mañana, yo...

5 **Rima** Complete the rhyme with the appropriate forms of the correct verbs from the list. **2 EXTRA points!**

| contar | poder |
| oír | suponer |

" Si no _____ dormir
y el sueño deseas,
lo vas a conseguir
si _____ ovejas°. "

ovejas *sheep*

 Practice more at **vistas.vhlcentral.com**.

Lectura

Antes de leer

Estrategia
Predicting content from visuals

When you are reading in Spanish, be sure to look for visual clues that will orient you as to the content and purpose of what you are reading. Photos and illustrations, for example, will often give you a good idea of the main points that the reading covers. You may also encounter very helpful visuals that are used to summarize large amounts of data in a way that is easy to comprehend; these include bar graphs, pie charts, flow charts, lists of percentages, and other sorts of diagrams.

Examinar el texto
Take a quick look at the visual elements of the magazine article in order to generate a list of ideas about its content. Then compare your list with a classmate's. Are they the same or are they different? Discuss your lists and make any changes needed to produce a final list of ideas.

Contestar
Read the list of ideas you wrote in **Examinar el texto**, and look again at the visual elements of the magazine article. Then answer these questions:

1. Who is the woman in the photo, and what is her role?
2. What is the article about?
3. What is the subject of the pie chart?
4. What is the subject of the bar graph?

por María Úrsula Echevarría

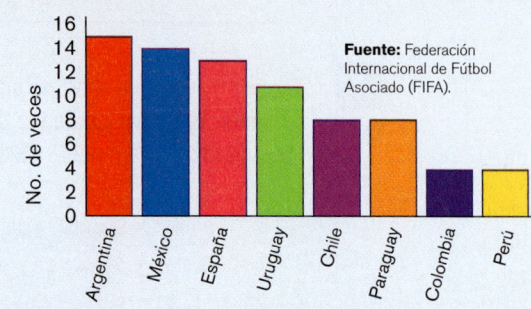

El fútbol es el deporte más popular en el mundo° hispano, según° una encuesta° reciente realizada entre jóvenes universitarios. Mucha gente practica este deporte y tiene un equipo de fútbol favorito. Cada cuatro años se realiza la Copa Mundial°. Argentina y Uruguay han ganado° este campeonato° más de una vez°. Los aficionados siguen los partidos de fútbol en casa por tele y en muchos otros lugares como bares, restaurantes, estadios y clubes deportivos. Los jóvenes juegan al fútbol con sus amigos en parques y gimnasios.

Países hispanos en campeonatos mundiales de fútbol (1930–2010)

[Bar graph showing: Argentina 15, México 14, España 13, Uruguay 11, Chile 8, Paraguay 8, Colombia 4, Perú 4]

Fuente: Federación Internacional de Fútbol Asociado (FIFA).

Pero, por supuesto°, en los países de habla hispana también hay otros deportes populares. ¿Qué deporte sigue al fútbol en estos países? Bueno, ¡depende del país y de otros factores!

Después de leer
Evaluación y predicción

Which of the following sporting events would be most popular among the college students surveyed? Rate them from one (most popular) to five (least popular). Which would be the most popular at your college or university?

_____ 1. la Copa Mundial de Fútbol

_____ 2. los Juegos Olímpicos

_____ 3. el Campeonato de Wimbledon

_____ 4. la Serie Mundial de Béisbol

_____ 5. el Tour de Francia

No sólo el fútbol

En Colombia, el béisbol también es muy popular después del fútbol, aunque° esto varía según la región del país. En la costa del norte de Colombia, el béisbol es una pasión. Y el ciclismo también es un deporte que los colombianos siguen con mucho interés.

Donde el béisbol es más popular
En los países del Caribe, el béisbol es el deporte predominante. Éste es el caso en Puerto Rico, Cuba y la República Dominicana. Los niños empiezan a jugar cuando son muy pequeños. En Puerto Rico y la República Dominicana, la gente también quiere participar en otros deportes, como el baloncesto, o ver los partidos en la tele. Y para los espectadores aficionados del Caribe, el boxeo es número dos.

Donde el fútbol es más popular
En México, el béisbol es el segundo° deporte más popular después° del fútbol. Pero en Argentina, después del fútbol, el rugby tiene mucha importancia. En Perú a la gente le gusta mucho ver partidos de vóleibol. ¿Y en España? Muchas personas prefieren el baloncesto, el tenis y el ciclismo.

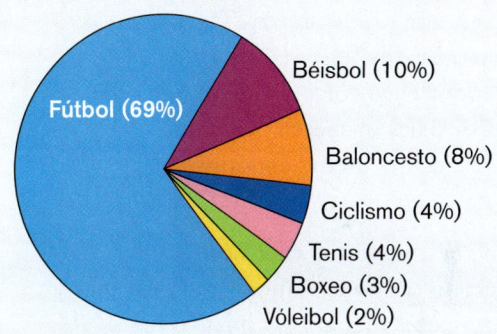

Deportes más populares
- Fútbol (69%)
- Béisbol (10%)
- Baloncesto (8%)
- Ciclismo (4%)
- Tenis (4%)
- Boxeo (3%)
- Vóleibol (2%)

---

mundo *world* según *according to* encuesta *survey* se realiza la Copa Mundial *the World Cup is held* han ganado *have won* campeonato *championship* más de una vez *more than once* por supuesto *of course* segundo *second* después *after* aunque *although*

¿Cierto o falso?
Indicate whether each sentence is **cierto** or **falso**, then correct the false statements.

	Cierto	Falso
1. El vóleibol es el segundo deporte más popular en México.	○	○
2. En España a la gente le gustan varios deportes como el baloncesto y el ciclismo.	○	○
3. En la costa del norte de Colombia, el tenis es una pasión.	○	○
4. En el Caribe, el deporte más popular es el béisbol.	○	○

Preguntas
Answer these questions in Spanish.

1. ¿Dónde ven el fútbol los aficionados? Y tú, ¿cómo ves tus deportes favoritos?
2. ¿Te gusta el fútbol? ¿Por qué?
3. ¿Miras la Copa Mundial en la televisión?
4. ¿Qué deportes miras en la televisión?
5. En tu opinión, ¿cuáles son los tres deportes más populares en tu universidad? ¿En tu comunidad? ¿En tu país?
6. ¿Practicas deportes en tus ratos libres?

Escritura

Estrategia
Using a dictionary

A common mistake made by beginning language learners is to embrace the dictionary as the ultimate resource for reading, writing, and speaking. While it is true that the dictionary is a useful tool that can provide valuable information about vocabulary, using the dictionary correctly requires that you understand the elements of each entry.

If you glance at a Spanish-English dictionary, you will notice that its format is similar to that of an English dictionary. The word is listed first, usually followed by its pronunciation. Then come the definitions, organized by parts of speech. Sometimes the most frequently used definitions are listed first.

To find the best word for your needs, you should refer to the abbreviations and the explanatory notes that appear next to the entries. For example, imagine that you are writing about your pastimes. You want to write, "I want to buy a new racket for my match tomorrow," but you don't know the Spanish word for "racket." In the dictionary, you may find an entry like this:

> **racket** *s* 1. alboroto; 2. raqueta (*dep.*)

The abbreviation key at the front of the dictionary says that *s* corresponds to **sustantivo** (*noun*). Then, the first word you see is **alboroto**. The definition of **alboroto** is *noise* or *racket*, so **alboroto** is probably not the word you're looking for. The second word is **raqueta**, followed by the abbreviation *dep.*, which stands for **deportes**. This indicates that the word **raqueta** is the best choice for your needs.

Tema
Escribir un folleto

Choose one topic to write a brochure.

1. You are the head of the Homecoming Committee at your school this year. Create a pamphlet that lists events for Friday night, Saturday, and Sunday. Include a brief description of each event and its time and location. Include activities for different age groups, since some alumni will bring their families.

2. You are on the Freshman Student Orientation Committee and are in charge of creating a pamphlet for new students that describes the sports offered at your school. Write the flyer and include activities for both men and women.

3. You work for the Chamber of Commerce in your community. It is your job to market your community to potential residents. Write a brief pamphlet that describes the recreational opportunities your community provides, the areas where the activities take place, and the costs, if any. Be sure to include activities that will appeal to singles as well as couples and families; you should include activities for all age groups and for both men and women.

Escuchar  Audio: Activities

Estrategia
Listening for the gist

Listening for the general idea, or gist, can help you follow what someone is saying even if you can't hear or understand some of the words. When you listen for the gist, you simply try to capture the essence of what you hear without focusing on individual words.

 To help you practice this strategy, you will listen to a paragraph made up of three sentences. Jot down a brief summary of what you hear.

Preparación

Based on the photo, what do you think Anabela is like? Do you and Anabela have similar interests?

Ahora escucha

You will hear first José talking, then Anabela. As you listen, check off each person's favorite activities.

Pasatiempos favoritos de José

1. _____ leer el correo electrónico
2. _____ jugar al béisbol
3. _____ ver películas de acción
4. _____ ir al café
5. _____ ir a partidos de béisbol
6. _____ ver películas románticas
7. _____ dormir la siesta
8. _____ escribir mensajes electrónicos

Pasatiempos favoritos de Anabela

9. _____ esquiar
10. _____ nadar
11. _____ practicar el ciclismo
12. _____ jugar al golf
13. _____ jugar al baloncesto
14. _____ ir a ver partidos de tenis
15. _____ escalar montañas
16. _____ ver televisión

 Practice more at **vistas.vhlcentral.com**.

Comprensión

Preguntas
Answer these questions about José's and Anabela's pastimes.

1. ¿Quién practica más deportes?
2. ¿Quién piensa que es importante descansar?
3. ¿A qué deporte es aficionado José?
4. ¿Por qué Anabela no practica el baloncesto?
5. ¿Qué películas le gustan a la novia de José?
6. ¿Cuál es el deporte favorito de Anabela?

Seleccionar
Which person do these statements best describe?

1. Le gusta practicar deportes.
2. Prefiere las películas de acción.
3. Le gustan las computadoras.
4. Le gusta nadar.
5. Siempre (*Always*) duerme una siesta por la tarde.
6. Quiere ir de vacaciones a las montañas.

En pantalla

In many Spanish-speaking countries, soccer isn't just a game; it's a way of life. Many countries have professional and amateur leagues, and soccer is even played in the streets. Every four years, during the World Cup, even those who aren't big fans of the sport find it impossible not to get swept up in "soccer fever." During the month-long Cup, passions only increase with each of the sixty-four matches played. Companies also get caught up in the soccer craze, running ad campaigns and offering promotions with prizes ranging from commemorative glasses to all-expenses-paid trips to the World Cup venue.

Vocabulario útil	
cracks	stars, aces (sports)
lo tuvo a Pelé de hijo	he was a better player than Pelé (coll. expr. Peru)
Dios me hizo	God made me
patito feo	ugly duckling
plata	money (S. America)
jugando	playing

Comprensión

Indicate whether each statement is **cierto** or **falso**.

	Cierto	Falso
1. La familia juega al baloncesto.	○	○
2. No hay mujeres en el anuncio (*ad*).	○	○
3. La pareja tiene cinco hijos.	○	○
4. El hijo más joven es un mariachi.	○	○

Conversación

With a partner, discuss these questions in Spanish.
1. En el anuncio hay varios elementos culturales representativos de la cultura de los países hispanos. ¿Cuáles son?
2. ¿Qué otros elementos culturales de los países hispanos conocen (*do you know*)?

jugaba *used to play* cuna *crib* barriga *womb* Por eso *That's why* esperaban que yo fuera *they expected that I would be* el mejor de todos *the best of all*

Anuncio de Totofútbol

Mi hermano mayor jugaba° desde la cuna°.

Mi segundo hermano, desde la barriga°.

Por eso° esperaban que yo fuera° el mejor de todos°.

Video: TV Clip

Practice more at vistas.vhlcentral.com.

Los pasatiempos

¡Fútbol en España!

The rivalry between the teams **Real Madrid** and **F.C. Barcelona** is perhaps the fiercest in all of soccer—just imagine if they occupied the same city! Well, each team also has competing clubs within its respective city: Spain's capital has the **Club Atlético de Madrid**, and Barcelona is home to **Espanyol**. In fact, across the Spanish-speaking world, it is common for a city to have more than one professional team, often with strikingly dissimilar origins, identity, and fan base. For example, in Bogotá, the **Millonarios** were so named for the large sums spent on players, while the **Santa Fe** team is one of the most traditional in Colombian soccer. **River Plate** and **Boca Juniors**, who enjoy a famous rivalry, are just two of twenty-four clubs in Buenos Aires—the city with the most professional soccer teams in the world.

Vocabulario útil

afición	fans
celebran	they celebrate
preferido/a	favorite
rivalidad	rivalry
se junta con	it's tied up with

Preparación
What is the most popular sport at your school? What teams are your rivals? How do students celebrate a win?

Escoger
Select the correct answer.
1. Un partido entre el Barça y el Real Madrid es un _____ (deporte/evento) importante en toda España.
2. Ronaldinho fue (*was*) un futbolista estrella (*soccer star*) del _____ (Barça/Real Madrid).
3. Los aficionados _____ (miran/celebran) las victorias de sus equipos en las calles (*streets*).
4. La rivalidad entre el Real Madrid y el Barça está relacionada con la _____ (religión/política).

(*Hay mucha afición al fútbol en España.*)

¿Y cuál es vuestro jugador favorito?

—¿Y quién va a ganar?
—El Real Madrid.

Video: *Flash cultura*

Practice more at vistas.vhlcentral.com.

recursos

VM pp. 297–298

vistas.vhlcentral.com Lección 4

panorama 4

Video: *Panorama cultural*
Interactive map

México

El país en cifras

▶ **Área:** 1.972.550 km^2 (761.603 millas^2), casi° tres veces° el área de Texas

La situación geográfica de México, al sur° de los Estados Unidos, ha influido en° la economía y la sociedad de los dos países. Una de las consecuencias es la emigración de la población mexicana al país vecino°. Hoy día, más de 30 millones de personas de ascendencia mexicana viven en los Estados Unidos.

▶ **Población:** 115.528.000
▶ **Capital:** México, D.F. (y su área metropolitana)—20.078.000
▶ **Ciudades principales:** Guadalajara —4.648.000, Monterrey—4.118.000, Puebla—2.460.000, Ciudad Juárez—1.470.000

SOURCE: Population Division, UN Secretariat

▶ **Moneda:** peso mexicano
▶ **Idiomas:** español (oficial), náhuatl, otras lenguas indígenas

Bandera de México

Mexicanos célebres
▶ **Benito Juárez,** héroe nacional (1806–1872)
▶ **Octavio Paz,** poeta (1914–1998)
▶ **Elena Poniatowska,** periodista y escritora (1933–)
▶ **Julio César Chávez,** boxeador (1962–)

casi *almost* veces *times* sur *south* ha influido en *has influenced* vecino *neighboring* se llenan de luz *get filled with light* flores *flowers* Muertos *Dead* se ríen *laugh* muerte *death* lo cual se refleja *which is reflected* calaveras de azúcar *sugar skulls* pan *bread* huesos *bones*

Cabo San Lucas

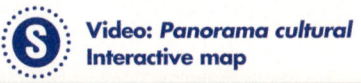
Autorretrato con mono (*Self-portrait with monkey*), 1938, Frida Kahlo

ESTADOS UNIDOS
Ciudad Juárez
Río Grande
Río Bravo del Norte
Golfo de California
Baja California
Sierra Madre Oriental
Sierra Madre Occidental
Monterrey
ESTADOS UNIDOS
MÉXICO
OCÉANO ATLÁNTICO
OCÉANO PACÍFICO
AMÉRICA DEL SUR
Océano Pacífico
Puerto Vallarta
Ciudad de México
Guadalajara
Puebla
Acapulco

Artesanías en Taxco, Guerrero

Pirámide de Kukulcán en Chichén Itzá

recursos
WB pp. 47–48
VM pp. 255–256
vistas.vhlcentral.com Lección 4

¡Increíble pero cierto!

Cada dos de noviembre los cementerios de México se llenan de luz°, música y flores°. El Día de Muertos° no es un evento triste; es una fiesta en honor a las personas muertas. En ese día, los mexicanos se ríen° de la muerte°, lo cual se refleja° en detalles como las calaveras de azúcar° y el pan° de muerto —pan en forma de huesos°.

Ciudades • México, D.F.

La Ciudad de México, fundada° en 1525, también se llama el D.F. o Distrito Federal. Muchos turistas e inmigrantes vienen a la ciudad porque es el centro cultural y económico del país. El crecimiento° de la población es de los más altos° del mundo. El D.F. tiene una población mayor que las de Nueva York, Madrid o París.

Artes • Diego Rivera y Frida Kahlo

Frida Kahlo y Diego Rivera eran° artistas mexicanos muy famosos. Se casaron° en 1929. Los dos se interesaron° en las condiciones sociales de la gente indígena de su país. Puedes ver algunas° de sus obras° en el Museo de Arte Moderno de la Ciudad de México.

Historia • Los aztecas

Los aztecas dominaron° en México del siglo° XIV al siglo XVI. Sus canales, puentes° y pirámides con templos religiosos eran muy importantes.
El fin del imperio azteca comenzó° con la llegada° de los españoles en 1519, pero la presencia azteca sigue hoy. La Ciudad de México está situada en la capital azteca de Tenochtitlán, y muchos turistas van a visitar sus ruinas.

Economía • La plata

México es el mayor productor de plata° del mundo°. Estados como Zacatecas y Durango tienen ciudades fundadas cerca de los más grandes yacimientos° de plata del país. Estas ciudades fueron° en la época colonial unas de las más ricas e importantes. Hoy en día, aún° conservan mucho de su encanto° y esplendor.

¿Qué aprendiste? Responde a cada pregunta con una oración completa.

1. ¿Qué lenguas hablan los mexicanos?
2. ¿Cómo es la población del D.F. en comparación con la de otras ciudades?
3. ¿En qué se interesaron Frida Kahlo y Diego Rivera?
4. Nombra algunas de las estructuras de la arquitectura azteca.
5. ¿Dónde está situada la capital de México?
6. ¿Qué estados de México tienen los mayores yacimientos de plata?

Conexión Internet Investiga estos temas en **vistas.vhlcentral.com**.

1. Busca información sobre dos lugares de México. ¿Te gustaría (*Would you like*) vivir allí? ¿Por qué?
2. Busca información sobre dos artistas mexicanos. ¿Cómo se llaman sus obras más famosas?

---

fundada *founded* **crecimiento** *growth* **más altos** *highest* **eran** *were* **Se casaron** *They got married* **se interesaron** *were interested in* **algunas** *some* **obras** *works* **dominaron** *dominated* **siglo** *century* **puentes** *bridges* **comenzó** *started* **llegada** *arrival* **plata** *silver* **mundo** *world* **yacimientos** *deposits* **fueron** *were* **aún** *still* **encanto** *charm*

vocabulario

Pasatiempos

andar en patineta	to skateboard
bucear	to scuba dive
escalar montañas (*f., pl.*)	to climb mountains
escribir una carta	to write a letter
escribir un mensaje electrónico	to write an e-mail
esquiar	to ski
ganar	to win
ir de excursión	to go on a hike
leer correo electrónico	to read e-mail
leer un periódico	to read a newspaper
leer una revista	to read a magazine
nadar	to swim
pasear	to take a walk; to stroll
pasear en bicicleta	to ride a bicycle
patinar (en línea)	to (inline) skate
practicar deportes (*m., pl.*)	to play sports
tomar el sol	to sunbathe
ver películas (*f., pl.*)	to watch movies
visitar monumentos (*m., pl.*)	to visit monuments
la diversión	fun activity; entertainment; recreation
el fin de semana	weekend
el pasatiempo	pastime; hobby
los ratos libres	spare (free) time
el videojuego	video game

Deportes

el baloncesto	basketball
el béisbol	baseball
el ciclismo	cycling
el equipo	team
el esquí (acuático)	(water) skiing
el fútbol	soccer
el fútbol americano	football
el golf	golf
el hockey	hockey
el/la jugador(a)	player
la natación	swimming
el partido	game; match
la pelota	ball
el tenis	tennis
el vóleibol	volleyball

Adjetivos

deportivo/a	sports-related
favorito/a	favorite

Lugares

el café	café
el centro	downtown
el cine	movie theater
el gimnasio	gymnasium
la iglesia	church
el lugar	place
el museo	museum
el parque	park
la piscina	swimming pool
la plaza	city or town square
el restaurante	restaurant

Verbos

almorzar (o:ue)	to have lunch
cerrar (e:ie)	to close
comenzar (e:ie)	to begin
conseguir (e:i)	to get; to obtain
contar (o:ue)	to count; to tell
decir (e:i)	to say; to tell
dormir (o:ue)	to sleep
empezar (e:ie)	to begin
encontrar (o:ue)	to find
entender (e:ie)	to understand
hacer	to do; to make
ir	to go
jugar (u:ue)	to play (a sport or a game)
mostrar (o:ue)	to show
oír	to hear
pedir (e:i)	to ask for; to request
pensar (e:ie)	to think
pensar (+ *inf.*)	to intend
pensar en	to think about
perder (e:ie)	to lose; to miss
poder (o:ue)	to be able to; can
poner	to put; to place
preferir (e:ie)	to prefer
querer (e:ie)	to want; to love
recordar (o:ue)	to remember
repetir (e:i)	to repeat
salir	to leave
seguir (e:i)	to follow; to continue
suponer	to suppose
traer	to bring
ver	to see
volver (o:ue)	to return

Decir expressions	See page 136.
Expresiones útiles	See page 121.

Audio: Vocabulary

Las vacaciones

5

Communicative Goals
You will learn how to:
- Discuss and plan a vacation
- Describe a hotel
- Talk about how you feel
- Talk about the seasons and the weather

contextos

pages 152–157
- Travel and vacation
- Months of the year
- Seasons and weather
- Ordinal numbers

fotonovela

pages 158–161
Felipe plays a practical joke on Miguel and the friends take a trip to the coast. They check in to their hotel and go to the beach, where Miguel gets his revenge.

cultura

pages 162–163
- Las cataratas del Iguazú
- Punta del Este

estructura

pages 164–179
- **Estar** with conditions and emotions
- The present progressive
- **Ser** and **estar**
- Direct object nouns and pronouns
- **Recapitulación**

adelante

pages 180–187
Lectura: A hotel brochure from Puerto Rico
Escritura: A travel brochure for a hotel
Escuchar: A weather report
En pantalla
Flash cultura
Panorama: Puerto Rico

A PRIMERA VISTA
- ¿Están ellos en una montaña o en un museo?
- ¿Son viejos o jóvenes?
- ¿Pasean o ven una película? ¿Andan en patineta o van de excursión?
- ¿Es posible esquiar en este lugar?

5 contextos

Talking Picture, Tutorials & Games
Audio: Activities

Las vacaciones

Más vocabulario

la cama	bed
la habitación individual, doble	single, double room
el piso	floor (of a building)
la planta baja	ground floor
el campo	countryside
el paisaje	landscape
el equipaje	luggage
la estación de autobuses, del metro, de tren	bus, subway, train station
la llegada	arrival
el pasaje (de ida y vuelta)	(round-trip) ticket
la salida	departure; exit
la tabla de (wind)surf	surfboard/sailboard
acampar	to camp
estar de vacaciones	to be on vacation
hacer las maletas	to pack (one's suitcases)
hacer un viaje	to take a trip
hacer (wind)surf	to (wind)surf
ir de compras	to go shopping
ir de vacaciones	to go on vacation
ir en autobús (m.), auto(móvil) (m.), motocicleta (f.), taxi (m.)	to go by bus, car, motorcycle, taxi

Variación léxica

automóvil ↔ coche (*Esp.*), carro (*Amér. L.*)
autobús ↔ camión (*Méx.*), guagua (*Caribe*)
motocicleta ↔ moto (*coloquial*)

recursos
WB pp. 49–50
LM p. 25
vistas.vhlcentral.com Lección 5

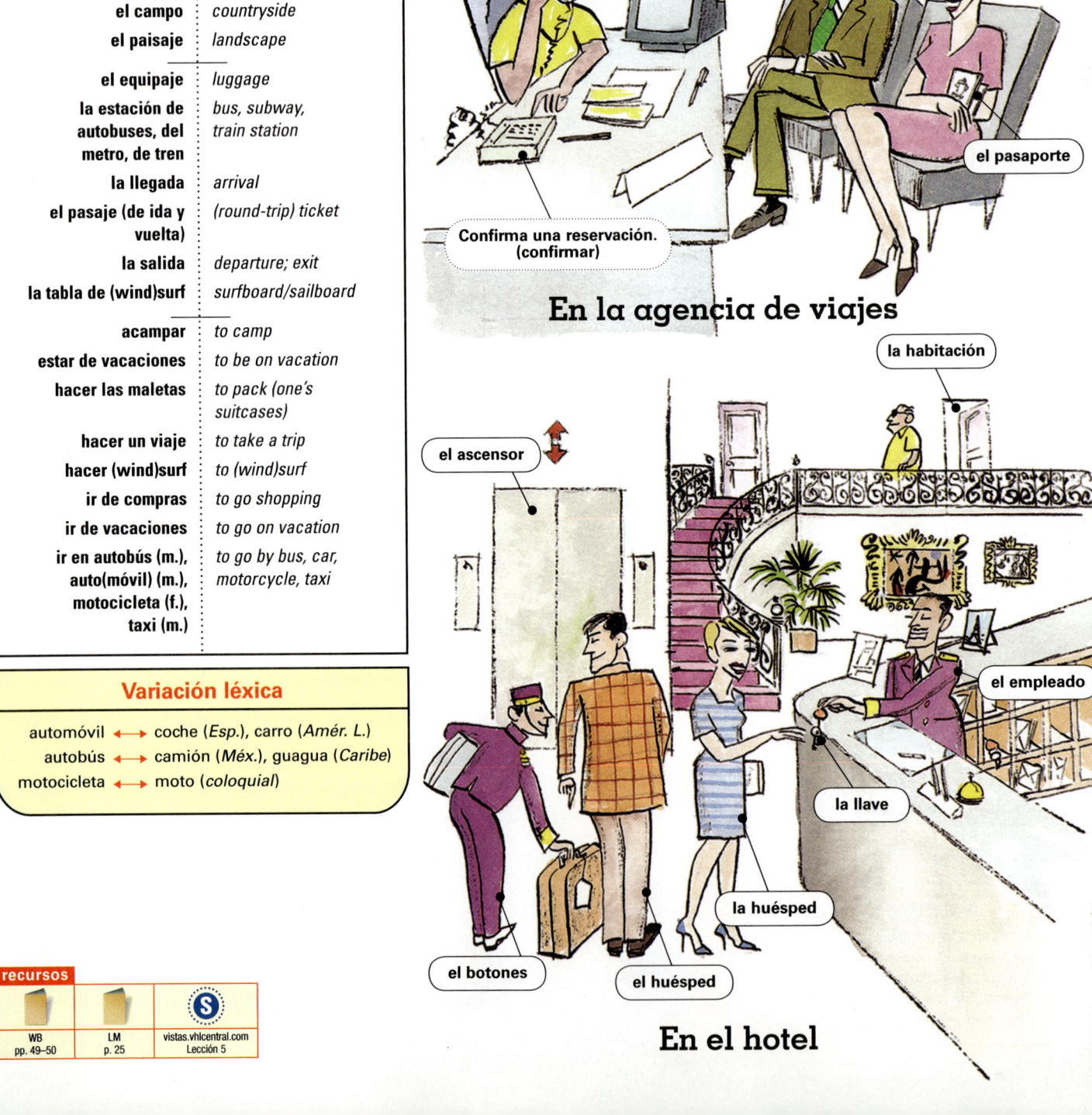

la agente de viajes
el pasaporte
Confirma una reservación. (confirmar)

En la agencia de viajes

la habitación
el ascensor
el empleado
la llave
el botones
el huésped
la huésped

En el hotel

ciento cincuenta y tres 153

En el aeropuerto

En la playa

Práctica

1 Escuchar Indicate who would probably make each statement you hear. Each answer is used twice.

a. el agente de viajes   1. _____   4. _____
b. la inspectora de aduanas   2. _____   5. _____
c. un empleado del hotel   3. _____   6. _____

2 ¿Cierto o falso? Mario and his wife, Natalia, are planning their next vacation with a travel agent. Indicate whether each statement is **cierto** or **falso** according to what you hear in the conversation.

	Cierto	Falso
1. Mario y Natalia están en Puerto Rico.	○	○
2. Ellos quieren hacer un viaje a Puerto Rico.	○	○
3. Natalia prefiere ir a la montaña.	○	○
4. Mario quiere pescar en Puerto Rico.	○	○
5. La agente de viajes va a confirmar la reservación.	○	○

3 Escoger Choose the best answer for each sentence.

1. Un huésped es una persona que _____.
   a. toma fotos   b. está en un hotel   c. pesca en el mar
2. Abrimos la puerta con _____.
   a. una llave   b. un caballo   c. una llegada
3. Enrique tiene _____ porque va a viajar a otro (*another*) país.
   a. un pasaporte   b. una foto   c. una llegada
4. Antes de (*Before*) ir de vacaciones, hay que _____.
   a. pescar   b. ir en tren   c. hacer las maletas
5. Nosotros vamos en _____ al aeropuerto.
   a. autobús   b. pasaje   c. viajero
6. Me gusta mucho ir al campo. El _____ es increíble.
   a. paisaje   b. pasaje   c. equipaje

4 Analogías Complete the analogies using the words below. Two words will not be used.

| auto | huésped | mar | sacar |
| botones | llegada | pasaporte | tren |

1. acampar → campo ⊜ pescar →
2. agencia de viajes → agente ⊜ hotel →
3. llave → habitación ⊜ pasaje →
4. estudiante → libro ⊜ turista →
5. aeropuerto → viajero ⊜ hotel →
6. maleta → hacer ⊜ foto →

Las estaciones y los meses del año

el invierno: diciembre, enero, febrero

la primavera: marzo, abril, mayo

el verano: junio, julio, agosto

el otoño: septiembre, octubre, noviembre

—¿Cuál es la fecha de hoy? *What is today's date?*
—Es el primero de octubre. *It's the first of October.*
—Es el dos de marzo. *It's March 2nd.*
—Es el diez de noviembre. *It's November 10th.*

El tiempo

—¿Qué tiempo hace? *How's the weather?*
—Hace buen/mal tiempo. *The weather is good/bad.*

Hace (mucho) calor.
It's (very) hot.

Hace (mucho) frío.
It's (very) cold.

Llueve. (llover o:ue)
It's raining.

Está lloviendo.
It's raining.

Nieva. (nevar e:ie)
It's snowing.

Está nevando.
It's snowing.

Más vocabulario

Está (muy) nublado.	It's (very) cloudy.
Hace fresco.	It's cool.
Hace (mucho) sol.	It's (very) sunny.
Hace (mucho) viento.	It's (very) windy.

Las vacaciones

5 El Hotel Regis
Label the floors of the hotel.

Números ordinales	
primer *(before a masculine singular noun)*, **primero/a**	first
segundo/a	second
tercer *(before a masculine singular noun)*, **tercero/a**	third
cuarto/a	fourth
quinto/a	fifth
sexto/a	sixth
séptimo/a	seventh
octavo/a	eighth
noveno/a	ninth
décimo/a	tenth

a. _____ piso
b. _____ piso
c. _____ piso
d. _____ piso
e. _____ piso
f. _____ piso
g. _____ piso
h. _____ baja

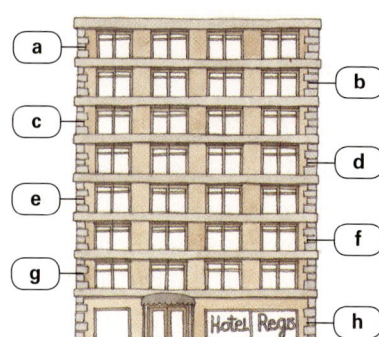

6 Contestar
Look at the illustrations of the months and seasons on the previous page. In pairs, take turns asking each other these questions.

modelo
Estudiante 1: ¿Cuál es el primer mes de la primavera?
Estudiante 2: marzo

1. ¿Cuál es el primer mes del invierno?
2. ¿Cuál es el segundo mes de la primavera?
3. ¿Cuál es el tercer mes del otoño?
4. ¿Cuál es el primer mes del año?
5. ¿Cuál es el quinto mes del año?
6. ¿Cuál es el octavo mes del año?
7. ¿Cuál es el décimo mes del año?
8. ¿Cuál es el segundo mes del verano?
9. ¿Cuál es el tercer mes del invierno?
10. ¿Cuál es el sexto mes del año?

7 Las estaciones
Name the season that applies to the description.

1. Las clases terminan.
2. Vamos a la playa.
3. Acampamos.
4. Nieva mucho.
5. Las clases empiezan.
6. Hace mucho calor.
7. Llueve mucho.
8. Esquiamos.
9. el entrenamiento (*training*) de béisbol
10. el Día de Acción de Gracias (*Thanksgiving*)

8 ¿Cuál es la fecha?
Give the dates for these holidays.

modelo
el día de San Valentín   14 de febrero

1. el día de San Patricio
2. el día de Halloween
3. el primer día de verano
4. el Año Nuevo
5. mi cumpleaños (*birthday*)
6. mi día de fiesta favorito

9 Seleccionar
Paco is talking about his family and friends. Choose the word or phrase that best completes each sentence.

1. A mis padres les gusta ir a Yucatán porque (hace sol, nieva).
2. Mi primo de Kansas dice que durante (*during*) un tornado, hace mucho (sol, viento).
3. Mis amigos van a esquiar si (nieva, está nublado).
4. Tomo el sol cuando (hace calor, llueve).
5. Nosotros vamos a ver una película si hace (buen, mal) tiempo.
6. Mi hermana prefiere correr cuando (hace mucho calor, hace fresco).
7. Mis tíos van de excursión si hace (buen, mal) tiempo.
8. Mi padre no quiere jugar al golf si (hace fresco, llueve).
9. Cuando hace mucho (sol, frío) no salgo de casa y tomo chocolate caliente (*hot*).
10. Hoy mi sobrino va al parque porque (está lloviendo, hace buen tiempo).

10 El clima
With a partner, take turns asking and answering questions about the weather and temperatures in these cities. Use the model as a guide.

modelo

Estudiante 1: ¿Qué tiempo hace hoy en Nueva York?
Estudiante 2: Hace frío y hace viento.
Estudiante 1: ¿Cuál es la temperatura máxima?
Estudiante 2: Treinta y un grados (*degrees*).
Estudiante 1: ¿Y la temperatura mínima?
Estudiante 2: Diez grados.

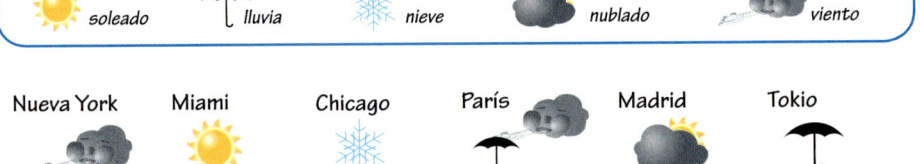
soleado · lluvia · nieve · nublado · viento

Nueva York	Miami	Chicago	París	Madrid	Tokio
Máx. 31°	Máx. 84°	Máx. 23°	Máx. 38°	Máx. 42°	Máx. 49°
Mín. 10°	Mín. 62°	Mín. 5°	Mín. 26°	Mín. 27°	Mín. 34°

Montreal	México D.F.	Cozumel	Caracas	Quito	Buenos Aires
Máx. 18°	Máx. 76°	Máx. 91°	Máx. 80°	Máx. 60°	Máx. 85°
Mín. 2°	Mín. 41°	Mín. 73°	Mín. 72°	Mín. 51°	Mín. 59°

NOTA CULTURAL
In most Spanish-speaking countries, temperatures are given in degrees Celsius. Use these formulas to convert between **grados centígrados** and **grados Fahrenheit**.
degrees C. × 9 ÷ 5 + 32 = degrees F.
degrees F. - 32 × 5 ÷ 9 = degrees C.

11 Completar
Complete these sentences with your own ideas.

1. Cuando hace sol, yo…
2. Cuando llueve, mis amigos y yo…
3. Cuando hace calor, mi familia…
4. Cuando hace viento, la gente…
5. Cuando hace frío, yo…
6. Cuando hace mal tiempo, mis amigos…
7. Cuando nieva, muchas personas…
8. Cuando está nublado, mis amigos y yo…
9. Cuando hace fresco, mis padres…
10. Cuando hace buen tiempo, mis amigos…

CONSULTA
Calor and **frío** can apply to both weather and people. Use **hacer** to describe weather conditions or climate.
(**Hace frío en Santiago.** *It's cold in Santiago.*)
Use **tener** to refer to people.
(**El viajero tiene frío.** *The traveler is cold.*)
See **Estructura 3.4** p. 101.

Practice more at vistas.vhlcentral.com.

Comunicación

12 **Preguntas personales** In pairs, ask each other these questions.

1. ¿Cuál es la fecha de hoy? ¿Qué estación es?
2. ¿Te gusta esta estación? ¿Por qué?
3. ¿Qué estación prefieres? ¿Por qué?
4. ¿Prefieres el mar o las montañas? ¿La playa o el campo? ¿Por qué?
5. Cuando haces un viaje, ¿qué te gusta hacer y ver?
6. ¿Piensas ir de vacaciones este verano? ¿Adónde quieres ir? ¿Por qué?
7. ¿Qué deseas ver y qué lugares quieres visitar?
8. ¿Cómo te gusta viajar? ¿En avión? ¿En motocicleta...?

13 **Encuesta** Your instructor will give you a worksheet. How does the weather affect what you do? Walk around the class and ask your classmates what they prefer or like to do in the weather conditions given. Note their responses on your worksheet. Make sure to personalize your survey by adding a few original questions to the list. Be prepared to report your findings to the class.

14 **La reservación** In pairs, imagine that one of you is a receptionist at a hotel and the other is a tourist calling to make a reservation. Read only the information that pertains to you. Then role-play the situation.

Turista
Vas a viajar a Yucatán con un amigo. Llegan a Cancún el 23 de febrero y necesitan una habitación con baño privado para cuatro noches. Ustedes quieren descansar y prefieren una habitación con vista (*view*) al mar. Averigua (*Find out*) toda la información que necesitas (el costo, cuántas camas, etc.) y decide si quieres hacer la reservación o no.

Empleado/a
Trabajas en la recepción del Hotel Oceanía en Cancún. Para el mes de febrero, sólo quedan (*remain*) dos habitaciones: una individual ($168/noche) en el primer piso y una doble ($134/noche) en el quinto piso que tiene descuento porque no hay ascensor. Todas las habitaciones tienen baño privado y vista (*view*) a la piscina.

15 **Minidrama** With two or three classmates, prepare a skit about people who are on vacation or are planning a vacation. The skit should take place in one of these locations.

- una agencia de viajes
- una casa
- un aeropuerto, una estación de tren/autobuses
- un hotel
- el campo o la playa

Síntesis

16 **Un viaje** You are planning a trip to Mexico and have many questions about your itinerary on which your partner, a travel agent, will advise you. Your instructor will give you and your partner each a sheet with different instructions for acting out the roles.

5 | fotonovela

¡Vamos a la playa!

Los seis amigos hacen un viaje a la playa.

PERSONAJES
FELIPE   JUAN CARLOS

Video: *Fotonovela*
Record and Compare

TÍA ANA MARÍA ¿Están listos para su viaje a la playa?
TODOS Sí.
TÍA ANA MARÍA Excelente... ¡A la estación de autobuses!
MARU ¿Dónde está Miguel?
FELIPE Yo lo traigo.

(*se escucha un grito de Miguel*)
FELIPE Ya está listo. Y tal vez enojado. Ahorita vamos.

FELIPE No está nada mal el hotel, ¿verdad? Limpio, cómodo... ¡Oye, Miguel! ¿Todavía estás enojado conmigo? (*a Juan Carlos*) Miguel está de mal humor. No me habla.
JUAN CARLOS ¿Todavía?

EMPLEADO Bienvenidas. ¿En qué puedo servirles?
MARU Hola. Tenemos una reservación para seis personas para esta noche.
EMPLEADO ¿A nombre de quién?
JIMENA ¿Díaz? ¿López? No estoy segura.

EMPLEADO No encuentro su nombre. Ah, no, ahora sí lo veo, aquí está. Díaz. Dos habitaciones en el primer piso para seis huéspedes.

EMPLEADO Aquí están las llaves de sus habitaciones.
MARU Gracias. Una cosa más. Mi novio y yo queremos hacer windsurf, pero no tenemos tablas.
EMPLEADO El botones las puede conseguir para ustedes.

MARISSA **JIMENA** **MARU** **MIGUEL** **MAITE FUENTES** **ANA MARÍA** **EMPLEADO**

JUAN CARLOS ¿Qué hace este libro aquí? ¿Estás estudiando en la playa?
JIMENA Sí, es que tengo un examen la próxima semana.

JUAN CARLOS Ay, Jimena. ¡No! ¿Vamos a nadar?
JIMENA Bueno, como estudiar es tan aburrido y el tiempo está tan bonito...

MARISSA Yo estoy un poco cansada. ¿Y tú? ¿Por qué no estás nadando?
FELIPE Es por causa de Miguel.

MARISSA Hmm, estoy confundida.
FELIPE Esta mañana. ¡Sigue enojado conmigo!
MARISSA No puede seguir enojado tanto tiempo.

Expresiones útiles

Talking with hotel personnel

¿En qué puedo servirles?
How can I help you?
Tenemos una reservación.
We have a reservation.
¿A nombre de quién?
In whose name?
¿Quizás López? ¿Tal vez Díaz?
Maybe López? Maybe Díaz?
Ahora lo veo, aquí está. Díaz.
Now I see it. Here it is. Díaz.
Dos habitaciones en el primer piso para seis huéspedes.
Two rooms on the first floor for six guests.
Aquí están las llaves.
Here are the keys.

Describing a hotel

No está nada mal el hotel.
The hotel isn't bad at all.
Todo está tan limpio y cómodo.
Everything is so clean and comfortable.
Es excelente/estupendo/fabuloso/ fenomenal/increíble/magnífico/ maravilloso/perfecto.
It's excellent/stupendous/fabulous/ phenomenal/incredible/magnificent/ marvelous/perfect.

Talking about how you feel

Yo estoy un poco cansado/a.
I am a little tired.
Estoy confundido/a. *I'm confused.*
Todavía estoy/Sigo enojado/a contigo.
I'm still angry with you.

Additional vocabulary

afuera *outside*
agradable *pleasant*
el balde *bucket*
la crema de afeitar *shaving cream*
entonces *so, then*
es igual *it's the same*
el frente (frío) *(cold) front*
el grito *scream*
la temporada *period of time*

¿Qué pasó?

1 **Completar** Complete these sentences with the correct term from the word bank.

aburrido	botones	la llave
el aeropuerto	la estación de autobuses	montar a caballo
amable	habitaciones	reservación

1. Los amigos van a _____ para ir a la playa.
2. La _____ del hotel está a nombre de los Díaz.
3. Los amigos tienen dos _____ para seis personas.
4. El _____ puede conseguir tablas de windsurf para Maru.
5. Jimena dice que estudiar en vacaciones es muy _____.

> **CONSULTA**
>
> The meaning of some adjectives, such as **aburrido**, changes depending on whether they are used with **ser** or **estar**. See **Estructura 5.3**, pp. 170–171.

2 **Identificar** Identify the person who would make each statement.

EMPLEADO   **MARU**   **TÍA ANA MARÍA**   **FELIPE**   **JUAN CARLOS**

1. No lo encuentro, ¿a nombre de quién está su reservación?
2. ¿Por qué estás estudiando en la playa? ¡Mejor vamos a nadar!
3. Nuestra reservación es para seis personas en dos habitaciones.
4. El hotel es limpio y cómodo, pero estoy triste porque Miguel no me habla.
5. Suban al autobús y ¡buen viaje a la playa!

3 **Ordenar** Place these events in the correct order.

_____ a. El empleado busca la reservación.
_____ b. Marissa dice que está confundida.
_____ c. Los amigos están listos para ir a la playa.
_____ d. El empleado da (*gives*) las llaves de las habitaciones a las chicas.
_____ e. Miguel grita (*screams*).

4 **Conversar** With a partner, use these cues to create a conversation between a hotel employee and a guest in Mexico.

Huésped	**Empleado/a**
Say hi to the employee and ask for your reservation.	→ Tell the guest that you can't find his/her reservation.
Tell the employee that the reservation is in your name.	→ Tell him/her that you found the reservation and that it's for a double room.
Tell the employee that the hotel is very clean and orderly.	→ Say that you agree with the guest, welcome him/her and give him/her the keys.
Ask the employee to call the bellhop to help you with your luggage.	→ Call the bellhop to help the guest with his/her luggage.

 Practice more at **vistas.vhlcentral.com**.

Las vacaciones ciento sesenta y uno **161**

Pronunciación

Audio: Concepts, Activities Record & Compare

Spanish **b** and **v**

bueno   **v**óleibol   **b**i**b**lioteca   **v**i**v**ir

There is no difference in pronunciation between the Spanish letters **b** and **v**. However, each letter can be pronounced two different ways, depending on which letters appear next to them.

bonito   **v**iajar   ta**mb**ién   i**nv**estigar

B and **v** are pronounced like the English hard *b* when they appear either as the first letter of a word, at the beginning of a phrase, or after **m** or **n**.

de**b**er   no**v**io   a**b**ril   cer**v**eza

In all other positions, **b** and **v** have a softer pronunciation, which has no equivalent in English. Unlike the hard **b**, which is produced by tightly closing the lips and stopping the flow of air, the soft **b** is produced by keeping the lips slightly open.

bola   **v**ela   Cari**b**e   decli**v**e

In both pronunciations, there is no difference in sound between **b** and **v**. The English *v* sound, produced by friction between the upper teeth and lower lip, does not exist in Spanish. Instead, the soft **b** comes from friction between the two lips.

Verónica y su esposo canta**n b**oleros.

When **b** or **v** begins a word, its pronunciation depends on the previous word. At the beginning of a phrase or after a word that ends in **m** or **n**, it is pronounced as a hard **b**.

Benito   es de **B**oquerón   pero **v**ive   en **V**ictoria.

Words that begin with **b** or **v** are pronounced with a soft **b** if they appear immediately after a word that ends in a vowel or any consonant other than **m** or **n**.

Práctica Read these words aloud to practice the **b** and the **v**.

1. hablamos
2. trabajar
3. botones
4. van
5. contabilidad
6. bien
7. doble
8. novia
9. béisbol
10. nublado
11. llave
12. invierno

No hay mal que por bien no venga.[1]

Oraciones Read these sentences aloud to practice the **b** and the **v**.

1. Vamos a Guaynabo en autobús.
2. Voy de vacaciones a la Isla Culebra.
3. Tengo una habitación individual en el octavo piso.
4. Víctor y Eva van en avión al Caribe.
5. La planta baja es bonita también.
6. ¿Qué vamos a ver en Bayamón?
7. Beatriz, la novia de Víctor, es de Arecibo, Puerto Rico.

Hombre prevenido vale por dos.[2]

Refranes Read these sayings aloud to practice the **b** and the **v**.

recursos
LM p. 26
vistas.vhlcentral.com Lección 5

[1] Every cloud has a silver lining. [2] An ounce of prevention equals a pound of cure.

cultura

EN DETALLE

Las cataratas del Iguazú

Imagine the impressive and majestic Niagara Falls, the most powerful waterfall in North America. Now, if you can, imagine a waterfall four times as wide and almost twice as tall that caused Eleanor Roosevelt to exclaim "Poor Niagara!" upon seeing it for the first time. Welcome to **las cataratas del Iguazú!**

Iguazú is located in Iguazú National Park, an area of subtropical jungle where Argentina meets Brazil. Its name comes from the indigenous Guaraní word for "great water." A UNESCO World Heritage Site, **las cataratas del Iguazú** span three kilometers and are comprised of 275 cascades split into two main sections by the San Martín Island. Most of the falls are about 82 meters (270 feet) high. The horseshoe-shaped cataract **Garganta del Diablo** (Devil's Throat) has the greatest water flow and is considered to be the most impressive; it also marks the border between Argentina and Brazil.

Each country offers different views and tourist options. Most visitors opt to use the numerous catwalks that are available on both sides; however, from the Argentinean side, tourists can get very close to the falls, whereas Brazil provides more panoramic views. If you don't mind getting wet, a jet boat tour is a good choice; those looking for wildlife—such as toucans, ocelots, butterflies, and jaguars—should head for San Martín Island. Brazil boasts less conventional ways to view the falls, such as helicopter rides and rappelling, while Argentina focuses on sustainability with its **Tren Ecológico de la Selva** (*Ecological Jungle Train*), an environmentally friendly way to reach the walkways.

No matter which way you choose to enjoy the falls, you are certain to be captivated.

Garganta del Diablo
Isla San Martín

Más cascadas° en Latinoamérica

Nombre	País	Altura°	Datos
Salto Ángel	Venezuela	979 metros	la más alta° del mundo°
Catarata del Gocta	Perú	771 metros	descubierta° en 2006
Piedra Volada	México	453 metros	la más alta de México

cascadas *waterfalls* Altura *Height* más alta *tallest* mundo *world* descubierta *discovered*

ACTIVIDADES

1 **¿Cierto o falso?** Indicate whether these statements are **cierto** or **falso**. Correct the false statements.

1. Iguazú Falls is located on the border of Argentina and Brazil.
2. Niagara Falls is four times as wide as Iguazú Falls.
3. Iguazú Falls has a few cascades, each about 82 meters.
4. Tourists visiting Iguazú can see exotic wildlife.
5. *Iguazú* is the Guaraní word for "blue water."
6. You can access the walkways by taking the **Garganta del Diablo**.
7. It is possible for tourists to visit Iguazú Falls by air.
8. **Salto Ángel** is the tallest waterfall in the world.
9. There are no waterfalls in Mexico.
10. For the best views of Iguazú Falls, tourists should visit the Brazilian side.

ASÍ SE DICE
Viajes y turismo

el asiento del medio, del pasillo, de la ventanilla	center, aisle, window seat
el itinerario	itinerary
media pensión	breakfast and one meal included
el ómnibus (Perú)	el autobús
pensión completa	all meals included
el puente	long weekend (lit., bridge)

EL MUNDO HISPANO
Destinos populares

- **Las playas del Parque Nacional Manuel Antonio** (Costa Rica) ofrecen° la oportunidad de nadar y luego caminar por el bosque tropical°.

- **Teotihuacán** (México) Desde la época° de los aztecas, aquí se celebra el equinoccio de primavera en la Pirámide del Sol.

- **Puerto Chicama** (Perú), con sus olas° de cuatro kilómetros de largo°, es un destino para surfistas expertos.

- **Tikal** (Guatemala) Aquí puedes ver las maravillas de la selva° y ruinas de la civilización maya.

- **Las playas de Rincón** (Puerto Rico) Son ideales para descansar y observar ballenas°.

ofrecen *offer* bosque tropical *rainforest*
Desde la época *Since the time* olas *waves*
de largo *in length* selva *jungle* ballenas *whales*

PERFIL
Punta del Este

One of South America's largest and most fashionable beach resort towns is Uruguay's **Punta del Este**, a narrow strip of land containing twenty miles of pristine beaches. Its peninsular shape gives it two very different seascapes. **La Playa Mansa**, facing the bay and therefore the more protected side, has calm waters. Here, people practice water sports like swimming, water skiing, windsurfing, and diving. **La Playa Brava**, facing the east, receives the Atlantic Ocean's powerful, wave-producing winds, making it popular for surfing, body boarding, and kite surfing. Besides the beaches, posh shopping, and world-famous nightlife, **Punta** offers its 600,000 yearly visitors yacht and fishing clubs, golf courses, and excursions to observe sea lions at the **Isla de Lobos** nature reserve.

Conexión Internet
¿Cuáles son los sitios más populares para el turismo en Puerto Rico?

Go to vistas.vhlcentral.com to find more cultural information related to this **Cultura** section.

ACTIVIDADES

2 Comprensión Complete the sentences.
1. En las playas de Rincón puedes ver _____.
2. Cerca de 600.000 turistas visitan _____ cada año.
3. En el avión pides un _____ si te gusta ver el paisaje.
4. En Punta del Este, la gente prefiere nadar en la Playa _____.
5. El _____ es un medio de transporte en Perú.

3 De vacaciones Spring break is coming up, and you want to go on a short vacation with some friends. Working in a small group, decide which of the locations featured on these pages best suits the group's likes and interests. Come to an agreement about how you will get there, where you prefer to stay and for how long, and what each of you will do during free time. Present your trip to the class.

Practice more at **vistas.vhlcentral.com**.

5 estructura  Tutorial

5.1 Estar with conditions and emotions

ANTE TODO As you learned in **Lecciones 1** and **2**, the verb **estar** is used to talk about how you feel and to say where people, places, and things are located. **Estar** is also used with adjectives to talk about certain emotional and physical conditions.

> **CONSULTA**
> To review the present tense of **estar**, see **Estructura 2.3**, p. 59.
>
> To review the present tense of **ser**, see **Estructura 1.3**, p. 20.

▶ Use **estar** with adjectives to describe the physical condition of places and things.

   La habitación **está** sucia.   La puerta **está** cerrada.
   The room is dirty.   *The door is closed.*

▶ Use **estar** with adjectives to describe how people feel, both mentally and physically.

Yo estoy cansada.

¿Están listos para su viaje?

▶ **¡Atención!** Two important expressions with **estar** that you can use to talk about conditions and emotions are **estar de buen humor** (*to be in a good mood*) and **estar de mal humor** (*to be in a bad mood*).

Adjectives that describe emotions and conditions

abierto/a	open	contento/a	happy; content	listo/a	ready
aburrido/a	bored	desordenado/a	disorderly	nervioso/a	nervous
alegre	happy; joyful	enamorado/a	in love	ocupado/a	busy
avergonzado/a	embarrassed	(de)	(with)	ordenado/a	orderly
cansado/a	tired	enojado/a	mad; angry	preocupado/a	worried
cerrado/a	closed	equivocado/a	wrong	(por)	(about)
cómodo/a	comfortable	feliz	happy	seguro/a	sure
confundido/a	confused	limpio/a	clean	sucio/a	dirty
				triste	sad

¡INTÉNTALO! Provide the present tense forms of **estar**, and choose which adjective best completes the sentence.

1. La biblioteca ___está___ (cerrada / nerviosa) los domingos por la noche. *cerrada*
2. Nosotros _____ muy (ocupados / equivocados) todos los lunes.
3. Ellas _____ (alegres / confundidas) porque tienen vacaciones.
4. Javier _____ (enamorado / ordenado) de Maribel.
5. Diana _____ (enojada / limpia) con su novio.
6. Yo _____ (nerviosa / abierta) por el viaje.
7. La habitación siempre _____ (ordenada / segura) cuando vienen sus padres.
8. Ustedes no comprenden; _____ (equivocados / tristes).

recursos

WB pp. 51–52

LM p. 27

vistas.vhlcentral.com Lección 5

Práctica y Comunicación

1 **¿Cómo están?** Complete Martín's statements about how he and other people are feeling. In the first blank, fill in the correct form of **estar**. In the second blank, fill in the adjective that best fits the context.

> **AYUDA**
> Make sure that there is agreement between:
> • Subjects and verbs in person and number
> • Nouns and adjectives in gender and number
> Ell**os** no est**án** enferm**os**.
> *They are not sick.*

1. Yo _____ un poco _____ porque tengo un examen mañana.
2. Mi hermana Patricia _____ muy _____ porque mañana va a hacer una excursión al campo.
3. Mis hermanos Juan y José salen de la casa a las cinco de la mañana. Por la noche, siempre _____ muy _____.
4. Mi amigo Ramiro _____ _____; su novia se llama Adela.
5. Mi papá y sus colegas _____ muy _____ hoy. ¡Hay mucho trabajo!
6. Patricia y yo _____ un poco _____ por ellos porque trabajan mucho.
7. Mi amiga Mónica _____ un poco _____ porque su novio no puede salir esta noche.
8. Esta clase no es muy interesante. ¿Tú _____ _____ también?

2 **Describir** Describe these people and places.

1. Anabela

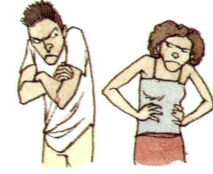

2. Juan y Luisa

3. la habitación de Teresa

4. la habitación de César

3 **Situaciones** With a partner, use **estar** to talk about how you feel in these situations.

1. Cuando hace sol...
2. Cuando tomas un examen...
3. Cuando viajas en avión...
4. Cuando estás en la clase de español...
5. Cuando ves una película con tu actor/actriz favorito/a...

4 **En la tele** In small groups, imagine that you are a family that stars on a reality TV show. You are vacationing together, but the trip isn't going well for everyone. Write the script of a scene from the show and then act it out. Use at least six adjectives from the previous page and be creative!

> **modelo**
> **Papá:** ¿Por qué estás enojada, María Rosa? El hotel es muy bonito y las habitaciones están limpias.
> **Mamá:** ¡Pero mira, Roberto! Las maletas de Elisa están abiertas y, como siempre, sus cosas están muy desordenadas.

Practice more at **vistas.vhlcentral.com**.

5.2 The present progressive

ANTE TODO Both Spanish and English use the present progressive, which consists of the present tense of the verb *to be* and the present participle of another verb (the *-ing* form in English).

Las chicas están hablando con el empleado del hotel.

¿Estás estudiando en la playa?

▶ Form the present progressive with the present tense of **estar** and a present participle.

FORM OF ESTAR	+ PRESENT PARTICIPLE		FORM OF ESTAR	+ PRESENT PARTICIPLE
Estoy	**pescando.**		**Estamos**	**comiendo.**
I am	*fishing.*		*We are*	*eating.*

▶ The present participle of regular **-ar**, **-er**, and **-ir** verbs is formed as follows:

INFINITIVE	STEM	ENDING	PRESENT PARTICIPLE
hablar	habl-	-ando	habl**ando**
comer	com-	-iendo	com**iendo**
escribir	escrib-	-iendo	escrib**iendo**

▶ **¡Atención!** When the stem of an **-er** or **-ir** verb ends in a vowel, the present participle ends in **-yendo**.

INFINITIVE	STEM	ENDING	PRESENT PARTICIPLE
leer	le-	-yendo	le**yendo**
oír	o-	-yendo	o**yendo**
traer	tra-	-yendo	tra**yendo**

▶ **Ir**, **poder**, and **venir** have irregular present participles (**yendo**, **pudiendo**, **viniendo**). Several other verbs have irregular present participles that you will need to learn.

▶ **-Ir** stem-changing verbs have a stem change in the present participle.

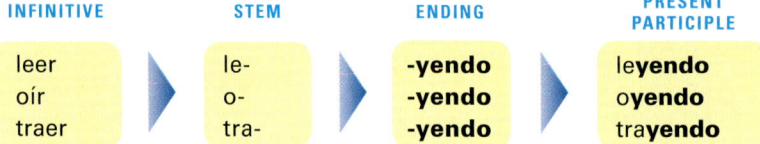

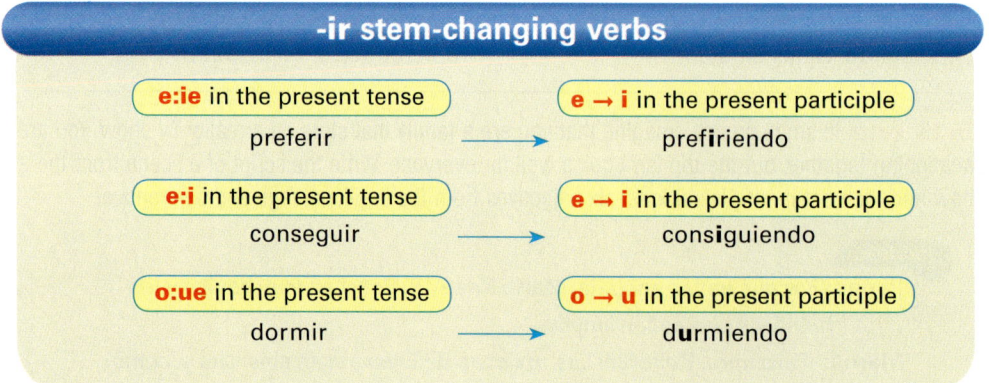

e:ie in the present tense	e → i in the present participle
preferir	prefiriendo
e:i in the present tense	e → i in the present participle
conseguir	consiguiendo
o:ue in the present tense	o → u in the present participle
dormir	durmiendo

Las vacaciones

COMPARE & CONTRAST

The use of the present progressive is much more restricted in Spanish than in English. In Spanish, the present progressive is mainly used to emphasize that an action is in progress at the time of speaking.

Maru **está escuchando** música latina **ahora mismo**.
Maru *is listening* to Latin music *right now*.

Felipe y su amigo **todavía están jugando** al fútbol.
Felipe and his friend *are still playing* soccer.

In English, the present progressive is often used to talk about situations and actions that occur over an extended period of time or in the future. In Spanish, the simple present tense is often used instead.

Xavier **estudia** computación este semestre.
Xavier *is studying* computer science this semester.

Marissa **sale** mañana para los Estados Unidos.
Marissa *is leaving* tomorrow for the United States.

Estamos pensando en lo mismo: su **F**uturo
Su asesor para ganar
FIDUCOLOMBIA
Sociedad Fiduciaria S.A.

¡INTÉNTALO! Create complete sentences by putting the verbs in the present progressive.

1. mis amigos / descansar en la playa   *Mis amigos están descansando en la playa.*
2. nosotros / practicar deportes _____
3. Carmen / comer en casa _____
4. nuestro equipo / ganar el partido _____
5. yo / leer el periódico _____
6. él / pensar comprar una bicicleta _____
7. ustedes / jugar a las cartas _____
8. José y Francisco / dormir _____
9. Marisa / leer correo electrónico _____
10. yo / preparar sándwiches _____
11. Carlos / tomar fotos _____
12. ¿dormir / tú? _____

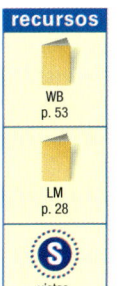

recursos
WB p. 53
LM p. 28
vistas.vhlcentral.com
Lección 5

Práctica

1 Completar Alfredo's Spanish class is preparing to travel to Puerto Rico. Use the present progressive of the verb in parentheses to complete Alfredo's description of what everyone is doing.

1. Yo _____ (investigar) la situación política de la isla (*island*).
2. La esposa del profesor _____ (hacer) las maletas.
3. Marta y José Luis _____ (buscar) información sobre San Juan en Internet.
4. Enrique y yo _____ (leer) un correo electrónico de nuestro amigo puertorriqueño.
5. Javier _____ (aprender) mucho sobre la cultura puertorriqueña.
6. Y tú _____ (practicar) el español, ¿verdad?

2 ¿Qué están haciendo? María and her friends are vacationing at a resort in San Juan, Puerto Rico. Complete her description of what everyone is doing right now.

CONSULTA
For more information about Puerto Rico, see **Panorama**, pp. 186–187.

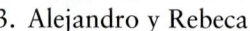

1. Yo   2. Javier   3. Alejandro y Rebeca

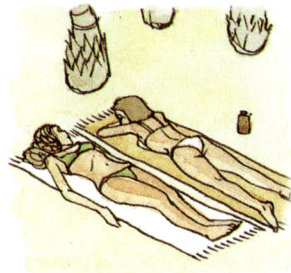

4. Celia y yo   5. Samuel   6. Lorenzo

3 Personajes famosos Say what these celebrities are doing right now, using the cues provided.

modelo
Celine Dion
Celine Dion está cantando una canción ahora mismo.

A
Stephenie Meyer
Rachael Ray
James Cameron
Venus y Serena Williams
Jason Bay
Nelly Furtado
Steve Nash
Las Rockettes de Nueva York
¿?
¿?

B
bailar   hacer
cantar   jugar
correr   preparar
escribir   ¿?
hablar   ¿?

AYUDA
Stephenie Meyer: **novelas**
Rachael Ray: **televisión, negocios** (*business*)
James Cameron: **cine**
Venus y Serena Williams: **tenis**
Jason Bay: **béisbol**
Nelly Furtado: **canciones**
Steve Nash: **baloncesto**
Las Rockettes de Nueva York: **baile**

Practice more at vistas.vhlcentral.com.

Las vacaciones   ciento sesenta y nueve   169

Comunicación

4 **Preguntar** With a partner, take turns asking each other what you are doing at these times.

> **modelo**
> 8:00 a.m.
> **Estudiante 1:** ¡Hola, Andrés! Son las ocho de la mañana. ¿Qué estás haciendo?
> **Estudiante 2:** Estoy desayunando.

1. 5:00 a.m.   3. 11:00 a.m.   5. 2:00 p.m.   7. 9:00 p.m.
2. 9:30 a.m.   4. 12:00 p.m.   6. 5:00 p.m.   8. 11:30 p.m.

5 **Describir** Work with a partner and use the present progressive to describe what is going on in this Spanish beach scene.

NOTA CULTURAL

Nearly 60 million tourists travel to Spain every year, many of them drawn by the warm climate and beautiful coasts. Tourists wanting a beach vacation go mostly to the **Costa del Sol** or the Balearic Islands, in the Mediterranean.

6 **Conversar** Imagine that you and a classmate are each babysitting a group of children. With a partner, prepare a telephone conversation using these cues. Be creative and add further comments.

Estudiante 1	Estudiante 2
Say hello and ask what the kids are doing.	Say hello and tell your partner that two of your kids are doing their homework. Then ask what the kids at his/her house are doing.
Tell your partner that two of your kids are running and dancing in the house.	Tell your partner that one of the kids is reading.
Tell your partner that you are tired and that two of your kids are watching TV and eating pizza.	Tell your partner that one of the kids is sleeping.
Tell your partner you have to go; the kids are playing soccer in the house.	Say goodbye and good luck (**¡Buena suerte!**).

Síntesis

7   **¿Qué están haciendo?** A group of classmates is traveling to San Juan, Puerto Rico for a week-long Spanish immersion program. In order for the participants to be on time for their flight, you and your partner must locate them. Your instructor will give you each a handout to help you complete this task.

5.3 Ser and estar  Tutorial

ANTE TODO You have already learned that **ser** and **estar** both mean *to be* but are used for different purposes. These charts summarize the key differences in usage between **ser** and **estar**.

Uses of ser

1. Nationality and place of origin . . . .   Juan Carlos **es** argentino.
   Es de Buenos Aires.
2. Profession or occupation . . . .   Adela **es** agente de viajes.
   Francisco **es** médico.
3. Characteristics of people and things . . .   José y Clara **son** simpáticos.
   El clima de Puerto Rico **es** agradable.
4. Generalizations . . . .   **¡Es** fabuloso viajar!
   Es difícil estudiar a la una de la mañana.
5. Possession . . . .   **Es** la pluma de Jimena.
   Son las llaves del señor Díaz.
6. What something is made of . . . .   La bicicleta **es** de metal.
   Los pasajes **son** de papel.
7. Time and date . . . .   Hoy **es** martes. **Son** las dos.
   Hoy **es** el primero de julio.
8. Where or when an event takes place . .   El partido **es** en el estadio Santa Fe.
   La conferencia **es** a las siete.

¡ATENCIÓN!

Ser de expresses not only origin (**Es de Buenos Aires.**) and possession (**Es la pluma de Maru.**), but also what material something is made of (**La bicicleta es de metal.**).

Ellos son mis amigos.

Miguel está enojado conmigo.

Uses of estar

1. Location or spatial relationships . . . . .   El aeropuerto **está** lejos de la ciudad.
   Tu habitación **está** en el tercer piso.
2. Health . . . .   ¿Cómo **estás**?
   Estoy bien, gracias.
3. Physical states and conditions . . . .   El profesor **está** ocupado.
   Las ventanas **están** abiertas.
4. Emotional states . . . .   Marissa **está** feliz hoy.
   Estoy muy enojado con Maru.
5. Certain weather expressions . . . .   **Está** lloviendo.
   Está nublado.
6. Ongoing actions (progressive tenses) . .   **Estamos** estudiando para un examen.
   Ana **está** leyendo una novela.

Las vacaciones

Ser and estar with adjectives

▶ With many descriptive adjectives, **ser** and **estar** can both be used, but the meaning will change.

Juan **es** delgado.
Juan is thin.

Juan **está** más delgado hoy.
Juan looks thinner today.

Ana **es** nerviosa.
Ana is a nervous person.

Ana **está** nerviosa por el examen.
Ana is nervous because of the exam.

▶ In the examples above, the statements with **ser** are general observations about the inherent qualities of Juan and Ana. The statements with **estar** describe conditions that are variable.

▶ Here are some adjectives that change in meaning when used with **ser** and **estar**.

With ser	With estar
El chico **es listo**. *The boy is smart.*	El chico **está listo**. *The boy is ready.*
La profesora **es mala**. *The professor is bad.*	La profesora **está mala**. *The professor is sick.*
Jaime **es aburrido**. *Jaime is boring.*	Jaime **está aburrido**. *Jaime is bored.*
Las peras **son verdes**. *Pears are green.*	Las peras **están verdes**. *The pears are not ripe.*
El gato **es muy vivo**. *The cat is very lively.*	El gato **está vivo**. *The cat is alive.*
Iván **es un hombre seguro**. *Iván is a confident man.*	Iván no **está seguro**. *Iván is not sure.*

¡ATENCIÓN!
When referring to objects, **ser seguro/a** means *to be safe*.
El puente es seguro.
The bridge is safe.

¡INTÉNTALO! Form complete sentences by using the correct form of **ser** or **estar** and making any other necessary changes.

1. Alejandra / cansado
   Alejandra está cansada.
2. ellos / pelirrojo
3. Carmen / alto
4. yo / la clase de español
5. película / a las once
6. hoy / viernes
7. nosotras / enojado
8. Antonio / médico
9. Romeo y Julieta / enamorado
10. libros / de Ana
11. Marisa y Juan / estudiando
12. partido de baloncesto / gimnasio

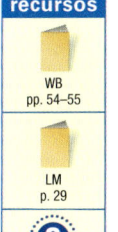

recursos

WB
pp. 54–55

LM
p. 29

vistas.
vhlcentral.com
Lección 5

Práctica

1 **¿Ser o estar?** Indicate whether each adjective takes **ser** or **estar**. ¡Ojo! Three of them can take both verbs.

	ser	estar			ser	estar
1. delgada	○	○	5. seguro		○	○
2. canadiense	○	○	6. enojada		○	○
3. enamorado	○	○	7. importante		○	○
4. lista	○	○	8. avergonzada		○	○

2 **Completar** Complete this conversation with the appropriate forms of **ser** and **estar**.

EDUARDO ¡Hola, Ceci! ¿Cómo (1)_____?
CECILIA Hola, Eduardo. Bien, gracias. ¡Qué guapo (2)_____ hoy!
EDUARDO Gracias. (3)_____ muy amable. Oye, ¿qué (4)_____ haciendo? (5)¿_____ ocupada?
CECILIA No, sólo le (6)_____ escribiendo una carta a mi prima Pilar.
EDUARDO ¿De dónde (7)_____ ella?
CECILIA Pilar (8)_____ de Ecuador. Su papá (9)_____ médico en Quito. Pero ahora Pilar y su familia (10)_____ de vacaciones en Ponce, Puerto Rico.
EDUARDO Y… ¿cómo (11)_____ Pilar?
CECILIA (12)_____ muy lista. Y también (13)_____ alta, rubia y muy bonita.

3 **En el parque** With a partner, take turns describing the people in the drawing. Your descriptions should answer the questions provided.

1. ¿Quiénes son?
2. ¿Dónde están?
3. ¿Cómo son?
4. ¿Cómo están?
5. ¿Qué están haciendo?
6. ¿Qué estación es?
7. ¿Qué tiempo hace?
8. ¿Quiénes están de vacaciones?

Las vacaciones   ciento setenta y tres **173**

Comunicación

4   Describir With a classmate, take turns describing these people. Mention where they are from, what they are like, how they are feeling, and what they are doing right now.

> **modelo**
> tu compañero/a de cuarto
> Mi compañera de cuarto es de San Juan, Puerto Rico. Es muy inteligente.
> Está cansada pero está estudiando porque tiene un examen.

1. tu mejor (*best*) amigo/a
2. tu actor/actriz favorito/a
3. tu profesor(a) favorito/a
4. tu novio/a o esposo/a
5. tus abuelos
6. tus padres

5   Adivinar Get together with a partner and take turns describing a celebrity using these items as a guide. Don't mention the celebrity's name. Can your partner guess who you are describing?

- descripción física
- cómo está ahora
- origen
- dónde está ahora
- qué está haciendo ahora
- profesión u ocupación

6   En el aeropuerto In groups of three, take turns assuming the identity of a character from this drawing. Your partners will ask you questions using **ser** and **estar** until they figure out who you are.

> **modelo**
> **Estudiante 3:** ¿Dónde estás?
> **Estudiante 1:** Estoy cerca de la puerta.
> **Estudiante 2:** ¿Qué estás haciendo?
> **Estudiante 1:** Estoy escuchando a otra persona.
> **Estudiante 3:** ¿Eres uno de los pasajeros?
> **Estudiante 1:** No, soy empleado del aeropuerto.
> **Estudiante 2:** ¿Eres Camilo?

Síntesis

7   Conversación In pairs, imagine that you and your partner are two of the characters in the drawing in **Actividad 6**. After boarding, you are seated next to each other and strike up a conversation. Act out what you would say to your fellow passenger.

5.4 Direct object nouns and pronouns

SUBJECT	VERB	DIRECT OBJECT NOUN
Juan Carlos y Jimena	están tomando	fotos.
Juan Carlos and Jimena	*are taking*	*photos.*

▶ A direct object noun receives the action of the verb directly and generally follows the verb. In the example above, the direct object noun answers the question *What are Juan Carlos and Jimena taking?*

▶ When a direct object noun in Spanish is a person or a pet, it is preceded by the word **a**. This is called the personal **a**; there is no English equivalent for this construction.

La señora Díaz visita **a** la doctora Salas. La señora Díaz visita el café Delicias.
Mrs Díaz is visiting Dr. Salas. *Mrs. Díaz is visiting the Delicias café.*

▶ In the first sentence above, the personal **a** is required because the direct object is a person. In the second sentence, the personal **a** is not required because the direct object is a place, not a person.

Miguel no me habla.

No tenemos tablas de windsurf.

El botones las puede conseguir para ustedes.

▶ Direct object pronouns are words that replace direct object nouns. Like English, Spanish uses a direct object pronoun to avoid repeating a noun already mentioned.

	DIRECT OBJECT		DIRECT OBJECT PRONOUN
Maribel hace	las maletas.	Maribel	las hace.
Felipe compra	el sombrero.	Felipe	lo compra.
Vicky tiene	la llave.	Vicky	la tiene.

Direct object pronouns

SINGULAR		PLURAL	
me	*me*	nos	*us*
te	*you* (fam.)	os	*you* (fam.)
lo	*you* (m., form.)	los	*you* (m., form.)
	him; it (m.)		*them* (m.)
la	*you* (f., form.)	las	*you* (f., form.)
	her; it (f.)		*them* (f.)

Las vacaciones

▶ In affirmative sentences, direct object pronouns generally appear before the conjugated verb. In negative sentences, the pronoun is placed between the word **no** and the verb.

    Adela practica **el tenis**.   Gabriela no tiene **las llaves**.
    Adela **lo** practica.   Gabriela **no las** tiene.

    Carmen compra **los pasajes**.   Diego no hace **las maletas**.
    Carmen **los** compra.   Diego **no las** hace.

▶ When the verb is an infinitive construction, such as **ir a** + [*infinitive*], the direct object pronoun can be placed before the conjugated form or attached to the infinitive.

    Ellos van a escribir **unas postales**.   Ellos **las** van a escribir.
                                                        Ellos van a escribir**las**.

    Lidia quiere ver **una película**.   Lidia **la** quiere ver.
                                             Lidia quiere ver**la**.

▶ When the verb is in the present progressive, the direct object pronoun can be placed before the conjugated form or attached to the present participle. **¡Atención!** When a direct object pronoun is attached to the present participle, an accent mark is added to maintain the proper stress.

    Gerardo está leyendo **la lección**.   Gerardo **la** está leyendo.
                                                Gerardo está leyéndo**la**.

    Toni está mirando **el partido**.   Toni **lo** está mirando.
                                            Toni está mirándo**lo**.

> **CONSULTA**
>
> To learn more about accents, see **Lección 4, Pronunciación**, p. 123, **Lección 10, Ortografía**, p. 339, and **Lección 11, Ortografía**, p. 375.

¡INTÉNTALO!   Choose the correct direct object pronoun for each sentence.

1. Tienes el libro de español. *c*
   a. La tienes.   b. Los tienes.   c. Lo tienes.
2. Voy a ver el partido de baloncesto.
   a. Voy a verlo.   b. Voy a verte.   c. Voy a vernos.
3. El artista quiere dibujar a Luisa y a su mamá.
   a. Quiere dibujarme.   b. Quiere dibujarla.   c. Quiere dibujarlas.
4. Marcos busca la llave.
   a. Me busca.   b. La busca.   c. Las busca.
5. Rita me lleva al aeropuerto y también lleva a Tomás.
   a. Nos lleva.   b. Las lleva.   c. Te lleva.
6. Puedo oír a Gerardo y a Miguel.
   a. Puedo oírte.   b. Puedo oírlos.   c. Puedo oírlo.
7. Quieren estudiar la gramática.
   a. Quieren estudiarnos. b. Quieren estudiarlo. c. Quieren estudiarla.
8. ¿Practicas los verbos irregulares?
   a. ¿Los practicas?   b. ¿Las practicas?   c. ¿Lo practicas?
9. Ignacio ve la película.
   a. La ve.   b. Lo ve.   c. Las ve.
10. Sandra va a invitar a Mario a la excursión. También me va a invitar a mí.
   a. Los va a invitar.   b. Lo va a invitar.   c. Nos va a invitar.

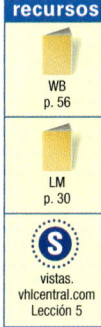

recursos

WB p. 56

LM p. 30

vistas.vhlcentral.com Lección 5

Práctica

1 **Simplificar** Professor Vega's class is planning a trip to Costa Rica. Describe their preparations by changing the direct object nouns into direct object pronouns.

> **modelo**
> La profesora Vega tiene su pasaporte.
> La profesora Vega lo tiene.

1. Gustavo y Héctor confirman las reservaciones.
2. Nosotros leemos los folletos (*brochures*).
3. Ana María estudia el mapa.
4. Yo aprendo los nombres de los monumentos de San José.
5. Alicia escucha a la profesora.
6. Miguel escribe las direcciones para ir al hotel.
7. Esteban busca el pasaje.
8. Nosotros planeamos una excursión.

¡LENGUA VIVA!
There are many Spanish words that correspond to *ticket*. **Billete** and **pasaje** usually refer to a ticket for travel, such as an airplane ticket. **Entrada** refers to a ticket to an event, such as a concert or a movie. **Boleto** can be used in either case.

2 **Vacaciones** Ramón is going to San Juan, Puerto Rico with his friends, Javier and Marcos. Express his thoughts more succinctly using direct object pronouns.

> **modelo**
> Quiero hacer una excursión.
> Quiero hacerla./La quiero hacer.

1. Voy a hacer mi maleta.
2. Necesitamos llevar los pasaportes.
3. Marcos está pidiendo el folleto turístico.
4. Javier debe llamar a sus padres.
5. Ellos desean visitar el Viejo San Juan.
6. Puedo llamar a Javier por la mañana.
7. Prefiero llevar mi cámara.
8. No queremos perder nuestras reservaciones de hotel.

NOTA CULTURAL
Puerto Rico is a U.S. territory, so people do not need travel documents when traveling to and from Puerto Rico from the U.S. mainland. However, everyone must meet all requirements for entering the U.S. when traveling directly to Puerto Rico from abroad.

3 **¿Quién?** The Garza family is preparing to go on a vacation to Puerto Rico. Based on the clues, answer the questions. Use direct object pronouns in your answers.

> **modelo**
> ¿Quién hace las reservaciones para el hotel? (el Sr. Garza)
> El Sr. Garza las hace.

1. ¿Quién compra los pasajes para el vuelo (*flight*)? (la Sra. Garza)
2. ¿Quién tiene que hacer las maletas de los niños? (María)
3. ¿Quiénes buscan los pasaportes? (Antonio y María)
4. ¿Quién va a confirmar las reservaciones de hotel? (la Sra. Garza)
5. ¿Quién busca la cámara? (María)
6. ¿Quién compra un mapa de Puerto Rico? (Antonio)

Practice more at vistas.vhlcentral.com.

Las vacaciones · ciento setenta y siete · **177**

Comunicación

4 **Entrevista** Take turns asking and answering these questions with a classmate. Be sure to use direct object pronouns in your responses.

1. ¿Ves mucho la televisión?
2. ¿Cuándo vas a ver tu programa favorito?
3. ¿Quién prepara la comida (*food*) en tu casa?
4. ¿Te visita mucho tu familia?
5. ¿Visitas mucho a tus abuelos?
6. ¿Nos entienden nuestros padres a nosotros?
7. ¿Cuándo ves a tus amigos/as?
8. ¿Cuándo te llaman tus amigos/as?

5 **Los pasajeros** Get together with a partner and take turns asking each other questions about the drawing. Use the word bank and direct object pronouns.

AYUDA
For travel-related vocabulary, see **Contextos**, pp. 152–153.

▸ *modelo*
Estudiante 1: ¿Quién está leyendo el libro?
Estudiante 2: Susana lo está leyendo./Susana está leyéndolo.

buscar	confirmar	escribir	leer	tener	vender
comprar	encontrar	escuchar	llevar	traer	¿?

Marta · Sr. Sánchez · Sra. Sánchez · Orlando · Susana · Sr. López · Miguelito

Síntesis

6 **Adivinanzas** In pairs, take turns describing a person, place, or thing for your partner to guess. Each of you should give at least five descriptions.

modelo
Estudiante 1: Lo uso para *(I use it to)* escribir en mi cuaderno. No es muy grande y tiene borrador. ¿Qué es?
Estudiante 2: ¿Es un lápiz?
Estudiante 1: ¡Sí!

Recapitulación

Concepts Diagnostics

Review the grammar concepts you have learned in this lesson by completing these activities.

1 Completar Complete the chart with the correct present participle of these verbs. **8 pts.**

Infinitive	Present participle	Infinitive	Present participle
hacer		estar	
acampar		ser	
tener		vivir	
venir		estudiar	

2 Vacaciones en París Complete this paragraph about Julia's trip to Paris with the correct form of **ser** or **estar**. **12 pts.**

Hoy (1) _____ (es/está) el 3 de julio y voy a París por tres semanas. (Yo) (2) _____ (Soy/Estoy) muy feliz porque voy a ver a mi mejor amiga. Ella (3) _____ (es/está) de Puerto Rico, pero ahora (4) _____ (es/está) viviendo en París. También (yo) (5) _____ (soy/estoy) un poco nerviosa porque (6) _____ (es/está) mi primer viaje a Francia. El vuelo (*flight*) (7) _____ (es/está) hoy por la tarde, pero ahora (8) _____ (es/está) lloviendo. Por eso (9) _____ (somos/estamos) preocupadas, porque probablemente el avión va a salir tarde. Mi equipaje ya (10) _____ (es/está) listo. (11) _____ (Es/Está) tarde y me tengo que ir. ¡Va a (12) _____ (ser/estar) un viaje fenomenal!

3 ¿Qué hacen? Respond to these questions by indicating what people do with the items mentioned. Use direct object pronouns. **5 pts.**

modelo
¿Qué hacen ellos con la película? (ver)
La ven.

1. ¿Qué haces tú con el libro de viajes? (leer) _____
2. ¿Qué hacen los turistas en la ciudad? (explorar) _____
3. ¿Qué hace el botones con el equipaje? (llevar) _____
4. ¿Qué hace la agente con las reservaciones? (confirmar) _____
5. ¿Qué hacen ustedes con los pasaportes? (mostrar) _____

RESUMEN GRAMATICAL

5.1 Estar with conditions and emotions *p. 164*

- Yo est**oy** aburrido/a, feliz, nervioso/a.
- El cuarto est**á** desordenado, limpio, ordenado.
- Estos libros est**án** abiertos, cerrados, sucios.

5.2 The present progressive *pp. 166–167*

- The present progressive is formed with the present tense of **estar** plus the present participle.

Forming the present participle

infinitive	stem	ending	present participle
hablar	habl-	-ando	habl**ando**
comer	com-	-iendo	com**iendo**
escribir	escrib-	-iendo	escrib**iendo**

-ir stem-changing verbs

	infinitive	present participle
e:ie	preferir	pref**i**riendo
e:i	conseguir	cons**i**guiendo
o:ue	dormir	d**u**rmiendo

- Irregular present participles: **yendo** (ir), **pudiendo** (poder), **viniendo** (venir)

5.3 Ser and estar *pp. 170–171*

- Uses of **ser**: nationality, origin, profession or occupation, characteristics, generalizations, possession, what something is made of, time and date, time and place of events
- Uses of **estar**: location, health, physical states and conditions, emotional states, weather expressions, ongoing actions
- Many adjectives can be used with both **ser** and **estar**, but the meaning of the adjectives will change.

  Juan **es** delgado.   Juan **está** más delgado hoy.
  Juan is thin.   *Juan looks thinner today.*

Las vacaciones

ciento setenta y nueve   **179**

> **5.4 Direct object nouns and pronouns** *pp. 174–175*
>
> **Direct object pronouns**
>
> | Singular | | Plural | |
> |---|---|---|---|
> | me | lo | nos | los |
> | te | la | os | las |
>
> In affirmative sentences:
> Adela practica **el tenis**. → Adela **lo** practica.
>
> In negative sentences: Adela no **lo** practica.
>
> With an infinitive:
> Adela **lo** va a practicar./Adela va a practicar**lo**.
>
> With the present progressive:
> Adela **lo** está practicando./Adela está practicándo**lo**.

4. Opuestos

Complete these sentences with the appropriate form of the verb **estar** and an antonym for the underlined adjective. **5 pts.**

> **modelo**
>
> Mis respuestas están <u>bien</u>, pero las de Susana *están mal*.

1. Las tiendas están <u>abiertas</u>, pero la agencia de viajes _____ _____.
2. No me gustan las habitaciones <u>desordenadas</u>. Incluso (*Even*) mi habitación de hotel _____ _____.
3. Nosotras estamos <u>tristes</u> cuando trabajamos. Hoy comienzan las vacaciones y _____ _____.
4. En esta ciudad los autobuses están <u>sucios</u>, pero los taxis _____ _____.
5. —El avión sale a las 5:30, ¿verdad? —No, estás <u>confundida</u>. Yo _____ _____ de que el avión sale a las 5:00.

5. En la playa

Describe what these people are doing. Complete the sentences using the present progressive tense. **8 pts.**

1. El Sr. Camacho _____.
2. Felicia _____.
3. Leo _____.
4. Nosotros _____.

6. Antes del viaje

Write a paragraph of at least six sentences describing the time right before you go on a trip. Say how you feel and what you are doing. You can use **Actividad 2** as a model. **12 pts.**

> **modelo**
>
> Hoy es viernes, 27 de octubre. Estoy en mi habitación...

7. Refrán

Complete this Spanish saying by filling in the missing present participles. Refer to the translation and the drawing. **2 EXTRA points!**

¡LA CIUDAD ESTÁ MUY SUCIA!

" Se consigue más _____ que _____. "

(You can accomplish more by doing than by saying.)

Practice more at **vistas.vhlcentral.com**.

Lectura

Antes de leer

Estrategia
Scanning

Scanning involves glancing over a document in search of specific information. For example, you can scan a document to identify its format, to find cognates, to locate visual clues about the document's content, or to find specific facts. Scanning allows you to learn a great deal about a text without having to read it word for word.

Examinar el texto
Scan the reading selection for cognates and write down a few of them.

1. _____ 4. _____
2. _____ 5. _____
3. _____ 6. _____

Based on the cognates you found, what do you think this document is about?
_____

Preguntas
Read these questions. Then scan the document again to look for answers.

1. What is the format of the reading selection?
   _____
2. Which place is the document about?
   _____
3. What are some of the visual cues this document provides? What do they tell you about the content of the document?
   _____
4. Who produced the document, and what do you think it is for?
   _____

Turismo ecológico en Puerto Rico

Hotel Vistahermosa
~ Lajas, Puerto Rico ~

- 40 habitaciones individuales
- 15 habitaciones dobles
- Teléfono/TV por cable/Internet
- Aire acondicionado
- Restaurante (Bar)
- Piscina
- Área de juegos
- Cajero automático°

El hotel está situado en Playa Grande, un pequeño pueblo de pescadores del mar Caribe. Es el lugar perfecto para el viajero que viene de vacaciones. Las playas son seguras y limpias, ideales para tomar el sol, descansar, tomar fotografías y nadar. Está abierto los 365 días del año. Hay una rebaja° especial para estudiantes universitarios.

DIRECCIÓN: Playa Grande 406, Lajas, PR 00667, cerca del Parque Nacional Foresta.

Cajero automático *ATM* rebaja *discount*

Atracciones cercanas

Playa Grande ¿Busca la playa perfecta? Playa Grande es la playa que está buscando. Usted puede pescar, sacar fotos, nadar y pasear en bicicleta. Playa Grande es un paraíso para el turista que quiere practicar deportes acuáticos. El lugar es bonito e interesante y usted va a tener muchas oportunidades para descansar y disfrutar en familia.

Valle Niebla Ir de excursión, tomar café, montar a caballo, caminar, hacer picnics. Más de cien lugares para acampar.

Bahía Fosforescente Sacar fotos, salidas de noche, excursión en barco. Una maravillosa experiencia llena de luz°.

Arrecifes de Coral Sacar fotos, bucear, explorar. Es un lugar único en el Caribe.

Playa Vieja Tomar el sol, pasear en bicicleta, jugar a las cartas, escuchar música. Ideal para la familia.

Parque Nacional Foresta Sacar fotos, visitar el Museo de Arte Nativo. Reserva Mundial de la Biosfera.

Santuario de las Aves Sacar fotos, observar aves°, seguir rutas de excursión.

llena de luz *full of light*   **aves** *birds*

Después de leer

Listas
Which amenities of Hotel Vistahermosa would most interest these potential guests? Explain your choices.

1. dos padres con un hijo de seis años y una hija de ocho años
   _____
2. un hombre y una mujer en su luna de miel (*honeymoon*)
   _____
3. una persona en un viaje de negocios (*business trip*)
   _____

Conversaciones
With a partner, take turns asking each other these questions.

1. ¿Quieres visitar el Hotel Vistahermosa? ¿Por qué?
2. Tienes tiempo de visitar sólo tres de las atracciones turísticas que están cerca del hotel. ¿Cuáles vas a visitar? ¿Por qué?
3. ¿Qué prefieres hacer en Valle Niebla? ¿En Playa Vieja? ¿En el Parque Nacional Foresta?

Situaciones
You have just arrived at Hotel Vistahermosa. Your classmate is the concierge. Use the phrases below to express your interests and ask for suggestions about where to go.

1. montar a caballo
2. bucear
3. pasear en bicicleta
4. pescar
5. observar aves

Contestar
Answer these questions.

1. ¿Quieres visitar Puerto Rico? Explica tu respuesta.
   _____
2. ¿Adónde quieres ir de vacaciones el verano que viene? Explica tu respuesta.
   _____

Escritura

Estrategia
Making an outline

When we write to share information, an outline can serve to separate topics and subtopics, providing a framework for the presentation of data. Consider the following excerpt from an outline of the tourist brochure on pages 180–181.

IV. Descripción del sitio (con foto)
   A. Playa Grande
      1. Playas seguras y limpias
      2. Ideal para tomar el sol, descansar, tomar fotografías, nadar
   B. El hotel
      1. Abierto los 365 días del año
      2. Rebaja para estudiantes universitarios

Mapa de ideas
Idea maps can be used to create outlines. The major sections of an idea map correspond to the Roman numerals in an outline. The minor idea map sections correspond to the outline's capital letters, and so on. Examine the idea map that led to the outline above.

Tema
Escribir un folleto

Write a tourist brochure for a hotel or resort you have visited. If you wish, you may write about an imaginary location. You may want to include some of this information in your brochure:

▶ the name of the hotel or resort
▶ phone and fax numbers that tourists can use to make contact
▶ the hotel website that tourists can consult
▶ an e-mail address that tourists can use to request information
▶ a description of the exterior of the hotel or resort
▶ a description of the interior of the hotel or resort, including facilities and amenities
▶ a description of the surrounding area, including its climate
▶ a listing of nearby scenic natural attractions
▶ a listing of nearby cultural attractions
▶ a listing of recreational activities that tourists can pursue in the vicinity of the hotel or resort

Escuchar

Estrategia

Listening for key words

By listening for key words or phrases, you can identify the subject and main ideas of what you hear, as well as some of the details.

To practice this strategy, you will now listen to a short paragraph. As you listen, jot down the key words that help you identify the subject of the paragraph and its main ideas.

Preparación

Based on the illustration, who do you think Hernán Jiménez is, and what is he doing? What key words might you listen for to help you understand what he is saying?

Ahora escucha

Now you are going to listen to a weather report by Hernán Jiménez. Note which phrases are correct according to the key words and phrases you hear.

Santo Domingo
1. hace sol
2. va a hacer frío
3. una mañana de mal tiempo
4. va a estar nublado
5. buena tarde para tomar el sol
6. buena mañana para la playa

San Francisco de Macorís
1. hace frío
2. hace sol
3. va a nevar
4. va a llover
5. hace calor
6. mal día para excursiones

Comprensión

¿Cierto o falso?

Indicate whether each statement is **cierto** or **falso**, based on the weather report. Correct the false statements.

1. Según el meteorólogo, la temperatura en Santo Domingo es de 26 grados.
   _____
2. La temperatura máxima en Santo Domingo hoy va a ser de 30 grados.
   _____
3. Está lloviendo ahora en Santo Domingo.
   _____
4. En San Francisco de Macorís la temperatura mínima de hoy va a ser de 20 grados.
   _____
5. Va a llover mucho hoy en San Francisco de Macorís.
   _____

Preguntas

Answer these questions about the weather report.
1. ¿Hace viento en Santo Domingo ahora?
2. ¿Está nublado en Santo Domingo ahora?
3. ¿Está nevando ahora en San Francisco de Macorís?
4. ¿Qué tiempo hace en San Francisco de Macorís?

Practice more at vistas.vhlcentral.com.

En pantalla

If you like adventure or extreme sports, Latin America might be a good destination for you. The area of Patagonia, located in Chile and Argentina, offers both breath-taking scenery and an adrenaline rush. Here, one can enjoy a variety of sports, including whitewater rafting, kayaking, trekking, and skiing. One weeklong itinerary in Argentina might include camping, hiking the granite rock of Mount Fitz Roy, and trekking across the deep blue Perito Moreno Glacier, a massive 18-mile-long sheet of ice and one of the world's few advancing glaciers.

Now, hold on to your helmets as we travel to Mexico to see what sort of adventure you can experience there.

Vocabulario útil	
callejones	alleyways, narrow streets
calles	streets
carrera de bicicleta	bicycle race
descender (escaleras)	to descend (stairs)
reto, desafío	challenge

Preparación
Some areas attract tourists because of their unusual sports and activities. Do you know of any such destinations? Where?

Preguntas
Answer these questions in complete sentences.
1. ¿Por qué viajan ciclistas (*cyclists*) a Taxco?
2. ¿Es Taxco una ciudad turística moderna o colonial?
3. ¿Hay competidores de otros (*other*) países en la carrera de bicicleta?
4. ¿Cómo está el reportero (*reporter*) después (*after*) de descender las escaleras, aburrido o cansado?

Deportes extremos
In pairs, discuss these questions: **¿Cómo son las personas que hacen deportes extremos? ¿Por qué crees que los practican? ¿Viajarías (*Would you travel*) a algún destino para practicarlos?**

menor *least* lo más alto *the highest point* hasta *to* diseño *design*

Reportaje sobre Down Taxco

El reto es descender en el menor° tiempo posible...

... desde lo más alto° de la ciudad hasta° la plaza central.

El principal desafío es el diseño° de la ciudad...

Video: TV Clip

Practice more at vistas.vhlcentral.com.

Las vacaciones

Between 1438 and 1533, when the vast and powerful Incan Empire was at its height, the Incas built an elaborate network of **caminos** (*trails*) that traversed the Andes Mountains and converged on the empire's capital, Cuzco. Today, hundreds of thousands of tourists come to Peru annually to walk the surviving trails and enjoy the spectacular scenery. The most popular trail, **el Camino Inca**, leads from Cuzco to **Intipunku** (*Sun Gate*), the entrance to the ancient mountain city of Machu Picchu.

Vocabulario útil

ciudadela	citadel
de cultivo	farming
el/la guía	guide
maravilla	wonder
quechua	Quechua (indigenous Peruvian)
sector (urbano)	(urban) sector

Preparación
Have you ever visited an archeological or historic site? Where? Why did you go there?

Completar
Complete these sentences. Make the necessary changes.

1. Las ruinas de Machu Picchu son una antigua _____ inca.
2. La ciudadela estaba (*was*) dividida en tres sectores: _____, religioso y de cultivo.
3. Cada año los _____ reciben a cientos (*hundreds*) de turistas de diferentes países.
4. Hoy en día, la cultura _____ está presente en las comunidades andinas (*Andean*) de Perú.

¡Vacaciones en Perú!

Machu Picchu [...] se encuentra aislada sobre° esta montaña...

... siempre he querido° venir [...] Me encantan° las civilizaciones antiguas°.

Somos una familia francesa [...] Perú es un país muy, muy bonito de verdad.

Video: *Flash cultura*

se encuentra aislada sobre *it is isolated on* siempre he querido *I have always wanted* Me encantan *I love* antiguas *ancient*

Video: *Panorama cultural*
Interactive map

Puerto Rico

El país en cifras

- **Área:** 8.959 km^2 (3.459 millas^2) *menor° que el área de Connecticut*
- **Población:** 4.074.000

Puerto Rico es una de las islas más densamente pobladas° del mundo. Más de la mitad de la población vive en San Juan, la capital.

- **Capital:** San Juan—2.763.000

SOURCE: Population Division, UN Secretariat

- **Ciudades principales:** Arecibo, Bayamón, Fajardo, Mayagüez, Ponce
- **Moneda:** dólar estadounidense
- **Idiomas:** español (oficial); inglés (oficial)

Aproximadamente la cuarta parte de la población puertorriqueña habla inglés, pero en las zonas turísticas este porcentaje es mucho más alto. El uso del inglés es obligatorio para documentos federales.

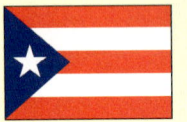

Bandera de Puerto Rico

Puertorriqueños célebres

- **Raúl Juliá,** actor (1940–1994)
- **Roberto Clemente,** beisbolista (1934–1972)
- **Julia de Burgos,** escritora (1914–1953)
- **Benicio del Toro,** actor y productor (1967–)
- **Rosie Pérez,** actriz y bailarina (1964–)

Faro en Arecibo

Playa en San Juan

Pescadores en Mayagüez

Iglesia en Ponce

recursos

WB	VM	vistas.vhlcentral.com
pp. 57–58	pp. 257–258	Lección 5

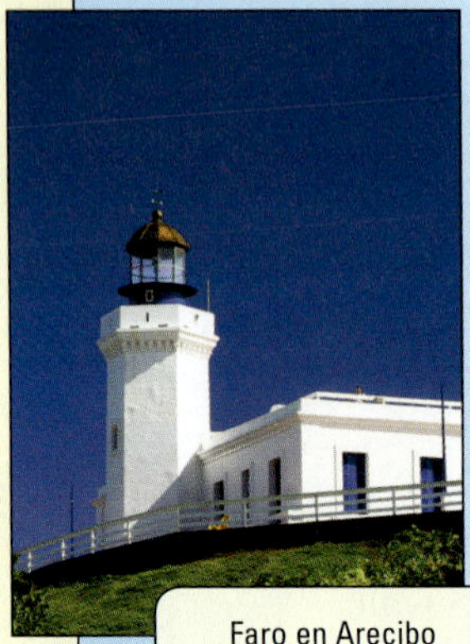

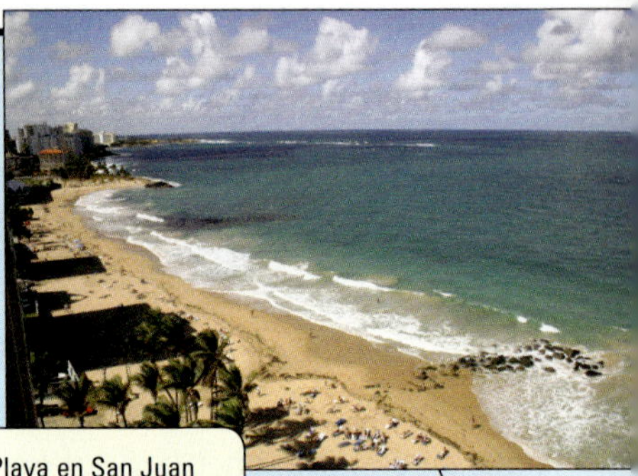

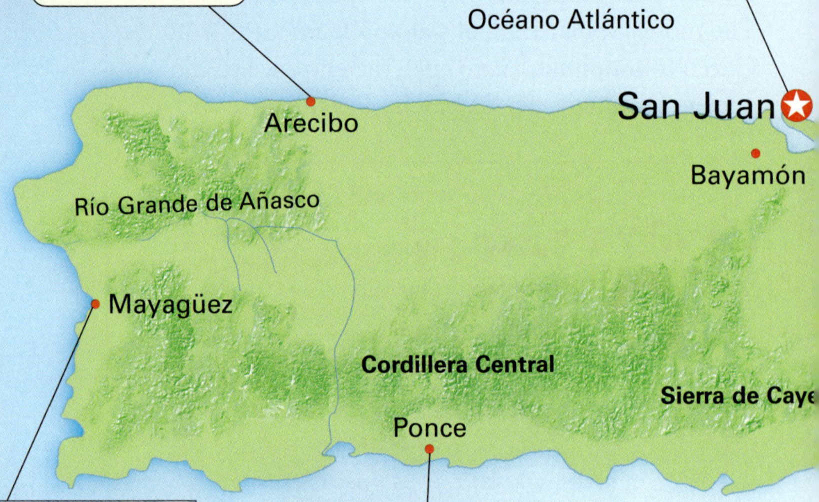

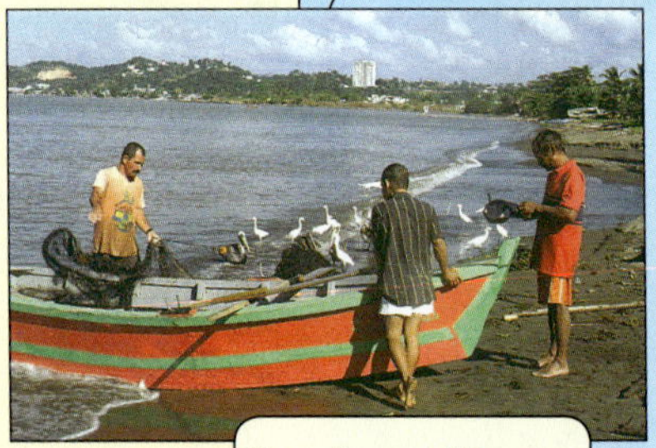

menor *less* **pobladas** *populated* **río subterráneo** *underground river* **más largo** *longest* **cuevas** *caves* **bóveda** *vault* **fortaleza** *fort* **caber** *fit*

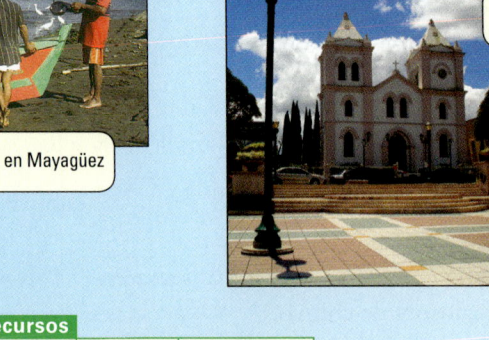

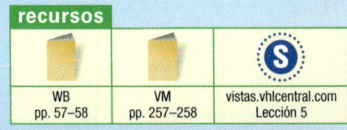

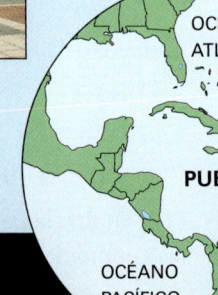

¡Increíble pero cierto!

El río Camuy es el tercer río subterráneo° más largo° del mundo y tiene el sistema de cuevas° más grande del hemisferio occidental. La Cueva de los Tres Pueblos es una gigantesca bóveda°, tan grande que toda la fortaleza° del Morro puede caber° en su interior.

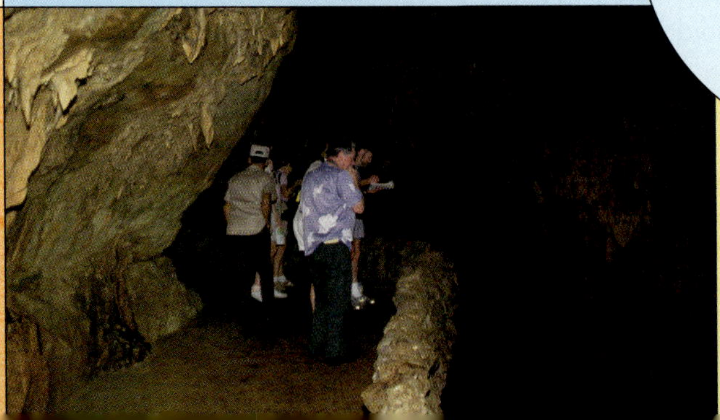

Lugares • El Morro
El Morro es una fortaleza que se construyó para proteger° la bahía° de San Juan desde principios del siglo° XVI hasta principios del siglo XX. Hoy día muchos turistas visitan este lugar, convertido en un museo. Es el sitio más fotografiado de Puerto Rico. La arquitectura de la fortaleza es impresionante. Tiene misteriosos túneles, oscuras mazmorras° y vistas fabulosas de la bahía.

Artes • Salsa
La salsa, un estilo musical de origen puertorriqueño y cubano, nació° en el barrio latino de la ciudad de Nueva York. Dos de los músicos de salsa más famosos son Tito Puente y Willie Colón, los dos de Nueva York. Las estrellas° de la salsa en Puerto Rico son Felipe Rodríguez y Héctor Lavoe. Hoy en día, Puerto Rico es el centro internacional de este estilo musical. El Gran Combo de Puerto Rico es una de las orquestas de salsa más famosas del mundo°.

Ciencias • El Observatorio de Arecibo
El Observatorio de Arecibo tiene uno de los radiotelescopios más grandes del mundo. Gracias a este telescopio, los científicos° pueden estudiar las propiedades de la Tierra°, la Luna° y otros cuerpos celestes. También pueden analizar fenómenos celestiales como los quasares y pulsares, y detectar emisiones de radio de otras galaxias, en busca de inteligencia extraterrestre.

Historia • Relación con los Estados Unidos
Puerto Rico pasó a ser° parte de los Estados Unidos después de° la guerra° de 1898 y se hizo° un estado libre asociado en 1952. Los puertorriqueños, ciudadanos° estadounidenses desde° 1917, tienen representación política en el Congreso, pero no votan en las elecciones presidenciales y no pagan impuestos° federales. Hay un debate entre los puertorriqueños: ¿debe la isla seguir como estado libre asociado, hacerse un estado como los otros° o volverse° independiente?

¿Qué aprendiste? Responde a las preguntas con una oración completa.
1. ¿Cuál es la moneda de Puerto Rico?
2. ¿Qué idiomas se hablan (*are spoken*) en Puerto Rico?
3. ¿Cuál es el sitio más fotografiado de Puerto Rico?
4. ¿Qué es el Gran Combo?
5. ¿Qué hacen los científicos en el Observatorio de Arecibo?

Conexión Internet Investiga estos temas en **vistas.vhlcentral.com**.
1. Describe a dos puertorriqueños famosos. ¿Cómo son? ¿Qué hacen? ¿Dónde viven? ¿Por qué son célebres?
2. Busca información sobre lugares en los que se puede hacer ecoturismo en Puerto Rico. Luego presenta un informe a la clase.

proteger *protect* bahía *bay* siglo *century* mazmorras *dungeons* nació *was born* estrellas *stars* mundo *world* científicos *scientists* Tierra *Earth* Luna *Moon* pasó a ser *became* después de *after* guerra *war* se hizo *became* ciudadanos *citizens* desde *since* pagan impuestos *pay taxes* otros *others* volverse *to become*

vocabulario

Los viajes y las vacaciones

acampar	to camp
confirmar una reservación	to confirm a reservation
estar de vacaciones (f. pl.)	to be on vacation
hacer las maletas	to pack (one's suitcases)
hacer un viaje	to take a trip
hacer (wind)surf	to (wind)surf
ir de compras (f. pl.)	to go shopping
ir de vacaciones	to go on vacation
ir en autobús (m.), auto(móvil) (m.), avión (m.), barco (m.), moto(cicleta) (f.), taxi (m.)	to go by bus, car, plane, boat, motorcycle, taxi
jugar a las cartas	to play cards
montar a caballo (m.)	to ride a horse
pescar	to fish
sacar/tomar fotos (f. pl.)	to take photos
el/la agente de viajes	travel agent
el/la inspector(a) de aduanas	customs inspector
el/la viajero/a	traveler
el aeropuerto	airport
la agencia de viajes	travel agency
el campo	countryside
el equipaje	luggage
la estación de autobuses, del metro, de tren	bus, subway, train station
la llegada	arrival
el mar	sea
el paisaje	landscape
el pasaje (de ida y vuelta)	(round-trip) ticket
el pasaporte	passport
la playa	beach
la salida	departure; exit
la tabla de (wind)surf	surfboard/sailboard

El hotel

el ascensor	elevator
el/la botones	bellhop
la cama	bed
el/la empleado/a	employee
la habitación individual, doble	single, double room
el hotel	hotel
el/la huésped	guest
la llave	key
el piso	floor (of a building)
la planta baja	ground floor

Adjetivos

abierto/a	open
aburrido/a	bored; boring
alegre	happy; joyful
amable	nice; friendly
avergonzado/a	embarrassed
cansado/a	tired
cerrado/a	closed
cómodo/a	comfortable
confundido/a	confused
contento/a	happy; content
desordenado/a	disorderly
enamorado/a (de)	in love (with)
enojado/a	mad; angry
equivocado/a	wrong
feliz	happy
limpio/a	clean
listo/a	ready; smart
nervioso/a	nervous
ocupado/a	busy
ordenado/a	orderly
preocupado/a (por)	worried (about)
seguro/a	sure; safe; confident
sucio/a	dirty
triste	sad

Los números ordinales

primer, primero/a	first
segundo/a	second
tercer, tercero/a	third
cuarto/a	fourth
quinto/a	fifth
sexto/a	sixth
séptimo/a	seventh
octavo/a	eighth
noveno/a	ninth
décimo/a	tenth

Palabras adicionales

ahora mismo	right now
el año	year
¿Cuál es la fecha (de hoy)?	What is the date (today)?
de buen/mal humor	in a good/bad mood
la estación	season
el mes	month
todavía	yet; still

Seasons, months, and dates	See page 154.
Weather expressions	See page 154.
Direct object pronouns	See page 174.
Expresiones útiles	See page 159.

Audio: Vocabulary

¡De compras!

6

Communicative Goals

You will learn how to:
- Talk about and describe clothing
- Express preferences in a store
- Negotiate and pay for items you buy

contextos
pages 190–193
- Clothing and shopping
- Negotiating a price and buying
- Colors
- More adjectives

fotonovela
pages 194–197
The friends are back in Mérida where they go to the market to do some shopping. Who will get the best deal?

cultura
pages 198–199
- Open-air markets
- Carolina Herrera

estructura
pages 200–215
- **Saber** and **conocer**
- Indirect object pronouns
- Preterite tense of regular verbs
- Demonstrative adjectives and pronouns
- **Recapitulación**

adelante
pages 216–223
Lectura: An advertisement for a store sale
Escritura: A report for the school newspaper
Escuchar: A conversation about clothes
En pantalla
Flash cultura
Panorama: Cuba

A PRIMERA VISTA
- ¿Está comprando algo la chica?
- ¿Crees que busca una maleta o una blusa?
- ¿Está contenta o enojada?
- ¿Cómo es la chica?

contextos

¡De compras!

Más vocabulario

el abrigo	coat
los calcetines (el calcetín)	sock(s)
el cinturón	belt
las gafas (de sol)	(sun)glasses
los guantes	gloves
el impermeable	raincoat
la ropa	clothing; clothes
la ropa interior	underwear
las sandalias	sandals
el traje	suit
el vestido	dress
los zapatos de tenis	sneakers
el regalo	gift
el almacén	department store
el centro comercial	shopping mall
el mercado (al aire libre)	(open-air) market
el precio (fijo)	(fixed; set) price
la rebaja	sale
la tienda	shop; store
costar (o:ue)	to cost
gastar	to spend (money)
pagar	to pay
regatear	to bargain
vender	to sell
hacer juego (con)	to match (with)
llevar	to wear; to take
usar	to wear; to use

Variación léxica

calcetines ⟷ medias (*Amér. L.*)
cinturón ⟷ correa (*Col., Venez.*)
gafas/lentes ⟷ espejuelos (*Cuba, P.R.*), anteojos (*Arg., Chile*)
zapatos de tenis ⟷ zapatillas de deporte (*Esp.*), zapatillas (*Arg., Perú*)

recursos
WB pp. 59–60
LM p. 31
vistas.vhlcentral.com Lección 6

S Talking Picture, Tutorials & Games
Audio: Activities

Práctica

1 **Escuchar** 🎧 Listen to Juanita and Vicente talk about what they're packing for their vacations. Indicate who is packing each item. If both are packing an item, write both names. If neither is packing an item, write an **X**.

1. abrigo _____
2. zapatos de tenis _____
3. impermeable _____
4. chaqueta _____
5. sandalias _____
6. bluejeans _____
7. gafas de sol _____
8. camisetas _____
9. traje de baño _____
10. botas _____
11. pantalones cortos _____
12. suéter _____

2 **¿Lógico o ilógico?** 🎧 Listen to Guillermo and Ana talk about vacation destinations. Indicate whether each statement is **lógico** or **ilógico**.

1. _____   3. _____
2. _____   4. _____

3 **Completar** Anita is talking about going shopping. Complete each sentence with the correct word(s), adding definite or indefinite articles when necessary.

caja	medias	tarjeta de crédito
centro comercial	par	traje de baño
dependientas	ropa	vendedores

1. Hoy voy a ir de compras al _____.
2. Voy a ir a la tienda de ropa para mujeres. Siempre hay muchas rebajas y las _____ son muy simpáticas.
3. Necesito comprar _____ de zapatos.
4. Y tengo que comprar _____ porque el sábado voy a la playa con mis amigos.
5. También voy a comprar unas _____ para mi mamá.
6. Voy a pagar todo (*everything*) en _____.
7. Pero hoy no tengo dinero. Voy a tener que usar mi _____.
8. Mañana voy al mercado al aire libre. Me gusta regatear con los _____.

4 **Escoger** Choose the item in each group that does not belong.

1. almacén • centro comercial • mercado • sombrero
2. camisa • camiseta • blusa • botas
3. jeans • bolsa • falda • pantalones
4. abrigo • suéter • corbata • chaqueta
5. mercado • tienda • almacén • cartera
6. pagar • llevar • hacer juego (con) • usar
7. botas • sandalias • zapatos • traje
8. vender • regatear • ropa interior • gastar

Los colores

amarillo/a, anaranjado/a, azul, blanco/a, gris, marrón, café, morado/a, negro/a, rojo/a, rosado/a, verde

> **¡LENGUA VIVA!**
> The names of colors vary throughout the Spanish-speaking world. For example, in some countries, **anaranjado/a** may be referred to as **naranja**, **morado/a** as **púrpura**, and **rojo/a** as **colorado/a**. Other terms that will prove helpful include **claro** (*light*) and **oscuro** (*dark*): **azul claro, azul oscuro**.

Adjetivos

barato/a	cheap
bueno/a	good
cada	each
caro/a	expensive
corto/a	short (in length)
elegante	elegant
hermoso/a	beautiful
largo/a	long
loco/a	crazy
nuevo/a	new
otro/a	other; another
pobre	poor
rico/a	rich

5 **Contrastes** Complete each phrase with the opposite of the underlined word.

1. una corbata <u>barata</u> • unas camisas…
2. unas vendedoras <u>malas</u> • unos dependientes…
3. un vestido <u>corto</u> • una falda…
4. un hombre muy <u>pobre</u> • una mujer muy…
5. una cartera <u>nueva</u> • un cinturón…
6. unos trajes <u>hermosos</u> • unos jeans…
7. un impermeable <u>caro</u> • unos suéteres…
8. unos calcetines <u>blancos</u> • unas medias…

> **CONSULTA**
> Like other adjectives you have seen, colors must agree in gender and number with the nouns they modify. Ex: **las camisas verdes, el vestido amarillo**. For a review of descriptive adjectives, see **Estructura 3.1**, pp. 88–89.

6 **Preguntas** Answer these questions with a classmate.

1. ¿De qué color es la rosa de Texas?
2. ¿De qué color es la bandera (*flag*) de Canadá?
3. ¿De qué color es la casa donde vive el presidente de los EE.UU.?
4. ¿De qué color es el océano Atlántico?
5. ¿De qué color es la nieve?
6. ¿De qué color es el café?
7. ¿De qué color es el dólar de los EE.UU.?
8. ¿De qué color es la cebra (*zebra*)?

Practice more at vistas.vhlcentral.com.

Comunicación

7 **Las maletas** With a classmate, answer these questions about the drawings.

1. ¿Qué ropa hay al lado de la maleta de Carmela?
2. ¿Qué hay en la maleta?
3. ¿De qué color son las sandalias?
4. ¿Adónde va Carmela?
5. ¿Qué tiempo va a hacer?
6. ¿Qué hay al lado de la maleta de Pepe?
7. ¿Qué hay en la maleta?
8. ¿De qué color es el suéter?
9. ¿Qué va a hacer Pepe en Bariloche?
10. ¿Qué tiempo va a hacer?

CONSULTA
To review weather, see **Lección 5, Contextos,** p. 154.

NOTA CULTURAL
Bariloche is a popular resort for skiing in South America. Located in Argentina's Patagonia region, the town is also known for its chocolate factories and its beautiful lakes, mountains, and forests.

8 **El viaje** Get together with two classmates and imagine that the three of you are going on vacation. Pick a destination and then draw three suitcases. Write in each one what clothing each person is taking. Present your drawings to the rest of the class, answering these questions.

- ¿Adónde van?
- ¿Qué tiempo va a hacer allí?
- ¿Qué van a hacer allí?
- ¿Qué hay en sus maletas?
- ¿De qué color es la ropa que llevan?

9 **Preferencias** Take turns asking and answering these questions with a classmate.

1. ¿Adónde vas a comprar ropa? ¿Por qué?
2. ¿Qué tipo de ropa prefieres? ¿Por qué?
3. ¿Cuáles son tus colores favoritos?
4. En tu opinión, ¿es importante comprar ropa nueva frecuentemente? ¿Por qué?
5. ¿Gastas mucho dinero en ropa cada mes? ¿Buscas rebajas?
6. ¿Regateas cuando compras ropa? ¿Usas tarjetas de crédito?

6 fotonovela

En el mercado

Los chicos van de compras al mercado. ¿Quién hizo la mejor compra?

PERSONAJES  FELIPE JUAN CARLOS

Video: *Fotonovela*
Record and Compare

MARISSA Oigan, vamos al mercado.
JUAN CARLOS ¡Sí! Los chicos en un equipo y las chicas en otro.
FELIPE Tenemos dos horas para ir de compras.
MARU Y don Guillermo decide quién gana.

JIMENA Esta falda azul es muy elegante.
MARISSA ¡Sí! Además, este color está de moda.
MARU Éste rojo es de algodón.

(*Las chicas encuentran unas bolsas.*)
VENDEDOR Ésta de rayas cuesta 190 pesos, ésta 120 pesos y ésta 220 pesos.

MARISSA ¿Me das aquella blusa rosada? Me parece que hace juego con esta falda, ¿no? ¿No tienen otras tallas?
JIMENA Sí, aquí. ¿Qué talla usas?
MARISSA Uso talla 4.
JIMENA La encontré. ¡Qué ropa más bonita!

(*En otra parte del mercado*)
FELIPE Juan Carlos compró una camisa de muy buena calidad.
MIGUEL (*a la vendedora*) ¿Puedo ver ésos, por favor?
VENDEDORA Sí, señor. Le doy un muy buen precio.

VENDEDOR Son 530 por las tres bolsas. Pero como ustedes son tan bonitas, son 500 pesos.
MARU Señor, no somos turistas ricas. Somos estudiantes pobres.
VENDEDOR Bueno, son 480 pesos.

MARISSA **JIMENA** **MARU** **MIGUEL** **DON GUILLERMO** **VENDEDORA** **VENDEDOR**

JUAN CARLOS Miren, mi nueva camisa. Elegante, ¿verdad?
FELIPE A ver, Juan Carlos... te queda bien.

MARU ¿Qué compraste?
MIGUEL Sólo esto.
MARU ¡Qué bonitos aretes! Gracias, mi amor.

JUAN CARLOS Y ustedes, ¿qué compraron?
JIMENA Bolsas.
MARU Acabamos de comprar tres bolsas por sólo 480 pesos. ¡Una ganga!

FELIPE Don Guillermo, usted tiene que decidir quién gana. ¿Los chicos o las chicas?
DON GUILLERMO El ganador es... Miguel. ¡Porque no compró nada para él, sino para su novia!

Expresiones útiles

Talking about clothing

¡Qué ropa más bonita!
What nice clothing!
Esta falda azul es muy elegante.
This blue skirt is very elegant.
Está de moda.
It's in style.
Éste rojo es de algodón/lana.
This red one is cotton/wool.
Ésta de rayas/lunares/cuadros es de seda.
This striped / polka-dotted / plaid one is silk.
Es de muy buena calidad.
It's very good quality.
¿Qué talla usas/llevas?
What size do you wear?
Uso/Llevo talla 4.
I wear a size 4.
¿Qué número calza?
What size shoe do you wear?
Yo calzo siete.
I wear a size seven.

Negotiating a price

¿Cuánto cuesta?
How much does it cost?
Demasiado caro/a.
Too expensive.
Es una ganga.
It's a bargain.

Saying what you bought

¿Qué compraste?/¿Qué compró usted?
What did you buy?
Sólo compré esto.
I only bought this.
¡Qué bonitos aretes!
What beautiful earrings!
Y ustedes, ¿qué compraron?
And you guys, what did you buy?

Additional vocabulary

híjole *wow*

¿Qué pasó?

1 ¿Cierto o falso? Indicate whether each sentence is **cierto** or **falso**. Correct the false statements.

	Cierto	Falso
1. Jimena dice que la falda azul no es elegante.	○	○
2. Juan Carlos compra una camisa.	○	○
3. Marissa dice que el azul es un color que está de moda.	○	○
4. Miguel compra unas sandalias para Maru.	○	○

2 Identificar Provide the first initial of the person who would make each statement.

___ 1. ¿Te gusta cómo se me ven mis nuevos aretes?
___ 2. Juan Carlos compró una camisa de muy buena calidad.
___ 3. No podemos pagar 500, señor, eso es muy caro.
___ 4. Aquí tienen ropa de muchas tallas.
___ 5. Esta falda me gusta mucho, el color azul es muy elegante.
___ 6. Hay que darnos prisa, sólo tenemos dos horas para ir de compras.

MARU
FELIPE
JIMENA

3 Completar Answer the questions using the information in the **Fotonovela**.

1. ¿Qué talla es Marissa?
2. ¿Cuánto les pide el vendedor por las tres bolsas?
3. ¿Cuál es el precio que pagan las tres amigas por las bolsas?
4. ¿Qué dice Juan Carlos sobre su nueva camisa?
5. ¿Quién ganó al hacer las compras? ¿Por qué?

4 Conversar With a partner, role-play a conversation between a customer and a salesperson in an open-air market. Use these expressions and also look at **Expresiones útiles** on the previous page.

¿Qué desea? / *What would you like?*
Estoy buscando... / *I'm looking for...*
Prefiero el/la rojo/a. / *I prefer the red one.*

Cliente/a
- Say good afternoon.
- Explain that you are looking for a particular item of clothing.
- Discuss colors and sizes.
- Ask for the price and begin bargaining.
- Settle on a price and purchase the item.

Vendedor(a)
- Greet the customer and ask what he/she would like.
- Show him/her some items and ask what he/she prefers.
- Discuss colors and sizes.
- Tell him/her a price. Negotiate a price.
- Accept a price and say thank you.

Practice more at **vistas.vhlcentral.com**.

NOTA CULTURAL

Las guayaberas are a popular men's shirt worn in hot climates. They are usually made of cotton, linen, or silk and decorated with pleats, pockets and sometimes embroidery. They can be worn instead of a jacket to formal occasions or as everyday clothing.

AYUDA

When discussing prices, it's important to keep in mind singular and plural forms of verbs.

La **camisa cuesta** diez dólares.
Las **botas cuestan** sesenta dólares.
El **precio** de las botas **es** sesenta dólares.
Los **precios** de la ropa **son** altos.

Pronunciación

The consonants d and t

| ¿**D**ón**d**e? | ven**d**er | na**d**ar | ver**d**a**d** |

Like **b** and **v**, the Spanish **d** can also have a hard sound or a soft sound, depending on which letters appear next to it.

| **D**on | **d**inero | tien**d**a | fa**ld**a |

At the beginning of a phrase and after **n** or **l**, the letter **d** is pronounced with a hard sound. This sound is similar to the English *d* in *dog*, but a little softer and duller. The tongue should touch the back of the upper teeth, not the roof of the mouth.

| me**d**ias | ver**d**e | vesti**d**o | huéspe**d** |

In all other positions, **d** has a soft sound. It is similar to the English *th* in *there*, but a little softer.

Don **D**iego no tiene el **d**iccionario.

When **d** begins a word, its pronunciation depends on the previous word. At the beginning of a phrase or after a word that ends in **n** or **l**, it is pronounced as a hard **d**.

Doña **D**olores es **d**e la capital.

Words that begin with **d** are pronounced with a soft **d** if they appear immediately after a word that ends in a vowel or any consonant other than **n** or **l**.

| **t**raje | pan**t**alones | tarje**t**a | **t**ienda |

When pronouncing the Spanish **t**, the tongue should touch the back of the upper teeth, not the roof of the mouth. Unlike the English *t*, no air is expelled from the mouth.

Práctica Read these phrases aloud to practice the **d** and the **t**.

1. Hasta pronto.
2. De nada.
3. Mucho gusto.
4. Lo siento.
5. No hay de qué.
6. ¿De dónde es usted?
7. ¡Todos a bordo!
8. No puedo.
9. Es estupendo.
10. No tengo computadora.
11. ¿Cuándo vienen?
12. Son las tres y media.

Oraciones Read these sentences aloud to practice the **d** and the **t**.

1. Don Teodoro tiene una tienda en un almacén en La Habana.
2. Don Teodoro vende muchos trajes, vestidos y zapatos todos los días.
3. Un día un turista, Federico Machado, entra en la tienda para comprar un par de botas.
4. Federico regatea con don Teodoro y compra las botas y también un par de sandalias.

Refranes Read these sayings aloud to practice the **d** and the **t**.

En la variedad está el gusto.[1]

Aunque la mona se vista de seda, mona se queda.[2]

[1] Variety is the spice of life.
[2] You can't make a silk purse out of a sow's ear.

cultura

EN DETALLE

Los mercados al aire libre

Mercados al aire libre are an integral part of commerce and culture in the Spanish-speaking world. Whether they take place daily or weekly, these markets are an important forum where tourists, locals, and vendors interact. People come to the marketplace to shop, socialize, taste local foods, and watch street performers. Wandering from one **puesto** (*stand*) to the next, one can browse fresh fruits and vegetables, clothing, CDs and DVDs, and **artesanías** (*crafts*). Some markets offer a mix of products, while others specialize in food, fashion, or used merchandise, such as antiques and books.

When shoppers see an item they like, they can bargain with the vendor. Friendly bargaining is an expected ritual and may result in a significantly lower price. When selling food, vendors may give the customer a little extra of what they purchase; this free addition is known as **la ñapa**.

Many open-air markets are also tourist attractions. The market in Otavalo, Ecuador, is world-famous and has taken place every Saturday since pre-Incan times. This market is well-known for the colorful textiles woven by the **otavaleños**, the indigenous people of the area. One can also find leather goods and wood carvings from nearby towns. Another popular market is **El Rastro**, held every Sunday in Madrid, Spain. Sellers set up **puestos** along the streets to display their wares, which range from local artwork and antiques to inexpensive clothing and electronics.

Mercado de Otavalo

Otros mercados famosos

Mercado	Lugar	Productos
Feria Artesanal de Recoleta	Buenos Aires, Argentina	artesanías
Mercado Central	Santiago, Chile	mariscos°, pescado°, frutas, verduras°
Tianguis Cultural del Chopo	Ciudad de México, México	ropa, música, revistas, libros, arte, artesanías
El mercado de Chichicastenango	Chichicastenango, Guatemala	frutas y verduras, flores°, cerámica, textiles

mariscos *seafood* pescado *fish* verduras *vegetables* flores *flowers*

ACTIVIDADES

1 **¿Cierto o falso?** Indicate whether these statements are **cierto** or **falso**. Correct the false statements.

1. Generally, open-air markets specialize in one type of goods.
2. Bargaining is commonplace at outdoor markets.
3. Only new goods can be found at open-air markets.
4. A Spaniard in search of antiques could search at **El Rastro**.
5. If you are in Guatemala and want to buy ceramics, you can go to Chichicastenango.
6. A **ñapa** is a tax on open-air market goods.
7. The **otavaleños** weave colorful textiles to sell on Saturdays.
8. Santiago's **Mercado Central** is known for books and music.

ASÍ SE DICE
La ropa

la chamarra (Méx.)	la chaqueta
de manga corta/larga	short/long-sleeved
los mahones (P. Rico); el pantalón de mezclilla (Méx.); los tejanos (Esp.); los vaqueros (Arg., Cuba, Esp., Uru.)	los bluejeans
la marca	brand
la playera (Méx.); la remera (Arg.)	la camiseta

EL MUNDO HISPANO
Diseñadores de moda

- **Adolfo Domínguez** (España) Su ropa tiene un estilo minimalista y práctico. Usa telas° naturales y cómodas en sus diseños.

- **Silvia Tcherassi** (Colombia) Los colores vivos y las líneas asimétricas de sus vestidos y trajes muestran influencias tropicales.

- **Óscar de la Renta** (República Dominicana) Diseña ropa opulenta para la mujer clásica.

- **Narciso Rodríguez** (EE.UU.) En sus diseños delicados y finos predominan los colores blanco y negro. Hizo° el vestido de boda° de Carolyn Bessette Kennedy.

telas *fabrics* Hizo *He made* de boda *wedding*

PERFIL
Carolina Herrera

In 1980, at the urging of some friends, **Carolina Herrera** created a fashion collection as a "test." The Venezuelan designer received such a favorable response that within one year she moved her family from Caracas to New York City and created her own label, Carolina Herrera, Ltd.

"I love elegance and intricacy, but whether it is in a piece of clothing or a fragrance, the intricacy must appear as simplicity," Herrera once stated. She quickly found that many sophisticated women agreed; from the start, her sleek and glamorous designs have been in constant demand. Over the years, Herrera has grown her brand into a veritable fashion empire that encompasses her fashion and bridal collections, cosmetics, perfume, and accessories that are sold around the globe.

Conexión Internet

¿Qué marcas de ropa son populares en el mundo hispano?

Go to **vistas.vhlcentral.com** to find more cultural information related to this **Cultura** section.

ACTIVIDADES

2 Comprensión Complete these sentences.
1. Adolfo Domínguez usa telas _____ y _____ en su ropa.
2. Si hace fresco en el D.F., puedes llevar una _____.
3. La diseñadora _____ hace ropa, perfumes y más.
4. La ropa de _____ muestra influencias tropicales.
5. Los _____ son una ropa casual en Puerto Rico.

3 Mi ropa favorita Write a brief description of your favorite article of clothing. Mention what store it is from, the brand, colors, fabric, style, and any other information. Then get together with a small group, collect the descriptions, and take turns reading them aloud at random. Can the rest of the group guess whose favorite piece of clothing is being described?

Practice more at **vistas.vhlcentral.com**.

6 estructura

6.1 Saber and conocer  Tutorial

ANTE TODO Spanish has two verbs that mean *to know*: **saber** and **conocer**. They cannot be used interchangeably. Note the irregular **yo** forms.

The verbs saber and conocer

		saber (to know)	**conocer** (to know)
SINGULAR FORMS	yo	**sé**	**conozco**
	tú	**sabes**	**conoces**
	Ud./él/ella	**sabe**	**conoce**
PLURAL FORMS	nosotros/as	**sabemos**	**conocemos**
	vosotros/as	**sabéis**	**conocéis**
	Uds./ellos/ellas	**saben**	**conocen**

▶ **Saber** means *to know a fact or piece(s) of information* or *to know how to do something*.

> No **sé** tu número de teléfono.
> *I don't know your telephone number.*
>
> Mi hermana **sabe** hablar francés.
> *My sister knows how to speak French.*

▶ **Conocer** means *to know* or *be familiar/acquainted* with a person, place, or thing.

> ¿**Conoces** la ciudad de Nueva York?
> *Do you know New York City?*
>
> No **conozco** a tu amigo Esteban.
> *I don't know your friend Esteban.*

▶ When the direct object of **conocer** is a person or pet, the personal **a** is used.

> ¿Conoces La Habana?   but   ¿Conoces **a** Celia Cruz?
> *Do you know Havana?*   *Do you know Celia Cruz?*

▶ **¡Atención!** **Parecer** (*to seem*) and **ofrecer** (*to offer*) are conjugated like **conocer**.

▶ **¡Atención!** **Conducir** (*to drive*) and **traducir** (*to translate*) also have an irregular **yo** form, but since they are **-ir** verbs, they are conjugated differently from **conocer**.

| conducir | **conduzco**, conduces, conduce, condu**cimos**, condu**cís**, conducen |
| traducir | **traduzco**, traduces, traduce, tradu**cimos**, tradu**cís**, traducen |

NOTA CULTURAL
Cuban singer **Celia Cruz** (1924–2003), known as the "Queen of Salsa," recorded many albums over her long career. Adored by her fans, she was famous for her colorful and lively on-stage performances.

 ¡INTÉNTALO! Provide the appropriate forms of these verbs.

saber
1. José no ___sabe___ la hora.
2. Sara y yo _____ jugar al tenis.
3. ¿Por qué no _____ tú estos verbos?
4. Mis padres _____ hablar japonés.
5. Yo _____ a qué hora es la clase.
6. Usted no _____ dónde vivo.
7. Mi hermano no _____ nadar.
8. Nosotros _____ muchas cosas.

conocer
1. Usted y yo ___conocemos___ bien Miami.
2. ¿Tú _____ a mi amigo Manuel?
3. Sergio y Taydé _____ mi pueblo.
4. Emiliano _____ a mis padres.
5. Yo _____ muy bien el centro.
6. ¿Ustedes _____ la tienda Gigante?
7. Nosotras _____ una playa hermosa.
8. ¿Usted _____ a mi profesora?

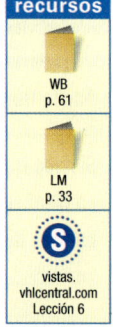

recursos
WB p. 61
LM p. 33
vistas.vhlcentral.com
Lección 6

Práctica y Comunicación

1 **Completar** Indicate the correct verb for each sentence.

1. Mis hermanos (conocen/saben) conducir, pero yo no (sé/conozco).
2. —¿(Conocen/Saben) ustedes dónde está el estadio? —No, no lo (conocemos/sabemos).
3. —¿(Conoces/Sabes) a Lady Gaga? —Bueno, (sé/conozco) quién es, pero no la (conozco/sé).
4. Mi profesora (sabe/conoce) Cuba y también (conoce/sabe) bailar salsa.

2 **Combinar** Combine elements from each column to create sentences.

A	B	C
Shakira	(no) conocer	Conan O'Brien
los Yankees	(no) saber	cantar y bailar
el primer ministro		La Habana Vieja
de Canadá		muchas personas importantes
mis amigos y yo		hablar dos lenguas extranjeras
tú		jugar al béisbol

3 **Preguntas** In pairs, ask each other these questions. Answer with complete sentences.

1. ¿Conoces a un(a) cantante famoso/a? ¿Te gusta cómo canta?
2. En tu familia, ¿quién sabe cantar bien? ¿Tu opinión es objetiva?
3. Y tú, ¿conduces bien o mal? ¿Y tus amigos?
4. Si un(a) amigo/a no conduce muy bien, ¿le ofreces crítica constructiva?
5. ¿Cómo parece estar el/la profesor(a) hoy? ¿Y tus compañeros de clase?

4 **Entrevista** Jot down three things you know how to do, three people you know, and three places you are familiar with. Then, in a small group, find out what you have in common.

> **modelo**
> **Estudiante 1:** ¿Conocen ustedes a David Lomas?
> **Estudiante 2:** Sí, conozco a David. Vivimos en la misma residencia estudiantil.
> **Estudiante 3:** No, no lo conozco. ¿Cómo es?

5 **Anuncio** In groups, read the ad and answer these questions.

1. Busquen ejemplos de los verbos **saber** y **conocer**.
2. ¿Qué saben del Centro Comercial Oviedo?
3. ¿Qué pueden hacer en el Centro Comercial Oviedo?
4. ¿Conocen otros centros comerciales similares? ¿Cómo se llaman? ¿Dónde están?
5. ¿Conocen un centro comercial en otro país? ¿Cómo es?...

Él sabe dónde comer lo que más le gusta.
Él sabe cómo jugar cuatro horas seguidas.
Él sabe dónde está su regalo de cumpleaños.
Él sabe dónde divertirse...
... y usted sabe dónde puede encontrar un poco de todo. ¿Conoce algún otro lugar como éste?
Oviedo Centro Comercial
Sabe lo que te gusta.

Practice more at vistas.vhlcentral.com.

6.2 Indirect object pronouns

ANTE TODO In **Lección 5**, you learned that a direct object receives the action of the verb directly. In contrast, an indirect object receives the action of the verb indirectly.

SUBJECT	I.O. PRONOUN	VERB	DIRECT OBJECT	INDIRECT OBJECT
Roberto	**le**	presta	cien pesos	**a Luisa**.
Roberto		*lends*	*100 pesos*	*to Luisa.*

An indirect object is a noun or pronoun that answers the question *to whom* or *for whom* an action is done. In the preceding example, the indirect object answers this question: **¿A quién le presta Roberto cien pesos?** *To whom does Roberto lend 100 pesos?*

Indirect object pronouns

Singular forms		Plural forms	
me	(to, for) *me*	nos	(to, for) *us*
te	(to, for) *you* (fam.)	os	(to, for) *you* (fam.)
le	(to, for) *you* (form.)	les	(to, for) *you* (form.)
	(to, for) *him; her*		(to, for) *them*

▶ **¡Atención!** The forms of indirect object pronouns for the first and second persons (**me, te, nos, os**) are the same as the direct object pronouns. Indirect object pronouns agree in number with the corresponding nouns, but not in gender.

Bueno, le doy un descuento.

Acabo de mostrarles que sí sabemos regatear.

Using indirect object pronouns

▶ Spanish speakers commonly use both an indirect object pronoun and the noun to which it refers in the same sentence. This is done to emphasize and clarify to whom the pronoun refers.

I.O. PRONOUN		INDIRECT OBJECT	I.O. PRONOUN		INDIRECT OBJECT
Ella **le**	vende la ropa	**a Elena**.	**Les**	prestamos el dinero	**a Inés y a Álex**.

▶ Indirect object pronouns are also used without the indirect object noun when the person for whom the action is being done is known.

Ana **le** presta la falda **a Elena**.
Ana lends her skirt to Elena.

También **le** presta unos jeans.
She also lends her a pair of jeans.

¡De compras! doscientos tres **203**

▶ Indirect object pronouns are usually placed before the conjugated form of the verb. In negative sentences the pronoun is placed between **no** and the conjugated verb.

    Martín **me** compra un regalo.   Eva **no me** escribe cartas.
    Martín is buying me a gift.   *Eva doesn't write me letters.*

▶ When a conjugated verb is followed by an infinitive or the present progressive, the indirect object pronoun may be placed before the conjugated verb or attached to the infinitive or present participle. **¡Atención!** When an indirect object pronoun is attached to a present participle, an accent mark is added to maintain the proper stress.

    Él no quiere **pagarte**./   Él está **escribiéndole** una postal a ella./
    Él no **te** quiere pagar.   Él **le** está escribiendo una postal a ella.
    He does not want to pay you.   *He is writing a postcard to her.*

> **CONSULTA**
> For more information on accents, see **Lección 4**, **Pronunciación**, p. 123, **Lección 10**, **Ortografía**, p. 339, and **Lección 11**, **Ortografía**, p. 375.

▶ Because the indirect object pronouns **le** and **les** have multiple meanings, Spanish speakers often clarify to whom the pronouns refer with the preposition **a** + [*pronoun*] or **a** + [*noun*].

UNCLARIFIED STATEMENTS	CLARIFIED STATEMENTS
Yo **le** compro un abrigo.	Yo **le** compro un abrigo **a usted/él/ella**.
Ella **le** describe un libro.	Ella **le** describe un libro **a Juan**.

UNCLARIFIED STATEMENTS	CLARIFIED STATEMENTS
Él **les** vende unos sombreros.	Él **les** vende unos sombreros **a ustedes/ellos/ellas**.
Ellos **les** hablan muy claro.	Ellos **les** hablan muy claro **a los clientes**.

▶ The irregular verbs **dar** (*to give*) and **decir** (*to say; to tell*) are often used with indirect object pronouns.

The verbs dar and decir

	Singular forms			Plural forms	
	dar	**decir**		**dar**	**decir**
yo	doy	digo	nosotros/as	damos	decimos
tú	das	dices	vosotros/as	dais	decís
Ud./él/ella	da	dice	Uds./ellos/ellas	dan	dicen

Me dan una fiesta cada año.   **Te digo** la verdad.
They give (throw) me a party every year.   *I'm telling you the truth.*

Voy a **darle** consejos.   No **les digo** mentiras a mis padres.
I'm going to give her advice.   *I don't tell lies to my parents.*

recursos
WB pp. 62–63
LM p. 34
vistas.vhlcentral.com Lección 6

¡INTÉNTALO! Use the cues in parentheses to provide the correct indirect object pronoun for each sentence.

1. Juan ___le___ quiere dar un regalo. (*to Elena*)
2. María _____ prepara un café. (*for us*)
3. Beatriz y Felipe _____ escriben desde (*from*) Cuba. (*to me*)
4. Marta y yo _____ compramos unos guantes. (*for them*)
5. Los vendedores _____ venden ropa. (*to you, fam. sing.*)
6. La dependienta _____ muestra los guantes. (*to us*)

Práctica

1 Completar Fill in the blanks with the correct pronouns to complete Mónica's description of her family's holiday shopping.

1. Juan y yo _____ damos una blusa a nuestra hermana Gisela.
2. Mi tía _____ da a nosotros una mesa para la casa.
3. Gisela _____ da dos corbatas a su novio.
4. A mi mamá yo _____ doy un par de guantes negros.
5. A mi profesora _____ doy dos libros de José Martí.
6. Juan _____ da un regalo a mis padres.
7. Mis padres _____ dan un traje nuevo a mí.
8. Y a ti, yo _____ doy un regalo también. ¿Quieres verlo?

> **NOTA CULTURAL**
> Cuban writer and patriot **José Martí** (1853–1895) was born in **La Habana Vieja**, the old colonial center of Havana. Founded by Spanish explorers in the early 1500s, Havana, along with San Juan, Puerto Rico, served as a major stopping point for Spaniards traveling to Mexico and South America.

2 En La Habana Describe what happens on Pascual's trip to Cuba based on the cues provided.

1. ellos / cantar / canción / (mí)

2. él / comprar / libros / (sus hijos) / Plaza de Armas

3. yo / preparar el almuerzo (*lunch*) / (ti)

4. él / explicar cómo llegar / (conductor)

5. mi novia / sacar / foto / (nosotros)

6. el guía (*guide*) / mostrar / catedral de San Cristóbal / (ustedes)

> **NOTA CULTURAL**
> **La Habana Vieja**, Cuba, is the site of another well-known outdoor market. Located in the **Plaza de la Catedral**, it is a place where Cuban painters, artists, and sculptors sell their work, and other vendors offer handmade crafts and clothing.

3 Combinar Use an item from each column and an indirect object pronoun to create logical sentences.

modelo
Mis padres les dan regalos a mis primos.

A	B	C	D
yo	comprar	mensajes electrónicos	mí
el dependiente	dar	corbata	ustedes
el profesor Arce	decir	dinero en efectivo	clienta
la vendedora	escribir	tarea	novia
mis padres	explicar	problemas	primos
tú	pagar	regalos	ti
nosotros/as	prestar	ropa	nosotros
¿?	vender	¿?	¿?

Practice more at vistas.vhlcentral.com.

Comunicación

4 **Entrevista** In pairs, take turns asking and answering for whom you do these activities. Use the model as a guide.

> cantar canciones de amor (*love songs*)
> comprar ropa
> dar una fiesta
> decir mentiras
> escribir mensajes electrónicos
> mostrar fotos de un viaje
> pedir dinero
> preparar comida (*food*) mexicana

modelo
escribir mensajes electrónicos
Estudiante 1: ¿A quién le escribes mensajes electrónicos?
Estudiante 2: Le escribo mensajes electrónicos a mi hermano.

5 **¡Somos ricos!** You and your classmates chipped in on a lottery ticket and you won! Now you want to spend money on your loved ones. In groups of three, discuss what each person is buying for family and friends.

modelo
Estudiante 1: Quiero comprarle un vestido de Carolina Herrera a mi madre.
Estudiante 2: Y yo voy a darles un automóvil nuevo a mis padres.
Estudiante 3: Voy a comprarles una casa a mis padres, pero a mis amigos no les voy a dar nada.

6 **Entrevista** Use these questions to interview a classmate.

1. ¿Qué tiendas, almacenes o centros comerciales prefieres?
2. ¿A quién le compras regalos cuando hay rebajas?
3. ¿A quién le prestas dinero cuando lo necesita?
4. Quiero ir de compras. ¿Cuánto dinero me puedes prestar?
5. ¿Te dan tus padres su tarjeta de crédito cuando vas de compras?

Síntesis

7 **Minidrama** In groups of three, take turns playing the roles of two shoppers and a clerk in a clothing store. The shoppers should talk about the articles of clothing they are looking for and for whom they are buying the clothes. The clerk should recommend several items based on the shoppers' descriptions. Use these expressions and also look at **Expresiones útiles** on page 195.

> Me queda grande/pequeño.
> *It's big/small on me.*
> ¿Tiene otro color?
> *Do you have another color?*
> ¿Está en rebaja?
> *Is it on sale?*
> También estoy buscando...
> *I'm also looking for...*

6.3 Preterite tense of regular verbs

ANTE TODO In order to talk about events in the past, Spanish uses two simple tenses: the preterite and the imperfect. In this lesson, you will learn how to form the preterite tense, which is used to express actions or states completed in the past.

Preterite of regular -ar, -er, and -ir verbs

		-ar verbs comprar	**-er verbs** vender	**-ir verbs** escribir
SINGULAR FORMS	yo	compr**é** *I bought*	vend**í** *I sold*	escrib**í** *I wrote*
	tú	compr**aste**	vend**iste**	escrib**iste**
	Ud./él/ella	compr**ó**	vend**ió**	escrib**ió**
PLURAL FORMS	nosotros/as	compr**amos**	vend**imos**	escrib**imos**
	vosotros/as	compr**asteis**	vend**isteis**	escrib**isteis**
	Uds./ellos/ellas	compr**aron**	vend**ieron**	escrib**ieron**

▶ **¡Atención!** The **yo** and **Ud./él/ella** forms of all three conjugations have written accents on the last syllable to show that it is stressed.

▶ As the chart shows, the endings for regular **-er** and **-ir** verbs are identical in the preterite.

¿Qué compraste?

Compré estos aretes.

▶ Note that the **nosotros/as** forms of regular **-ar** and **-ir** verbs in the preterite are identical to the present tense forms. Context will help you determine which tense is being used.

En invierno **compramos** ropa. Anoche **compramos** unos zapatos.
In the winter, we buy clothing. *Last night we bought some shoes.*

▶ **-Ar** and **-er** verbs that have a stem change in the present tense are regular in the preterite. They do *not* have a stem change.

	PRESENT	PRETERITE
cerrar (e:ie)	La tienda **cierra** a las seis.	La tienda **cerró** a las seis.
volver (o:ue)	Carlitos **vuelve** tarde.	Carlitos **volvió** tarde.
jugar (u:ue)	Él **juega** al fútbol.	Él **jugó** al fútbol.

▶ **¡Atención!** **-Ir** verbs that have a stem change in the present tense also have a stem change in the preterite.

CONSULTA
There are a few high-frequency irregular verbs in the preterite. You will learn more about them in **Estructura 9.1**, p. 310.

CONSULTA
You will learn about stem-changing verbs in **Estructura 8.1**, p. 274.

▶ Verbs that end in **-car**, **-gar**, and **-zar** have a spelling change in the first person singular (**yo** form) in the preterite.

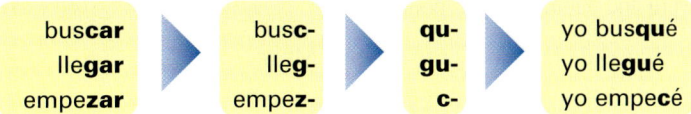

▶ Except for the **yo** form, all other forms of **-car**, **-gar**, and **-zar** verbs are regular in the preterite.

▶ Three other verbs—**creer**, **leer**, and **oír**—have spelling changes in the preterite. The **i** of the verb endings of **creer**, **leer**, and **oír** carries an accent in the **yo**, **tú**, **nosotros/as**, and **vosotros/as** forms, and changes to **y** in the **Ud./él/ella** and **Uds./ellos/ellas** forms.

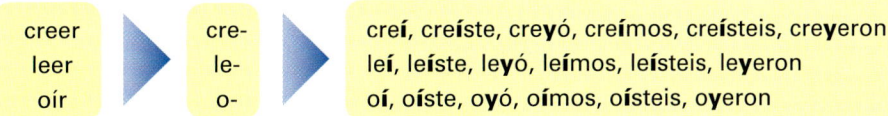

▶ **Ver** is regular in the preterite, but none of its forms has an accent.

ver → vi, viste, vio, vimos, visteis, vieron

Words commonly used with the preterite

anoche	last night	pasado/a (*adj.*)	last; past
anteayer	the day before yesterday	el año pasado	last year
		la semana pasada	last week
ayer	yesterday	una vez	once; one time
de repente	suddenly	dos veces	twice; two times
desde... hasta...	from... until...	ya	already

Ayer llegué a Santiago de Cuba.
Yesterday I arrived in Santiago de Cuba.

Anoche oí un ruido extraño.
Last night I heard a strange noise.

▶ **Acabar de** + [*infinitive*] is used to say that something has just occurred. Note that **acabar** is in the present tense in this construction.

Acabo de comprar una falda.
I just bought a skirt.

Acabas de ir de compras.
You just went shopping.

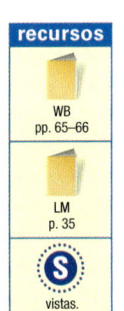

recursos
WB pp. 65–66
LM p. 35
vistas.vhlcentral.com
Lección 6

Provide the appropriate preterite forms of the verbs.

	comer	salir	comenzar	leer
1. ellas	comieron	salieron	comenzaron	leyeron
2. tú				
3. usted				
4. nosotros				
5. yo				

Práctica

1 **Completar** Andrea is talking about what happened last weekend. Complete each sentence by choosing the correct verb and putting it in the preterite.

1. El viernes a las cuatro de la tarde, la profesora Mora _____ (asistir, costar, usar) a una reunión (*meeting*) de profesores.
2. A la una, yo _____ (llegar, bucear, llevar) a la tienda con mis amigos.
3. Mis amigos y yo _____ (comprar, regatear, gastar) dos o tres cosas.
4. Yo _____ (costar, comprar, escribir) unos pantalones negros y mi amigo Mateo _____ (gastar, pasear, comprar) una camisa azul.
5. Después, nosotros _____ (llevar, vivir, comer) cerca de un mercado.
6. A las tres, Pepe _____ (hablar, pasear, nadar) con su novia por teléfono.
7. El sábado por la tarde, mi mamá _____ (escribir, beber, vivir) una carta.
8. El domingo mi tía _____ (decidir, salir, escribir) comprarme un traje.
9. A las cuatro de la tarde, mi tía _____ (beber, salir, encontrar) el traje y después nosotras _____ (acabar, ver, salir) una película.

2 **Preguntas** Imagine that you have a pesky friend who keeps asking you questions. Respond that you already did or have just done what he/she asks. Make sure you and your partner take turns playing the role of the pesky friend and responding to his/her questions.

> **modelo**
> leer la lección
> **Estudiante 1:** ¿Leíste la lección?
> **Estudiante 2:** Sí, ya la leí./Sí, acabo de leerla.

1. escribir el mensaje electrónico
2. lavar (*to wash*) la ropa
3. oír las noticias (*news*)
4. comprar pantalones cortos
5. practicar los verbos
6. pagar la cuenta (*bill*)
7. empezar la composición
8. ver la película *Diarios de motocicleta* ◀

NOTA CULTURAL

Based on Ernesto "Che" Guevara's diaries, *Diarios de motocicleta* (2004) traces the road trip of Che (played by Gael García Bernal) with his friend Alberto Granado (played by Rodrigo de la Serna) through Argentina, Chile, Peru, Colombia, and Venezuela.

3 **¿Cuándo?** Use the time expressions from the word bank to talk about when you and others did the activities listed.

anoche	anteayer	el mes pasado	una vez
ayer	la semana pasada	el año pasado	dos veces

1. mi compañero/a de cuarto: llegar tarde a clase
2. mi mejor (*best*) amigo/a: salir con un(a) chico/a guapo/a
3. mis padres: ver una película
4. yo: llevar un traje/vestido
5. el presidente/primer ministro de mi país: asistir a una conferencia internacional
6. mis amigos y yo: comer en un restaurante
7. ¿?: comprar algo (*something*) bueno, bonito y barato

 Practice more at vistas.vhlcentral.com.

Comunicación

4 **Ayer** Jot down at what time you did these activities yesterday. Then get together with a classmate and find out at what time he or she did these activities. Be prepared to share your findings with the class.

1. desayunar
2. empezar la primera clase
3. almorzar
4. ver a un(a) amigo/a
5. salir de clase
6. volver a la residencia/casa

5 **Las vacaciones** Imagine that you took these photos on a vacation with friends. Get together with a partner and use the pictures to tell him or her about your trip.

6   **El fin de semana** Your instructor will give you and your partner different incomplete charts about what four employees at **Almacén Gigante** did last weekend. After you fill out the chart based on each other's information, you will fill out the final column about your partner.

Síntesis

7 **Conversación** Get together with a partner and have a conversation about what you did last week using verbs from the word bank. Don't forget to include school activities, shopping, and pastimes.

acampar	comer	gastar	tomar
asistir	comprar	hablar	trabajar
bailar	correr	jugar	vender
beber	escribir	leer	ver
buscar	estudiar	oír	viajar

6.4 Demonstrative adjectives and pronouns

Demonstrative adjectives

ANTE TODO In Spanish, as in English, demonstrative adjectives are words that "demonstrate" or "point out" nouns. Demonstrative adjectives precede the nouns they modify and, like other Spanish adjectives you have studied, agree with them in gender and number. Observe these examples and then study the chart below.

esta camisa — this shirt
ese vendedor — that salesman
aquellos zapatos — those shoes (over there)

Demonstrative adjectives

Singular		Plural		
MASCULINE	FEMININE	MASCULINE	FEMININE	
este	esta	estos	estas	this; these
ese	esa	esos	esas	that; those
aquel	aquella	aquellos	aquellas	that; those (over there)

▶ There are three sets of demonstrative adjectives. To determine which one to use, you must establish the relationship between the speaker and the noun(s) being pointed out.

▶ The demonstrative adjectives **este**, **esta**, **estos**, and **estas** are used to point out nouns that are close to the speaker and the listener.

Me gustan estos zapatos.

▶ The demonstrative adjectives **ese**, **esa**, **esos**, and **esas** are used to point out nouns that are not close in space and time to the speaker. They may, however, be close to the listener.

Prefiero esos zapatos.

▶ The demonstrative adjectives **aquel**, **aquella**, **aquellos**, and **aquellas** are used to point out nouns that are far away from the speaker and the listener.

Aquel auto es de mi hermana.

Demonstrative pronouns

▶ Demonstrative pronouns are identical to their corresponding demonstrative adjectives, with the exception that they traditionally carry an accent mark on the stressed vowel. The **Real Academia** now requires this accent only for clarification but it is still commonly used.

Demonstrative pronouns

Singular		Plural	
MASCULINE	FEMININE	MASCULINE	FEMININE
éste	ésta	éstos	éstas
ése	ésa	ésos	ésas
aquél	aquélla	aquéllos	aquéllas

—¿Quieres comprar **este suéter**?
Do you want to buy this sweater?

—No, no quiero **éste**. Quiero **ése**.
No, I don't want this one. I want that one.

—¿Vas a leer **estas revistas**?
Are you going to read these magazines?

—Sí, voy a leer **éstas**. También voy a leer **aquéllas**.
Yes, I'm going to read these. I'll also read those (over there).

▶ **¡Atención!** Like demonstrative adjectives, demonstrative pronouns agree in gender and number with the corresponding noun.

Este libro es de Pablito.   **Éstos** son de Juana.

▶ There are three neuter demonstrative pronouns: **esto**, **eso**, and **aquello**. These forms refer to unidentified or unspecified nouns, situations, ideas, and concepts. They do not change in gender or number and never carry an accent mark.

—¿Qué es **esto**?
What's this?

—**Eso** es interesante.
That's interesting.

—**Aquello** es bonito.
That's pretty.

¡INTÉNTALO! Provide the correct form of the demonstrative adjective for these nouns.

1. la falda / este ___esta falda___
2. los estudiantes / este _____
3. los países / aquel _____
4. la ventana / ese _____
5. los periodistas / ese _____
6. el chico / aquel _____
7. las sandalias / este _____
8. las chicas / aquel _____

Práctica

1 Cambiar Make the singular sentences plural and the plural sentences singular.

> **modelo**
> Estas camisas son blancas.
> Esta camisa es blanca.

1. Aquellos sombreros son muy elegantes.
2. Ese abrigo es muy caro.
3. Estos cinturones son hermosos.
4. Esos precios son muy buenos.
5. Estas faldas son muy cortas.
6. ¿Quieres ir a aquel almacén?
7. Esas blusas son baratas.
8. Esta corbata hace juego con mi traje.

2 Completar Here are some things people might say while shopping. Complete the sentences with the correct demonstrative pronouns.

1. No me gustan esos zapatos. Voy a comprar _____. (these)
2. ¿Vas a comprar ese traje o _____? (this one)
3. Esta guayabera es bonita, pero prefiero _____. (that one)
4. Estas corbatas rojas son muy bonitas, pero _____ son fabulosas. (those)
5. Estos cinturones cuestan demasiado. Prefiero _____. (those over there)
6. ¿Te gustan esas botas o _____? (these)
7. Esa bolsa roja es bonita, pero prefiero _____. (that one over there)
8. No voy a comprar estas botas; voy a comprar _____. (those over there)
9. ¿Prefieres estos pantalones o _____? (those)
10. Me gusta este vestido, pero voy a comprar _____. (that one)
11. Me gusta ese almacén, pero _____ es mejor (better). (that one over there)
12. Esa blusa es bonita, pero cuesta demasiado. Voy a comprar _____. (this one)

3 Describir With your partner, look for two items in the classroom that are one of these colors: **amarillo, azul, blanco, marrón, negro, verde, rojo.** Take turns pointing them out to each other, first using demonstrative adjectives, and then demonstrative pronouns.

> **modelo**
> azul
> **Estudiante 1:** Esta silla es azul. Aquella mochila es azul.
> **Estudiante 2:** Ésta es azul. Aquélla es azul.

Now use demonstrative adjectives and pronouns to discuss the colors of your classmates' clothing. One of you can ask a question about an article of clothing, using the wrong color. Your partner will correct you and point out that color somewhere else in the room.

> **modelo**
> **Estudiante 1:** ¿Esa camisa es negra?
> **Estudiante 2:** No, ésa es azul. Aquélla es negra.

Comunicación

4 **Conversación** With a classmate, use demonstrative adjectives and pronouns to ask each other questions about the people around you. Use expressions from the word bank and/or your own ideas.

> ¿A qué hora…? ¿Cuántos años tiene(n)…?
> ¿Cómo es/son...? ¿De dónde es/son...?
> ¿Cómo se llama…? ¿De quién es/son...?
> ¿Cuándo…? ¿Qué clases toma(n)…?

modelo
Estudiante 1: ¿Cómo se llama esa chica?
Estudiante 2: Se llama Rebeca.
Estudiante 1: ¿A qué hora llegó aquel chico a la clase?
Estudiante 2: A las nueve.

5 **En una tienda** Imagine that you and a classmate are in Madrid shopping at Zara. Study the floor plan, then have a conversation about your surroundings. Use demonstrative adjectives and pronouns.

modelo
Estudiante 1: Me gusta este suéter azul.
Estudiante 2: Yo prefiero aquella chaqueta.

NOTA CULTURAL

Zara is an international clothing company based in Spain. Its innovative processes take a product from the design room to the manufacturing shelves in less than a month. This means that the merchandise is constantly changing to keep up with the most current trends.

Síntesis

6 **Diferencias** Your instructor will give you and a partner each a drawing of a store. They are almost identical, but not quite. Use demonstrative adjectives and pronouns to find seven differences.

modelo
Estudiante 1: Aquellas gafas de sol son feas, ¿verdad?
Estudiante 2: No. Aquellas gafas de sol son hermosas.

Recapitulación

Concepts Diagnostics

Review the grammar concepts you have learned in this lesson by completing these activities.

1 Completar Complete the chart with the correct preterite or infinitive form of the verbs. *15 pts.*

Infinitive	yo	ella	ellos
			tomaron
		abrió	
comprender			
	leí		
pagar			

2 En la tienda Look at the drawing and complete the conversation with demonstrative adjectives and pronouns. *7 pts.*

CLIENTE Buenos días, señorita. Deseo comprar (1) _____ corbata.

VENDEDORA Muy bien, señor. ¿No le interesa mirar (2) _____ trajes que están allá? Hay unos que hacen juego con la corbata.

CLIENTE (3) _____ de allá son de lana, ¿no? Prefiero ver (4) _____ traje marrón que está detrás de usted.

VENDEDORA Estupendo. Como puede ver, es de seda. Cuesta seiscientos cincuenta dólares.

CLIENTE Ah… eh… no, creo que sólo voy a comprar la corbata, gracias.

VENDEDORA Bueno… si busca algo más económico, hay rebaja en (5) _____ sombreros. Cuestan sólo treinta dólares.

CLIENTE ¡Magnífico! Me gusta (6) _____, el blanco que está hasta arriba (*at the top*). Y quiero pagar todo con (7) _____ tarjeta.

VENDEDORA Sí, señor. Ahora mismo le traigo el sombrero.

RESUMEN GRAMATICAL

6.1 Saber and conocer *p. 200*

saber	conocer
sé	conozco
sabes	conoces
sabe	conoce
sabemos	conocemos
sabéis	conocéis
saben	conocen

▶ **saber** = to know facts/how to do something
▶ **conocer** = to know a person, place, or thing

6.2 Indirect object pronouns *pp. 202–203*

Indirect object pronouns

Singular	Plural
me	nos
te	os
le	les

▶ **dar** = doy, das, da, damos, dais, dan
▶ **decir (e:i)** = digo, dices, dice, decimos, decís, dicen

6.3 Preterite tense of regular verbs *pp. 206–207*

comprar	vender	escribir
compré	vendí	escribí
compraste	vendiste	escribiste
compró	vendió	escribió
compramos	vendimos	escribimos
comprasteis	vendisteis	escribisteis
compraron	vendieron	escribieron

Verbs with spelling changes in the preterite

▶ **-car:** buscar → yo busqué
▶ **-gar:** llegar → yo llegué
▶ **-zar:** empezar → yo empecé
▶ **creer:** creí, creíste, creyó, creímos, creísteis, creyeron
▶ **leer:** leí, leíste, leyó, leímos, leísteis, leyeron
▶ **oír:** oí, oíste, oyó, oímos, oísteis, oyeron
▶ **ver:** vi, viste, vio, vimos, visteis, vieron

¡De compras!

doscientos quince **215**

6.4 Demonstrative adjectives and pronouns *pp. 210–211*

Demonstrative adjectives

Singular		Plural	
Masc.	Fem.	Masc.	Fem.
este	esta	estos	estas
ese	esa	esos	esas
aquel	aquella	aquellos	aquellas

Demonstrative pronouns

Singular		Plural	
Masc.	Fem.	Masc.	Fem.
éste	ésta	éstos	éstas
ése	ésa	ésos	ésas
aquél	aquélla	aquéllos	aquéllas

3 **¿Saber o conocer?** Complete each dialogue with the correct form of **saber** or **conocer**. **10 pts.**

1. —¿Qué _____ hacer tú?
   —(Yo) _____ jugar al fútbol.
2. —¿_____ tú esta tienda de ropa?
   —No, (yo) no la _____. ¿Es buena?
3. —¿Tus padres no _____ a tu novio?
   —No, ¡ellos no _____ que tengo novio!
4. —Mi compañero de cuarto todavía no me _____ bien.
   —Y tú, ¿lo quieres _____ a él?
5. —¿_____ ustedes dónde está el mercado?
   —No, nosotros no _____ bien esta ciudad.

4 **Oraciones** Form complete sentences using the information provided. Use indirect object pronouns and the present tense of the verbs. **10 pts.**

1. Javier / prestar / el abrigo / a Maripili
   _____
2. nosotros / vender / ropa / a los clientes
   _____
3. el vendedor / traer / las camisetas / a mis amigos y a mí
   _____
4. yo / querer dar / consejos / a ti
   _____
5. ¿tú / ir a comprar / un regalo / a mí?
   _____

5 **Mi última compra** Write a short paragraph describing the last time you went shopping. Use at least four verbs in the preterite tense. **8 pts.**

> **modelo**
> El viernes pasado, busqué unos zapatos en el centro comercial...

6 **Poema** Write the missing words to complete the excerpt from the poem *Romance sonámbulo* by Federico García Lorca. **2 EXTRA points!**

> "Verde que _____ quiero verde.
> Verde viento. Verdes ramas°.
> El barco sobre la mar
> y el caballo en la montaña, [...]
> Verde que te quiero _____ (*green*)."

ramas *branches*

Practice more at **vistas.vhlcentral.com**.

Lectura

Antes de leer

Estrategia
Skimming

Skimming involves quickly reading through a document to absorb its general meaning. This allows you to understand the main ideas without having to read word for word. When you skim a text, you might want to look at its title and subtitles. You might also want to read the first sentence of each paragraph.

Examinar el texto
Look at the format of the reading selection. How is it organized? What does the organization of the document tell you about its content?

Buscar cognados
Scan the reading selection to locate at least five cognates. Based on the cognates, what do you think the reading selection is about?

1. _____
2. _____
3. _____
4. _____
5. _____

The reading selection is about _____.

Impresiones generales
Now skim the reading selection to understand its general meaning. Jot down your impressions. What new information did you learn about the document by skimming it? Based on all the information you now have, answer these questions in Spanish.

1. Who created this document?
2. What is its purpose?
3. Who is its intended audience?

Corona

¡Corona tiene las ofertas más locas del verano!

La tienda más elegante de la ciudad con precios increíble

Carteras
ELEGANCIA
Colores anaranjado, blanco, rosado y amarillo
Ahora: 15.000 pesos
50% de rebaja

Sandalias de playa
GINO
Números del 35 al 38
A sólo 12.000 pesos
50% de descuento

Faldas largas
ROPA BONITA
Algodón. De distintos colores
Talla mediana
Precio especial:
8.000 pesos

Blusas de seda
BAMBÚ
De cuadros y de lunares
Ahora: 21.000 pesos
40% de rebaja

Vestido de algodón
PANAMÁ
Colores blanco, azul y verde
Ahora: 18.000 pesos
30% de rebaja

Accesorios
BELLEZA
Cinturones, gafas de sol, sombreros, medias
Diversos estilos
Todos con un 40% de rebaja

Lunes a sábado de 9 a 21 horas.
Domingo de 10 a 14 horas.

¡Grandes rebajas!
Real° Liquidación°
¡La rebaja está de moda en Corona!

y con la tarjeta de crédito más conveniente del mercado.

Chaquetas
CASINO
Microfibra. Colores negro, café y gris
Tallas: P, M, G, XG
Ahora: 22.500 pesos

Zapatos
COLOR
Italianos y franceses
Números del 40 al 45
A sólo 20.000 pesos

Pantalones
OCÉANO
Colores negro, gris y café
Ahora: 11.500 pesos
30% de rebaja

Ropa interior
ATLÁNTICO
Tallas: P, M, G
Colores blanco, negro y gris
40% de rebaja

Traje inglés
GALES
Modelos originales
Ahora: 105.000 pesos
30% de rebaja

Accesorios
GUAPO
Gafas de sol, corbatas, cinturones, calcetines
Diversos estilos
Todos con un 40% de rebaja

Real *Royal* Liquidación *Clearance sale* caballeros *gentlemen*

Por la compra de 40.000 pesos, puede llevar un regalo gratis.
- Un hermoso cinturón de señora
- Un par de calcetines
- Una corbata de seda
- Una bolsa para la playa
- Una mochila
- Unas medias

Después de leer

Completar
Complete this paragraph about the reading selection with the correct forms of the words from the word bank.

almacén	hacer juego	tarjeta de crédito
caro	increíble	tienda
dinero	pantalones	verano
falda	rebaja	zapato

En este anuncio de periódico, el _____ Corona anuncia la liquidación de _____ con grandes _____. Con muy poco _____ usted puede conseguir ropa fina y elegante. Si no tiene dinero en efectivo, puede utilizar su _____ y pagar luego. Para el caballero con gustos refinados, hay _____ importados de París y Roma. La señora elegante puede encontrar blusas de seda que _____ con todo tipo de _____ o _____. Los precios de esta liquidación son realmente _____.

¿Cierto o falso?
Indicate whether each statement is **cierto** or **falso**. Correct the false statements.

1. Hay sandalias de playa.
2. Las corbatas tienen una rebaja del 30%.
3. El almacén Corona tiene un departamento de zapatos.
4. Normalmente las sandalias cuestan 22.000 pesos.
5. Cuando gastas 30.000 pesos en la tienda, llevas un regalo gratis.
6. Tienen carteras amarillas.

Preguntas
In pairs, take turns asking and answering these questions.

1. Imagina que vas a ir a la tienda Corona. ¿Qué departamentos vas a visitar? ¿El departamento de ropa para señoras, el departamento de ropa para caballeros…?
2. ¿Qué vas a buscar en Corona?
3. ¿Hay tiendas similares a la tienda Corona en tu pueblo o ciudad? ¿Cómo se llaman? ¿Tienen muchas gangas?

Escritura

Estrategia

How to report an interview

There are several ways to prepare a written report about an interview. For example, you can transcribe the interview verbatim, you can simply summarize it, or you can summarize it but quote the speakers occasionally. In any event, the report should begin with an interesting title and a brief introduction, which may include the five Ws (*what, where, when, who, why*) and the H (*how*) of the interview. The report should end with an interesting conclusion. Note that when you transcribe dialogue in Spanish, you should pay careful attention to format and punctuation.

Writing dialogue in Spanish

- If you need to transcribe an interview verbatim, you can use speakers' names to indicate a change of speaker.

  CARMELA ¿Qué compraste? ¿Encontraste muchas gangas?

  ROBERTO Sí, muchas. Compré un suéter, una camisa y dos corbatas. Y tú, ¿qué compraste?

  CARMELA Una blusa y una falda muy bonitas. ¿Cuánto costó tu camisa?

  ROBERTO Sólo diez dólares. ¿Cuánto costó tu blusa?

  CARMELA Veinte dólares.

- You can also use a dash (*raya*) to mark the beginning of each speaker's words.

  —¿Qué compraste?
  —Un suéter y una camisa muy bonitos. Y tú, ¿encontraste muchas gangas?
  —Sí… compré dos blusas, tres camisetas y un par de zapatos.
  —¡A ver!

Tema

Escribe un informe

Write a report for the school newspaper about an interview you conducted with a student about his or her shopping habits and clothing preferences. First, brainstorm a list of interview questions. Then conduct the interview using the questions below as a guide, but feel free to ask other questions as they occur to you.

Examples of questions:

- ¿Cuándo vas de compras?
- ¿Adónde vas de compras?
- ¿Con quién vas de compras?
- ¿Qué tiendas, almacenes o centros comerciales prefieres?
- ¿Compras ropa de catálogos o por Internet?
- ¿Prefieres comprar ropa cara o barata? ¿Por qué? ¿Te gusta buscar gangas?
- ¿Qué ropa llevas cuando vas a clase?
- ¿Qué ropa llevas cuando sales a bailar?
- ¿Qué ropa llevas cuando practicas un deporte?
- ¿Cuáles son tus colores favoritos? ¿Compras mucha ropa de esos colores?
- ¿Les das ropa a tu familia o a tus amigos/as?

¡De compras!

Escuchar  Audio: Activities

> ### Estrategia
> **Listening for linguistic cues**
>
> You can enhance your listening comprehension by listening for specific linguistic cues. For example, if you listen for the endings of conjugated verbs, or for familiar constructions, such as **acabar de** + [*infinitive*] or **ir a** + [*infinitive*], you can find out whether an event already took place, is taking place now, or will take place in the future. Verb endings also give clues about who is participating in the action.
>
> To practice listening for linguistic cues, you will now listen to four sentences. As you listen, note whether each sentence refers to a past, present, or future action. Also jot down the subject of each sentence.

Preparación

Based on the photograph, what do you think Marisol has recently done? What do you think Marisol and Alicia are talking about? What else can you guess about their conversation from the visual clues in the photograph?

Ahora escucha

Now you are going to hear Marisol and Alicia's conversation. Make a list of the clothing items that each person mentions. Then put a check mark after the item if the person actually purchased it.

Marisol	Alicia
1. _____	1. _____
2. _____	2. _____
3. _____	3. _____
4. _____	4. _____

 Practice more at vistas.vhlcentral.com.

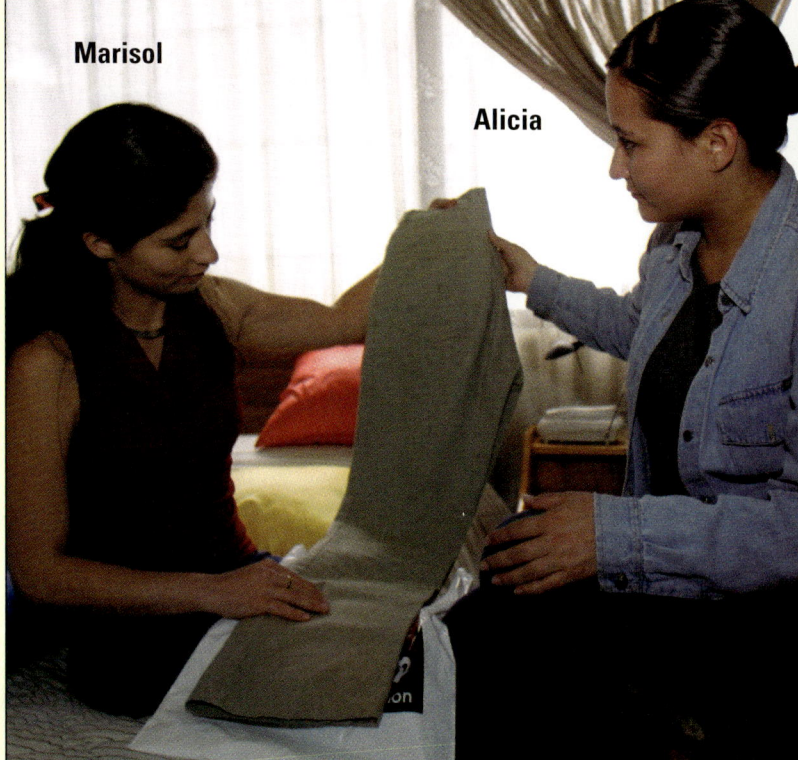

Marisol

Alicia

Comprensión

¿Cierto o falso?
Indicate whether each statement is **cierto** or **falso**. Then correct the false statements.
1. Marisol y Alicia acaban de ir de compras juntas (*together*).
2. Marisol va a comprar unos pantalones y una blusa mañana.
3. Marisol compró una blusa de cuadros.
4. Alicia compró unos zapatos nuevos hoy.
5. Alicia y Marisol van a ir al café.
6. Marisol gastó todo el dinero de la semana en ropa nueva.

Preguntas
Discuss the following questions with a classmate. Be sure to explain your answers.
1. ¿Crees que Alicia y Marisol son buenas amigas? ¿Por qué?
2. ¿Cuál de las dos estudiantes es más ahorradora (*frugal*)? ¿Por qué?
3. ¿Crees que a Alicia le gusta la ropa que Marisol compró?
4. ¿Crees que la moda es importante para Alicia? ¿Para Marisol? ¿Por qué?
5. ¿Es importante para ti estar a la moda? ¿Por qué?

En pantalla

Grocery stores in Mexico make one-stop shopping easy! Similar to the concept of a *Super-Walmart* in the U.S., most **supermercados°** in Mexico sell appliances, clothing, medicine, gardening supplies, electronics, and toys in addition to groceries. Large chains, like **Comercial Mexicana**, and smaller grocery stores alike typically sell a variety of products, allowing customers to satisfy all of their routine weekly shopping needs in one trip. Watch the **En pantalla** videoclip to see how one customer takes advantage of one-stop shopping at his local supermarket.

Vocabulario útil

con lo que ahorré	with what I saved
corazón	sweetheart
de peluche	stuffed (toy)
dragón	dragon
¿Me lo compras?	Would you buy it for me?

Comprensión

Indicate whether each statement is **cierto** or **falso**.

	Cierto	Falso
1. El niño quiere un elefante de peluche.	○	○
2. La señora usa un vestido rojo.	○	○
3. El niño sigue a la señora hasta la caja.	○	○
4. La señora no es la mamá del niño.	○	○

Conversar

With a partner, use these cues to create a conversation in Spanish between two friends at a clothing store.

Estudiante 1: Would you buy me a(n)...?

Estudiante 2: No, because it costs...

Estudiante 1: Please! I always (**siempre**) buy you...

Estudiante 2: OK, I will buy you this... How much does it cost?

Estudiante 1: It's on sale! It only costs....

Anuncio de Comercial Mexicana

¿Me lo compras?

No, corazón.

¿Me lo compras, me lo compras, me lo compras?

Video: TV Clip

Practice more at vistas.vhlcentral.com.

supermercados *supermarkets*

¡De compras!

Flash CULTURA

In the Spanish-speaking world, most city dwellers shop at large supermarkets and little stores that specialize in just one item, such as a butcher shop (**carnicería**), vegetable market (**verdulería**), perfume shop (**perfumería**), or hat shop (**sombrerería**). In small towns where supermarkets are less common, many people rely exclusively on specialty shops. This requires shopping more frequently—often every day or every other day for perishable items—but also means that the foods they consume are fresher and the goods are usually locally produced. Each neighborhood generally has its own shops, so people don't have to walk far to find fresh bread (at a **panadería**) for the midday meal.

Vocabulario útil	
colones (pl.)	currency from Costa Rica
¿Cuánto vale?	¿Cuánto cuesta?
descuento	discount
disculpe	excuse me
¿Dónde queda...?	Where is... located?
los helados	ice cream
el regateo	bargaining

Preparación
Have you ever been to an open-air market? What did you buy? Have you ever negotiated a price? What did you say?

Comprensión
Select the option that best summarizes this episode.
a. Randy Cruz va al mercado al aire libre para comprar papayas. Luego va al Mercado Central. Él les pregunta a varios clientes qué compran, prueba (*tastes*) platos típicos y busca la heladería.
b. Randy Cruz va al mercado al aire libre para comprar papayas y pedir un descuento. Luego va al Mercado Central para preguntarles a los clientes qué compran en los mercados.

Comprar en los mercados

Trescientos colones.

... pero me hace un buen descuento.

¿Qué compran en el Mercado Central?

panorama

Video: *Panorama cultural*
Interactive map

Cuba

El país en cifras

- **Área:** 110.860 km² (42.803 millas²), aproximadamente el área de Pensilvania
- **Población:** 11.213.000
- **Capital:** La Habana—2.100.000

La Habana Vieja fue declarada° Patrimonio° Cultural de la Humanidad por la UNESCO en 1982. Este distrito es uno de los lugares más fascinantes de Cuba. En La Plaza de Armas, se puede visitar el majestuoso Palacio de Capitanes Generales, que ahora es un museo. En la calle° Obispo, frecuentada por el autor Ernest Hemingway, hay hermosos cafés, clubes nocturnos y tiendas elegantes.

- **Ciudades principales:** Santiago de Cuba; Camagüey; Holguín; Guantánamo
  SOURCE: Population Division, UN Secretariat
- **Moneda:** peso cubano
- **Idiomas:** español (oficial)

Bandera de Cuba

Cubanos célebres
- **Carlos Finlay,** doctor y científico (1833–1915)
- **José Martí,** político y poeta (1853–1895)
- **Fidel Castro,** ex primer ministro, ex comandante en jefe° de las fuerzas armadas (1926–)
- **Zoé Valdés,** escritora (1959–)
- **Ibrahim Ferrer,** músico (1927–2005)

fue declarada *was declared* Patrimonio *Heritage* calle *street*
comandante en jefe *commander in chief* liviano *light*
colibrí abeja *bee hummingbird* ave *bird* mundo *world*
miden *measure* pesan *weigh*

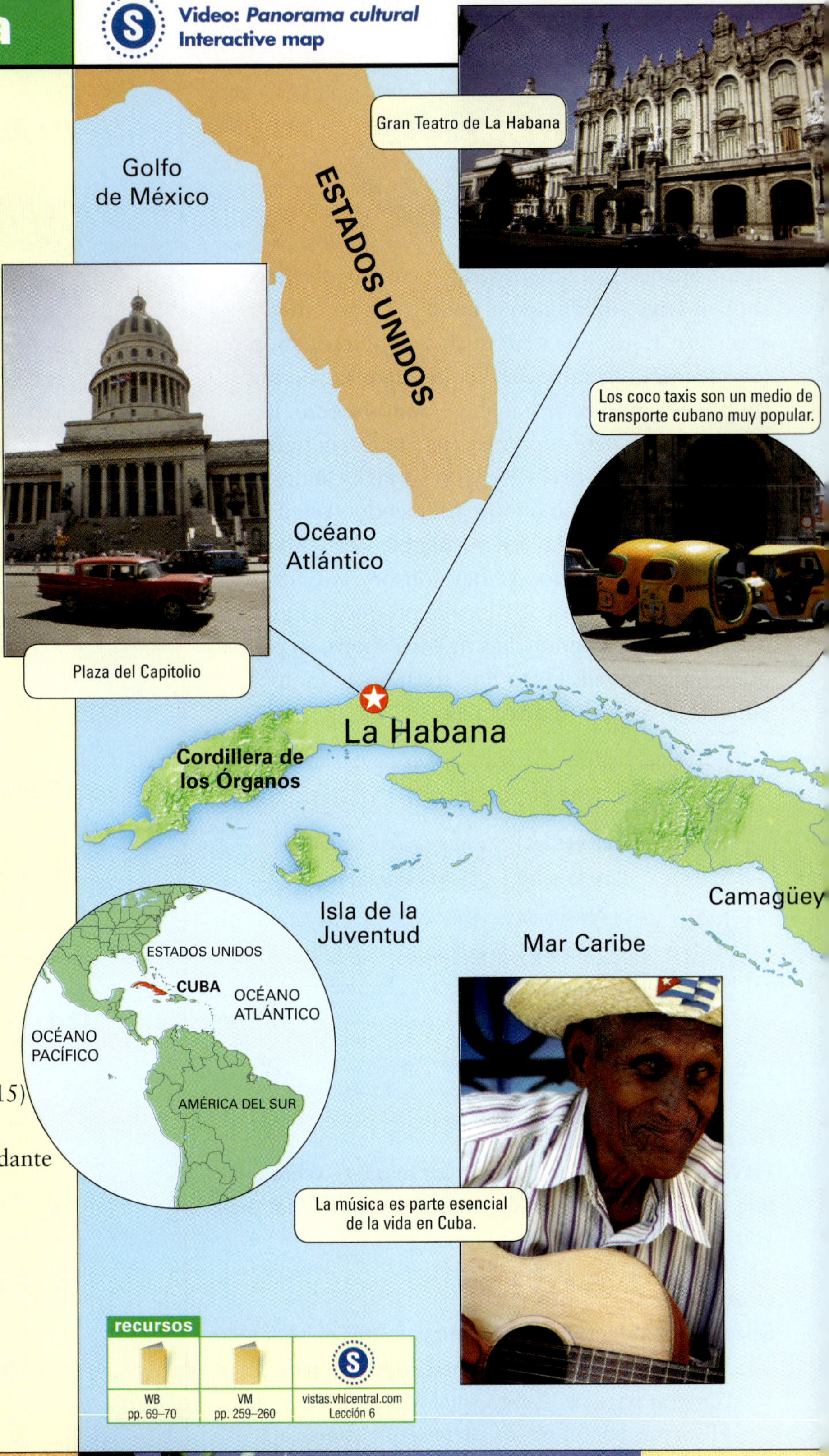

Golfo de México

Gran Teatro de La Habana

ESTADOS UNIDOS

Los coco taxis son un medio de transporte cubano muy popular.

Plaza del Capitolio

Océano Atlántico

La Habana

Cordillera de los Órganos

Isla de la Juventud

Mar Caribe

Camagüey

ESTADOS UNIDOS
CUBA
OCÉANO ATLÁNTICO
OCÉANO PACÍFICO
AMÉRICA DEL SUR

La música es parte esencial de la vida en Cuba.

recursos
WB pp. 69–70
VM pp. 259–260
vistas.vhlcentral.com Lección 6

¡Increíble pero cierto!

Pequeño y liviano°, el colibrí abeja° de Cuba es una de las más de 320 especies de colibrí y es también el ave° más pequeña del mundo°. Menores que muchos insectos, estas aves minúsculas miden° 5 centímetros y pesan° sólo 1,95 gramos.

Baile • Ballet Nacional de Cuba
La bailarina Alicia Alonso fundó el Ballet Nacional de Cuba en 1948, después de° convertirse en una estrella° internacional en el Ballet de Nueva York y en Broadway. El Ballet Nacional de Cuba es famoso en todo el mundo por su creatividad y perfección técnica.

Economía • La caña de azúcar y el tabaco
La caña de azúcar° es el producto agrícola° que más se cultiva en la isla y su exportación es muy importante para la economía del país. El tabaco, que se usa para fabricar los famosos puros° cubanos, es otro cultivo° de mucha importancia.

Gente • Población
La población cubana tiene raíces° muy heterogéneas. La inmigración a la isla fue determinante° desde la colonia hasta mediados° del siglo° XX. Los cubanos de hoy son descendientes de africanos, europeos, chinos y antillanos, entre otros.

Música • Buena Vista Social Club
En 1997 nace° el fenómeno musical conocido como *Buena Vista Social Club*. Este proyecto reúne° a un grupo de importantes músicos de Cuba, la mayoría ya mayores, con una larga trayectoria interpretando canciones clásicas del son° cubano. Ese mismo año ganaron un *Grammy*. Hoy en día estos músicos son conocidos en todo el mundo, y personas de todas las edades bailan al ritmo° de su música.

¿Qué aprendiste? Responde a las preguntas con una oración completa.
1. ¿Qué autor está asociado con la Habana Vieja?
2. ¿Por qué es famoso el Ballet Nacional de Cuba?
3. ¿Cuáles son los dos cultivos más importantes para la economía cubana?
4. ¿Qué fabrican los cubanos con la planta del tabaco?
5. ¿De dónde son muchos de los inmigrantes que llegaron a Cuba?
6. ¿En qué año ganó un *Grammy* el disco *Buena Vista Social Club*?

Conexión Internet Investiga estos temas en **vistas.vhlcentral.com**.
1. Busca información sobre un(a) cubano/a célebre. ¿Por qué es célebre? ¿Qué hace? ¿Todavía vive en Cuba?
2. Busca información sobre una de las ciudades principales de Cuba. ¿Qué atracciones hay en esta ciudad?

Practice more at vistas.vhlcentral.com.

después de *after*   estrella *star*   caña de azúcar *sugar cane*   agrícola *farming*   puros *cigars*   cultivo *crop*   raíces *roots*   determinante *deciding*   mediados *halfway through*   siglo *century*   nace *is born*   reúne *gets together*   son *Cuban musical genre*   ritmo *rhythm*

vocabulario

La ropa

el abrigo	coat
los (blue)jeans	jeans
la blusa	blouse
la bolsa	purse; bag
la bota	boot
los calcetines (el calcetín)	sock(s)
la camisa	shirt
la camiseta	t-shirt
la cartera	wallet
la chaqueta	jacket
el cinturón	belt
la corbata	tie
la falda	skirt
las gafas (de sol)	(sun)glasses
los guantes	gloves
el impermeable	raincoat
las medias	pantyhose; stockings
los pantalones	pants
los pantalones cortos	shorts
la ropa	clothing; clothes
la ropa interior	underwear
las sandalias	sandals
el sombrero	hat
el suéter	sweater
el traje	suit
el traje de baño	bathing suit
el vestido	dress
los zapatos de tenis	sneakers

Verbos

conducir	to drive
conocer	to know; to be acquainted with
ofrecer	to offer
parecer	to seem
saber	to know; to know how
traducir	to translate

Ir de compras

el almacén	department store
la caja	cash register
el centro comercial	shopping mall
el/la cliente/a	customer
el/la dependiente/a	clerk
el dinero	money
(en) efectivo	cash
el mercado (al aire libre)	(open-air) market
un par (de zapatos)	a pair (of shoes)
el precio (fijo)	(fixed; set) price
la rebaja	sale
el regalo	gift
la tarjeta de crédito	credit card
la tienda	shop; store
el/la vendedor(a)	salesperson
costar (o:ue)	to cost
gastar	to spend (money)
hacer juego (con)	to match (with)
llevar	to wear; to take
pagar	to pay
regatear	to bargain
usar	to wear; to use
vender	to sell

Adjetivos

barato/a	cheap
bueno/a	good
cada	each
caro/a	expensive
corto/a	short (in length)
elegante	elegant
hermoso/a	beautiful
largo/a	long
loco/a	crazy
nuevo/a	new
otro/a	other; another
pobre	poor
rico/a	rich

Los colores

el color	color
amarillo/a	yellow
anaranjado/a	orange
azul	blue
blanco/a	white
gris	gray
marrón, café	brown
morado/a	purple
negro/a	black
rojo/a	red
rosado/a	pink
verde	green

Palabras adicionales

acabar de (+ *inf.*)	to have just done something
anoche	last night
anteayer	the day before yesterday
ayer	yesterday
de repente	suddenly
desde	from
dos veces	twice; two times
hasta	until
pasado/a (*adj.*)	last; past
el año pasado	last year
la semana pasada	last week
prestar	to lend; to loan
una vez	once; one time
ya	already

Indirect object pronouns	See page 202.
Demonstrative adjectives and pronouns	See page 210.
Expresiones útiles	See page 195.

Audio: Vocabulary

Consulta

A-1

Apéndice A
Plan de escritura — page A-2

Apéndice B
Spanish Terms for Direction Lines and Classroom Use — pages A-3–4

Apéndice C
Glossary of Grammatical Terms — pages A-5–8

Apéndice D
Verb Conjugation Tables — pages A-9–18

Vocabulario
Spanish–English — pages A-19–34
English–Spanish — pages A-35–50

Índice
pages A-51–55

Credits
pages A-56–57

Bios
About the Authors — page A-58
About the Illustrators — page A-58

Maps
pages A-59–62

Apéndice A

Plan de escritura

1. Ideas y organización

Begin by organizing your writing materials. If you prefer to write by hand, you may want to have a few spare pens and pencils on hand, as well as an eraser or correction fluid. If you prefer to use a word-processing program, make sure you know how to type Spanish accent marks, the **tilde**, and Spanish punctuation marks. Then make a list of the resources you can consult while writing. Finally, make a list of the basic ideas you want to cover. Beside each idea, jot down a few Spanish words and phrases you may want to use while writing.

2. Primer borrador

Write your first draft, using the resources and ideas you gathered in **Ideas y organización.**

3. Comentario

Exchange papers with a classmate and comment on each other's work, using these questions as a guide. Begin by mentioning what you like about your classmate's writing.

 a. How can your classmate make his or her writing clearer, more logical, or more organized?
 b. What suggestions do you have for making the writing more interesting or complete?
 c. Do you see any spelling or grammatical errors?

4. Redacción

Revise your first draft, keeping in mind your classmate's comments. Also, incorporate any new information you may have. Before handing in the final version, review your work using these guidelines:

 a. Make sure each verb agrees with its subject. Then check the gender and number of each article, noun, and adjective.
 b. Check your spelling and punctuation.
 c. Consult your **Anotaciones para mejorar la escritura** (see description below) to avoid repetition of previous errors.

5. Evaluación y progreso

You may want to share what you've written with a classmate, a small group, or the entire class. After your instructor has returned your paper, review the comments and corrections. On a separate sheet of paper, write the heading **Anotaciones para mejorar** (*Notes for improving*) **la escritura** and list your most common errors. Place this list and your corrected document in your writing portfolio (**Carpeta de trabajos**) and consult it from time to time to gauge your progress.

Spanish Terms for Direction Lines and Classroom Use

Below is a list of useful terms that you might hear your instructor say in class. It also includes Spanish terms that appear in the direction lines of your textbook.

En las instrucciones — In direction lines

Cambia/Cambien...	Change...
Camina/Caminen por la clase.	Walk around the classroom.
Ciertas o falsas	True or false
Cierto o falso	True or false
Circula/Circulen por la clase.	Walk around the classroom.
Completa las oraciones de una manera lógica.	Complete the sentences logically.
Con un(a) compañero/a...	With a classmate...
Contesta las preguntas.	Answer the questions.
Corrige las oraciones falsas.	Correct the false statements.
Cuenta/Cuenten...	Tell...
Di/Digan...	Say...
Discute/Discutan...	Discuss...
En grupos...	In groups...
En parejas...	In pairs...
Entrevista...	Interview...
Escúchala	Listen to it
Forma oraciones completas.	Create/Make complete sentences.
Háganse preguntas.	Ask each other questions.
Haz el papel de...	Play the role of...
Haz los cambios necesarios.	Make the necessary changes.
Indica/Indiquen si las oraciones...	Indicate if the sentences...
Intercambia/Intercambien...	Exchange...
Lee/Lean en voz alta.	Read aloud.
Pon/Pongan...	Put...
...que mejor completa...	...that best completes...
Reúnete...	Get together...
...se da/dan como ejemplo.	...is/are given as a model.
Toma nota...	Take note...
Tomen apuntes.	Take notes.
Túrnense...	Take turns...

Palabras útiles — Useful words

la adivinanza	riddle
el anuncio	advertisement/ad
los apuntes	notes
el borrador	draft
la canción	song
la concordancia	agreement
el contenido	contents
el cortometraje	short film
eficaz	efficient
la encuesta	survey
el equipo	team
el esquema	outline
el folleto	brochure
las frases	statements
la hoja de actividades	activity sheet/handout
la hoja de papel	piece of paper
la información errónea	incorrect information
el/la lector(a)	reader
la lectura	reading
las oraciones	sentences
la ortografía	spelling
el papel	role
el párrafo	paragraph
el paso	step
la(s) persona(s) descrita(s)	the person (people) described
la pista	clue
por ejemplo	for example
el propósito	purpose
los recursos	resources
el reportaje	report
los resultados	results
según	according to
siguiente	following
la sugerencia	suggestion
el sustantivo	noun
el tema	topic
último	last
el último recurso	last resort

Spanish Terms for Direction Lines and Classroom Use

Verbos útiles — Useful verbs

adivinar	to guess
anotar	to jot down
añadir	to add
apoyar	to support
averiguar	to find out
cambiar	to change
combinar	to combine
compartir	to share
comprobar (o:ue)	to check
corregir (e:i)	to correct
crear	to create
devolver (o:ue)	to return
doblar	to fold
dramatizar	to act out
elegir (e:i)	to choose/select
emparejar	to match
entrevistar	to interview
escoger	to choose
identificar	to identify
incluir	to include
informar	to report
intentar	to try
intercambiar	to exchange
investigar	to research
marcar	to mark
preguntar	to ask
recordar (o:ue)	to remember
responder	to answer
revisar	to revise
seguir (e:i)	to follow
seleccionar	to select
subrayar	to underline
traducir	to translate
tratar de	to be about

Expresiones útiles — Useful expressions

Ahora mismo.	Right away.
¿Cómo no?	But of course.
¿Cómo se dice _____ en español?	How do you say _____ in Spanish?
¿Cómo se escribe _____?	How do you spell _____?
¿Comprende(n)?	Do you understand?
Con gusto.	With pleasure.
Con permiso.	Excuse me.
De acuerdo.	Okay.
De nada.	You're welcome.
¿De veras?	Really?
¿En qué página estamos?	What page are we on?
¿En serio?	Seriously?
Enseguida.	Right away.
hoy día	nowadays
Más despacio, por favor.	Slower, please.
Muchas gracias.	Thanks a lot.
No entiendo.	I don't understand.
No hay de qué.	Don't mention it.
No importa.	No problem./It doesn't matter.
¡No me digas!	You don't say!
No sé.	I don't know.
¡Ojalá!	Hopefully!
Perdone.	Pardon me.
Por favor.	Please.
Por supuesto.	Of course.
¡Qué bien!	Great!
¡Qué gracioso!	How funny!
¡Qué pena!	What a shame/pity!
¿Qué significa _____?	What does _____ mean?
Repite, por favor.	Please repeat.
Tengo una pregunta.	I have a question.
¿Tiene(n) alguna pregunta?	Do you have any questions?
Vaya(n) a la página dos.	Go to page 2.

Glossary of Grammatical Terms

ADJECTIVE A word that modifies, or describes, a noun or pronoun.

muchos libros
many books

las mujeres **altas**
the tall women

un hombre **rico**
a rich man

Demonstrative adjective An adjective that specifies which noun a speaker is referring to.

esta fiesta
this party

aquellas flores
those flowers

ese chico
that boy

Possessive adjective An adjective that indicates ownership or possession.

mi mejor vestido
my best dress

Éste es **mi** hermano.
This is my brother.

Stressed possessive adjective A possessive adjective that emphasizes the owner or possessor.

Es un libro **mío**.
It's my book./It's a book of mine.

Es amiga **tuya**; yo no la conozco.
She's a friend of yours; I don't know her.

ADVERB A word that modifies, or describes, a verb, adjective, or other adverb.

Pancho escribe **rápidamente**.
Pancho writes quickly.

Este cuadro es **muy** bonito.
This picture is very pretty.

ARTICLE A word that points out a noun in either a specific or a non-specific way.

Definite article An article that points out a noun in a specific way.

el libro
the book

los diccionarios
the dictionaries

la maleta
the suitcase

las palabras
the words

Indefinite article An article that points out a noun in a general, non-specific way.

un lápiz
a pencil

unos pájaros
some birds

una computadora
a computer

unas escuelas
some schools

CLAUSE A group of words that contains both a conjugated verb and a subject, either expressed or implied.

Main (or Independent) clause A clause that can stand alone as a complete sentence.

Pienso ir a cenar pronto.
I plan to go to dinner soon.

Subordinate (or Dependent) clause A clause that does not express a complete thought and therefore cannot stand alone as a sentence.

Trabajo en la cafetería **porque necesito dinero para la escuela**.
I work in the cafeteria because I need money for school.

COMPARATIVE A construction used with an adjective or adverb to express a comparison between two people, places, or things.

Este programa es **más interesante que** el otro.
This program is more interesting than the other one.

Tomás no es **tan alto como** Alberto.
Tomás is not as tall as Alberto.

CONJUGATION A set of the forms of a verb for a specific tense or mood or the process by which these verb forms are presented.

Preterite conjugation of **cantar**:
cant**é**   cant**amos**
cant**aste**   cant**asteis**
cant**ó**   cant**aron**

CONJUNCTION A word used to connect words, clauses, or phrases.

Susana es de Cuba **y** Pedro es de España.
Susana is from Cuba and Pedro is from Spain.

No quiero estudiar **pero** tengo que hacerlo.
I don't want to study, but I have to.

Glossary of Grammatical Terms

CONTRACTION The joining of two words into one. The only contractions in Spanish are **al** and **del**.

Mi hermano fue **al** concierto ayer.
*My brother went **to the** concert yesterday.*

Saqué dinero **del** banco.
*I took money **from the** bank.*

DIRECT OBJECT A noun or pronoun that directly receives the action of the verb.

Tomás lee **el libro**.   **La** pagó ayer.
*Tomás reads **the book**.   She paid **it** yesterday.*

GENDER The grammatical categorizing of certain kinds of words, such as nouns and pronouns, as masculine, feminine, or neuter.

Masculine
articles **el, un**
pronouns **él, lo, mío, éste, ése, aquél**
adjective **simpático**

Feminine
articles **la, una**
pronouns **ella, la, mía, ésta, ésa, aquélla**
adjective **simpática**

IMPERSONAL EXPRESSION A third-person expression with no expressed or specific subject.

Es muy importante.   **Llueve** mucho.
It's very important.   It's raining hard.

Aquí **se habla** español.
*Spanish **is spoken** here.*

INDIRECT OBJECT A noun or pronoun that receives the action of the verb indirectly; the object, often a living being, to or for whom an action is performed.

Eduardo **le** dio un libro **a Linda**.
*Eduardo gave a book **to Linda**.*

La profesora **me** puso una C en el examen.
*The professor gave **me** a C on the test.*

INFINITIVE The basic form of a verb. Infinitives in Spanish end in **-ar, -er,** or **-ir**.

hablar   correr   abrir
to speak   to run   to open

INTERROGATIVE An adjective or pronoun used to ask a question.

¿**Quién** habla?   ¿**Cuántos** compraste?
Who is speaking?   How many did you buy?

¿**Qué** piensas hacer hoy?
What do you plan to do today?

INVERSION Changing the word order of a sentence, often to form a question.

Statement: Elena pagó la cuenta del restaurante.
Inversion: ¿Pagó Elena la cuenta del restaurante?

MOOD A grammatical distinction of verbs that indicates whether the verb is intended to make a statement or command or to express a doubt, emotion, or condition contrary to fact.

Imperative mood Verb forms used to make commands.

Di la verdad.   **Caminen** ustedes conmigo.
Tell the truth.   Walk with me.

¡**Comamos** ahora!
Let's eat now!

Indicative mood Verb forms used to state facts, actions, and states considered to be real.

Sé que **tienes** el dinero.
*I know that **you have** the money.*

Subjunctive mood Verb forms used principally in subordinate (dependent) clauses to express wishes, desires, emotions, doubts, and certain conditions, such as contrary-to-fact situations.

Prefieren que **hables** en español.
*They prefer that **you speak** in Spanish.*

Dudo que Luis **tenga** el dinero necesario.
*I doubt that Luis **has** the necessary money.*

NOUN A word that identifies people, animals, places, things, and ideas.

hombre   gato
man   cat

México   casa
Mexico   house

libertad   libro
freedom   book

Glossary of Grammatical Terms

NUMBER A grammatical term that refers to singular or plural. Nouns in Spanish and English have number. Other parts of a sentence, such as adjectives, articles, and verbs, can also have number.

Singular	Plural
una cosa	**unas** cosas
a thing	*some things*
el profesor	**los** profesores
the professor	*the professors*

NUMBERS Words that represent amounts.

Cardinal numbers Words that show specific amounts.

cinco minutos
five minutes

el año **dos mil veintitrés**
the year 2023

Ordinal numbers Words that indicate the order of a noun in a series.

el **cuarto** jugador   la **décima** hora
*the **fourth** player*   *the **tenth** hour*

PAST PARTICIPLE A past form of the verb used in compound tenses. The past participle may also be used as an adjective, but it must then agree in number and gender with the word it modifies.

Han **buscado** por todas partes.
*They have **searched** everywhere.*

Yo no había **estudiado** para el examen.
*I hadn't **studied** for the exam.*

Hay una ventana **abierta** en la sala.
*There is an **open** window in the living room.*

PERSON The form of the verb or pronoun that indicates the speaker, the one spoken to, or the one spoken about. In Spanish, as in English, there are three persons: first, second, and third.

Person	Singular	Plural
1st	yo *I*	nosotros/as *we*
2nd	tú, Ud. *you*	vosotros/as, Uds. *you*
3rd	él, ella *he, she*	ellos, ellas *they*

PREPOSITION A word or words that describe(s) the relationship, most often in time or space, between two other words.

Anita es **de** California.
*Anita is **from** California.*

La chaqueta está **en** el carro.
*The jacket is **in** the car.*

Marta se peinó **antes de** salir.
*Marta combed her hair **before** going out.*

PRESENT PARTICIPLE In English, a verb form that ends in *-ing*. In Spanish, the present participle ends in **-ndo**, and is often used with **estar** to form a progressive tense.

Mi hermana está **hablando** por teléfono ahora mismo.
*My sister is **talking** on the phone right now.*

PRONOUN A word that takes the place of a noun or nouns.

Demonstrative pronoun A pronoun that takes the place of a specific noun.

Quiero **ésta**.
*I want **this one**.*

¿Vas a comprar **ése**?
*Are you going to buy **that one**?*

Juan prefirió **aquéllos**.
*Juan preferred **those** (over there).*

Object pronoun A pronoun that functions as a direct or indirect object of the verb.

Te digo la verdad.
*I'm telling **you** the truth.*

Me lo trajo Juan.
*Juan brought **it** to **me**.*

Reflexive pronoun A pronoun that indicates that the action of a verb is performed by the subject on itself. These pronouns are often expressed in English with *-self*: *myself*, *yourself*, etc.

Yo **me** bañé antes de salir.
*I bathed **(myself)** before going out.*

Elena **se** acostó a las once y media.
Elena went to bed at eleven-thirty.

Glossary of Grammatical Terms

Relative pronoun A pronoun that connects a subordinate clause to a main clause.

El chico **que** nos escribió viene de visita mañana.
*The boy **who** wrote us is coming to visit tomorrow.*

Ya sé **lo que** tenemos que hacer.
*I already know **what** we have to do.*

Subject pronoun A pronoun that replaces the name or title of a person or thing, and acts as the subject of a verb.

Tú debes estudiar más.
***You** should study more.*

Él llegó primero.
***He** arrived first.*

SUBJECT A noun or pronoun that performs the action of a verb and is often implied by the verb.

María va al supermercado.
***María** goes to the supermarket.*

(Ellos) Trabajan mucho.
***They** work hard.*

Esos **libros** son muy caros.
*Those **books** are very expensive.*

SUPERLATIVE A word or construction used with an adjective or adverb to express the highest or lowest degree of a specific quality among three or more people, places, or things.

De todas mis clases, ésta es la **más interesante**.
*Of all my classes, this is the **most interesting**.*

Raúl es el **menos simpático** de los chicos.
*Raúl is the **least pleasant** of the boys.*

TENSE A set of verb forms that indicates the time of an action or state: past, present, or future.

Compound tense A two-word tense made up of an auxiliary verb and a present or past participle. In Spanish, there are two auxiliary verbs: **estar** and **haber**.

En este momento, **estoy estudiando**.
*At this time, **I am studying**.*

El paquete no **ha llegado** todavía.
*The package **has not arrived** yet.*

Simple tense A tense expressed by a single verb form.

María **estaba** enferma anoche.
*María **was** sick last night.*

Juana **hablará** con su mamá mañana.
*Juana **will speak** with her mom tomorrow.*

VERB A word that expresses actions or states-of-being.

Auxiliary verb A verb used with a present or past participle to form a compound tense. **Haber** is the most commonly used auxiliary verb in Spanish.

Los chicos **han** visto los elefantes.
*The children **have** seen the elephants.*

Espero que **hayas** comido.
*I hope you **have** eaten.*

Reflexive verb A verb that describes an action performed by the subject on itself and is always used with a reflexive pronoun.

Me compré un carro nuevo.
***I bought myself** a new car.*

Pedro y Adela **se levantan** muy temprano.
*Pedro and Adela **get (themselves) up** very early.*

Spelling change verb A verb that undergoes a predictable change in spelling, in order to reflect its actual pronunciation in the various conjugations.

practicar	c→qu	practico	practiqué
dirigir	g→j	dirigí	dirijo
almorzar	z→c	almorzó	almorcé

Stem-changing verb A verb whose stem vowel undergoes one or more predictable changes in the various conjugations.

entender (e:ie)	entiendo
pedir (e:i)	piden
dormir (o:ue, u)	duermo, durmieron

Verb Conjugation Tables

The verb lists
The list of verbs below, and the model-verb tables that start on page A-11 show you how to conjugate every verb taught in **VISTAS**. Each verb in the list is followed by a model verb conjugated according to the same pattern. The number in parentheses indicates where in the verb tables you can find the conjugated forms of the model verb. If you want to find out how to conjugate **divertirse**, for example, look up number 33, **sentir**, the model for verbs that follow the e:ie stem-change pattern.

How to use the verb tables
In the tables you will find the infinitive, present and past participles, and all the simple forms of each model verb. The formation of the compound tenses of any verb can be inferred from the table of compound tenses, pages A-11–12, either by combining the past participle of the verb with a conjugated form of **haber** or by combining the present participle with a conjugated form of **estar**.

---

abrazar (z:c) like cruzar (37)
abrir like vivir (3) *except* past participle is **abierto**
aburrir(se) like vivir (3)
acabar de like hablar (1)
acampar like hablar (1)
acompañar like hablar (1)
aconsejar like hablar (1)
acordarse (o:ue) like contar (24)
acostarse (o:ue) like contar (24)
adelgazar (z:c) like cruzar (37)
afeitarse like hablar (1)
ahorrar like hablar (1)
alegrarse like hablar (1)
aliviar like hablar (1)
almorzar (o:ue) like contar (24) *except* (z:c)
alquilar like hablar (1)
andar like hablar (1) *except* preterite stem is **anduv-**
anunciar like hablar (1)
apagar (g:gu) like llegar (41)
aplaudir like vivir (3)
apreciar like hablar (1)
aprender like comer (2)
apurarse like hablar (1)
arrancar (c:qu) like tocar (43)
arreglar like hablar (1)

asistir like vivir (3)
aumentar like hablar (1)
ayudar(se) like hablar (1)
bailar like hablar (1)
bajar(se) like hablar (1)
bañarse like hablar (1)
barrer like comer (2)
beber like comer (2)
besar(se) like hablar (1)
borrar like hablar (1)
brindar like hablar (1)
bucear like hablar (1)
buscar (c:qu) like tocar (43)
caber (4)
caer(se) (5)
calentarse (e:ie) like pensar (30)
calzar (z:c) like cruzar (37)
cambiar like hablar (1)
caminar like hablar (1)
cantar like hablar (1)
casarse like hablar (1)
cazar (z:c) like cruzar (37)
celebrar like hablar (1)
cenar like hablar (1)
cepillarse like hablar (1)
cerrar (e:ie) like pensar (30)
cobrar like hablar (1)
cocinar like hablar (1)
comenzar (e:ie) (z:c) like empezar (26)
comer (2)
compartir like vivir (3)

comprar like hablar (1)
comprender like comer (2)
comprometerse like comer (2)
comunicarse (c:qu) like tocar (43)
conducir (c:zc) (6)
confirmar like hablar (1)
conocer (c:zc) (35)
conseguir (e:i) (g:gu) like seguir (32)
conservar like hablar (1)
consumir like vivir (3)
contaminar like hablar (1)
contar (o:ue) (24)
contratar like hablar (1)
contestar like hablar (1)
conversar like hablar (1)
controlar like hablar (1)
correr like comer (2)
costar (o:ue) like contar (24)
creer (y) (36)
cruzar (z:c) (37)
cuidar like hablar (1)
cumplir like vivir (3)
dañar like hablar (1)
dar (7)
deber like comer (2)
decidir like vivir (3)
decir (e:i) (8)
declarar like hablar (1)
dejar like hablar (1)

depositar like hablar (1)
desarrollar like hablar (1)
desayunar like hablar (1)
descansar like hablar (1)
descargar like llegar (41)
describir like vivir (3) *except* past participle is **descrito**
descubrir like vivir (3) *except* past participle is **descubierto**
desear like hablar (1)
despedirse (e:i) like pedir (29)
despertarse (e:ie) like pensar (30)
destruir (y) (38)
dibujar like hablar (1)
dirigir (g:j) like vivir (3) *except* (g:j)
disfrutar like hablar (1)
divertirse (e:ie) like sentir (33)
divorciarse like hablar (1)
doblar like hablar (1)
doler (o:ue) like volver (34) *except* past participle is regular
dormir(se) (o:ue, u) (25)
ducharse like hablar (1)
dudar like hablar (1)
durar like hablar (1)
echar like hablar (1)
elegir (e:i) like pedir (29) *except* (g:j)

emitir like vivir (3)
empezar (e:ie) (z:c) (26)
enamorarse like hablar (1)
encantar like hablar (1)
encontrar(se) (o:ue) like contar (24)
enfermarse like hablar (1)
engordar like hablar (1)
enojarse like hablar (1)
enseñar like hablar (1)
ensuciar like hablar (1)
entender (e:ie) (27)
entrenarse like hablar (1)
entrevistar like hablar (1)
enviar (envío) (39)
escalar like hablar (1)
escanear like hablar (1)
escoger (g:j) like proteger (42)
escribir like vivir (3) except past participle is escrito
escuchar like hablar (1)
esculpir like vivir (3)
esperar like hablar (1)
esquiar (esquío) like enviar (39)
establecer (c:zc) like conocer (35)
estacionar like hablar (1)
estar (9)
estornudar like hablar (1)
estudiar like hablar (1)
evitar like hablar (1)
explicar (c:qu) like tocar (43)
faltar like hablar (1)
fascinar like hablar (1)
firmar like hablar (1)
fumar like hablar (1)
funcionar like hablar (1)
ganar like hablar (1)
gastar like hablar (1)
grabar like hablar (1)
graduarse (gradúo) (40)
guardar like hablar (1)
gustar like hablar (1)
haber (hay) (10)
hablar (1)
hacer (11)
importar like hablar (1)
imprimir like vivir (3)
indicar (c:qu) like tocar (43)
informar like hablar (1)
insistir like vivir (3)
interesar like hablar (1)

invertir (e:ie) like sentir (33)
invitar like hablar (1)
ir(se) (12)
jubilarse like hablar (1)
jugar (u:ue) (g:gu) (28)
lastimarse like hablar (1)
lavar(se) like hablar (1)
leer (y) like creer (36)
levantar(se) like hablar (1)
limpiar like hablar (1)
llamar(se) like hablar (1)
llegar (g:gu) (41)
llenar like hablar (1)
llevar(se) like hablar (1)
llover (o:ue) like volver (34) except past participle is regular
luchar like hablar (1)
mandar like hablar (1)
manejar like hablar (1)
mantener(se) (e:ie) like tener (20)
maquillarse like hablar (1)
mejorar like hablar (1)
merendar (e:ie) like pensar (30)
mirar like hablar (1)
molestar like hablar (1)
montar like hablar (1)
morir (o:ue) like dormir (25) except past participle is muerto
mostrar (o:ue) like contar (24)
mudarse like hablar (1)
nacer (c:zc) like conocer (35)
nadar like hablar (1)
navegar (g:gu) like llegar (41)
necesitar like hablar (1)
negar (e:ie) like pensar (30) except (g:gu)
nevar (e:ie) like pensar (30)
obedecer (c:zc) like conocer (35)
obtener (e:ie) like tener (20)
ocurrir like vivir (3)
odiar like hablar (1)
ofrecer (c:zc) like conocer (35)
oír (13)
olvidar like hablar (1)
pagar (g:gu) like llegar (41)
parar like hablar (1)

parecer (c:zc) like conocer (35)
pasar like hablar (1)
pasear like hablar (1)
patinar like hablar (1)
pedir (e:i) (29)
peinarse like hablar (1)
pensar (e:ie) (30)
perder (e:ie) like entender (27)
pescar (c:qu) like tocar (43)
pintar like hablar (1)
planchar like hablar (1)
poder (o:ue) (14)
poner(se) (15)
practicar (c:qu) like tocar (43)
preferir (e:ie) like sentir (33)
preguntar like hablar (1)
prender like comer (2)
preocuparse like hablar (1)
preparar like hablar (1)
presentar like hablar (1)
prestar like hablar (1)
probar(se) (o:ue) like contar (24)
prohibir like vivir (3)
proteger (g:j) (42)
publicar (c:qu) like tocar (43)
quedar(se) like hablar (1)
querer (e:ie) (16)
quitar(se) like hablar (1)
recetar like hablar (1)
recibir like vivir (3)
reciclar like hablar (1)
recoger (g:j) like proteger (42)
recomendar (e:ie) like pensar (30)
recordar (o:ue) like contar (24)
reducir (c:zc) like conducir (6)
regalar like hablar (1)
regatear like hablar (1)
regresar like hablar (1)
reír(se) (e:i) (31)
relajarse like hablar (1)
renunciar like hablar (1)
repetir (e:i) like pedir (29)
resolver (o:ue) like volver (34)
respirar like hablar (1)
revisar like hablar (1)

rogar (o:ue) like contar (24) except (g:gu)
romper(se) like comer (2) except past participle is roto
saber (17)
sacar (c:qu) like tocar (43)
sacudir like vivir (3)
salir (18)
saludar(se) like hablar (1)
secar(se) (c:qu) like tocar (43)
seguir (e:i) (32)
sentarse (e:ie) like pensar (30)
sentir(se) (e:ie) (33)
separarse like hablar (1)
ser (19)
servir (e:i) like pedir (29)
solicitar like hablar (1)
sonar (o:ue) like contar (24)
sonreír (e:i) like reír(se) (31)
sorprender like comer (2)
subir like vivir (3)
sudar like hablar (1)
sufrir like vivir (3)
sugerir (e:ie) like sentir (33)
suponer like poner (15)
temer like comer (2)
tener (e:ie) (20)
terminar like hablar (1)
tocar (c:qu) (43)
tomar like hablar (1)
torcerse (o:ue) like volver (34) except (c:z) and past participle is regular; e.g., yo tuerzo
toser like comer (2)
trabajar like hablar (1)
traducir (c:zc) like conducir (6)
traer (21)
transmitir like vivir (3)
tratar like hablar (1)
usar like hablar (1)
vender like comer (2)
venir (e:ie, i) (22)
ver (23)
vestirse (e:i) like pedir (29)
viajar like hablar (1)
visitar like hablar (1)
vivir (3)
volver (o:ue) (34)
votar like hablar (1)

Regular verbs: simple tenses

Infinitive	INDICATIVE						SUBJUNCTIVE		IMPERATIVE
	Present	Imperfect	Preterite	Future	Conditional		Present	Past	
1 hablar	hablo	hablaba	hablé	hablaré	hablaría		hable	hablara	
	hablas	hablabas	hablaste	hablarás	hablarías		hables	hablaras	habla tú (no hables)
Participles:	habla	hablaba	habló	hablará	hablaría		hable	hablara	hable Ud.
hablando	hablamos	hablábamos	hablamos	hablaremos	hablaríamos		hablemos	habláramos	hablemos
hablado	habláis	hablabais	hablasteis	hablaréis	hablaríais		habléis	hablarais	hablad (no habléis)
	hablan	hablaban	hablaron	hablarán	hablarían		hablen	hablaran	hablen Uds.
2 comer	como	comía	comí	comeré	comería		coma	comiera	
	comes	comías	comiste	comerás	comerías		comas	comieras	come tú (no comas)
Participles:	come	comía	comió	comerá	comería		coma	comiera	coma Ud.
comiendo	comemos	comíamos	comimos	comeremos	comeríamos		comamos	comiéramos	comamos
comido	coméis	comíais	comisteis	comeréis	comeríais		comáis	comierais	comed (no comáis)
	comen	comían	comieron	comerán	comerían		coman	comieran	coman Uds.
3 vivir	vivo	vivía	viví	viviré	viviría		viva	viviera	
	vives	vivías	viviste	vivirás	vivirías		vivas	vivieras	vive tú (no vivas)
Participles:	vive	vivía	vivió	vivirá	viviría		viva	viviera	viva Ud.
viviendo	vivimos	vivíamos	vivimos	viviremos	viviríamos		vivamos	viviéramos	vivamos
vivido	vivís	vivíais	vivisteis	viviréis	viviríais		viváis	vivierais	vivid (no viváis)
	viven	vivían	vivieron	vivirán	vivirían		vivan	vivieran	vivan Uds.

All verbs: compound tenses

PERFECT TENSES

INDICATIVE								SUBJUNCTIVE			
Present Perfect		Past Perfect		Future Perfect		Conditional Perfect		Present Perfect		Past Perfect	
he	hablado	había	hablado	habré	hablado	habría	hablado	haya	hablado	hubiera	hablado
has	comido	habías	comido	habrás	comido	habrías	comido	hayas	comido	hubieras	comido
ha	vivido	había	vivido	habrá	vivido	habría	vivido	haya	vivido	hubiera	vivido
hemos		habíamos		habremos		habríamos		hayamos		hubiéramos	
habéis		habíais		habréis		habríais		hayáis		hubierais	
han		habían		habrán		habrían		hayan		hubieran	

PROGRESSIVE TENSES

	INDICATIVE					SUBJUNCTIVE		
	Present Progressive	Past Progressive		Future Progressive		Conditional Progressive		Present Progressive		Past Progressive	
	estoy	estaba		estaré		estaría		esté		estuviera	
	estás	estabas	hablando	estarás	hablando	estarías	hablando	estés	hablando	estuvieras	hablando
	está	estaba	comiendo	estará	comiendo	estaría	comiendo	esté	comiendo	estuviera	comiendo
	estamos	estábamos	viviendo	estaremos	viviendo	estaríamos	viviendo	estemos	viviendo	estuviéramos	viviendo
	estáis	estabais		estaréis		estaríais		estéis		estuvierais	
	están	estaban		estarán		estarían		estén		estuvieran	

Irregular verbs

	Infinitive	INDICATIVE					SUBJUNCTIVE		IMPERATIVE
		Present	Imperfect	Preterite	Future	Conditional	Present	Past	
4	**caber**	**quepo**	cabía	**cupe**	**cabré**	**cabría**	**quepa**	**cupiera**	
		cabes	cabías	**cupiste**	**cabrás**	**cabrías**	**quepas**	**cupieras**	cabe tú (no **quepas**)
		cabe	cabía	**cupo**	**cabrá**	**cabría**	**quepa**	**cupiera**	**quepa** Ud.
	Participles:	cabemos	cabíamos	**cupimos**	**cabremos**	**cabríamos**	**quepamos**	**cupiéramos**	**quepamos**
	cabiendo	cabéis	cabíais	**cupisteis**	**cabréis**	**cabríais**	**quepáis**	**cupierais**	cabed (no **quepáis**)
	cabido	caben	cabían	**cupieron**	**cabrán**	**cabrían**	**quepan**	**cupieran**	**quepan** Uds.
5	**caer(se)**	**caigo**	caía	caí	caeré	caería	**caiga**	cayera	
		caes	caías	**caíste**	caerás	caerías	**caigas**	cayeras	cae tú (no **caigas**)
		cae	caía	**cayó**	caerá	caería	**caiga**	cayera	**caiga** Ud.
	Participles:	caemos	caíamos	**caímos**	caeremos	caeríamos	**caigamos**	cayéramos	**caigamos**
	cayendo	caéis	caíais	**caísteis**	caeréis	caeríais	**caigáis**	cayerais	caed (no **caigáis**)
	caído	caen	caían	**cayeron**	caerán	caerían	**caigan**	cayeran	**caigan** Uds.
6	**conducir**	**conduzco**	conducía	**conduje**	conduciré	conduciría	**conduzca**	**condujera**	
	(c:zc)	conduces	conducías	**condujiste**	conducirás	conducirías	**conduzcas**	**condujeras**	conduce tú (no **conduzcas**)
		conduce	conducía	**condujo**	conducirá	conduciría	**conduzca**	**condujera**	**conduzca** Ud.
	Participles:	conducimos	conducíamos	**condujimos**	conduciremos	conduciríamos	**conduzcamos**	**condujéramos**	**conduzcamos**
	conduciendo	conducís	conducíais	**condujisteis**	conduciréis	conduciríais	**conduzcáis**	**condujerais**	conducid (no **conduzcáis**)
	conducido	conducen	conducían	**condujeron**	conducirán	conducirían	**conduzcan**	**condujeran**	**conduzcan** Uds.

Verb Conjugation Tables   A-13

		INDICATIVE					SUBJUNCTIVE		IMPERATIVE
Infinitive	Present	Imperfect	Preterite	Future	Conditional	Present	Past	
7 dar	**doy**	daba	**di**	daré	daría	**dé**	diera	
Participles:	das	dabas	**diste**	darás	darías	**des**	dieras	da tú (no des)
dando	da	daba	**dio**	dará	daría	**dé**	diera	**dé** Ud.
dado	damos	dábamos	**dimos**	daremos	daríamos	**demos**	diéramos	**demos**
	dais	dabais	**disteis**	daréis	daríais	**deis**	dierais	dad (no **deis**)
	dan	daban	**dieron**	darán	darían	**den**	dieran	**den** Uds.
8 decir (e:i)	**digo**	decía	**dije**	**diré**	**diría**	**diga**	**dijera**	
Participles:	**dices**	decías	**dijiste**	**dirás**	**dirías**	**digas**	**dijeras**	**di** tú (no **digas**)
diciendo	**dice**	decía	**dijo**	**dirá**	**diría**	**diga**	**dijera**	**diga** Ud.
dicho	decimos	decíamos	**dijimos**	**diremos**	**diríamos**	**digamos**	**dijéramos**	**digamos**
	decís	decíais	**dijisteis**	**diréis**	**diríais**	**digáis**	**dijerais**	decid (no **digáis**)
	dicen	decían	**dijeron**	**dirán**	**dirían**	**digan**	**dijeran**	**digan** Uds.
9 estar	**estoy**	estaba	**estuve**	estaré	estaría	esté	estuviera	
Participles:	estás	estabas	**estuviste**	estarás	estarías	estés	estuvieras	está tú (no estés)
estando	está	estaba	**estuvo**	estará	estaría	esté	estuviera	esté Ud.
estado	estamos	estábamos	**estuvimos**	estaremos	estaríamos	estemos	**estuviéramos**	estemos
	estáis	estabais	**estuvisteis**	estaréis	estaríais	estéis	**estuvierais**	estad (no estéis)
	están	estaban	**estuvieron**	estarán	estarían	estén	**estuvieran**	estén Uds.
10 haber	**he**	había	**hube**	**habré**	**habría**	**haya**	**hubiera**	
Participles:	**has**	habías	**hubiste**	**habrás**	**habrías**	**hayas**	**hubieras**	
habiendo	**ha**	había	**hubo**	**habrá**	**habría**	**haya**	**hubiera**	
habido	**hemos**	habíamos	**hubimos**	**habremos**	**habríamos**	**hayamos**	**hubiéramos**	
	habéis	habíais	**hubisteis**	**habréis**	**habríais**	**hayáis**	**hubierais**	
	han	habían	**hubieron**	**habrán**	**habrían**	**hayan**	**hubieran**	
11 hacer	**hago**	hacía	**hice**	**haré**	**haría**	**haga**	**hiciera**	
Participles:	haces	hacías	**hiciste**	**harás**	**harías**	**hagas**	**hicieras**	**haz** tú (no **hagas**)
haciendo	hace	hacía	**hizo**	**hará**	**haría**	**haga**	**hiciera**	**haga** Ud.
hecho	hacemos	hacíamos	**hicimos**	**haremos**	**haríamos**	**hagamos**	**hiciéramos**	**hagamos**
	hacéis	hacíais	**hicisteis**	**haréis**	**haríais**	**hagáis**	**hicierais**	haced (no **hagáis**)
	hacen	hacían	**hicieron**	**harán**	**harían**	**hagan**	**hicieran**	**hagan** Uds.
12 ir	**voy**	**iba**	**fui**	iré	iría	**vaya**	**fuera**	
Participles:	**vas**	**ibas**	**fuiste**	irás	irías	**vayas**	**fueras**	**ve** tú (no **vayas**)
yendo	**va**	**iba**	**fue**	irá	iría	**vaya**	**fuera**	**vaya** Ud.
ido	**vamos**	**íbamos**	**fuimos**	iremos	iríamos	**vayamos**	**fuéramos**	**vamos**
	vais	**ibais**	**fuisteis**	iréis	iríais	**vayáis**	**fuerais**	id (no **vayáis**)
	van	**iban**	**fueron**	irán	irían	**vayan**	**fueran**	**vayan** Uds.
13 oír (y)	**oigo**	oía	**oí**	oiré	oiría	**oiga**	oyera	
Participles:	**oyes**	oías	**oíste**	oirás	oirías	**oigas**	oyeras	**oye** tú (no **oigas**)
oyendo	**oye**	oía	**oyó**	oirá	oiría	**oiga**	oyera	**oiga** Ud.
oído	**oímos**	oíamos	**oímos**	oiremos	oiríamos	**oigamos**	**oyéramos**	**oigamos**
	oís	oíais	**oísteis**	oiréis	oiríais	**oigáis**	oyerais	oíd (no **oigáis**)
	oyen	oían	**oyeron**	oirán	oirían	**oigan**	oyeran	**oigan** Uds.

Verb Conjugation Tables

Infinitive	INDICATIVE						SUBJUNCTIVE		IMPERATIVE
	Present	Imperfect	Preterite	Future	Conditional		Present	Past	
14 poder (o:ue)	**puedo**	podía	**pude**	**podré**	**podría**		**pueda**	**pudiera**	
Participles:	**puedes**	podías	**pudiste**	**podrás**	**podrías**		**puedas**	**pudieras**	**puede** tú (no **puedas**)
pudiendo	**puede**	podía	**pudo**	**podrá**	**podría**		**pueda**	**pudiera**	**pueda** Ud.
podido	podemos	podíamos	**pudimos**	**podremos**	**podríamos**		podamos	**pudiéramos**	podamos
	podéis	podíais	**pudisteis**	**podréis**	**podríais**		podáis	**pudierais**	poded (no podáis)
	pueden	podían	**pudieron**	**podrán**	**podrían**		**puedan**	**pudieran**	**puedan** Uds.
15 poner	**pongo**	ponía	**puse**	**pondré**	**pondría**		**ponga**	**pusiera**	
Participles:	pones	ponías	**pusiste**	**pondrás**	**pondrías**		**pongas**	**pusieras**	**pon** tú (no **pongas**)
poniendo	pone	ponía	**puso**	**pondrá**	**pondría**		**ponga**	**pusiera**	**ponga** Ud.
puesto	ponemos	poníamos	**pusimos**	**pondremos**	**pondríamos**		**pongamos**	**pusiéramos**	**pongamos**
	ponéis	poníais	**pusisteis**	**pondréis**	**pondríais**		**pongáis**	**pusierais**	poned (no **pongáis**)
	ponen	ponían	**pusieron**	**pondrán**	**pondrían**		**pongan**	**pusieran**	**pongan** Uds.
16 querer (e:ie)	**quiero**	quería	**quise**	**querré**	**querría**		**quiera**	**quisiera**	
Participles:	**quieres**	querías	**quisiste**	**querrás**	**querrías**		**quieras**	**quisieras**	**quiere** tú (no **quieras**)
queriendo	**quiere**	quería	**quiso**	**querrá**	**querría**		**quiera**	**quisiera**	**quiera** Ud.
querido	queremos	queríamos	**quisimos**	**querremos**	**querríamos**		queramos	**quisiéramos**	**queramos**
	queréis	queríais	**quisisteis**	**querréis**	**querríais**		queráis	**quisierais**	quered (no queráis)
	quieren	querían	**quisieron**	**querrán**	**querrían**		**quieran**	**quisieran**	**quieran** Uds.
17 saber	**sé**	sabía	**supe**	**sabré**	**sabría**		**sepa**	**supiera**	
Participles:	sabes	sabías	**supiste**	**sabrás**	**sabrías**		**sepas**	**supieras**	sabe tú (no **sepas**)
sabiendo	sabe	sabía	**supo**	**sabrá**	**sabría**		**sepa**	**supiera**	**sepa** Ud.
sabido	sabemos	sabíamos	**supimos**	**sabremos**	**sabríamos**		**sepamos**	**supiéramos**	**sepamos**
	sabéis	sabíais	**supisteis**	**sabréis**	**sabríais**		**sepáis**	**supierais**	sabed (no **sepáis**)
	saben	sabían	**supieron**	**sabrán**	**sabrían**		**sepan**	**supieran**	**sepan** Uds.
18 salir	**salgo**	salía	salí	**saldré**	**saldría**		**salga**	saliera	
Participles:	sales	salías	saliste	**saldrás**	**saldrías**		**salgas**	salieras	**sal** tú (no **salgas**)
saliendo	sale	salía	salió	**saldrá**	**saldría**		**salga**	saliera	**salga** Ud.
salido	salimos	salíamos	salimos	**saldremos**	**saldríamos**		**salgamos**	saliéramos	**salgamos**
	salís	salíais	salisteis	**saldréis**	**saldríais**		**salgáis**	salierais	salid (no **salgáis**)
	salen	salían	salieron	**saldrán**	**saldrían**		**salgan**	salieran	**salgan** Uds.
19 ser	**soy**	**era**	**fui**	seré	sería		**sea**	**fuera**	
Participles:	**eres**	**eras**	**fuiste**	serás	serías		**seas**	**fueras**	**sé** tú (no **seas**)
siendo	**es**	**era**	**fue**	será	sería		**sea**	**fuera**	**sea** Ud.
sido	**somos**	**éramos**	**fuimos**	seremos	seríamos		**seamos**	**fuéramos**	**seamos**
	sois	**erais**	**fuisteis**	seréis	seríais		**seáis**	**fuerais**	sed (no **seáis**)
	son	**eran**	**fueron**	serán	serían		**sean**	**fueran**	**sean** Uds.
20 tener (e:ie)	**tengo**	tenía	**tuve**	**tendré**	**tendría**		**tenga**	**tuviera**	
Participles:	**tienes**	tenías	**tuviste**	**tendrás**	**tendrías**		**tengas**	**tuvieras**	**ten** tú (no **tengas**)
teniendo	**tiene**	tenía	**tuvo**	**tendrá**	**tendría**		**tenga**	**tuviera**	**tenga** Ud.
tenido	tenemos	teníamos	**tuvimos**	**tendremos**	**tendríamos**		**tengamos**	**tuviéramos**	**tengamos**
	tenéis	teníais	**tuvisteis**	**tendréis**	**tendríais**		**tengáis**	**tuvierais**	tened (no **tengáis**)
	tienen	tenían	**tuvieron**	**tendrán**	**tendrían**		**tengan**	**tuvieran**	**tengan** Uds.

Verb Conjugation Tables A-15

	Infinitive	Present	Imperfect	Preterite	Future	Conditional	Present	Past	IMPERATIVE
21	traer	traigo	traía	traje	traeré	traería	traiga	trajera	
		traes	traías	trajiste	traerás	traerías	traigas	trajeras	trae tú (no traigas)
		trae	traía	trajo	traerá	traería	traiga	trajera	traiga Ud.
	Participles:	traemos	traíamos	trajimos	traeremos	traeríamos	traigamos	trajéramos	traigamos
	trayendo	traéis	traíais	trajisteis	traeréis	traeríais	traigáis	trajerais	traed (no traigáis)
	traído	traen	traían	trajeron	traerán	traerían	traigan	trajeran	traigan Uds.
22	venir (e:ie)	vengo	venía	vine	vendré	vendría	venga	viniera	
		vienes	venías	viniste	vendrás	vendrías	vengas	vinieras	ven tú (no vengas)
		viene	venía	vino	vendrá	vendría	venga	viniera	venga Ud.
	Participles:	venimos	veníamos	vinimos	vendremos	vendríamos	vengamos	viniéramos	vengamos
	viniendo	venís	veníais	vinisteis	vendréis	vendríais	vengáis	vinierais	venid (no vengáis)
	venido	vienen	venían	vinieron	vendrán	vendrían	vengan	vinieran	vengan Uds.
23	ver	veo	veía	vi	veré	vería	vea	viera	
		ves	veías	viste	verás	verías	veas	vieras	ve tú (no veas)
		ve	veía	vio	verá	vería	vea	viera	vea Ud.
	Participles:	vemos	veíamos	vimos	veremos	veríamos	veamos	viéramos	veamos
	viendo	veis	veíais	visteis	veréis	veríais	veáis	vierais	ved (no veáis)
	visto	ven	veían	vieron	verán	verían	vean	vieran	vean Uds.

Stem-changing verbs

	Infinitive	Present	Imperfect	Preterite	Future	Conditional	Present	Past	IMPERATIVE
24	contar (o:ue)	cuento	contaba	conté	contaré	contaría	cuente	contara	
		cuentas	contabas	contaste	contarás	contarías	cuentes	contaras	cuenta tú (no cuentes)
		cuenta	contaba	contó	contará	contaría	cuente	contara	cuente Ud.
	Participles:	contamos	contábamos	contamos	contaremos	contaríamos	contemos	contáramos	contemos
	contando	contáis	contabais	contasteis	contaréis	contaríais	contéis	contarais	contad (no contéis)
	contado	cuentan	contaban	contaron	contarán	contarían	cuenten	contaran	cuenten Uds.
25	dormir (o:ue)	duermo	dormía	dormí	dormiré	dormiría	duerma	durmiera	
		duermes	dormías	dormiste	dormirás	dormirías	duermas	durmieras	duerme tú (no duermas)
		duerme	dormía	durmió	dormirá	dormiría	duerma	durmiera	duerma Ud.
	Participles:	dormimos	dormíamos	dormimos	dormiremos	dormiríamos	durmamos	durmiéramos	durmamos
	durmiendo	dormís	dormíais	dormisteis	dormiréis	dormiríais	durmáis	durmierais	dormid (no durmáis)
	dormido	duermen	dormían	durmieron	dormirán	dormirían	duerman	durmieran	duerman Uds.
26	empezar (e:ie) (z:c)	empiezo	empezaba	empecé	empezaré	empezaría	empiece	empezara	
		empiezas	empezabas	empezaste	empezarás	empezarías	empieces	empezaras	empieza tú (no empieces)
		empieza	empezaba	empezó	empezará	empezaría	empiece	empezara	empiece Ud.
	Participles:	empezamos	empezábamos	empezamos	empezaremos	empezaríamos	empecemos	empezáramos	empecemos
	empezando	empezáis	empezabais	empezasteis	empezaréis	empezaríais	empecéis	empezarais	empezad (no empecéis)
	empezado	empiezan	empezaban	empezaron	empezarán	empezarían	empiecen	empezaran	empiecen Uds.

(Indicative: Present, Imperfect, Preterite, Future, Conditional; Subjunctive: Present, Past)

Verb Conjugation Tables

		INDICATIVE					SUBJUNCTIVE		IMPERATIVE
Infinitive	Present	Imperfect	Preterite	Future	Conditional		Present	Past	
27 entender (e:ie) Participles: entendiendo entendido	entiendo entiendes entiende entendemos entendéis entienden	entendía entendías entendía entendíamos entendíais entendían	entendí entendiste entendió entendimos entendisteis entendieron	entenderé entenderás entenderá entenderemos entenderéis entenderán	entendería entenderías entendería entenderíamos entenderíais entenderían		entienda entiendas entienda entendamos entendáis entiendan	entendiera entendieras entendiera entendiéramos entendierais entendieran	entiende tú (no entiendas) entienda Ud. entendamos entended (no entendáis) entiendan Uds.
28 jugar (u:ue) (g:gu) Participles: jugando jugado	juego juegas juega jugamos jugáis juegan	jugaba jugabas jugaba jugábamos jugabais jugaban	jugué jugaste jugó jugamos jugasteis jugaron	jugaré jugarás jugará jugaremos jugaréis jugarán	jugaría jugarías jugaría jugaríamos jugaríais jugarían		juegue juegues juegue juguemos juguéis jueguen	jugara jugaras jugara jugáramos jugarais jugaran	juega tú (no juegues) juegue Ud. juguemos jugad (no juguéis) jueguen Uds.
29 pedir (e:i) Participles: pidiendo pedido	pido pides pide pedimos pedís piden	pedía pedías pedía pedíamos pedíais pedían	pedí pediste pidió pedimos pedisteis pidieron	pediré pedirás pedirá pediremos pediréis pedirán	pediría pedirías pediría pediríamos pediríais pedirían		pida pidas pida pidamos pidáis pidan	pidiera pidieras pidiera pidiéramos pidierais pidieran	pide tú (no pidas) pida Ud. pidamos pedid (no pidáis) pidan Uds.
30 pensar (e:ie) Participles: pensando pensado	pienso piensas piensa pensamos pensáis piensan	pensaba pensabas pensaba pensábamos pensabais pensaban	pensé pensaste pensó pensamos pensasteis pensaron	pensaré pensarás pensará pensaremos pensaréis pensarán	pensaría pensarías pensaría pensaríamos pensaríais pensarían		piense pienses piense pensemos penséis piensen	pensara pensaras pensara pensáramos pensarais pensaran	piensa tú (no pienses) piense Ud. pensemos pensad (no penséis) piensen Uds.
31 reír(se) (e:i) Participles: riendo reído	río ríes ríe reímos reís ríen	reía reías reía reíamos reíais reían	reí reíste rió reímos reísteis rieron	reiré reirás reirá reiremos reiréis reirán	reiría reirías reiría reiríamos reiríais reirían		ría rías ría riamos riáis rían	riera rieras riera riéramos rierais rieran	ríe tú (no rías) ría Ud. riamos reíd (no riáis) rían Uds.
32 seguir (e:i) (gu:g) Participles: siguiendo seguido	sigo sigues sigue seguimos seguís siguen	seguía seguías seguía seguíamos seguíais seguían	seguí seguiste siguió seguimos seguisteis siguieron	seguiré seguirás seguirá seguiremos seguiréis seguirán	seguiría seguirías seguiría seguiríamos seguiríais seguirían		siga sigas siga sigamos sigáis sigan	siguiera siguieras siguiera siguiéramos siguierais siguieran	sigue tú (no sigas) siga Ud. sigamos seguid (no sigáis) sigan Uds.
33 sentir (e:ie) Participles: sintiendo sentido	siento sientes siente sentimos sentís sienten	sentía sentías sentía sentíamos sentíais sentían	sentí sentiste sintió sentimos sentisteis sintieron	sentiré sentirás sentirá sentiremos sentiréis sentirán	sentiría sentirías sentiría sentiríamos sentiríais sentirían		sienta sientas sienta sintamos sintáis sientan	sintiera sintieras sintiera sintiéramos sintierais sintieran	siente tú (no sientas) sienta Ud. sintamos sentid (no sintáis) sientan Uds.

Verb Conjugation Tables   A-17

	Infinitive	INDICATIVE					SUBJUNCTIVE		IMPERATIVE
		Present	Imperfect	Preterite	Future	Conditional	Present	Past	
34	volver (o:ue)	vuelvo	volvía	volví	volveré	volvería	vuelva	volviera	
		vuelves	volvías	volviste	volverás	volverías	vuelvas	volvieras	vuelve tú (no vuelvas)
	Participles:	vuelve	volvía	volvió	volverá	volvería	vuelva	volviera	vuelva Ud.
	volviendo	volvemos	volvíamos	volvimos	volveremos	volveríamos	volvamos	volviéramos	volvamos
	vuelto	volvéis	volvíais	volvisteis	volveréis	volveríais	volváis	volvierais	volved (no volváis)
		vuelven	volvían	volvieron	volverán	volverían	vuelvan	volvieran	vuelvan Uds.

Verbs with spelling changes only

	Infinitive	INDICATIVE					SUBJUNCTIVE		IMPERATIVE
		Present	Imperfect	Preterite	Future	Conditional	Present	Past	
35	conocer (c:zc)	conozco	conocía	conocí	conoceré	conocería	conozca	conociera	
		conoces	conocías	conociste	conocerás	conocerías	conozcas	conocieras	conoce tú (no conozcas)
	Participles:	conoce	conocía	conoció	conocerá	conocería	conozca	conociera	conozca Ud.
	conociendo	conocemos	conocíamos	conocimos	conoceremos	conoceríamos	conozcamos	conociéramos	conozcamos
	conocido	conocéis	conocíais	conocisteis	conoceréis	conoceríais	conozcáis	conocierais	conoced (no conozcáis)
		conocen	conocían	conocieron	conocerán	conocerían	conozcan	conocieran	conozcan Uds.
36	creer (y)	creo	creía	creí	creeré	creería	crea	creyera	
		crees	creías	creíste	creerás	creerías	creas	creyeras	cree tú (no creas)
	Participles:	cree	creía	creyó	creerá	creería	crea	creyera	crea Ud.
	creyendo	creemos	creíamos	creímos	creeremos	creeríamos	creamos	creyéramos	creamos
	creído	creéis	creíais	creísteis	creeréis	creeríais	creáis	creyerais	creed (no creáis)
		creen	creían	creyeron	creerán	creerían	crean	creyeran	crean Uds.
37	cruzar (z:c)	cruzo	cruzaba	crucé	cruzaré	cruzaría	cruce	cruzara	
		cruzas	cruzabas	cruzaste	cruzarás	cruzarías	cruces	cruzaras	cruza tú (no cruces)
	Participles:	cruza	cruzaba	cruzó	cruzará	cruzaría	cruce	cruzara	cruce Ud.
	cruzando	cruzamos	cruzábamos	cruzamos	cruzaremos	cruzaríamos	crucemos	cruzáramos	crucemos
	cruzado	cruzáis	cruzabais	cruzasteis	cruzaréis	cruzaríais	crucéis	cruzarais	cruzad (no crucéis)
		cruzan	cruzaban	cruzaron	cruzarán	cruzarían	crucen	cruzaran	crucen Uds.
38	destruir (y)	destruyo	destruía	destruí	destruiré	destruiría	destruya	destruyera	
		destruyes	destruías	destruiste	destruirás	destruirías	destruyas	destruyeras	destruye tú (no destruyas)
	Participles:	destruye	destruía	destruyó	destruirá	destruiría	destruya	destruyera	destruya Ud.
	destruyendo	destruimos	destruíamos	destruimos	destruiremos	destruiríamos	destruyamos	destruyéramos	destruyamos
	destruido	destruís	destruíais	destruisteis	destruiréis	destruiríais	destruyáis	destruyerais	destruid (no destruyáis)
		destruyen	destruían	destruyeron	destruirán	destruirían	destruyan	destruyeran	destruyan Uds.
39	enviar (envío)	envío	enviaba	envié	enviaré	enviaría	envíe	enviara	
		envías	enviabas	enviaste	enviarás	enviarías	envíes	enviaras	envía tú (no envíes)
	Participles:	envía	enviaba	envió	enviará	enviaría	envíe	enviara	envíe Ud.
	enviando	enviamos	enviábamos	enviamos	enviaremos	enviaríamos	enviemos	enviáramos	enviemos
	enviado	enviáis	enviabais	enviasteis	enviaréis	enviaríais	enviéis	enviarais	enviad (no enviéis)
		envían	enviaban	enviaron	enviarán	enviarían	envíen	enviaran	envíen Uds.

Verb Conjugation Tables

		INDICATIVE					SUBJUNCTIVE		IMPERATIVE
Infinitive	Present	Imperfect	Preterite	Future	Conditional	Present	Past	
40 graduarse (gradúo) Participles: graduando graduado	**gradúo** **gradúas** **gradúa** graduamos graduáis **gradúan**	graduaba graduabas graduaba graduábamos graduabais graduaban	gradué graduaste graduó graduamos graduasteis graduaron	graduaré graduarás graduará graduaremos graduaréis graduarán	graduaría graduarías graduaría graduaríamos graduaríais graduarían	**gradúe** **gradúes** **gradúe** graduemos graduéis **gradúen**	graduara graduaras graduara graduáramos graduarais graduaran	**gradúa** tú (no **gradúes**) **gradúe** Ud. graduemos graduad (no graduéis) **gradúen** Uds.
41 llegar (g:gu) Participles: llegando llegado	llego llegas llega llegamos llegáis llegan	llegaba llegabas llegaba llegábamos llegabais llegaban	**llegué** llegaste llegó llegamos llegasteis llegaron	llegaré llegarás llegará llegaremos llegaréis llegarán	llegaría llegarías llegaría llegaríamos llegaríais llegarían	**llegue** **llegues** **llegue** **lleguemos** **lleguéis** **lleguen**	llegara llegaras llegara llegáramos llegarais llegaran	llega tú (no **llegues**) **llegue** Ud. **lleguemos** llegad (no **lleguéis**) **lleguen** Uds.
42 proteger (g:j) Participles: protegiendo protegido	**protejo** proteges protege protegemos protegéis protegen	protegía protegías protegía protegíamos protegíais protegían	protegí protegiste protegió protegimos protegisteis protegieron	protegeré protegerás protegerá protegeremos protegeréis protegerán	protegería protegerías protegería protegeríamos protegeríais protegerían	**proteja** **protejas** **proteja** **protejamos** **protejáis** **protejan**	protegiera protegieras protegiera protegiéramos protegierais protegieran	protege tú (no **protejas**) **proteja** Ud. **protejamos** proteged (no **protejáis**) **protejan** Uds.
43 tocar (c:qu) Participles: tocando tocado	toco tocas toca tocamos tocáis tocan	tocaba tocabas tocaba tocábamos tocabais tocaban	**toqué** tocaste tocó tocamos tocasteis tocaron	tocaré tocarás tocará tocaremos tocaréis tocarán	tocaría tocarías tocaría tocaríamos tocaríais tocarían	**toque** **toques** **toque** **toquemos** **toquéis** **toquen**	tocara tocaras tocara tocáramos tocarais tocaran	toca tú (no **toques**) **toque** Ud. **toquemos** tocad (no **toquéis**) **toquen** Uds.

Vocabulario

A-19

Guide to Vocabulary

Note on alphabetization

For purposes of alphabetization, **ch** and **ll** are not treated as separate letters, but **ñ** follows **n**. Therefore, in this glossary you will find that **año**, for example, appears after **anuncio**.

Abbreviations used in this glossary

adj.	adjective	*form.*	formal	*pl.*	plural
adv.	adverb	*indef.*	indefinite	*poss.*	possessive
art.	article	*interj.*	interjection	*prep.*	preposition
conj.	conjunction	*i.o.*	indirect object	*pron.*	pronoun
def.	definite	*m.*	masculine	*ref.*	reflexive
d.o.	direct object	*n.*	noun	*sing.*	singular
f.	feminine	*obj.*	object	*sub.*	subject
fam.	familiar	*p.p.*	past participle	*v.*	verb

Spanish-English

A

a *prep.* at; to 1
  ¿A qué hora...? At what time...? 1
  a bordo aboard 1
  a dieta on a diet 15
  a la derecha to the right 2
  a la izquierda to the left 2
  a la plancha grilled 8
  a la(s) + *time* at + *time* 1
  a menos que unless 13
  a menudo *adv.* often 10
  a nombre de in the name of 5
  a plazos in installments 14
  A sus órdenes. At your service. 11
  a tiempo *adv.* on time 10
  a veces *adv.* sometimes 10
  a ver let's see
¡Abajo! *adv.* Down! 15
abeja *f.* bee
abierto/a *adj.* open 5, 14
abogado/a *m., f.* lawyer 16
abrazar(se) *v.* to hug; to embrace (each other) 11
abrazo *m.* hug
abrigo *m.* coat 6
abril *m.* April 5
abrir *v.* to open 3
abuelo/a *m., f.* grandfather; grandmother 3
abuelos *pl.* grandparents 3
aburrido/a *adj.* bored; boring 5
aburrir *v.* to bore 7
aburrirse *v.* to get bored 17
acabar de (+ *inf.***)** *v.* to have just done something 6
acampar *v.* to camp 5
accidente *m.* accident 10
acción *f.* action 17
  de acción action (genre) 17
aceite *m.* oil 8
aceptar: ¡Acepto casarme contigo! I'll marry you! 17
ácido/a *adj.* acid 13
acompañar *v.* to accompany 14
aconsejar *v.* to advise 12
acontecimiento *m.* event 18
acordarse (de) (o:ue) *v.* to remember 7
acostarse (o:ue) *v.* to go to bed 7
activo/a *adj.* active 15
actor *m.* actor 16
actriz *f.* actor 16
actualidades *f., pl.* news; current events 18
acuático/a *adj.* aquatic 4
adelgazar *v.* to lose weight; to slim down 15
además (de) *adv.* furthermore; besides 10
adicional *adj.* additional
adiós *m.* good-bye 1
adjetivo *m.* adjective
administración de empresas *f.* business administration 2
adolescencia *f.* adolescence 9
¿adónde? *adv.* where (to)? (destination) 2
aduana *f.* customs 5
aeróbico/a *adj.* aerobic 15
aeropuerto *m.* airport 5
afectado/a *adj.* affected 13
afeitarse *v.* to shave 7
aficionado/a *adj.* fan 4
afirmativo/a *adj.* affirmative
afuera *adv.* outside 5
afueras *f., pl.* suburbs; outskirts 12
agencia de viajes *f.* travel agency 5
agente de viajes *m., f.* travel agent 5
agosto *m.* August 5
agradable *adj.* pleasant 5
agua *f.* water 8
  agua mineral mineral water 8
aguantar *v.* to endure, to hold up 14
ahora *adv.* now 2
  ahora mismo right now 5
ahorrar *v.* to save (money) 14
ahorros *m.* savings 14
aire *m.* air 5
ajo *m.* garlic 8
al (*contraction of* **a + el**) 2
  al aire libre open-air 6
  al contado in cash 14
  (al) este (to the) east 14
  al fondo (de) at the end (of) 12
  al lado de beside 2
  (al) norte (to the) north 14
  (al) oeste (to the) west 14
  (al) sur (to the) south 14
alcoba *f.* bedroom 12
alcohol *m.* alcohol 15
alcohólico/a *adj.* alcoholic 15
alegrarse (de) *v.* to be happy 13
alegre *adj.* happy; joyful 5
alegría *f.* happiness 9
alemán, alemana *adj.* German 3
alérgico/a *adj.* allergic 10
alfombra *f.* carpet; rug 12
algo *pron.* something; anything 7
algodón *m.* cotton 6
alguien *pron.* someone; somebody; anyone 7
algún, alguno/a(s) *adj.* any; some 7
alimento *m.* food
  alimentación *f.* diet
aliviar *v.* to reduce 15
  aliviar el estrés/la tensión to reduce stress/tension 15
allá *adv.* over there 2
allí *adv.* there 2
  allí mismo right there 14
alma *f.* soul 9
almacén *m.* department store 6

Vocabulario — Spanish-English

almohada *f.* pillow 12
almorzar (o:ue) *v.* to have lunch 4
almuerzo *m.* lunch 4, 8
aló *interj.* hello (*on the telephone*) 11
alquilar *v.* to rent 12
alquiler *m.* rent (payment) 12
altar *m.* altar 9
altillo *m.* attic 12
alto/a *adj.* tall 3
aluminio *m.* aluminum 13
ama de casa *m., f.* housekeeper; caretaker 12
amable *adj.* nice; friendly 5
amarillo/a *adj.* yellow 6
amigo/a *m., f.* friend 3
amistad *f.* friendship 9
amor *m.* love 9
   amor a primera vista love at first sight 9
anaranjado/a *adj.* orange 6
ándale *interj.* come on 14
andar *v.* **en patineta** to skateboard 4
ángel *m.* angel 9
anillo *m.* ring 17
animal *m.* animal 13
aniversario (de bodas) *m.* (wedding) anniversary 9
anoche *adv.* last night 6
anteayer *adv.* the day before yesterday 6
antes *adv.* before 7
   antes (de) que *conj.* before 13
   antes de *prep.* before 7
antibiótico *m.* antibiotic 10
antipático/a *adj.* unpleasant 3
anunciar *v.* to announce; to advertise 18
anuncio *m.* advertisement 16
año *m.* year 5
   año pasado last year 6
apagar *v.* to turn off 11
aparato *m.* appliance
apartamento *m.* apartment 12
apellido *m.* last name 3
apenas *adv.* hardly; scarcely 10
aplaudir *v.* to applaud 17
apreciar *v.* to appreciate 17
aprender (a + *inf.***)** *v.* to learn 3
apurarse *v.* to hurry; to rush 15
aquel, aquella *adj.* that; those (over there) 6
aquél, aquélla *pron.* that; those (over there) 6
aquello *neuter, pron.* that; that thing; that fact 6
aquellos/as *pl. adj.* those (over there) 6
aquéllos/as *pl. pron.* those (ones) (over there) 6
aquí *adv.* here 1
   Aquí está(n)... Here is/are... 5
   aquí mismo right here 11
árbol *m.* tree 13

archivo *m.* file 11
arete *m.* earing 6
Argentina *f.* Argentina 1
argentino/a *adj.* Argentine 3
armario *m.* closet 12
arqueología *f.* archaeology 2
arqueólogo/a *m., f.* archaeologist 16
arquitecto/a *m., f.* architect 16
arrancar *v.* to start (*a car*) 11
arreglar *v.* to fix; to arrange 11; to neaten; to straighten up 12
arreglarse *v.* to get ready 7; to fix oneself (*clothes, hair, etc. to go out*) 7
arriba: hasta arriba to the top 15
arroba *f.* @ symbol 11
arroz *m.* rice 8
arte *m.* art 2
artes *f., pl.* arts 17
artesanía *f.* craftsmanship; crafts 17
artículo *m.* article 18
artista *m., f.* artist 3
artístico/a *adj.* artistic 17
arveja *m.* pea 8
asado/a *adj.* roast 8
ascenso *m.* promotion 16
ascensor *m.* elevator 5
así *adv.* like this; so (*in such a way*) 10
asistir (a) *v.* to attend 3
aspiradora *f.* vacuum cleaner 12
aspirante *m., f.* candidate; applicant 16
aspirina *f.* aspirin 10
atún *m.* tuna 8
aumentar *v.* to grow; to get bigger 13
aumentar *v.* **de peso** to gain weight 15
aumento *m.* increase 16
   aumento de sueldo pay raise 16
aunque although
autobús *m.* bus 1
automático/a *adj.* automatic
auto(móvil) *m.* auto(mobile) 5
autopista *f.* highway 11
ave *f.* bird 13
avenida *f.* avenue
aventura *f.* adventure 17
   de aventura adventure (genre) 17
avergonzado/a *adj.* embarrassed 5
avión *m.* airplane 5
¡Ay! *interj.* Oh!
   ¡Ay, qué dolor! Oh, what pain!
ayer *adv.* yesterday 6
ayudar(se) *v.* to help (each other) 11, 12
azúcar *m.* sugar 8
azul *adj. m., f.* blue 6

B

bailar *v.* to dance 2
bailarín/bailarina *m., f.* dancer 17
baile *m.* dance 17
bajar(se) de *v.* to get off of/out of (a vehicle) 11
bajo/a *adj.* short (*in height*) 3
bajo control under control 7
balcón *m.* balcony 12
balde *m.* bucket 5
ballena *f.* whale 13
baloncesto *m.* basketball 4
banana *f.* banana 8
banco *m.* bank 14
banda *f.* band 17
bandera *f.* flag
bañarse *v.* to bathe; to take a bath 7
baño *m.* bathroom 7
barato/a *adj.* cheap 6
barco *m.* boat 5
barrer *v.* to sweep 12
   barrer el suelo *v.* to sweep the floor 12
barrio *m.* neighborhood 12
bastante *adv.* enough; rather 10; pretty 13
basura *f.* trash 12
baúl *m.* trunk 11
beber *v.* to drink 3
bebida *f.* drink 8
   bebida alcohólica *f.* alcoholic beverage 15
béisbol *m.* baseball 4
bellas artes *f., pl.* fine arts 17
belleza *f.* beauty 14
beneficio *m.* benefit 16
besar(se) *v.* to kiss (each other) 11
beso *m.* kiss 9
biblioteca *f.* library 2
bicicleta *f.* bicycle 4
bien *adj.* well 1
bienestar *m.* well-being 15
bienvenido(s)/a(s) *adj.* welcome 12
billete *m.* paper money; ticket
billón *m.* trillion
biología *f.* biology 2
bisabuelo/a *m., f.* great-grandfather/great-grandmother 3
bistec *m.* steak 8
bizcocho *m.* biscuit
blanco/a *adj.* white 6
blog *m.* blog 11
(blue)jeans *m., pl.* jeans 6
blusa *f.* blouse 6
boca *f.* mouth 10
boda *f.* wedding 9
boleto *m.* ticket 2, 17
bolsa *f.* purse, bag 6
bombero/a *m., f.* firefighter 16
bonito/a *adj.* pretty 3
borrador *m.* eraser 2
borrar *v.* to erase 11

Vocabulario

Spanish-English

bosque *m.* forest 13
  bosque tropical tropical forest; rainforest 13
bota *f.* boot 6
botella *f.* bottle 9
  botella de vino bottle of wine 9
botones *m., f. sing.* bellhop 5
brazo *m.* arm 10
brindar *v.* to toast (*drink*) 9
bucear *v.* to scuba dive 4
bueno *adv.* well
buen, bueno/a *adj.* good 3, 6
  buena forma good shape (*physical*) 15
  Buena idea. Good idea.
  Buenas noches. Good evening; Good night. 1
  Buenas tardes. Good afternoon. 1
  buenísimo/a extremely good
  Bueno. Hello. (*on telephone*) 11
  Buenos días. Good morning. 1
bulevar *m.* boulevard
buscar *v.* to look for 2
buzón *m.* mailbox 14

C

caballero *m.* gentleman, sir 8
caballo *m.* horse 5
cabe: no cabe duda de there's no doubt 13
cabeza *f.* head 10
cada *adj. m., f.* each 6
caerse *v.* to fall (down) 10
café *m.* café 4; *adj. m., f.* brown 6; *m.* coffee 8
cafeína *f.* caffeine 14
cafetera *f.* coffee maker 12
cafetería *f.* cafeteria 2
caído/a *p.p.* fallen 14
caja *f.* cash register 6
cajero/a *m., f.* cashier 14
  cajero automático *m.* ATM 14
calavera de azúcar *f.* skull made out of sugar 9
calcetín (calcetines) *m.* sock(s) 6
calculadora *f.* calculator 2
caldo *m.* soup
calentamiento global *m.* global warming 13
calentarse (e:ie) *v.* to warm up 15
calidad *f.* quality 6
calle *f.* street 11
calor *m.* heat 4
caloría *f.* calorie 15
calzar *v.* to take size... shoes 6
cama *f.* bed 5
cámara digital *f.* digital camera 11
cámara de video *f.* video camera 11
camarero/a *m., f.* waiter/waitress 8

camarón *m.* shrimp 8
cambiar (de) *v.* to change 9
cambio: de cambio in change 2
cambio *m.* **climático** climate change 13
cambio *m.* **de moneda** currency exchange
caminar *v.* to walk 2
camino *m.* road
camión *m.* truck; bus
camisa *f.* shirt 6
camiseta *f.* t-shirt 6
campo *m.* countryside 5
canadiense *adj.* Canadian 3
canal *m.* (TV) channel 11; 17
canción *f.* song 17
candidato/a *m., f.* candidate 18
canela *f.* cinnamon 10
cansado/a *adj.* tired 5
cantante *m., f.* singer 17
cantar *v.* to sing 2
capital *f.* capital city 1
capó *m.* hood 11
cara *f.* face 7
caramelo *m.* caramel 9
carne *f.* meat 8
  carne de res *f.* beef 8
carnicería *f.* butcher shop 14
caro/a *adj.* expensive 6
carpintero/a *m., f.* carpenter 16
carrera *f.* career 16
carretera *f.* highway 11
carro *m.* car; automobile 11
carta *f.* letter 4; (playing) card 5
cartel *m.* poster 12
cartera *f.* wallet 4, 6
cartero *m.* mail carrier 14
casa *f.* house; home 2
casado/a *adj.* married 9
casarse (con) *v.* to get married (to) 9
casi *adv.* almost 10
catorce *adj.* fourteen 1
cazar *v.* to hunt 13
cebolla *f.* onion 8
cederrón *m.* CD-ROM 11
celebrar *v.* to celebrate 9
cementerio *m.* cemetery 9
cena *f.* dinner 8
cenar *v.* to have dinner 2
centro *m.* downtown 4
  centro comercial shopping mall 6
cepillarse los dientes/el pelo *v.* to brush one's teeth/one's hair 7
cerámica *f.* pottery 17
cerca de *prep.* near 2
cerdo *m.* pork 8
cereales *m., pl.* cereal; grains 8
cero *m.* zero 1
cerrado/a *adj.* closed 5, 14
cerrar (e:ie) *v.* to close 4
cerveza *f.* beer 8
césped *m.* grass
ceviche *m.* marinated fish dish 8
  ceviche de camarón *m.* lemon-marinated shrimp 8

chaleco *m.* vest
champán *m.* champagne 9
champiñón *m.* mushroom 8
champú *m.* shampoo 7
chaqueta *f.* jacket 6
chau *fam. interj.* bye 1
cheque *m.* (bank) check 14
  cheque (de viajero) *m.* (traveler's) check 14
chévere *adj., fam.* terrific
chico/a *m., f.* boy/girl 1
chino/a *adj.* Chinese 3
chocar (con) *v.* to run into
chocolate *m.* chocolate 9
choque *m.* collision 18
chuleta *f.* chop (*food*) 8
  chuleta de cerdo *f.* pork chop 8
cibercafé *m.* cybercafé
ciclismo *m.* cycling 4
cielo *m.* sky 13
cien(to) one hundred 2
ciencia *f.* science 2
  ciencias ambientales environmental sciences 2
  de ciencia ficción *f.* science fiction (genre) 17
científico/a *m., f.* scientist 16
cierto *m.* certain 13
  es cierto it's certain 13
  no es cierto it's not certain 13
cima *f.* top, peak 15
cinco five 1
cincuenta fifty 2
cine *m.* movie theater 4
cinta *f.* (audio)tape
cinta caminadora *f.* treadmill 15
cinturón *m.* belt 6
circulación *f.* traffic 11
cita *f.* date; appointment 9
ciudad *f.* city 4
ciudadano/a *m., f.* citizen 18
Claro (que sí). *fam.* Of course.
clase *f.* class 2
  clase de ejercicios aeróbicos *f.* aerobics class 15
clásico/a *adj.* classical 17
cliente/a *m., f.* customer 6
clínica *f.* clinic 10
cobrar *v.* to cash (a check) 14
coche *m.* car; automobile 11
cocina *f.* kitchen; stove 9, 12
cocinar *v.* to cook 12
cocinero/a *m., f.* cook, chef 16
cofre *m.* hood 14
cola *f.* line 14
colesterol *m.* cholesterol 15
color *m.* color 6
comedia *f.* comedy; play 17
comedor *m.* dining room 12
comenzar (e:ie) *v.* to begin 4
comer *v.* to eat 3
comercial *adj.* commercial; business-related 16
comida *f.* food; meal 4, 8
como like; as 8
¿cómo? what?; how? 1

A-21

¿Cómo es...? What's... like? 3
¿Cómo está usted? *form.* How are you? 1
¿Cómo estás? *fam.* How are you? 1
¿Cómo les fue...? *pl.* How did ... go for you? 15
¿Cómo se llama usted? (*form.*) What's your name? 1
¿Cómo te llamas? *fam.* What's your name? 1
cómoda *f.* chest of drawers 12
cómodo/a *adj.* comfortable 5
compañero/a de clase *m., f.* classmate 2
compañero/a de cuarto *m., f.* roommate 2
compañía *f.* company; firm 16
compartir *v.* to share 3
completamente *adv.* completely 5, 16
compositor(a) *m., f.* composer 17
comprar *v.* to buy 2
compras *f., pl.* purchases 5
  ir de compras go shopping 5
comprender *v.* to understand 3
comprobar *v.* to check
comprometerse (con) *v.* to get engaged (to) 9
computación *f.* computer science 2
computadora *f.* computer 1
computadora portátil *f.* portable computer; laptop 11
comunicación *f.* communication 18
comunicarse (con) *v.* to communicate (with) 18
comunidad *f.* community 1
con *prep.* with 2
  Con él/ella habla. Speaking./This is he/she. (*on telephone*) 11
  con frecuencia *adv.* frequently 10
  Con permiso. Pardon me; Excuse me. 1
  con tal (de) que provided (that) 13
concierto *m.* concert 17
concordar *v.* to agree
concurso *m.* game show; contest 17
conducir *v.* to drive 6, 11
conductor(a) *m., f.* driver 1
conexión *f.* **inalámbrica** wireless (connection) 11
confirmar *v.* to confirm 5
confirmar *v.* **una reservación** *f.* to confirm a reservation 5
confundido/a *adj.* confused 5
congelador *m.* freezer 12
congestionado/a *adj.* congested; stuffed-up 10
conmigo *pron.* with me 4, 9
conocer *v.* to know; to be acquainted with 6
conocido *adj.; p.p.* known
conseguir (e:i) *v.* to get; to obtain 4
consejero/a *m., f.* counselor; advisor 16

consejo *m.* advice
conservación *f.* conservation 13
conservar *v.* to conserve 13
construir *v.* to build
consultorio *m.* doctor's office 10
consumir *v.* to consume 15
contabilidad *f.* accounting 2
contador(a) *m., f.* accountant 16
contaminación *f.* pollution 13
  contaminación del aire/del agua air/water pollution 13
contaminado/a *adj.* polluted 13
contaminar *v.* to pollute 13
contar (o:ue) *v.* to count; to tell 4
contar (con) *v.* to count (on) 12
contento/a *adj.* happy; content 5
contestadora *f.* answering machine 11
contestar *v.* to answer 2
contigo *fam. pron.* with you 5, 9
contratar *v.* to hire 16
control *m.* control 7
  control remoto remote control 11
controlar *v.* to control 13
conversación *f.* conversation 1
conversar *v.* to converse, to chat 2
copa *f.* wineglass; goblet 12
corazón *m.* heart 10
corbata *f.* tie 6
corredor(a) *m., f.* **de bolsa** stockbroker 16
correo *m.* mail; post office 14
  correo electrónico *m.* e-mail 4
  correo de voz *m.* voice mail 11
correr *v.* to run 3
cortesía *f.* courtesy
cortinas *f., pl.* curtains 12
corto/a *adj.* short (*in length*) 6
cosa *f.* thing 1
Costa Rica *f.* Costa Rica 1
costar (o:ue) *f.* to cost 6
costarricense *adj.* Costa Rican 3
cráter *m.* crater 13
creer *v.* to believe 13
  creer (en) *v.* to believe (in) 3
  no creer (en) *v.* not to believe (in) 13
creído/a *adj., p.p.* believed 14
crema de afeitar *f.* shaving cream 5, 7
crimen *m.* crime; murder 18
cruzar *v.* to cross 14
cuaderno *m.* notebook 1
cuadra *f.* (city) block 14
¿cuál(es)? which?; which one(s)? 2
  ¿Cuál es la fecha de hoy? What is today's date? 5
cuadro *m.* picture 12
cuadros *m., pl.* plaid 6
cuando when 7; 13
¿cuándo? when? 2
¿cuánto(s)/a(s)? how much/how many? 1
  ¿Cuánto cuesta...? How much does... cost? 6

¿Cuántos años tienes? How old are you? 3
cuarenta forty 2
cuarto de baño *m.* bathroom 7
cuarto *m.* room 2; 7
cuarto/a *adj.* fourth 5
  menos cuarto quarter to (time)
  y cuarto quarter after (time) 1
cuatro four 1
cuatrocientos/as four hundred 2
Cuba *f.* Cuba 1
cubano/a *adj.* Cuban 3
cubiertos *m., pl.* silverware
cubierto/a *p.p.* covered
cubrir *v.* to cover
cuchara *f.* (table or large) spoon 12
cuchillo *m.* knife 12
cuello *m.* neck 10
cuenta *f.* bill 8; account 14
  cuenta corriente *f.* checking account 14
  cuenta de ahorros *f.* savings account 14
cuento *m.* short story 17
cuerpo *m.* body 10
cuidado *m.* care 3
cuidar *v.* to take care of 13
  ¡Cuídense! Take care! 14
cultura *f.* culture 2, 17
cumpleaños *m., sing.* birthday 9
cumplir años *v.* to have a birthday 9
cuñado/a *m., f.* brother-in-law; sister-in-law 3
currículum *m.* résumé 16
curso *m.* course 2

D

danza *f.* dance 17
dañar *v.* to damage; to break down 10
dar *v.* to give 6, 9
  dar un consejo *v.* to give advice
  darse con *v.* to bump into; to run into (something) 10
  darse prisa *v.* to hurry; to rush 15
de *prep.* of; from 1
  ¿De dónde eres? *fam.* Where are you from? 1
  ¿De dónde es usted? *form.* Where are you from? 1
  ¿De parte de quién? Who is speaking/calling? (*on telephone*) 11
  ¿de quién...? whose...? (*sing.*) 1
  ¿de quiénes...? whose...? (*pl.*) 1
  de algodón (made) of cotton 6
  de aluminio (made) of aluminum 13
  de buen humor in a good mood 5
  de compras shopping 5
  de cuadros plaid 6

Vocabulario

Spanish-English

de excursión hiking 4
de hecho in fact
de ida y vuelta roundtrip 5
de la mañana in the morning; A.M. 1
de la noche in the evening; at night; P.M. 1
de la tarde in the afternoon; in the early evening; P.M. 1
de lana (made) of wool 6
de lunares polka-dotted 6
de mal humor in a bad mood 5
de mi vida of my life 15
de moda in fashion 6
De nada. You're welcome. 1
de niño/a as a child 10
de parte de on behalf of 11
de plástico (made) of plastic 13
de rayas striped 6
de repente suddenly 6
de seda (made) of silk 6
de vaqueros western (genre) 17
de vez en cuando from time to time 10
de vidrio (made) of glass 13
debajo de *prep.* below; under 2
deber (+ *inf.*) *v.* should; must; ought to 3
  Debe ser... It must be... 6
deber *m.* responsibility; obligation 18
debido a due to (the fact that)
débil *adj.* weak 15
decidido/a *adj.* decided 14
decidir (+ *inf.*) *v.* to decide 3
décimo/a *adj.* tenth 5
decir (e:i) *v.* **(que)** to say (that); to tell (that) 4, 9
  decir la respuesta to say the answer 4
  decir la verdad to tell the truth 4
  decir mentiras to tell lies 4
declarar *v.* to declare; to say 18
dedo *m.* finger 10
dedo del pie *m.* toe 10
deforestación *f.* deforestation 13
dejar *v.* to let 12; to quit; to leave behind 16
  dejar de (+ *inf.*) *v.* to stop (*doing something*) 13
  dejar una propina *v.* to leave a tip 9
del (*contraction of* **de + el**) of the; from the
delante de *prep.* in front of 2
delgado/a *adj.* thin; slender 3
delicioso/a *adj.* delicious 8
demás *adj.* the rest
demasiado *adj., adv.* too much 6
dentista *m., f.* dentist 10
dentro de (diez años) within (ten years) 16; inside
dependiente/a *m., f.* clerk 6
deporte *m.* sport 4
deportista *m.* sports person

deportivo/a *adj.* sports-related 4
depositar *v.* to deposit 14
derecha *f.* right 2
  a la derecha de to the right of 2
derecho *adj.* straight (ahead) 14
derechos *m., pl.* rights 18
desarrollar *v.* to develop 13
desastre (natural) *m.* (natural) disaster 18
desayunar *v.* to have breakfast 2
desayuno *m.* breakfast 8
descafeinado/a *adj.* decaffeinated 15
descansar *v.* to rest 2
descargar *v.* to download 11
descompuesto/a *adj.* not working; out of order 11
describir *v.* to describe 3
descrito/a *p.p.* described 14
descubierto/a *p.p.* discovered 14
descubrir *v.* to discover 13
desde *prep.* from 6
desear *v.* to wish; to desire 2
desempleo *m.* unemployment 18
desierto *m.* desert 13
desigualdad *f.* inequality 18
desordenado/a *adj.* disorderly 5
despacio *adv.* slowly 10
despedida *f.* farewell; good-bye
despedir (e:i) *v.* to fire 16
despedirse (de) (e:i) *v.* to say goodbye (to) 7
despejado/a *adj.* clear (*weather*)
despertador *m.* alarm clock 7
despertarse (e:ie) *v.* to wake up 7
después *adv.* afterwards; then 7
  después de after 7
  después de que *conj.* after 13
destruir *v.* to destroy 13
detrás de *prep.* behind 2
día *m.* day 1
  día de fiesta holiday 9
diario *m.* diary 1; newspaper 18
  diario/a *adj.* daily 7
dibujar *v.* to draw 2
dibujo *m.* drawing 17
  dibujos animados *m., pl.* cartoons 17
diccionario *m.* dictionary 1
dicho/a *p.p.* said 14
diciembre *m.* December 5
dictadura *f.* dictatorship 18
diecinueve nineteen 1
dieciocho eighteen 1
dieciséis sixteen 1
diecisiete seventeen 1
diente *m.* tooth 7
dieta *f.* diet 15
  comer una dieta equilibrada to eat a balanced diet 15
diez ten 1
difícil *adj.* difficult; hard 3
Diga. Hello. (*on telephone*) 11
diligencia *f.* errand 14
dinero *m.* money 6
dirección *f.* address 14

dirección electrónica *f.* e-mail address 11
director(a) *m., f.* director; (*musical*) conductor 17
dirigir *v.* to direct 17
disco compacto compact disc (CD) 11
discriminación *f.* discrimination 18
discurso *m.* speech 18
diseñador(a) *m., f.* designer 16
diseño *m.* design
disfraz *m.* costume
disfrutar (de) *v.* to enjoy; to reap the benefits (of) 15
disminuir *v.* to reduce 16
diversión *f.* fun activity; entertainment; recreation 4
divertido/a *adj.* fun 7
divertirse (e:ie) *v.* to have fun 9
divorciado/a *adj.* divorced 9
divorciarse (de) *v.* to get divorced (from) 9
divorcio *m.* divorce 9
doblar *v.* to turn 14
doble *adj.* double
doce twelve 1
doctor(a) *m., f.* doctor 3; 10
documental *m.* documentary 17
documentos de viaje *m., pl.* travel documents
doler (o:ue) *v.* to hurt 10
dolor *m.* ache; pain 10
  dolor de cabeza *m.* headache 10
doméstico/a *adj.* domestic 12
domingo *m.* Sunday 2
don *m.* Mr.; sir 1
doña *f.* Mrs.; ma'am 1
donde *prep.* where
  ¿Dónde está...? Where is...? 2
  ¿dónde? where? 1
dormir (o:ue) *v.* to sleep 4
dormirse (o:ue) *v.* to go to sleep; to fall asleep 7
dormitorio *m.* bedroom 12
dos two 1
  dos veces *f.* twice; two times 6
doscientos/as two hundred 2
drama *m.* drama; play 17
dramático/a *adj.* dramatic 17
dramaturgo/a *m., f.* playwright 17
droga *f.* drug 15
drogadicto/a *adj.* drug addict 15
ducha *f.* shower 7
ducharse *v.* to shower; to take a shower 7
duda *f.* doubt 13
dudar *v.* to doubt 13
  no dudar *v.* not to doubt 13
dueño/a *m., f.* owner; landlord 8
dulces *m., pl.* sweets; candy 9
durante *prep.* during 7
durar *v.* to last 18

E

e *conj.* (used instead of *y* before words beginning with *i* and *hi*) and 4
echar *v.* to throw
   echar (una carta) al buzón *v.* to put (a letter) in the mailbox 14; to mail 14
ecología *f.* ecology 13
ecologista *m., f.* ecologist 13; *adj.* ecological 13
economía *f.* economics 2
ecoturismo *m.* ecotourism 13
Ecuador *m.* Ecuador 1
ecuatoriano/a *adj.* Ecuadorian 3
edad *f.* age 9
edificio *m.* building 12
   edificio de apartamentos apartment building 12
(en) efectivo *m.* cash 6
ejercer *v.* to practice/exercise (a degree/profession) 16
ejercicio *m.* exercise 15
   ejercicios aeróbicos aerobic exercises 15
   ejercicios de estiramiento stretching exercises 15
ejército *m.* army 18
el *m., sing., def. art.* the 1
él *sub. pron.* he 1; *adj. pron.* him
elecciones *f., pl.* election 18
electricista *m., f.* electrician 16
electrodoméstico *m.* electric appliance 12
elegante *adj. m., f.* elegant 6
elegir (e:i) *v.* to elect 18
ella *sub. pron.* she 1; *obj. pron.* her
ellos/as *sub. pron.* they 1; them 1
embarazada *adj.* pregnant 10
emergencia *f.* emergency 10
emitir *v.* to broadcast 18
emocionante *adj. m., f.* exciting
empezar (e:ie) *v.* to begin 4
empleado/a *m., f.* employee 5
empleo *m.* job; employment 16
empresa *f.* company; firm 16
en *prep.* in; on; at 2
   en casa at home 7
   en caso (de) que in case (that) 13
   en cuanto as soon as 13
   en efectivo in cash 14
   en exceso in excess; too much 15
   en línea in-line 4
   ¡En marcha! Let's get going! 15
   en mi nombre in my name
   en punto on the dot; exactly; sharp (*time*) 1
   en qué in what; how 2
   ¿En qué puedo servirles? How can I help you? 5
   en vivo live 7
enamorado/a (de) *adj.* in love (with) 5
enamorarse (de) *v.* to fall in love (with) 9
encantado/a *adj.* delighted; pleased to meet you 1
encantar *v.* to like very much; to love (*inanimate objects*) 7
   ¡Me encantó! I loved it! 15
encima de *prep.* on top of 2
encontrar (o:ue) *v.* to find 4
encontrar(se) (o:ue) *v.* to meet (each other); to run into (each other) 11
   encontrarse con to meet up with 7
encuesta *f.* poll; survey 18
energía *f.* energy 13
   energía nuclear nuclear energy 13
   energía solar solar energy 13
enero *m.* January 5
enfermarse *v.* to get sick 10
enfermedad *f.* illness 10
enfermero/a *m., f.* nurse 10
enfermo/a *adj.* sick 10
enfrente de *adv.* opposite; facing 14
engordar *v.* to gain weight 15
enojado/a *adj.* mad; angry 5
enojarse (con) *v.* to get angry (with) 7
ensalada *f.* salad 8
ensayo *m.* essay 3
enseguida *adv.* right away
enseñar *v.* to teach 2
ensuciar *v.* to get (something) dirty 12
entender (e:ie) *v.* to understand 4
enterarse *v.* to find out 16
entonces *adv.* so, then 5, 7
entrada *f.* entrance 12; ticket 17
entre *prep.* between; among 2
entregar *v.* to hand in 11
entremeses *m., pl.* hors d'oeuvres; appetizers 8
entrenador(a) *m., f.* trainer 15
entrenarse *v.* to practice; to train 15
entrevista *f.* interview 16
entrevistador(a) *m., f.* interviewer 16
entrevistar *v.* to interview 16
envase *m.* container 13
enviar *v.* to send; to mail 14
equilibrado/a *adj.* balanced 15
equipado/a *adj.* equipped 15
equipaje *m.* luggage 5
equipo *m.* team 4
equivocado/a *adj.* wrong 5
eres *fam.* you are 1
es he/she/it is 1
   Es bueno que... It's good that... 12
   Es de... He/She is from... 1
   es extraño it's strange 13
   es igual it's the same 5
   Es importante que... It's important that... 12
   es imposible it's impossible 13
   es improbable it's improbable 13
   Es malo que... It's bad that... 12
   Es mejor que... It's better that... 12
   Es necesario que... It's necessary that... 12
   es obvio it's obvious 13
   es ridículo it's ridiculous 13
   es seguro it's sure 13
   es terrible it's terrible 13
   es triste it's sad 13
   Es urgente que... It's urgent that... 12
   Es la una. It's one o'clock. 1
   es una lástima it's a shame 13
   es verdad it's true 13
esa(s) *f., adj.* that; those 6
ésa(s) *f., pron.* that (one); those (ones) 6
escalar *v.* to climb 4
   escalar montañas *v.* to climb mountains 4
escalera *f.* stairs; stairway 12
escalón *m.* step 15
escanear *v.* to scan 11
escoger *v.* to choose 8
escribir *v.* to write 3
   escribir un mensaje electrónico to write an e-mail message 4
   escribir una postal to write a postcard 4
   escribir una carta to write a letter 4
escrito/a *p.p.* written 14
escritor(a) *m., f.* writer 17
escritorio *m.* desk 2
escuchar *v.* to listen to
   escuchar la radio to listen (to) the radio 2
   escuchar música to listen (to) music 2
escuela *f.* school 1
esculpir *v.* to sculpt 17
escultor(a) *m., f.* sculptor 17
escultura *f.* sculpture 17
ese *m., sing., adj.* that 6
ése *m., sing., pron.* that one 6
eso *neuter, pron.* that; that thing 6
esos *m., pl., adj.* those 6
ésos *m., pl., pron.* those (ones) 6
España *f.* Spain 1
español *m.* Spanish (*language*) 2
español(a) *adj. m., f.* Spanish 3
espárragos *m., pl.* asparagus 8
especialidad: las especialidades del día today's specials 8
especialización *f.* major 2
espectacular *adj.* spectacular 15
espectáculo *m.* show 17
espejo *m.* mirror 7
esperar *v.* to hope; to wish 13
   esperar (+ *infin.*) *v.* to wait (for); to hope 2
esposo/a *m., f.* husband/wife; spouse 3
esquí (acuático) *m.* (water) skiing 4

Vocabulario

Spanish-English

esquiar *v.* to ski 4
esquina *m.* corner 14
está he/she/it is, you are
   Está (muy) despejado. It's (very) clear. (*weather*)
   Está lloviendo. It's raining. 5
   Está nevando. It's snowing. 5
   Está (muy) nublado. It's (very) cloudy. (*weather*) 5
   Está bien. That's fine. 11
esta(s) *f., adj.* this; these 6
   esta noche tonight 4
ésta(s) *f., pron.* this (one); these (ones) 6
   Ésta es... *f.* This is… (*introducing someone*) 1
establecer *v.* to establish 16
estación *f.* station; season 5
   estación de autobuses bus station 5
   estación del metro subway station 5
   estación de tren train station 5
estacionamiento *m.* parking lot 14
estacionar *v.* to park 11
estadio *m.* stadium 2
estado civil *m.* marital status 9
Estados Unidos *m., pl.* (EE.UU.; E.U.) United States 1
estadounidense *adj. m., f.* from the United States 3
estampado/a *adj.* print
estampilla *f.* stamp 14
estante *m.* bookcase; bookshelves 12
estar *v.* to be 2
   estar a (veinte kilómetros) de aquí to be (20 kilometers) from here 11
   estar a dieta to be on a diet 15
   estar aburrido/a to be bored 5
   estar afectado/a (por) to be affected (by) 13
   estar bajo control to be under control 7
   estar cansado/a to be tired 5
   estar contaminado/a to be polluted 13
   estar de acuerdo to agree 17
      Estoy de acuerdo. I agree. 17
      No estoy de acuerdo. I don't agree. 17
   estar de moda to be in fashion 6
   estar de vacaciones *f., pl.* to be on vacation 5
   estar en buena forma to be in good shape 15
   estar enfermo/a to be sick 10
   estar harto/a de... to be sick of... 18
   estar listo/a to be ready 15
   estar perdido/a to be lost 14
   estar roto/a to be broken 10
   estar seguro/a to be sure 5
   estar torcido/a to be twisted; to be sprained 10
   No está nada mal. It's not bad at all. 5
estatua *f.* statue 17
este *m.* east 14
este *m., sing., adj.* this 6
éste *m., sing., pron.* this (one) 6
   Éste es... *m.* This is… (*introducing someone*) 1
estéreo *m.* stereo 11
estilo *m.* style
estiramiento *m.* stretching 15
esto *neuter pron.* this; this thing 6
estómago *m.* stomach 10
estornudar *v.* to sneeze 10
estos *m., pl., adj.* these 6
éstos *m., pl., pron.* these (ones) 6
estrella *f.* star 13
   estrella de cine *m., f.* movie star 17
estrés *m.* stress 15
estudiante *m., f.* student 1, 2
estudiantil *adj. m., f.* student 2
estudiar *v.* to study 2
estufa *f.* stove 12
estupendo/a *adj.* stupendous 5
etapa *f.* stage 9
evitar *v.* to avoid 13
examen *m.* test; exam 2
   examen médico physical exam 10
excelente *adj. m., f.* excellent 5
exceso *m.* excess; too much 15
excursión *f.* hike; tour; excursion 4
excursionista *m., f.* hiker
éxito *m.* success 16
experiencia *f.* experience 18
explicar *v.* to explain 2
explorar *v.* to explore
expresión *f.* expression
extinción *f.* extinction 13
extranjero/a *adj.* foreign 17
extrañar *v.* to miss 16
extraño/a *adj.* strange 13

F

fábrica *f.* factory 13
fabuloso/a *adj* fabulous 5
fácil *adj.* easy 3
falda *f.* skirt 6
faltar *v.* to lack; to need 7
familia *f.* family 3
famoso/a *adj.* famous 16
farmacia *f.* pharmacy 10
fascinar *v.* to fascinate 7
favorito/a *adj.* favorite 4
fax *m.* fax (machine) 11
febrero *m.* February 5
fecha *f.* date 5
feliz *adj.* happy 5
¡Felicidades! Congratulations! 9
¡Felicitaciones! Congratulations! 9
¡Feliz cumpleaños! Happy birthday! 9
fenomenal *adj.* great, phenomenal 5
feo/a *adj.* ugly 3
festival *m.* festival 17
fiebre *f.* fever 10
fiesta *f.* party 9
fijo/a *adj.* fixed, set 6
fin *m.* end 4
   fin de semana weekend 4
finalmente *adv.* finally 15
firmar *v.* to sign (*a document*) 14
física *f.* physics 2
flan (de caramelo) *m.* baked (caramel) custard 9
flexible *adj.* flexible 15
flor *f.* flower 13
folclórico/a *adj.* folk; folkloric 17
folleto *m.* brochure
fondo *m.* end 12
forma *f.* shape 15
formulario *m.* form 14
foto(grafía) *f.* photograph 1
francés, francesa *adj. m., f.* French 3
frecuentemente *adv.* frequently 10
frenos *m., pl.* brakes
frente (frío) *m.* (cold) front 5
fresco/a *adj.* cool 5
frijoles *m., pl.* beans 8
frío/a *adj.* cold 5
frito/a *adj.* fried 8
fruta *f.* fruit 8
frutería *f.* fruit store 14
frutilla *f.* strawberry 8
fuera *adv.* outside
fuerte *adj. m., f.* strong 15
fumar *v.* to smoke 15
   (no) fumar *v.* (not) to smoke 15
funcionar *v.* to work 11; to function
fútbol *m.* soccer 4
fútbol americano *m.* football 4
futuro/a *adj.* future 16
   en el futuro in the future 16

G

gafas (de sol) *f., pl.* (sun)glasses 6
gafas (oscuras) *f., pl.* (sun)glasses
galleta *f.* cookie 9
ganar *v.* to win 4; to earn (*money*) 16
ganga *f.* bargain 6
garaje *m.* garage; (mechanic's) repair shop 11; garage (*in a house*) 12
garganta *f.* throat 10
gasolina *f.* gasoline 11
gasolinera *f.* gas station 11
gastar *v.* to spend (*money*) 6

Vocabulario

gato *m.* cat 13
gemelo/a *m., f.* twin 3
genial *adj.* great 16
gente *f.* people 3
geografía *f.* geography 2
gerente *m., f.* manager 8, 16
gimnasio *m.* gymnasium 4
gobierno *m.* government 13
golf *m.* golf 4
gordo/a *adj.* fat 3
grabar *v.* to record 11
gracias *f., pl.* thank you; thanks 1
  Gracias por invitarme. Thanks for having me. 9
graduarse (de/en) *v.* to graduate (from/in) 9
gran, grande *adj.* big; large 3
grasa *f.* fat 15
gratis *adj. m., f.* free of charge 14
grave *adj.* grave; serious 10
gravísimo/a *adj.* extremely serious 13
grillo *m.* cricket
gripe *f.* flu 10
gris *adj. m., f.* gray 6
gritar *v.* to scream, to shout 7
grito *m.* scream 5
guantes *m., pl.* gloves 6
guapo/a *adj.* handsome; good-looking 3
guardar *v.* to save (on a computer) 11
guerra *f.* war 18
guía *m., f.* guide
gustar *v.* to be pleasing to; to like 2
  Me gustaría... I would like...
gusto *m.* pleasure 1
  El gusto es mío. The pleasure is mine. 1
  Gusto de verlo/la. *(form.)* It's nice to see you.
  Gusto de verte. *(fam.)* It's nice to see you.
  Mucho gusto. Pleased to meet you. 1
  ¡Qué gusto verlo/la! *(form.)* How nice to see you! 18
  ¡Qué gusto verte! *(fam.)* How nice to see you! 18

H

haber *(auxiliar) v.* to have (done something) 15
  Ha sido un placer. It's been a pleasure. 15
habitación *f.* room 5
  habitación doble double room 5
  habitación individual single room 5
hablar *v.* to talk; to speak 2
hacer *v.* to do; to make 4
  Hace buen tiempo. The weather is good. 5
  Hace (mucho) calor. It's (very) hot. *(weather)* 5
  Hace fresco. It's cool. *(weather)* 5
  Hace (mucho) frío. It's (very) cold. *(weather)* 5
  Hace mal tiempo. The weather is bad. 5
  Hace (mucho) sol. It's (very) sunny. *(weather)* 5
  Hace (mucho) viento. It's (very) windy. *(weather)* 5
hacer cola to stand in line 14
hacer diligencias to run errands 14
hacer ejercicio to exercise 15
hacer ejercicios aeróbicos to do aerobics 15
hacer ejercicios de estiramiento to do stretching exercises 15
hacer el papel (de) to play the role (of) 17
hacer gimnasia to work out 15
hacer juego (con) to match (with) 6
hacer la cama to make the bed 12
hacer las maletas to pack (one's) suitcases 5
hacer quehaceres domésticos to do household chores 12
hacer (wind)surf to (wind)surf 5
hacer turismo to go sightseeing
hacer un viaje to take a trip 5
¿Me harías el honor de casarte conmingo? Would you do me the honor of marrying me? 17
hacia *prep.* toward 14
hambre *f.* hunger 3
hamburguesa *f.* hamburger 8
hasta *prep.* until 6; toward
  Hasta la vista. See you later. 1
  Hasta luego. See you later. 1
  Hasta mañana. See you tomorrow. 1
hasta que until 13
  Hasta pronto. See you soon. 1
hay there is; there are 1
  Hay (mucha) contaminación. It's (very) smoggy.
  Hay (mucha) niebla. It's (very) foggy.
  Hay que It is necessary that 14
  No hay duda de There's no doubt 13
  No hay de qué. You're welcome. 1
hecho/a *p.p.* done 14
heladería *f.* ice cream shop 14
helado/a *adj.* iced 8
helado *m.* ice cream 9
hermanastro/a *m., f.* stepbrother/stepsister 3
hermano/a *m., f.* brother/sister 3
hermano/a mayor/menor *m., f.* older/younger brother/sister 3
hermanos *m., pl.* siblings (brothers and sisters) 3
hermoso/a *adj.* beautiful 6
hierba *f.* grass 13
hijastro/a *m., f.* stepson/stepdaughter 3
hijo/a *m., f.* son/daughter 3
  hijo/a único/a *m., f.* only child 3
hijos *m., pl.* children 3
híjole *interj.* wow 6
historia *f.* history 2; story 17
hockey *m.* hockey 4
hola *interj.* hello; hi 1
hombre *m.* man 1
  hombre de negocios *m.* businessman 16
hora *f.* hour 1; the time
horario *m.* schedule 2
horno *m.* oven 12
  horno de microondas *m.* microwave oven 12
horror *m.* horror 17
  de horror horror (genre) 17
hospital *m.* hospital 10
hotel *m.* hotel 5
hoy *adv.* today 2
  hoy día *adv.* nowadays
  Hoy es... Today is... 2
hueco *m.* hole 4
huelga *f.* strike *(labor)* 18
hueso *m.* bone 10
huésped *m., f.* guest 5
huevo *m.* egg 8
humanidades *f., pl.* humanities 2
huracán *m.* hurricane 18

I

ida *f.* one way *(travel)*
idea *f.* idea 4
iglesia *f.* church 4
igualdad *f.* equality 18
igualmente *adv.* likewise 1
impermeable *m.* raincoat 6
importante *adj. m., f.* important 3
importar *v.* to be important to; to matter 7
imposible *adj. m., f.* impossible 13
impresora *f.* printer 11
imprimir *v.* to print 11
improbable *adj. m., f.* improbable 13
impuesto *m.* tax 18
incendio *m.* fire 18
increíble *adj. m., f.* incredible 5
indicar cómo llegar *v.* to give directions 14
individual *adj.* private *(room)* 5
infección *f.* infection 10
informar *v.* to inform 18
informe *m.* report; paper *(written work)* 18
ingeniero/a *m., f.* engineer 3

Vocabulario

Spanish-English

inglés *m.* English (*language*) 2
inglés, inglesa *adj.* English 3
inodoro *m.* toilet 7
insistir (en) *v.* to insist (on) 12
inspector(a) de aduanas *m., f.* customs inspector 5
inteligente *adj. m., f.* intelligent 3
intento *m.* attempt 11
intercambiar *v.* to exchange
interesante *adj. m., f.* interesting 3
interesar *v.* to be interesting to; to interest 7
internacional *adj. m., f.* international 18
Internet Internet 11
inundación *f.* flood 18
invertir (e:ie) *v.* to invest 16
invierno *m.* winter 5
invitado/a *m., f.* guest 9
invitar *v.* to invite 9
inyección *f.* injection 10
ir *v.* to go 4
  ir a (+ *inf.*) to be going to do something 4
  ir de compras to go shopping 5
  ir de excursión (a las montañas) to go on a hike (in the mountains) 4
  ir de pesca to go fishing
  ir de vacaciones to go on vacation 5
  ir en autobús to go by bus 5
  ir en auto(móvil) to go by auto(mobile); to go by car 5
  ir en avión to go by plane 5
  ir en barco to go by boat 5
  ir en metro to go by subway
  ir en motocicleta to go by motorcycle 5
  ir en taxi to go by taxi 5
  ir en tren to go by train
irse *v.* to go away; to leave 7
italiano/a *adj.* Italian 3
izquierdo/a *adj.* left 2
  a la izquierda de to the left of 2

J

jabón *m.* soap 7
jamás *adv.* never; not ever 7
jamón *m.* ham 8
japonés, japonesa *adj.* Japanese 3
jardín *m.* garden; yard 12
jefe, jefa *m., f.* boss 16
jengibre *m.* ginger 10
joven *adj. m., f., sing.* (**jóvenes** *pl.*) young 3
joven *m., f., sing.* (**jóvenes** *pl.*) youth; young person 1
joyería *f.* jewelry store 14
jubilarse *v.* to retire (*from work*) 9
juego *m.* game

jueves *m., sing.* Thursday 2
jugador(a) *m., f.* player 4
jugar (u:ue) *v.* to play 4
  jugar a las cartas *f., pl.* to play cards 5
jugo *m.* juice 8
  jugo de fruta *m.* fruit juice 8
julio *m.* July 5
jungla *f.* jungle 13
junio *m.* June 5
juntos/as *adj.* together 9
juventud *f.* youth 9

K

kilómetro *m.* kilometer 1

L

la *f., sing., def. art.* the 1
  la *f., sing., d.o. pron.* her, it, *form.* you 5
laboratorio *m.* laboratory 2
lago *m.* lake 13
lámpara *f.* lamp 12
lana *f.* wool 6
langosta *f.* lobster 8
lápiz *m.* pencil 1
largo/a *adj.* long 6
las *f., pl., def. art.* the 1
  las *f., pl., d.o. pron.* them; *form.* you 5
lástima *f.* shame 13
lastimarse *v.* to injure oneself 10
  lastimarse el pie to injure one's foot 10
lata *f.* (*tin*) can 13
lavabo *m.* sink 7
lavadora *f.* washing machine 12
lavandería *f.* laundromat 14
lavaplatos *m., sing.* dishwasher 12
lavar *v.* to wash 12
  lavar (el suelo, los platos) to wash (the floor, the dishes) 12
lavarse *v.* to wash oneself 7
  lavarse la cara to wash one's face 7
  lavarse las manos to wash one's hands 7
le *sing., i.o. pron.* to/for him, her, *form.* you 6
  Le presento a... *form.* I would like to introduce you to (name). 1
lección *f.* lesson 1
leche *f.* milk 8
lechuga *f.* lettuce 8
leer *v.* to read 3
  leer correo electrónico to read e-mail 4
  leer un periódico to read a newspaper 4
  leer una revista to read a magazine 4
leído/a *p.p.* read 14
lejos de *prep.* far from 2

lengua *f.* language 2
  lenguas extranjeras *f., pl.* foreign languages 2
lentes de contacto *m., pl.* contact lenses
  lentes (de sol) (sun)glasses
lento/a *adj.* slow 11
les *pl., i.o. pron.* to/for them, *form.* you 6
letrero *m.* sign 14
levantar *v.* to lift 15
  levantar pesas to lift weights 15
levantarse *v.* to get up 7
ley *f.* law 13
libertad *f.* liberty; freedom 18
libre *adj. m., f.* free 4
librería *f.* bookstore 2
libro *m.* book 2
licencia de conducir *f.* driver's license 11
limón *m.* lemon 8
limpiar *v.* to clean 12
  limpiar la casa *v.* to clean the house 12
limpio/a *adj.* clean 5
línea *f.* line 4
listo/a *adj.* ready; smart 5
literatura *f.* literature 2
llamar *v.* to call 11
  llamar por teléfono to call on the phone
llamarse *v.* to be called; to be named 7
llanta *f.* tire 11
llave *f.* key 5; wrench 11
llegada *f.* arrival 5
llegar *v.* to arrive 2
llenar *v.* to fill 11, 14
  llenar el tanque to fill the tank 11
  llenar (un formulario) to fill out (a form) 14
lleno/a *adj.* full 11
llevar *v.* to carry 2; *v.* to wear; to take 6
  llevar una vida sana to lead a healthy lifestyle 15
  llevarse bien/mal (con) to get along well/badly (with) 9
llorar *v.* to cry 15
llover (o:ue) *v.* to rain 5
  Llueve. It's raining. 5
lluvia *f.* rain
lo *m., sing. d.o. pron.* him, it, *form.* you 5
  ¡Lo he pasado de película! I've had a fantastic time! 18
  lo mejor the best (thing) 18
  lo que that which; what 12
  Lo siento. I'm sorry. 1
loco/a *adj.* crazy 6
locutor(a) *m., f.* (TV or radio) announcer 18
lodo *m.* mud
los *m., pl., def. art.* the 1

Vocabulario — Spanish-English

los *m. pl., d.o. pron.* them, *form.* you 5
luchar (contra/por) *v.* to fight; to struggle (against/for) 18
luego *adv.* then 7; *adv.* later 1
lugar *m.* place 2, 4
luna *f.* moon 13
lunares *m.* polka dots 6
lunes *m., sing.* Monday 2
luz *f.* light; electricity 12

M

madrastra *f.* stepmother 3
madre *f.* mother 3
madurez *f.* maturity; middle age 9
maestro/a *m., f.* teacher 16
magnífico/a *adj.* magnificent 5
maíz *m.* corn 8
mal, malo/a *adj.* bad 3
maleta *f.* suitcase 1
mamá *f.* mom 3
mandar *v.* to order 12; to send; to mail 14
manejar *v.* to drive 11
manera *f.* way 16
mano *f.* hand 1
manta *f.* blanket 12
mantener (e:ie) *v.* to maintain 15
  mantenerse en forma to stay in shape 15
mantequilla *f.* butter 8
manzana *f.* apple 8
mañana *f.* morning, a.m. 1; tomorrow 1
mapa *m.* map 2
maquillaje *m.* makeup 7
maquillarse *v.* to put on makeup 7
mar *m.* sea 5
maravilloso/a *adj.* marvelous 5
mareado/a *adj.* dizzy; nauseated 10
margarina *f.* margarine 8
mariscos *m., pl.* shellfish 8
marrón *adj. m., f.* brown 6
martes *m., sing.* Tuesday 2
marzo *m.* March 5
más *pron.* more 2
  más de (+ *number*) more than 8
  más tarde later (on) 7
  más... que more... than 8
masaje *m.* massage 15
matemáticas *f., pl.* mathematics 2
materia *f.* course 2
matrimonio *m.* marriage 9
máximo/a *adj.* maximum 11
mayo *m.* May 5
mayonesa *f.* mayonnaise 8
mayor *adj.* older 3
  el/la mayor *adj.* eldest 8; oldest
me *sing., d.o. pron.* me 5; *sing. i.o. pron.* to/for me 6
  Me duele mucho. It hurts me a lot. 10
  Me gusta... I like... 2
  No me gustan nada. I don't like them at all. 2
  Me gustaría(n)... I would like... 17
  Me llamo... My name is... 1
  Me muero por... I'm dying to (for)...
mecánico/a *m., f.* mechanic 11
mediano/a *adj.* medium
medianoche *f.* midnight 1
medias *f., pl.* pantyhose, stockings 6
medicamento *m.* medication 10
medicina *f.* medicine 10
médico/a *m., f.* doctor 3; *adj.* medical 10
medio/a *adj.* half 3
  medio ambiente *m.* environment 13
  medio/a hermano/a *m., f.* half-brother/half-sister 3
mediodía *m.* noon 1
medios de comunicación *m., pl.* means of communication; media 18
  y media thirty minutes past the hour (time) 1
mejor *adj.* better 8
  el/la mejor *m., f.* the best 8
mejorar *v.* to improve 13
melocotón *m.* peach 8
menor *adj.* younger 3
  el/la menor *m., f.* youngest 8
menos *adv.* less 10
  menos cuarto..., menos quince... quarter to... (*time*) 1
  menos de (+ *number*) fewer than 8
  menos... que less... than 8
mensaje *m.* **de texto** text message 11
mensaje electrónico *m.* e-mail message 4
mentira *f.* lie 4
menú *m.* menu 8
mercado *m.* market 6
  mercado al aire libre open-air market 6
merendar (e:ie) *v.* to snack 8; to have an afternoon snack
merienda *f.* afternoon snack 15
mes *m.* month 5
mesa *f.* table 2
mesita *f.* end table 12
  mesita de noche night stand 12
meterse en problemas *v.* to get into trouble 13
metro *m.* subway 5
mexicano/a *adj.* Mexican 3
México *m.* Mexico 1
mí *pron., obj. of prep.* me 8
mi(s) *poss. adj.* my 3
microonda *f.* microwave 12
  horno de microondas *m.* microwave oven 12
miedo *m.* fear 3
miel *f.* honey 10
mientras *adv.* while 10
miércoles *m., sing.* Wednesday 2
mil *m.* one thousand 2
  mil millones billion
milla *f.* mile 11
millón *m.* million 2
millones (de) *m.* millions (of)
mineral *m.* mineral 15
minuto *m.* minute 1
mío(s)/a(s) *poss.* my; (of) mine 11
mirar *v.* to look (at); to watch 2
  mirar (la) televisión to watch television 2
mismo/a *adj.* same 3
mochila *f.* backpack 2
moda *f.* fashion 6
módem *m.* modem
moderno/a *adj.* modern 17
molestar *v.* to bother; to annoy 7
monitor *m.* (computer) monitor 11
  monitor(a) *m., f.* trainer
mono *m.* monkey 13
montaña *f.* mountain 4
montar *v.* **a caballo** to ride a horse 5
montón: un montón de a lot of 4
monumento *m.* monument 4
morado/a *adj.* purple 6
moreno/a *adj.* brunet(te) 3
morir (o:ue) *v.* to die 8
mostrar (o:ue) *v.* to show 4
motocicleta *f.* motorcycle 5
motor *m.* motor
muchacho/a *m., f.* boy; girl 3
mucho/a *adj., adv.* a lot of; much 2; many 3
  (Muchas) gracias. Thank you (very much); Thanks (a lot). 1
  muchas veces *adv.* a lot; many times 10
  Muchísimas gracias. Thank you very, very much. 9
  Mucho gusto. Pleased to meet you. 1
muchísimo very much 2
mudarse *v.* to move (from one house to another) 12
muebles *m., pl.* furniture 12
muela *f.* tooth
muerte *f.* death 9
muerto/a *p.p.* died 14
mujer *f.* woman 1
  mujer de negocios *f.* business woman 16
  mujer policía *f.* female police officer
multa *f.* fine
mundial *adj. m., f.* worldwide
mundo *m.* world 8, 13
muro *m.* wall 15
músculo *m.* muscle 15
museo *m.* museum 4
música *f.* music 2, 17
musical *adj. m., f.* musical 17

Vocabulario

músico/a *m., f.* musician 17
muy *adv.* very 1
  Muy amable. That's very kind of you. 5
  (Muy) bien, gracias. (Very) well, thanks. 1

N

nacer *v.* to be born 9
nacimiento *m.* birth 9
nacional *adj. m., f.* national 18
nacionalidad *f.* nationality 1
nada nothing 1; not anything 7
  nada mal not bad at all 5
nadar *v.* to swim 4
nadie *pron.* no one, nobody, not anyone 7
naranja *f.* orange 8
nariz *f.* nose 10
natación *f.* swimming 4
natural *adj. m., f.* natural 13
naturaleza *f.* nature 13
navegador *m.* GPS GPS 11
navegar (en Internet) *v.* to surf (the Internet) 11
Navidad *f.* Christmas 9
necesario/a *adj.* necessary 12
necesitar (+ *inf.*) *v.* to need 2
negar (e:ie) *v.* to deny 13
  no negar (e:ie) *v.* not to deny 13
negocios *m., pl.* business; commerce 16
negro/a *adj.* black 6
nervioso/a *adj.* nervous 5
nevar (e:ie) *v.* to snow 5
  Nieva. It's snowing. 5
ni...ni neither... nor 7
niebla *f.* fog
nieto/a *m., f.* grandson/granddaughter 3
nieve *f.* snow
ningún, ninguno/a(s) *adj.* no; none; not any 7
niñez *f.* childhood 9
niño/a *m., f.* child 3
no no; not 1
¿no? right? 1
  No cabe duda de... There is no doubt... 13
  No es para tanto. It's not a big deal. 12
  no es seguro it's not sure 13
  no es verdad it's not true 13
  No está nada mal. It's not bad at all. 5
  no estar de acuerdo to disagree
  No estoy seguro. I'm not sure.
  no hay there is not; there are not 1
  No hay de qué. You're welcome. 1
  No hay duda de... There is no doubt... 13
  No hay problema. No problem. 7
  ¡No me diga(s)! You don't say!
  No me gustan nada. I don't like them at all. 2
  no muy bien not very well 1
  No quiero. I don't want to. 4
  No sé. I don't know.
  No se preocupe. (*form.*) Don't worry. 7
  No te preocupes. (*fam.*) Don't worry. 7
  no tener razón to be wrong 3
noche *f.* night 1
nombre *m.* name 1
norte *m.* north 14
norteamericano/a *adj.* (North) American 3
nos *pl., d.o. pron.* us 5; *pl., i.o. pron.* to/for us 6
  Nos vemos. See you. 1
nosotros/as *sub. pron.* we 1; *ob. pron.* us
noticia *f.* news 11
noticias *f., pl.* news 18
noticiero *m.* newscast 18
novecientos/as nine hundred 2
noveno/a *adj.* ninth 5
noventa ninety 2
noviembre *m.* November 5
novio/a *m., f.* boyfriend/girlfriend 3
nube *f.* cloud 13
nublado/a *adj.* cloudy 5
  Está (muy) nublado. It's very cloudy. 5
nuclear *adj. m. f.* nuclear 13
nuera *f.* daughter-in-law 3
nuestro(s)/a(s) *poss. adj.* our 3; (of ours) 11
nueve nine 1
nuevo/a *adj.* new 6
número *m.* number 1; (shoe) size 6
nunca *adj.* never; not ever 7
nutrición *f.* nutrition 15
nutricionista *m., f.* nutritionist 15

O

o or 7
o... o; either... or 7
obedecer *v.* to obey 18
obra *f.* work (*of art, literature, music, etc.*) 17
  obra maestra *f.* masterpiece 17
obtener *v.* to obtain; to get 16
obvio/a *adj.* obvious 13
océano *m.* ocean
ochenta eighty 2
ocho eight 1
ochocientos/as eight hundred 2
octavo/a *adj.* eighth 5
octubre *m.* October 5
ocupación *f.* occupation 16
ocupado/a *adj.* busy 5
ocurrir *v.* to occur; to happen 18
odiar *v.* to hate 9
oeste *m.* west 14
oferta *f.* offer 12
oficina *f.* office 12
oficio *m.* trade 16
ofrecer *v.* to offer 6
oído *m.* (sense of) hearing; inner ear 10
  oído/a *p.p.* heard 14
oír *v.* to hear 4
  Oiga/Oigan. *form., sing./pl.* Listen. (*in conversation*) 1
  Oye. *fam., sing.* Listen. (*in conversation*) 1
ojalá (que) *interj.* I hope (that); I wish (that) 13
ojo *m.* eye 10
olvidar *v.* to forget 10
once eleven 1
ópera *f.* opera 17
operación *f.* operation 10
ordenado/a *adj.* orderly 5
ordinal *adj.* ordinal (number)
oreja *f.* (outer) ear 10
organizarse *v.* to organize oneself 12
orquesta *f.* orchestra 17
ortografía *f.* spelling
ortográfico/a *adj.* spelling
os *fam., pl. d.o. pron.* you 5; *fam., pl. i.o. pron.* to/for you 6
otoño *m.* autumn 5
otro/a *adj.* other; another 6
  otra vez again

P

paciente *m., f.* patient 10
padrastro *m.* stepfather 3
padre *m.* father 3
  padres *m., pl.* parents 3
pagar *v.* to pay 6, 9
  pagar a plazos to pay in installments 14
  pagar al contado to pay in cash 14
  pagar en efectivo to pay in cash 14
  pagar la cuenta to pay the bill 9
página *f.* page 11
  página principal *f.* home page 11
país *m.* country 1
paisaje *m.* landscape 5
pájaro *m.* bird 13
palabra *f.* word 1
paleta helada *f.* popsicle 4
pálido/a *adj.* pale 14
pan *m.* bread 8
  pan tostado *m.* toasted bread 8
panadería *f.* bakery 14

pantalla *f.* screen 11
  pantalla táctil *f.* touch screen 11
pantalones *m., pl.* pants 6
  pantalones cortos *m., pl.* shorts 6
pantuflas *f.* slippers 7
papa *f.* potato 8
  papas fritas *f., pl.* fried potatoes; French fries 8
papá *m.* dad 3
  papás *m., pl.* parents 3
papel *m.* paper 2; role 17
papelera *f.* wastebasket 2
paquete *m.* package 14
par *m.* pair 6
  par de zapatos pair of shoes 6
para *prep.* for; in order to; by; used for; considering 11
  para que so that 13
parabrisas *m., sing.* windshield 11
parar *v.* to stop 11
parecer *v.* to seem 6
pared *f.* wall 12
pareja *f.* (married) couple; partner 9
parientes *m., pl.* relatives 3
parque *m.* park 4
párrafo *m.* paragraph
parte: de parte de on behalf of 11
partido *m.* game; match (*sports*) 4
pasado/a *adj.* last; past 6
  pasado *p.p.* passed
pasaje *m.* ticket 5
  pasaje de ida y vuelta *m.* roundtrip ticket 5
pasajero/a *m., f.* passenger 1
pasaporte *m.* passport 5
pasar *v.* to go through 5
  pasar la aspiradora to vacuum 12
  pasar por el banco to go by the bank 14
  pasar por la aduana to go through customs
  pasar tiempo to spend time
  pasarlo bien/mal to have a good/bad time 9
pasatiempo *m.* pastime; hobby 4
pasear *v.* to take a walk; to stroll 4
  pasear en bicicleta to ride a bicycle 4
  pasear por to walk around 4
pasillo *m.* hallway 12
pasta *f.* **de dientes** toothpaste 7
pastel *m.* cake; pie 9
  pastel de chocolate *m.* chocolate cake 9
  pastel de cumpleaños *m.* birthday cake
pastelería *f.* pastry shop 14
pastilla *f.* pill; tablet 10
patata *f.* potato; 8
  patatas fritas *f., pl.* fried potatoes; French fries 8

patinar (en línea) *v.* to (inline) skate 4
patineta *f.* skateboard 4
patio *m.* patio; yard 12
pavo *m.* turkey 8
paz *f.* peace 18
pedir (e:i) *v.* to ask for; to request 4; to order (*food*) 8
  pedir prestado *v.* to borrow 14
  pedir un préstamo *v.* to apply for a loan 14
  Todos me dijeron que te pidiera disculpas de su parte. They all told me to ask you to excuse them/forgive them. 18
peinarse *v.* to comb one's hair 7
película *f.* movie 4
peligro *m.* danger 13
peligroso/a *adj.* dangerous 18
pelirrojo/a *adj.* red-haired 3
pelo *m.* hair 7
pelota *f.* ball 4
peluquería *f.* beauty salon 14
peluquero/a *m., f.* hairdresser 16
penicilina *f.* penicillin 10
pensar (e:ie) *v.* to think 4
  pensar (+ *inf.***)** *v.* to intend to; to plan to (*do something*) 4
  pensar en *v.* to think about 4
pensión *f.* boardinghouse
peor *adj.* worse 8
  el/la peor *adj.* the worst 8
pequeño/a *adj.* small 3
pera *f.* pear 8
perder (e:ie) *v.* to lose; to miss 4
perdido/a *adj.* lost 13, 14
Perdón. Pardon me.; Excuse me. 1
perezoso/a *adj.* lazy
perfecto/a *adj.* perfect 5
periódico *m.* newspaper 4
periodismo *m.* journalism 2
periodista *m., f.* journalist 3
permiso *m.* permission
pero *conj.* but 2
perro *m.* dog 13
persona *f.* person 3
personaje *m.* character 17
  personaje principal *m.* main character 17
pesas *f. pl.* weights 15
pesca *f.* fishing
pescadería *f.* fish market 14
pescado *m.* fish (*cooked*) 8
pescar *v.* to fish 5
peso *m.* weight 15
pez *m., sing.* (**peces** *pl.*) fish (*live*) 13
pie *m.* foot 10
piedra *f.* stone 13
pierna *f.* leg 10
pimienta *f.* black pepper 8
pintar *v.* to paint 17
pintor(a) *m., f.* painter 16
pintura *f.* painting; picture 12, 17
piña *f.* pineapple 8
piscina *f.* swimming pool 4
piso *m.* floor (*of a building*) 5
pizarra *f.* blackboard 2

placer *m.* pleasure 15
  Ha sido un placer. It's been a pleasure. 15
planchar la ropa *v.* to iron the clothes 12
planes *m., pl.* plans 4
planta *f.* plant 13
  planta baja *f.* ground floor 5
plástico *m.* plastic 13
plato *m.* dish (*in a meal*) 8; *m.* plate 12
  plato principal *m.* main dish 8
playa *f.* beach 5
plaza *f.* city or town square 4
plazos *m., pl.* periods; time 14
pluma *f.* pen 2
plumero *m.* duster 12
población *f.* population 13
pobre *adj. m., f.* poor 6
pobrecito/a *adj.* poor thing 3
pobreza *f.* poverty
poco/a *adj.* little; few 5; 10
poder (o:ue) *v.* to be able to; can 4
  ¿Podría pedirte algo? Could I ask you something? 17
  ¿Puedo dejar un recado? May I leave a message? 11
poema *m.* poem 17
poesía *f.* poetry 17
poeta *m., f.* poet 17
policía *f.* police (force) 11
política *f.* politics 18
político/a *m., f.* politician 16; *adj.* political 18
pollo *m.* chicken 8
  pollo asado *m.* roast chicken 8
ponchar *v.* to go flat
poner *v.* to put; to place 4; *v.* to turn on (*electrical appliances*) 11
  poner la mesa *v.* to set the table 12
  poner una inyección *v.* to give an injection 10
ponerse (+ *adj.***)** *v.* to become (+ *adj.*) 7; to put on 7
  ponerle el nombre to name someone/something 9
por *prep.* in exchange for; for; by; in; through; around; along; during; because of; on account of; on behalf of; in search of; by way of; by means of 11
  por aquí around here 11
  por avión by plane
  por ejemplo for example 11
  por eso that's why; therefore 11
  por favor please 1
  por fin finally 11
  por la mañana in the morning 7
  por la noche at night 7
  por la tarde in the afternoon 7
  por lo menos *adv.* at least 10
  ¿por qué? why? 2
  Por supuesto. Of course.
  por teléfono by phone; on the phone

Vocabulario

por último finally 7
porque *conj.* because 2
portátil *m.* portable 11
portero/a *m., f.* doorman/doorwoman 1
porvenir *m.* future 16
   ¡Por el porvenir! Here's to the future! 16
posesivo/a *adj.* possessive 3
posible *adj.* possible 13
   es posible it's possible 13
   no es posible it's not possible 13
postal *f.* postcard 4
postre *m.* dessert 9
practicar *v.* to practice 2
   practicar deportes *m., pl.* to play sports 4
precio (fijo) *m.* (fixed; set) price 6
preferir (e:ie) *v.* to prefer 4
pregunta *f.* question
preguntar *v.* to ask (*a question*) 2
premio *m.* prize; award 17
prender *v.* to turn on 11
prensa *f.* press 18
preocupado/a (por) *adj.* worried (about) 5
preocuparse (por) *v.* to worry (about) 7
preparar *v.* to prepare 2
preposición *f.* preposition
presentación *f.* introduction
presentar *v.* to introduce; to present 17; to put on (*a performance*) 17
   Le presento a… I would like to introduce you to (name). (*form.*) 1
   Te presento a… I would like to introduce you to (name). (*fam.*) 1
presiones *f., pl.* pressures 15
prestado/a *adj.* borrowed
préstamo *m.* loan 14
prestar *v.* to lend; to loan 6
primavera *f.* spring 5
primer, primero/a *adj.* first 2, 5
primo/a *m., f.* cousin 3
principal *adj. m., f.* main 8
prisa *f.* haste 3
   darse prisa *v.* to hurry; to rush 15
probable *adj. m., f.* probable 13
   es probable it's probable 13
   no es probable it's not probable 13
probar (o:ue) *v.* to taste; to try 8
probarse (o:ue) *v.* to try on 7
problema *m.* problem 1
profesión *f.* profession 3; 16
profesor(a) *m., f.* teacher 1, 2
programa *m.* 1
   programa de computación *m.* software 11
   programa de entrevistas *m.* talk show 17
   programa de realidad *m.* reality show 17
programador(a) *m., f.* computer programmer 3
prohibir *v.* to prohibit 10; to forbid
pronombre *m.* pronoun
pronto *adv.* soon 10
propina *f.* tip 8
propio/a *adj.* own 16
proteger *v.* to protect 13
proteína *f.* protein 15
próximo/a *adj.* next 3, 16
proyecto *m.* project 11
prueba *f.* test; quiz 2
psicología *f.* psychology 2
psicólogo/a *m., f.* psychologist 16
publicar *v.* to publish 17
público *m.* audience 17
pueblo *m.* town 4
puerta *f.* door 2
Puerto Rico *m.* Puerto Rico 1
puertorriqueño/a *adj.* Puerto Rican 3
pues *conj.* well
puesto *m.* position; job 16
puesto/a *p.p.* put 14
puro/a *adj.* pure 13

Q

que *pron.* that; which; who 12
   ¿En qué…? In which…? 2
   ¡Qué…! How…!
   ¡Qué dolor! What pain!
   ¡Qué ropa más bonita! What pretty clothes! 6
   ¡Qué sorpresa! What a surprise!
   ¿qué? what? 1
   ¿Qué día es hoy? What day is it? 2
   ¿Qué hay de nuevo? What's new? 1
   ¿Qué hora es? What time is it? 1
   ¿Qué les parece? What do you (*pl.*) think?
   Qué onda? What's up? 14
   ¿Qué pasa? What's happening? What's going on? 1
   ¿Qué pasó? What happened? 11
   ¿Qué precio tiene? What is the price?
   ¿Qué tal…? How are you?; How is it going? 1; How is/are…? 2
   ¿Qué talla lleva/usa? What size do you wear? 6
   ¿Qué tiempo hace? How's the weather? 5
quedar *v.* to be left over; to fit (*clothing*) 7; to be left behind; to be located 14
quedarse *v.* to stay; to remain 7
quehaceres domésticos *m., pl.* household chores 12

quemado/a *adj.* burned (out) 11
quemar (un CD/DVD) *v.* to burn (a CD/DVD)
querer (e:ie) *v.* to want; to love 4
queso *m.* cheese 8
quien(es) *pron.* who; whom; that 12
   ¿quién(es)? who?; whom? 1
   ¿Quién es…? Who is…? 1
   ¿Quién habla? Who is speaking/calling? (*telephone*) 11
química *f.* chemistry 2
quince fifteen 1
   menos quince quarter to (time) 1
   y quince quarter after (time) 1
quinceañera *f.* young woman celebrating her fifteenth birthday 9
quinientos/as *adj.* five hundred 2
quinto/a *adj.* fifth 5
quisiera *v.* I would like 17
quitar el polvo *v.* to dust 12
quitar la mesa *v.* to clear the table 12
quitarse *v.* to take off 7
quizás *adv.* maybe 5

R

racismo *m.* racism 18
radio *f.* radio (*medium*) 2; *m.* radio (set) 2
radiografía *f.* X-ray 10
rápido/a *adv.* quickly 10
ratón *m.* mouse 11
ratos libres *m., pl.* spare (free) time 4
raya *f.* stripe 6
razón *f.* reason 3
rebaja *f.* sale 6
receta *f.* prescription 10
recetar *v.* to prescribe 10
recibir *v.* to receive 3
reciclaje *m.* recycling 13
reciclar *v.* to recycle 13
recién casado/a *m., f.* newly-wed 9
recoger *v.* to pick up 13
recomendar (e:ie) *v.* to recommend 8, 12
recordar (o:ue) *v.* to remember 4
recorrer *v.* to tour an area
recorrido *m.* tour 13
recuperar *v.* to recover 11
recurso *m.* resource 13
   recurso natural *m.* natural resource 13
red *f.* network; Web 11
reducir *v.* to reduce 13
refresco *m.* soft drink 8
refrigerador *m.* refrigerator 12
regalar *v.* to give (a gift) 9
regalo *m.* gift 6
regatear *v.* to bargain 6
región *f.* region; area 13
regresar *v.* to return 2
regular *adv.* so-so.; OK 1

Vocabulario

reído *p.p.* laughed 14
reírse (e:i) *v.* to laugh 9
relaciones *f., pl.* relationships
relajarse *v.* to relax 9
reloj *m.* clock; watch 2
renovable *adj.* renewable 13
renunciar (a) *v.* to resign (from) 16
repetir (e:i) *v.* to repeat 4
reportaje *m.* report 18
reportero/a *m., f.* reporter; journalist 16
representante *m., f.* representative 18
reproductor de CD *m.* CD player 11
reproductor de DVD *m.* DVD player 11
reproductor de MP3 *m.* MP3 player 11
resfriado *m.* cold (*illness*) 10
residencia estudiantil *f.* dormitory 2
resolver (o:ue) *v.* to resolve; to solve 13
respirar *v.* to breathe 13
responsable *adj.* responsible 8
respuesta *f.* answer
restaurante *m.* restaurant 4
resuelto/a *p.p.* resolved 14
reunión *f.* meeting 16
revisar *v.* to check 11
  revisar el aceite *v.* to check the oil 11
revista *f.* magazine 4
rico/a *adj.* rich 6; *adj.* tasty; delicious 8
ridículo/a *adj.* ridiculous 13
río *m.* river 13
riquísimo/a *adj.* extremely delicious 8
rodilla *f.* knee 10
rogar (o:ue) *v.* to beg; to plead 12
rojo/a *adj.* red 6
romántico/a *adj.* romantic 17
romper *v.* to break 10
  romperse la pierna *v.* to break one's leg 10
romper (con) *v.* to break up (with) 9
ropa *f.* clothing; clothes 6
  ropa interior *f.* underwear 6
rosado/a *adj.* pink 6
roto/a *adj.* broken 10, 14
rubio/a *adj.* blond(e) 3
ruso/a *adj.* Russian 3
rutina *f.* routine 7
  rutina diaria *f.* daily routine 7

S

sábado *m.* Saturday 2
saber *v.* to know; to know how 6; to taste 8
  saber a to taste like 8
sabrosísimo/a *adj.* extremely delicious 8
sabroso/a *adj.* tasty; delicious 8
sacar *v.* to take out
  sacar buenas notas to get good grades 2
  sacar fotos to take photos 5
  sacar la basura to take out the trash 12
  sacar(se) un diente to have a tooth removed 10
sacudir *v.* to dust 12
  sacudir los muebles to dust the furniture 12
sal *f.* salt 8
sala *f.* living room 12; room
  sala de emergencia(s) emergency room 10
salario *m.* salary 16
salchicha *f.* sausage 8
salida *f.* departure; exit 5
salir *v.* to leave 4; to go out
  salir (con) to go out (with); to date 9
  salir de to leave from
  salir para to leave for (*a place*)
salmón *m.* salmon 8
salón de belleza *m.* beauty salon 14
salud *f.* health 10
saludable *adj.* healthy 10
saludar(se) *v.* to greet (each other) 11
saludo *m.* greeting 1
  saludos a... greetings to... 1
sandalia *f.* sandal 6
sandía *f.* watermelon
sándwich *m.* sandwich 8
sano/a *adj.* healthy 10
se *ref. pron.* himself, herself, itself, *form.* yourself, themselves, yourselves 7
se *impersonal* one 10
  Se nos dañó... The... broke down. 11
  Se hizo... He/she/it became...
  Se nos pinchó una llanta. We had a flat tire. 11
secadora *f.* clothes dryer 12
secarse *v.* to dry oneself 7
sección de (no) fumar *f.* (non) smoking section 8
secretario/a *m., f.* secretary 16
secuencia *f.* sequence
sed *f.* thirst 3
seda *f.* silk 6
sedentario/a *adj.* sedentary; related to sitting 15
seguir (e:i) *v.* to follow; to continue 4
según according to
segundo/a *adj.* second 5
seguro/a *adj.* sure; safe 5
seis six 1
seiscientos/as six hundred 2
sello *m.* stamp 14
selva *f.* jungle 13
semáforo *m.* traffic light 14
semana *f.* week 2
  fin *m.* **de semana** weekend 4
  semana *f.* **pasada** last week 6

semestre *m.* semester 2
sendero *m.* trail; trailhead 13
sentarse (e:ie) *v.* to sit down 7
sentir(se) (e:ie) *v.* to feel 7; to be sorry; to regret 13
señor (Sr.); don *m.* Mr.; sir 1
señora (Sra.); doña *f.* Mrs.; ma'am 1
señorita (Srta.) *f.* Miss 1
separado/a *adj.* separated 9
separarse (de) *v.* to separate (from) 9
septiembre *m.* September 5
séptimo/a *adj.* seventh 5
ser *v.* to be 1
  ser aficionado/a (a) to be a fan (of) 4
  ser alérgico/a (a) to be allergic (to) 10
  ser gratis to be free of charge 14
serio/a *adj.* serious
servicio *m.* service 15
servilleta *f.* napkin 12
servir (e:i) *v.* to serve 8; to help 5
sesenta sixty 2
setecientos/as *adj.* seven hundred 2
setenta seventy 2
sexismo *m.* sexism 18
sexto/a *adj.* sixth 5
sí *adv.* yes 1
si *conj.* if 4
SIDA *m.* AIDS 18
sido *p.p.* been 15
siempre *adv.* always 7
siete seven 1
silla *f.* seat 2
sillón *m.* armchair 12
similar *adj. m., f.* similar
simpático/a *adj.* nice; likeable 3
sin *prep.* without 2, 13
  sin duda without a doubt
  sin embargo however
  sin que *conj.* without 13
sino but (rather) 7
síntoma *m.* symptom 10
sitio *m.* place 3
sitio *m.* **web;** website 11
situado/a *p.p.* located
sobre *m.* envelope 14; *prep.* on; over 2
  sobre todo above all 13
(sobre)población *f.* (over)population 13
sobrino/a *m., f.* nephew; niece 3
sociología *f.* sociology 2
sofá *m.* couch; sofa 12
sol *m.* sun 4; 5; 13
solar *adj. m., f.* solar 13
soldado *m., f.* soldier 18
soleado/a *adj.* sunny
solicitar *v.* to apply (*for a job*) 16
solicitud (de trabajo) *f.* (job) application 16
sólo *adv.* only 3
solo/a *adj.* alone
soltero/a *adj.* single 9
solución *f.* solution 13

Vocabulario

Spanish-English

sombrero *m.* hat 6
Son las dos. It's two o'clock. 1
sonar (o:ue) *v.* to ring 11
sonreído *p.p.* smiled 14
sonreír (e:i) *v.* to smile 9
sopa *f.* soup 8
sorprender *v.* to surprise 9
sorpresa *f.* surprise 9
sótano *m.* basement; cellar 12
soy I am 1
   Soy de... I'm from... 1
   Soy yo. That's me.
su(s) *poss. adj.* his; her; its; *form.* your; their 3
subir(se) a *v.* to get on/into (*a vehicle*) 11
sucio/a *adj.* dirty 5
sudar *v.* to sweat 15
suegro/a *m., f.* father-in-law; mother-in-law 3
sueldo *m.* salary 16
suelo *m.* floor 12
sueño *m.* sleep 3
suerte *f.* luck 3
suéter *m.* sweater 6
sufrir *v.* to suffer 10
   sufrir muchas presiones to be under a lot of pressure 15
   sufrir una enfermedad to suffer an illness 10
sugerir (e:ie) *v.* to suggest 12
supermercado *m.* supermarket 14
suponer *v.* to suppose 4
sur *m.* south 14
sustantivo *m.* noun
suyo(s)/a(s) *poss.* (of) his/her; (of) hers; (of) its; (of) *form.* your, (of) yours, (of) their 11

T

tabla de (wind)surf *f.* surf board/sailboard 3
tal vez *adv.* maybe 5
talentoso/a *adj.* talented 17
talla *f.* size 6
   talla grande *f.* large
taller *m.* **mecánico** garage; mechanic's repairshop 11
también *adv.* also; too 2; 7
tampoco *adv.* neither; not either 7
tan *adv.* so 5
   tan... como as... as 8
   tan pronto como *conj.* as soon as 13
tanque *m.* tank 11
tanto *adv.* so much
   tanto... como as much... as 8
   tantos/as... como as many... as 8
tarde *adv.* late 7; *f.* afternoon; evening; P.M. 1
tarea *f.* homework 2
tarjeta *f.* (post) card
tarjeta de crédito *f.* credit card 6
tarjeta postal *f.* postcard 4
taxi *m.* taxi 5

taza *f.* cup 12
te *sing., fam., d.o. pron.* you 5; *sing., fam., i.o. pron.* to/for you 6
Te presento a... *fam.* I would like to introduce you to (name). 1
¿Te gustaría? Would you like to? 17
¿Te gusta(n)...? Do you like...? 2
té *m.* tea 8
té helado *m.* iced tea 8
teatro *m.* theater 17
teclado *m.* keyboard 11
técnico/a *m., f.* technician 16
tejido *m.* weaving 17
teleadicto/a *m., f.* couch potato 15
(teléfono) celular *m.* (cell) phone 11
telenovela *f.* soap opera 17
teletrabajo *m.* telecommuting 16
televisión *f.* television 2; 11
televisión por cable *f.* cable television 11
televisor *m.* television set 11
temer *v.* to fear 13
temperatura *f.* temperature 10
temporada *f.* period of time 5
temprano *adv.* early 7
tenedor *m.* fork 12
tener *v.* to have 3
   tener... años to be... years old 3
   Tengo... años. I'm... years old. 3
   tener (mucho) calor to be (very) hot 3
   tener (mucho) cuidado to be (very) careful 3
   tener dolor to have a pain 10
   tener éxito to be successful 16
   tener fiebre to have a fever 10
   tener (mucho) frío to be (very) cold 3
   tener ganas de (+ *inf.*) to feel like (*doing something*) 3
   tener (mucha) hambre *f.* to be (very) hungry 3
   tener (mucho) miedo (de) to be (very) afraid (of); to be (very) scared (of) 3
   tener miedo (de) que to be afraid that
   tener planes *m., pl.* to have plans 4
   tener (mucha) prisa to be in a (big) hurry 3
   tener que (+ *inf.*) *v.* to have to (*do something*) 3
   tener razón *f.* to be right 3
   tener (mucha) sed *f.* to be (very) thirsty 3
   tener (mucho) sueño to be (very) sleepy 3
   tener (mucha) suerte to be (very) lucky 3
   tener tiempo to have time 4

   tener una cita to have a date; to have an appointment 9
tenis *m.* tennis 4
tensión *f.* tension 15
tercer, tercero/a *adj.* third 5
terco/a *adj.* stubborn 10
terminar *v.* to end; to finish 2
   terminar de (+ *inf.*) *v.* to finish (*doing something*) 4
terremoto *m.* earthquake 18
terrible *adj. m., f.* terrible 13
ti *prep., obj. of prep., fam.* you
tiempo *m.* time 4; weather 5
   tiempo libre free time
tienda *f.* shop; store 6
tierra *f.* land; soil 13
tinto/a *adj.* red (wine) 8
tío/a *m., f.* uncle; aunt 3
tíos *m., pl.* aunts and uncles 3
título *m.* title 16
tiza *f.* chalk 2
toalla *f.* towel 7
tobillo *m.* ankle 10
tocar *v.* to play (*a musical instrument*) 17; to touch 13
todavía *adv.* yet; still 3, 5
todo *m.* everything 5
   en todo el mundo throughout the world 13
   Todo está bajo control. Everything is under control. 7
   todo derecho straight (ahead) 14
todo(s)/a(s) *adj.* all 4; whole
todos *m., pl.* all of us; *m., pl.* everybody; everyone
todos los días *adv.* every day 10
tomar *v.* to take; to drink 2
   tomar clases *f., pl.* to take classes 2
   tomar el sol to sunbathe 4
   tomar en cuenta to take into account
   tomar fotos *f., pl.* to take photos 5
   tomar la temperatura to take someone's temperature 10
   tomar una decisión to make a decision 15
tomate *m.* tomato 8
tonto/a *adj.* silly; foolish 3
torcerse (o:ue) (el tobillo) *v.* to sprain (one's ankle) 10
torcido/a *adj.* twisted; sprained 10
tormenta *f.* storm 18
tornado *m.* tornado 18
tortilla *f.* tortilla 8
   tortilla de maíz corn tortilla 8
tortuga (marina) *f.* (sea) turtle 13
tos *f., sing.* cough 10
toser *v.* to cough 10
tostado/a *adj.* toasted 8
tostadora *f.* toaster 12
trabajador(a) *adj.* hard-working 3
trabajar *v.* to work 2
trabajo *m.* job; work 16

A-33

Vocabulario

Spanish-English

traducir *v.* to translate 6
traer *v.* to bring 4
tráfico *m.* traffic 11
tragedia *f.* tragedy 17
traído/a *p.p.* brought 14
traje *m.* suit 6
   traje (de baño) *m.* (bathing) suit 6
trajinera *f.* type of barge 3
tranquilo/a *adj.* calm; quiet 15
   Tranquilo. Don't worry.; Be cool. 7
   Tranquilo/a, cariño. Relax, sweetie. 11
transmitir *v.* to broadcast 18
tratar de (+ *inf.*) *v.* to try (*to do something*) 15
trece thirteen 1
treinta thirty 1, 2
   y treinta thirty minutes past the hour (time) 1
tren *m.* train 5
tres three 1
trescientos/as *adj.* three hundred 2
trimestre *m.* trimester; quarter 2
triste *adj.* sad 5
tú *fam. sub. pron.* you 1
   Tú eres... You are... 1
tu(s) *fam. poss. adj.* your 3
turismo *m.* tourism 5
turista *m., f.* tourist 1
turístico/a *adj.* touristic
tuyo(s)/a(s) *fam. poss. pron.* your; (of) yours 11

U

Ud. *form. sing.* you 1
Uds. *form., pl.* you 1
último/a *adj.* last 7
   la última vez the last time 7
un, uno/a *indef. art.* a; one 1
   uno/a *m., f., sing. pron.* one 1
      a la una at one o'clock 1
   una vez once; one time 6
   una vez más one more time 9
único/a *adj.* only 3; unique 9
universidad *f.* university; college 2
unos/as *m., f., pl. indef. art.* some 1
   los unos a los otros each other 11
   unos/as *pron.* some 1
urgente *adj.* urgent 12
usar *v.* to wear; to use 6
usted (Ud.) *form. sing.* you 1
   ustedes (Uds.) *form., pl.* you 1
útil *adj.* useful
uva *f.* grape 8

V

vaca *f.* cow 13
vacaciones *f. pl.* vacation 5
valle *m.* valley 13
vamos let's go 4
vaquero *m.* cowboy 17
   de vaqueros *m., pl.* western (genre) 17
varios/as *adj. m. f., pl.* various; several 8
vaso *m.* glass 12
veces *f., pl.* times 6
vecino/a *m., f.* neighbor 12
veinte twenty 1
veinticinco twenty-five 1
veinticuatro twenty-four 1
veintidós twenty-two 1
veintinueve twenty-nine 1
veintiocho twenty-eight 1
veintiséis twenty-six 1
veintisiete twenty-seven 1
veintitrés twenty-three 1
veintiún, veintiuno/a twenty-one 1
vejez *f.* old age 9
velocidad *f.* speed 11
   velocidad máxima *f.* speed limit 11
vencer *v.* to expire 14
vendedor(a) *m., f.* salesperson 6
vender *v.* to sell 6
venir *v.* to come 3
ventana *f.* window 2
ver *v.* to see 4
   a ver *v.* let's see 2
   ver películas *f., pl.* to see movies 4
verano *m.* summer 5
verbo *m.* verb
verdad *f.* truth
   ¿verdad? right? 1
verde *adj., m. f.* green 6
verduras *pl., f.* vegetables 8
vestido *m.* dress 6
vestirse (e:i) *v.* to get dressed 7
vez *f.* time 6
viajar *v.* to travel 2
viaje *m.* trip 5
viajero/a *m., f.* traveler 5
vida *f.* life 9
video *m.* video 1, 11
videoconferencia *f.* videoconference 16
videojuego *m.* video game 4
vidrio *m.* glass 13
viejo/a *adj.* old 3
viento *m.* wind 5
viernes *m., sing.* Friday 2
vinagre *m.* vinegar 8
vino *m.* wine 8
   vino blanco *m.* white wine 8
   vino tinto *m.* red wine 8
violencia *f.* violence 18
visitar *v.* to visit 4
   visitar monumentos *m., pl.* to visit monuments 4
visto/a *p.p.* seen 14
vitamina *f.* vitamin 15
viudo/a *adj.* widower/widow 9
vivienda *f.* housing 12
vivir *v.* to live 3
vivo/a *adj.* bright; lively; living
volante *m.* steering wheel 11
volcán *m.* volcano 13
vóleibol *m.* volleyball 4
volver (o:ue) *v.* to return 4
volver a ver(te, lo, la) *v.* to see (you, him, her) again 18
vos *pron.* you
vosotros/as *form., pl.* you 1
votar *v.* to vote 18
vuelta *f.* return trip
vuelto/a *p.p.* returned 14
vuestro(s)/a(s) *poss. adj.* your 3; (of) yours *fam.* 11

W

walkman *m.* walkman

Y

y *conj.* and 1
   y cuarto quarter after (time) 1
   y media half-past (time) 1
   y quince quarter after (time) 1
   y treinta thirty (minutes past the hour) 1
   ¿Y tú? *fam.* And you? 1
   ¿Y usted? *form.* And you? 1
ya *adv.* already 6
yerno *m.* son-in-law 3
yo *sub. pron.* I 1
   Yo soy... I'm... 1
yogur *m.* yogurt 8

Z

zanahoria *f.* carrot 8
zapatería *f.* shoe store 14
zapatos de tenis *m., pl.* tennis shoes, sneakers 6

Vocabulario

English-Spanish

A

a **un/a** *m., f., sing.; indef. art.* 1
@ (*symbol*) **arroba** *f.* 11
A.M. **mañana** *f.* 1
able: be able to **poder (o:ue)** *v.* 4
aboard **a bordo** 1
above all **sobre todo** 13
accident **accidente** *m.* 10
accompany **acompañar** *v.* 14
account **cuenta** *f.* 14
  on account of **por** *prep.* 11
accountant **contador(a)** *m., f.* 16
accounting **contabilidad** *f.* 2
ache **dolor** *m.* 10
acquainted: be acquainted with **conocer** *v.* 6
action (genre) **de acción** *f.* 17
active **activo/a** *adj.* 15
actor **actor** *m.*, **actriz** *f.* 16
addict (*drug*) **drogadicto/a** *adj.* 15
additional **adicional** *adj.*
address **dirección** *f.* 14
adjective **adjetivo** *m.*
adolescence **adolescencia** *f.* 9
adventure (genre) **de aventura** *f.* 17
advertise **anunciar** *v.* 18
advertisement **anuncio** *m.* 16
advice **consejo** *m.* 6
  give advice **dar consejos** 6
advise **aconsejar** *v.* 12
advisor **consejero/a** *m., f.* 16
aerobic **aeróbico/a** *adj.* 15
  aerobics class **clase de ejercicios aeróbicos** 15
  to do aerobics **hacer ejercicios aeróbicos** 15
affected **afectado/a** *adj.* 13
  be affected (by) **estar** *v.* **afectado/a (por)** 13
affirmative **afirmativo/a** *adj.*
afraid: be (very) afraid (of) **tener (mucho) miedo (de)** 3
  be afraid that **tener miedo (de) que**
after **después de** *prep.* 7; **después de que** *conj.* 13
afternoon **tarde** *f.* 1
afterward **después** *adv.* 7
again **otra vez**
age **edad** *f.* 9
agree **concordar** *v.*
agree **estar** *v.* **de acuerdo** 17
  I agree. **Estoy de acuerdo.** 17
  I don't agree. **No estoy de acuerdo.** 17
agreement **acuerdo** *m.* 16
AIDS **SIDA** *m.* 18
air **aire** *m.* 13
  air pollution **contaminación del aire** 13
airplane **avión** *m.* 5
airport **aeropuerto** *m.* 5
alarm clock **despertador** *m.* 7
alcohol **alcohol** *m.* 15
to consume alcohol **consumir alcohol** 15
alcoholic **alcohólico/a** *adj.* 15
all **todo(s)/a(s)** *adj.* 4
  all of us **todos** 1
  all over the world **en todo el mundo**
allergic **alérgico/a** *adj.* 10
  be allergic (to) **ser alérgico/a (a)** 10
alleviate **aliviar** *v.*
almost **casi** *adv.* 10
alone **solo/a** *adj.*
along **por** *prep.* 11
already **ya** *adv.* 6
also **también** *adv.* 2; 7
altar **altar** *m.* 9
aluminum **aluminio** *m.* 13
  (made) of aluminum **de aluminio** 13
always **siempre** *adv.* 7
American (*North*) **norteamericano/a** *adj.* 3
among **entre** *prep.* 2
amusement **diversión** *f.*
and **y** 1, **e** (*before words beginning with i or hi*) 4
  And you? **¿Y tú?** *fam.* 1; **¿Y usted?** *form.* 1
angel **ángel** *m.* 9
angry **enojado/a** *adj.* 5
  get angry (with) **enojarse** *v.* **(con)** 7
animal **animal** *m.* 13
ankle **tobillo** *m.* 10
anniversary **aniversario** *m.* 9
  (wedding) anniversary **aniversario** *m.* **(de bodas)** 9
announce **anunciar** *v.* 18
announcer (*TV/radio*) **locutor(a)** *m., f.* 18
annoy **molestar** *v.* 7
another **otro/a** *adj.* 6
answer **contestar** *v.* 2; **respuesta** *f.*
answering machine **contestadora** *f.*
antibiotic **antibiótico** *m.* 10
any **algún, alguno/a(s)** *adj.* 7
anyone **alguien** *pron.* 7
anything **algo** *pron.* 7
apartment **apartamento** *m.* 12
apartment building **edificio de apartamentos** 12
appear **parecer** *v.*
appetizers **entremeses** *m., pl.* 8
applaud **aplaudir** *v.* 17
apple **manzana** *f.* 8
appliance (electric) **electrodoméstico** *m.* 12
applicant **aspirante** *m., f.* 16
application **solicitud** *f.* 16
  job application **solicitud de trabajo** 16
apply (*for a job*) **solicitar** *v.* 16
  apply for a loan **pedir (e:ie)** *v.* **un préstamo** 14
appointment **cita** *f.* 9
  have an appointment **tener** *v.* **una cita** 9
appreciate **apreciar** *v.* 17
April **abril** *m.* 5
aquatic **acuático/a** *adj.*
archaeologist **arqueólogo/a** *m., f.* 16
archaeology **arqueología** *f.* 2
architect **arquitecto/a** *m., f.* 16
area **región** *f.* 13
Argentina **Argentina** *f.* 1
Argentine **argentino/a** *adj.* 3
arm **brazo** *m.* 10
armchair **sillón** *m.* 12
army **ejército** *m.* 18
around **por** *prep.* 11
  around here **por aquí** 11
arrange **arreglar** *v.* 11
arrival **llegada** *f.* 5
arrive **llegar** *v.* 2
art **arte** *m.* 2
  (fine) arts **bellas artes** *f., pl.* 17
article *m.* **artículo** 18
artist **artista** *m., f.* 3
artistic **artístico/a** *adj.* 17
arts **artes** *f., pl.* 17
as **como** 8
  as a child **de niño/a** 10
  as... as **tan... como** 8
  as many... as **tantos/as... como** 8
  as much... as **tanto... como** 8
  as soon as **en cuanto** *conj.* 13; **tan pronto como** *conj.* 13
ask (*a question*) **preguntar** *v.* 2
  ask for **pedir (e:i)** *v.* 4
asparagus **espárragos** *m., pl.* 8
aspirin **aspirina** *f.* 10
at **a** *prep.* 1; **en** *prep.* 2
  at + *time* **a la(s)** + *time* 1
  at home **en casa** 7
  at least **por lo menos** 10
  at night **por la noche** 7
  at the end (of) **al fondo (de)** 12
  At what time...? **¿A qué hora...?** 1
  At your service. **A sus órdenes.** 11
ATM **cajero automático** *m.* 14
attempt **intento** *m.* 11
attend **asistir (a)** *v.* 3
attic **altillo** *m.* 12
attract **atraer** *v.* 4
audience **público** *m.* 17
August **agosto** *m.* 5
aunt **tía** *f.* 3
  aunts and uncles **tíos** *m., pl.* 3
automobile **automóvil** *m.* 5; **carro** *m.*; **coche** *m.* 11
autumn **otoño** *m.* 5
avenue **avenida** *f.*
avoid **evitar** *v.* 13
award **premio** *m.* 17

B

backpack **mochila** *f.* 2
bad **mal, malo/a** *adj.* 3
  It's bad that... **Es malo que...** 12

Vocabulario — English-Spanish

It's not at all bad. **No está nada mal.** 5
bag **bolsa** *f.* 6
bakery **panadería** *f.* 14
balanced **equilibrado/a** *adj.* 15
   to eat a balanced diet **comer una dieta equilibrada** 15
balcony **balcón** *m.* 12
ball **pelota** *f.* 4
banana **banana** *f.* 8
band **banda** *f.* 17
bank **banco** *m.* 14
bargain **ganga** *f.* 6; **regatear** *v.* 6
baseball (*game*) **béisbol** *m.* 4
basement **sótano** *m.* 12
basketball (*game*) **baloncesto** *m.* 4
bathe **bañarse** *v.* 7
bathing suit **traje** *m.* **de baño** 6
bathroom **baño** *m.* 7; **cuarto de baño** *m.* 7
be **ser** *v.* 1; **estar** *v.* 2
   be... years old **tener... años** 3
   be sick of... **estar harto/a de...** 18
beach **playa** *f.* 5
beans **frijoles** *m., pl.* 8
beautiful **hermoso/a** *adj.* 6
beauty **belleza** *f.* 14
   beauty salon **peluquería** *f.* 14; **salón** *m.* **de belleza** 14
because **porque** *conj.* 2
   because of **por** *prep.* 11
become (+ *adj.*) **ponerse (+ adj.)** 7; **convertirse** *v.*
bed **cama** *f.* 5
   go to bed **acostarse (o:ue)** *v.* 7
bedroom **alcoba** *f.*; **dormitorio** *m.* 12; **recámara** *f.*
beef **carne de res** *f.* 8
been **sido** *p.p.* 15
beer **cerveza** *f.* 8
before **antes** *adv.* 7; **antes de** *prep.* 7; **antes (de) que** *conj.* 13
beg **rogar (o:ue)** *v.* 12
begin **comenzar (e:ie)** *v.* 4; **empezar (e:ie)** *v.* 4
behalf: on behalf of **de parte de** 11
behind **detrás de** *prep.* 2
believe (in) **creer** *v.* **(en)** 3; **creer** *v.* 13
   not to believe **no creer** 13
believed **creído/a** *p.p.* 14
bellhop **botones** *m., f. sing.* 5
below **debajo de** *prep.* 2
belt **cinturón** *m.* 6
benefit **beneficio** *m.* 16
beside **al lado de** *prep.* 2
besides **además (de)** *adv.* 10
best **mejor** *adj.*
   the best **el/la mejor** *m., f.* 8; **lo mejor** *neuter* 18
better **mejor** *adj.* 8
   It's better that... **Es mejor que...** 12
between **entre** *prep.* 2

beverage **bebida** *f.*
   alcoholic beverage **bebida alcohólica** *f.* 15
bicycle **bicicleta** *f.* 4
big **gran, grande** *adj.* 3
bill **cuenta** *f.* 9
billion **mil millones**
biology **biología** *f.* 2
bird **ave** *f.* 13; **pájaro** *m.* 13
birth **nacimiento** *m.* 9
birthday **cumpleaños** *m., sing.* 9
   have a birthday **cumplir** *v.* **años** 9
black **negro/a** *adj.* 6
blackboard **pizarra** *f.* 2
blanket **manta** *f.* 12
block (city) **cuadra** *f.* 14
blog **blog** *m.* 11
blond(e) **rubio/a** *adj.* 3
blouse **blusa** *f.* 6
blue **azul** *adj. m., f.* 6
boarding house **pensión** *f.*
boat **barco** *m.* 5
body **cuerpo** *m.* 10
bone **hueso** *m.* 10
book **libro** *m.* 2
bookcase **estante** *m.* 12
bookshelves **estante** *m.* 12
bookstore **librería** *f.* 2
boot **bota** *f.* 6
bore **aburrir** *v.* 7
bored **aburrido/a** *adj.* 5
   be bored **estar** *v.* **aburrido/a** 5
   get bored **aburrirse** *v.* 17
boring **aburrido/a** *adj.* 5
born: be born **nacer** *v.* 9
borrow **pedir (e:ie)** *v.* **prestado** 14
borrowed **prestado/a** *adj.*
boss **jefe** *m.*, **jefa** *f.* 16
bother **molestar** *v.* 7
bottle **botella** *f.* 9
   bottle of wine **botella de vino** 9
bottom **fondo** *m.*
boulevard **bulevar** *m.*
boy **chico** *m.* 1; **muchacho** *m.* 3
boyfriend **novio** *m.* 3
brakes **frenos** *m., pl.*
bread **pan** *m.* 8
break **romper** *v.* 10
   break (one's leg) **romperse (la pierna)** 10
break down **dañar** *v.* 10
   The... broke down. **Se nos dañó el/la...** 11
   break up (with) **romper** *v.* **(con)** 9
breakfast **desayuno** *m.* 2, 8
   have breakfast **desayunar** *v.* 2
breathe **respirar** *v.* 13
bring **traer** *v.* 4
broadcast **transmitir** *v.* 18; **emitir** *v.* 18
brochure **folleto** *m.*
broken **roto/a** *adj.* 10, 14
   be broken **estar roto/a** 10

brother **hermano** *m.* 3
   brother-in-law **cuñado** *m., f.* 3
   brothers and sisters **hermanos** *m., pl.* 3
brought **traído/a** *p.p.* 14
brown **café** *adj.* 6; **marrón** *adj.* 6
brunet(te) **moreno/a** *adj.* 3
brush **cepillar** *v.* 7
   brush one's hair **cepillarse el pelo** 7
   brush one's teeth **cepillarse los dientes** 7
bucket **balde** *m.* 5
build **construir** *v.* 4
building **edificio** *m.* 12
bump into (*something accidentally*) **darse con** 10; (*someone*) **encontrarse** *v.* 11
burn (a CD/DVD) **quemar** *v.* **(un CD/DVD)**
burned (out) **quemado/a** *adj.* 11
bus **autobús** *m.* 1
   bus station **estación** *f.* **de autobuses** 5
business **negocios** *m. pl.* 16
   business administration **administración** *f.* **de empresas** 2
   business-related **comercial** *adj.* 16
businessperson **hombre** *m.* / **mujer** *f.* **de negocios** 16
busy **ocupado/a** *adj.* 5
but **pero** *conj.* 2; (*rather*) **sino** *conj.* (*in negative sentences*) 7
butcher shop **carnicería** *f.* 14
butter **mantequilla** *f.* 8
buy **comprar** *v.* 2
by **por** *prep.* 11; **para** *prep.* 11
   by means of **por** *prep.* 11
   by phone **por teléfono** 11
   by plane **en avión** 5
   by way of **por** *prep.* 11
bye **chau** *interj. fam.* 1

C

cable television **televisión** *f.* **por cable** *m.* 11
café **café** *m.* 4
cafeteria **cafetería** *f.* 2
caffeine **cafeína** *f.* 15
cake **pastel** *m.* 9
   chocolate cake **pastel de chocolate** *m.* 9
calculator **calculadora** *f.* 2
call **llamar** *v.* 11
   be called **llamarse** *v.* 7
   call on the phone **llamar por teléfono**
calm **tranquilo/a** *adj.* 15
calorie **caloría** *f.* 15
camera **cámara** *f.* 11
camp **acampar** *v.* 5
can (*tin*) **lata** *f.* 13
can **poder (o:ue)** *v.* 4

Vocabulario — English-Spanish

Could I ask you something? **¿Podría pedirte algo?** 17
Canadian **canadiense** *adj.* 3
candidate **aspirante** *m., f.* 16; candidate **candidato/a** *m., f.* 18
candy **dulces** *m., pl.* 9
capital city **capital** *f.* 1
car **coche** *m.* 11; **carro** *m.* 11; **auto(móvil)** *m.* 5
caramel **caramelo** *m.* 9
card **tarjeta** *f.*; (*playing*) **carta** *f.* 5
care **cuidado** *m.* 3
  Take care! **¡Cuídense!** *v.* 15
  take care of **cuidar** *v.* 13
career **carrera** *f.* 16
careful: be (very) careful **tener** *v.* **(mucho) cuidado** 3
caretaker **ama** *m., f.* **de casa** 12
carpenter **carpintero/a** *m., f.* 16
carpet **alfombra** *f.* 12
carrot **zanahoria** *f.* 8
carry **llevar** *v.* 2
cartoons **dibujos** *m, pl.* **animados** 17
case: in case (that) **en caso (de) que** 13
cash (a check) **cobrar** *v.* 14; cash **(en) efectivo** 6
  cash register **caja** *f.* 6
  pay in cash **pagar** *v.* **al contado** 14; **pagar en efectivo** 14
cashier **cajero/a** *m., f.*
cat **gato** *m.* 13
CD **disco compacto** *m.* 11
CD player **reproductor de CD** *m.* 11
CD-ROM **cederrón** *m.* 11
celebrate **celebrar** *v.* 9
celebration **celebración** *f.*
  young woman's fifteenth birthday celebration **quinceañera** *f.* 9
cellar **sótano** *m.* 12
(cell) phone **(teléfono) celular** *m.* 11
cemetery **cementerio** *m.* 9
cereal **cereales** *m., pl.* 8
certain **cierto** *m.*; **seguro** *m.* 13
  it's (not) certain **(no) es cierto/seguro** 13
chalk **tiza** *f.* 2
champagne **champán** *m.* 9
change: in change **de cambio** 2
change **cambiar** *v.* **(de)** 9
channel (*TV*) **canal** *m.* 11; 17
character (*fictional*) **personaje** *m.* 11, 17
  (main) character *m.* **personaje (principal)** 17
chat **conversar** *v.* 2
chauffeur **conductor(a)** *m., f.* 1
cheap **barato/a** *adj.* 6
check **comprobar (o:ue)** *v.*; **revisar** *v.* 11; (*bank*) **cheque** *m.* 14
  check the oil **revisar el aceite** 11
checking account **cuenta** *f.* **corriente** 14

cheese **queso** *m.* 8
chef **cocinero/a** *m., f.* 16
chemistry **química** *f.* 2
chest of drawers **cómoda** *f.* 12
chicken **pollo** *m.* 8
child **niño/a** *m., f.* 3
childhood **niñez** *f.* 9
children **hijos** *m., pl.* 3
Chinese **chino/a** *adj.* 3
chocolate **chocolate** *m.* 9
  chocolate cake **pastel** *m.* **de chocolate** 9
cholesterol **colesterol** *m.* 15
choose **escoger** *v.* 8
chop (*food*) **chuleta** *f.* 8
Christmas **Navidad** *f.* 9
church **iglesia** *f.* 4
cinnamon **canela** *f.* 10
citizen **ciudadano/a** *adj.* 18
city **ciudad** *f.* 4
class **clase** *f.* 2
  take classes **tomar clases** 2
classical **clásico/a** *adj.* 17
classmate **compañero/a** *m., f.* **de clase** 2
clean **limpio/a** *adj.* 5; **limpiar** *v.* 12
  clean the house *v.* **limpiar la casa** 12
clear (*weather*) **despejado/a** *adj.*
  clear the table **quitar la mesa** 12
  It's (very) clear. (*weather*) **Está (muy) despejado.**
clerk **dependiente/a** *m., f.* 6
climate change **cambio climático** *m.* 13
climb **escalar** *v.* 4
  climb mountains **escalar montañas** 4
clinic **clínica** *f.* 10
clock **reloj** *m.* 2
close **cerrar (e:ie)** *v.* 4
closed **cerrado/a** *adj.* 5
closet **armario** *m.* 12
clothes **ropa** *f.* 6
  clothes dryer **secadora** *f.* 12
clothing **ropa** *f.* 6
cloud **nube** *f.* 13
cloudy **nublado/a** *adj.* 5
  It's (very) cloudy. **Está (muy) nublado.** 5
coat **abrigo** *m.* 6
coffee **café** *m.* 8
  coffee maker **cafetera** *f.* 12
cold **frío** *m.* 5;
  (*illness*) **resfriado** *m.* 10
  be (*feel*) (very) cold **tener (mucho) frío** 3
  It's (very) cold. (*weather*) **Hace (mucho) frío.** 5
college **universidad** *f.* 2
collision **choque** *m.* 18
color **color** *m.* 6
comb one's hair **peinarse** *v.* 7
come **venir** *v.* 3
come on **ándale** *interj.* 14
comedy **comedia** *f.* 17
comfortable **cómodo/a** *adj.* 5

commerce **negocios** *m., pl.* 16
commercial **comercial** *adj.* 16
communicate (with) **comunicarse** *v.* **(con)** 18
communication **comunicación** *f.* 18
  means of communication **medios** *m. pl.* **de comunicación** 18
community **comunidad** *f.* 1
company **compañía** *f.* 16; **empresa** *f.* 16
comparison **comparación** *f.*
completely **completamente** *adv.* 16
composer **compositor(a)** *m., f.* 17
computer **computadora** *f.* 1
  computer disc **disco** *m.*
  computer monitor **monitor** *m.* 11
  computer programmer **programador(a)** *m., f.* 3
  computer science **computación** *f.* 2
concert **concierto** *m.* 17
conductor (*musical*) **director(a)** *m., f.* 17
confirm **confirmar** *v.* 5
  confirm a reservation **confirmar una reservación** 5
confused **confundido/a** *adj.* 5
congested **congestionado/a** *adj.* 10
Congratulations! **¡Felicidades!; ¡Felicitaciones!** *f., pl.* 9
conservation **conservación** *f.* 13
conserve **conservar** *v.* 13
considering **para** *prep.* 11
consume **consumir** *v.* 15
container **envase** *m.* 13
contamination **contaminación** *f.*
content **contento/a** *adj.* 5
contest **concurso** *m.* 17
continue **seguir (e:i)** *v.* 4
control **control** *m.*; **controlar** *v.* 13
  be under control **estar bajo control** 7
conversation **conversación** *f.* 1
converse **conversar** *v.* 2
cook **cocinar** *v.* 12; **cocinero/a** *m., f.* 16
cookie **galleta** *f.* 9
cool **fresco/a** *adj.* 5
  Be cool. **Tranquilo.** 7
  It's cool. (*weather*) **Hace fresco.** 5
corn **maíz** *m.* 8
corner **esquina** *f.* 14
cost **costar (o:ue)** *v.* 6
Costa Rica **Costa Rica** *f.* 1
Costa Rican **costarricense** *adj.* 3
costume **disfraz** *m.*
cotton **algodón** *f.* 6
  (made of) cotton **de algodón** 6
couch **sofá** *m.* 12
couch potato **teleadicto/a** *m., f.* 15
cough **tos** *f.* 10; **toser** *v.* 10
counselor **consejero/a** *m., f.* 16

Vocabulario

English-Spanish

count (on) **contar (o:ue)** *v.* **(con)** 4, 12
country (*nation*) **país** *m.* 1
countryside **campo** *m.* 5
(married) couple **pareja** *f.* 9
course **curso** *m.* 2; **materia** *f.* 2
courtesy **cortesía** *f.*
cousin **primo/a** *m., f.* 3
cover **cubrir** *v.*
covered **cubierto/a** *p.p.*
cow **vaca** *f.* 13
crafts **artesanía** *f.* 17
craftsmanship **artesanía** *f.* 17
crater **cráter** *m.* 13
crazy **loco/a** *adj.* 6
create **crear** *v.*
credit **crédito** *m.* 6
    credit card **tarjeta** *f.* **de crédito** 6
crime **crimen** *m.* 18
cross **cruzar** *v.* 14
cry **llorar** *v.* 15
Cuba **Cuba** *f.* 1
Cuban **cubano/a** *adj.* 3
culture **cultura** *f.* 2, 17
cup **taza** *f.* 12
currency exchange **cambio** *m.* **de moneda**
current events **actualidades** *f., pl.* 18
curtains **cortinas** *f., pl.* 12
custard (*baked*) **flan** *m.* 9
custom **costumbre** *f.* 1
customer **cliente/a** *m., f.* 6
customs **aduana** *f.* 5
    customs inspector **inspector(a)** *m., f.* **de aduanas** 5
cybercafé **cibercafé** *m.* 11
cycling **ciclismo** *m.* 4

D

dad **papá** *m.* 3
daily **diario/a** *adj.* 7
    daily routine **rutina** *f.* **diaria** 7
damage **dañar** *v.* 10
dance **bailar** *v.* 2; **danza** *f.* 17; **baile** *m.* 17
dancer **bailarín/bailarina** *m., f.* 17
danger **peligro** *m.* 13
dangerous **peligroso/a** *adj.* 18
date (*appointment*) **cita** *f.* 9; (*calendar*) **fecha** *f.* 5; (*someone*) **salir** *v.* **con (alguien)** 9
    have a date **tener una cita** 9
daughter **hija** *f.* 3
daughter-in-law **nuera** *f.* 3
day **día** *m.* 1
    day before yesterday **anteayer** *adv.* 6
deal: It's not a big deal. **No es para tanto.** 12
death **muerte** *f.* 9
decaffeinated **descafeinado/a** *adj.* 15

December **diciembre** *m.* 5
decide **decidir** *v.* **(+** *inf.***)** 3
decided **decidido/a** *adj. p.p.* 14
declare **declarar** *v.* 18
deforestation **deforestación** *f.* 13
delicious **delicioso/a** *adj.* 8; **rico/a** *adj.* 8; **sabroso/a** *adj.* 8
delighted **encantado/a** *adj.* 1
dentist **dentista** *m., f.* 10
deny **negar (e:ie)** *v.* 13
    not to deny **no dudar** 13
department store **almacén** *m.* 6
departure **salida** *f.* 5
deposit **depositar** *v.* 14
describe **describir** *v.* 3
described **descrito/a** *p.p.* 14
desert **desierto** *m.* 13
design **diseño** *m.*
designer **diseñador(a)** *m., f.* 16
desire **desear** *v.* 2
desk **escritorio** *m.* 2
dessert **postre** *m.* 9
destroy **destruir** *v.* 13
develop **desarrollar** *v.* 13
diary **diario** *m.* 1
dictatorship **dictadura** *f.* 18
dictionary **diccionario** *m.* 1
die **morir (o:ue)** *v.* 8
died **muerto/a** *p.p.* 14
diet **dieta** *f.* 15; **alimentación**
    balanced diet **dieta equilibrada** 15
    be on a diet **estar a dieta** 15
difficult **difícil** *adj. m., f.* 3
digital camera **cámara** *f.* **digital** 11
dining room **comedor** *m.* 12
dinner **cena** *f.* 2, 8
    have dinner **cenar** *v.* 2
direct **dirigir** *v.* 17
director **director(a)** *m., f.* 17
dirty **ensuciar** *v.*; **sucio/a** *adj.* 5
    get (something) dirty **ensuciar** *v.* 12
disagree **no estar de acuerdo**
disaster **desastre** *m.* 18
discover **descubrir** *v.* 13
discovered **descubierto/a** *p.p.* 14
discrimination **discriminación** *f.* 18
dish **plato** *m.* 8, 12
    main dish *m.* **plato principal** 8
dishwasher **lavaplatos** *m., sing.* 12
disk **disco** *m.*
disorderly **desordenado/a** *adj.* 5
dive **bucear** *v.* 4
divorce **divorcio** *m.* 9
divorced **divorciado/a** *adj.* 9
    get divorced (from) **divorciarse** *v.* **(de)** 9
dizzy **mareado/a** *adj.* 10
do **hacer** *v.* 4
    do aerobics **hacer ejercicios aeróbicos** 15
    do household chores **hacer quehaceres domésticos** 12
    do stretching exercises **hacer ejercicios de estiramiento** 15

(I) don't want to. **No quiero.** 4
doctor **doctor(a)** *m., f.* 3; 10; **médico/a** *m., f.* 3
documentary (*film*) **documental** *m.* 17
dog **perro** *m.* 13
domestic **doméstico/a** *adj.*
    domestic appliance **electrodoméstico** *m.*
done **hecho/a** *p.p.* 14
door **puerta** *f.* 2
doorman/doorwoman **portero/a** *m., f.* 1
dormitory **residencia** *f.* **estudiantil** 2
double **doble** *adj.* 5
    double room **habitación** *f.* **doble** 5
doubt **duda** *f.* 13; **dudar** *v.* 13
    not to doubt 13
    There is no doubt that... **No cabe duda de** 13; **No hay duda de** 13
Down with...! **¡Abajo el/la...!**
download **descargar** *v.* 11
downtown **centro** *m.* 4
drama **drama** *m.* 17
dramatic **dramático/a** *adj.* 17
draw **dibujar** *v.* 2
drawing **dibujo** *m.* 17
dress **vestido** *m.* 6
    get dressed **vestirse (e:i)** *v.* 7
drink **beber** *v.* 3; **bebida** *f.* 8; **tomar** *v.* 2
drive **conducir** *v.* 6; **manejar** *v.* 11
driver **conductor(a)** *m., f.* 1
drug **droga** *f.* 15
    drug addict **drogadicto/a** *adj.* 15
dry oneself **secarse** *v.* 7
during **durante** *prep.* 7; **por** *prep.* 11
dust **sacudir** *v.* 12; **quitar** *v.* **el polvo** 12
dust the furniture **sacudir los muebles** 12
duster **plumero** *m.* 12
DVD player **reproductor** *m.* **de DVD** 11

E

each **cada** *adj.* 6
each other **los unos a los otros** 11
eagle **águila** *f.*
ear (outer) **oreja** *f.* 10
earing **arete** *m.* 6
early **temprano** *adv.* 7
earn **ganar** *v.* 16
earthquake **terremoto** *m.* 18
ease **aliviar** *v.*
east **este** *m.* 14
    to the east **al este** 14
easy **fácil** *adj. m., f.* 3
eat **comer** *v.* 3
ecological **ecologista** *adj. m., f.* 13
ecologist **ecologista** *m., f.* 13

Vocabulario

English-Spanish

ecology **ecología** *f.* 13
economics **economía** *f.* 2
ecotourism **ecoturismo** *m.* 13
Ecuador **Ecuador** *m.* 1
Ecuadorian **ecuatoriano/a** *adj.* 3
effective **eficaz** *adj. m., f.*
egg **huevo** *m.* 8
eight **ocho** 1
eight hundred **ochocientos/as** 2
eighteen **dieciocho** 1
eighth **octavo/a** 5
eighty **ochenta** 2
either... or **o... o** *conj.* 7
eldest **el/la mayor** 8
elect **elegir** *v.* 18
election **elecciones** *f. pl.* 18
electric appliance **electrodoméstico** *m.* 12
electrician **electricista** *m., f.* 16
electricity **luz** *f.* 12
elegant **elegante** *adj. m., f.* 6
elevator **ascensor** *m.* 5
eleven **once** 1
e-mail **correo** *m.* **electrónico** 4
e-mail address **dirrección** *f.* **electrónica** 11
  e-mail message **mensaje** *m.* **electrónico** 4
  read e-mail **leer** *v.* **el correo electrónico** 4
embarrassed **avergonzado/a** *adj.* 5 embrace (each other) **abrazar(se)** *v.* 11
emergency **emergencia** *f.* 10
  emergency room **sala** *f.* **de emergencia** 10
employee **empleado/a** *m., f.* 5
employment **empleo** *m.* 16
end **fin** *m.* 4; **terminar** *v.* 2
  end table **mesita** *f.* 12
endure **aguantar** *v.* 14
energy **energía** *f.* 13
engaged: get engaged (to) **comprometerse** *v.* **(con)** 9
engineer **ingeniero/a** *m., f.* 3
English (*language*) **inglés** *m.* 2; **inglés, inglesa** *adj.* 3
enjoy **disfrutar** *v.* **(de)** 15
enough **bastante** *adv.* 10
entertainment **diversión** *f.* 4
entrance **entrada** *f.* 12
envelope **sobre** *m.* 14
environment **medio ambiente** *m.* 13
environmental sciences **ciencias ambientales** 2
equality **igualdad** *f.* 18
equipped **equipado/a** *adj.* 15
erase **borrar** *v.* 11
eraser **borrador** *m.* 2
errand **diligencia** *f.* 14
essay **ensayo** *m.* 3
evening **tarde** *f.* 1
event **acontecimiento** *m.* 18
every day **todos los días** 10
everything **todo** *m.* 5
  Everything is under control. **Todo está bajo control.** 7
exactly **en punto** 1
exam **examen** *m.* 2
excellent **excelente** *adj.* 5

excess **exceso** *m.* 15
  in excess **en exceso** 15
exchange **intercambiar** *v.*
  in exchange for **por** 11
exciting **emocionante** *adj. m., f.*
excursion **excursión** *f.*
excuse **disculpar** *v.*
Excuse me. (*May I?*) **Con permiso.** 1; (*I beg your pardon.*) **Perdón.** 1
exercise **ejercicio** *m.* 15; **hacer** *v.* **ejercicio** 15; (*a degree/profession*) **ejercer** *v.* 16
exit **salida** *f.* 5
expensive **caro/a** *adj.* 6
experience **experiencia** *f.* 18
expire **vencer** *v.* 14
explain **explicar** *v.* 2
explore **explorar** *v.*
expression **expresión** *f.*
extinction **extinción** *f.* 13
extremely delicious **riquísimo/a** *adj.* 8
extremely serious **gravísimo** *adj.* 13
eye **ojo** *m.* 10

F

fabulous **fabuloso/a** *adj.* 5
face **cara** *f.* 7
facing **enfrente de** *prep.* 14
fact: in fact **de hecho**
factory **fábrica** *f.* 13
fall (*down*) **caerse** *v.* 10
  fall asleep **dormirse (o:ue)** *v.* 7
  fall in love (with) **enamorarse** *v.* **(de)** 9
fall (*season*) **otoño** *m.* 5
fallen **caído/a** *p.p.* 14
family **familia** *f.* 3
famous **famoso/a** *adj.* 16
fan **aficionado/a** *adj.* 4
  be a fan (of) **ser aficionado/a (a)** 4
far from **lejos de** *prep.* 2
farewell **despedida** *f.*
fascinate **fascinar** *v.* 7
fashion **moda** *f.* 6
  be in fashion **estar de moda** 6
fast **rápido/a** *adj.*
fat **gordo/a** *adj.* 3; **grasa** *f.* 15
father **padre** *m.* 3
father-in-law **suegro** *m.* 3
favorite **favorito/a** *adj.* 4
fax (*machine*) **fax** *m.* 11
fear **miedo** *m.* 3; **temer** *v.* 13
February **febrero** *m.* 5
feel **sentir(se) (e:ie)** *v.* 7
  feel like (*doing something*) **tener ganas de (+** *inf.***)** 3
festival **festival** *m.* 17
fever **fiebre** *f.* 10
  have a fever **tener** *v.* **fiebre** 10

few **pocos/as** *adj. pl.*
fewer than **menos de (+** *number***)** 8
field: major field of study **especialización** *f.*
fifteen **quince** 1
  fifteen-year-old girl **quinceañera** *f.*
  young woman celebrating her fifteenth birthday **quinceañera** *f.* 9
fifth **quinto/a** 5
fifty **cincuenta** 2
fight (for/against) **luchar** *v.* **(por/contra)** 18
figure (*number*) **cifra** *f.*
file **archivo** *m.* 11
fill **llenar** *v.* 11
  fill out (a form) **llenar (un formulario)** 14
  fill the tank **llenar el tanque** 11
finally **finalmente** *adv.* 15; **por último** 7; **por fin** 11
find **encontrar (o:ue)** *v.* 4
  find (each other) **encontrar(se)**
  find out **enterarse** *v.* 16
fine **multa** *f.*
  That's fine. **Está bien.** 11
(fine) arts **bellas artes** *f., pl.* 17
finger **dedo** *m.* 10
finish **terminar** *v.* 2
  finish (*doing something*) **terminar** *v.* **de (+** *inf.***)** 4
fire **incendio** *m.* 18; **despedir (e:i)** *v.* 16
firefighter **bombero/a** *m., f.* 16
firm **compañía** *f.* 16; **empresa** *f.* 16
first **primer, primero/a** 2, 5
fish (*food*) **pescado** *m.* 8; **pescar** *v.* 5; (*live*) **pez** *m., sing.* (**peces** *pl.*) 13
  fish market **pescadería** *f.* 14
fishing **pesca** *f.* 5
fit (*clothing*) **quedar** *v.* 7
five **cinco** 1
five hundred **quinientos/as** 2
fix (*put in working order*) **arreglar** *v.* 11; (*clothes, hair, etc. to go out*) **arreglarse** 7
fixed **fijo/a** *adj.* 6
flag **bandera** *f.*
flank steak **lomo** *m.* 8
flat tire: We had a flat tire. **Se nos pinchó una llanta.** 11
flexible **flexible** *adj.* 15
flood **inundación** *f.* 18
floor (*of a building*) **piso** *m.* 5; **suelo** *m.* 12
  ground floor **planta baja** *f.* 5
  top floor **planta** *f.* **alta**
flower **flor** *f.* 13
flu **gripe** *f.* 10
fog **niebla** *f.*
folk **folclórico/a** *adj.* 17

Vocabulario — English-Spanish

follow **seguir (e:i)** *v.* 4
food **comida** *f.* 4, 8
foolish **tonto/a** *adj.* 3
foot **pie** *m.* 10
football **fútbol** *m.* **americano** 4
for **para** *prep.* 11; **por** *prep.* 11
   for example **por ejemplo** 11
   for me **para mí** 8
forbid **prohibir** *v.*
foreign **extranjero/a** *adj.* 17
   foreign languages **lenguas** *f., pl.* **extranjeras** 2
forest **bosque** *m.* 13
forget **olvidar** *v.* 10
fork **tenedor** *m.* 12
form **formulario** *m.* 14
forty **cuarenta** *m.* 2
four **cuatro** 1
four hundred **cuatrocientos/as** 2
fourteen **catorce** 1
fourth **cuarto/a** *m., f.* 5
free **libre** *adj. m., f.* 4
   be free (of charge) **ser gratis** 14
   free time **tiempo libre**; spare (free) time **ratos libres** 4
freedom **libertad** *f.* 18
freezer **congelador** *m.* 12
French **francés, francesa** *adj.* 3
   French fries **papas** *f., pl.* **fritas** 8; **patatas** *f., pl.* **fritas** 8
frequently **frecuentemente** *adv.* 10; **con frecuencia** *adv.* 10
Friday **viernes** *m., sing.* 2
fried **frito/a** *adj.* 8
   fried potatoes **papas** *f., pl.* **fritas** 8; **patatas** *f., pl.* **fritas** 8
friend **amigo/a** *m., f.* 3
friendly **amable** *adj. m., f.* 5
friendship **amistad** *f.* 9
from **de** *prep.* 1; **desde** *prep.* 6
   from the United States **estadounidense** *m., f. adj.* 3
   from time to time **de vez en cuando** 10
   He/She/It is from… **Es de…**; I'm from… **Soy de…** 1
front: (cold) front **frente (frío)** *m.* 5
fruit **fruta** *f.* 8
   fruit juice **jugo** *m.* **de fruta** 8
   fruit store **frutería** *f.* 14
full **lleno/a** *adj.* 11
fun **divertido/a** *adj.* 7
   fun activity **diversión** *f.* 4
   have fun **divertirse (e:ie)** *v.* 9
function **funcionar** *v.*
furniture **muebles** *m., pl.* 12
furthermore **además (de)** *adv.* 10
future **futuro** *adj.* 16; **porvenir** *m.* 16
   Here's to the future! **¡Por el porvenir!** 16
   in the future **en el futuro** 16

G

gain weight **aumentar** *v.* **de peso** 15; **engordar** *v.* 15
game **juego** *m.*; (*match*) **partido** *m.* 4
   game show **concurso** *m.* 17
garage (*in a house*) **garaje** *m.* 12; **garaje** *m.* 11; **taller (mecánico)** 11
garden **jardín** *m.* 12
garlic **ajo** *m.* 8
gas station **gasolinera** *f.* 11
gasoline **gasolina** *f.* 11
gentleman **caballero** *m.* 8
geography **geografía** *f.* 2
German **alemán, alemana** *adj.* 3
get **conseguir (e:i)** *v.* 4; **obtener** *v.* 16
   get along well/badly (with) **llevarse bien/mal (con)** 9
   get bigger **aumentar** *v.* 13
   get bored **aburrirse** *v.* 17
   get good grades **sacar buenas notas** 2
   get into trouble **meterse en problemas** *v.* 13
   get off of (a vehicle) **bajar(se)** *v.* **de** 11
   get on/into (a vehicle) **subir(se)** *v.* **a** 11
   get out of (a vehicle) **bajar(se)** *v.* **de** 11
   get ready **arreglarse** *v.* 7
   get up **levantarse** *v.* 7
gift **regalo** *m.* 6
ginger **jengibre** *m.* 10
girl **chica** *f.* 1; **muchacha** *f.* 3
girlfriend **novia** *f.* 3
give **dar** *v.* 6, 9; (*as a gift*) **regalar** 9
   give directions **indicar cómo llegar** 14
glass (*drinking*) **vaso** *m.* 12; **vidrio** *m.* 13
   (made) of glass **de vidrio** 13
glasses **gafas** *f., pl.* 6
   sunglasses **gafas** *f., pl.* **de sol** 6
global warming **calentamiento global** *m.* 13
gloves **guantes** *m., pl.* 6
go **ir** *v.* 4
   go away **irse** 7
   go by boat **ir en barco** 5
   go by bus **ir en autobús** 5
   go by car **ir en auto(móvil)** 5
   go by motorcycle **ir en motocicleta** 5
   go by taxi **ir en taxi** 5
   go by the bank **pasar por el banco** 14
   go down **bajar(se)** *v.*
   go on a hike (in the mountains) **ir de excursión (a las montañas)** 4
   go out **salir** *v.* 9
   go out (with) **salir** *v.* **(con)** 9
   go up **subir** *v.*
   Let's go. **Vamos.** 4
goblet **copa** *f.* 12
going to: be going to (*do something*) **ir a (+ inf.)** 4
golf **golf** *m.* 4
good **buen, bueno/a** *adj.* 3, 6
   Good afternoon. **Buenas tardes.** 1
   Good evening. **Buenas noches.** 1
   Good idea. **Buena idea.** 4
   Good morning. **Buenos días.** 1
   Good night. **Buenas noches.** 1
   It's good that… **Es bueno que…** 12
goodbye **adiós** *m.* 1
   say goodbye (to) **despedirse** *v.* **(de) (e:i)** 7
good-looking **guapo/a** *adj.* 3
government **gobierno** *m.* 13
GPS **navegador GPS** *m.* 11
graduate (from/in) **graduarse** *v.* **(de/en)** 9
grains **cereales** *m., pl.* 8
granddaughter **nieta** *f.* 3
grandfather **abuelo** *m.* 3
grandmother **abuela** *f.* 3
grandparents **abuelos** *m., pl.* 3
grandson **nieto** *m.* 3
grape **uva** *f.* 8
grass **hierba** *f.* 13
grave **grave** *adj.* 10
gray **gris** *adj. m., f.* 6
great **fenomenal** *adj. m., f.* 5; **genial** *adj.* 16
great-grandfather **bisabuelo** *m.* 3
great-grandmother **bisabuela** *f.* 3
green **verde** *adj. m., f.* 6
greet (each other) **saludar(se)** *v.* 11
greeting **saludo** *m.* 1
   Greetings to… **Saludos a…** 1
grilled **a la plancha** 8
ground floor **planta baja** *f.* 5
grow **aumentar** *v.* 13
guest (at a house/hotel) **huésped** *m., f.* 5 (invited to a function) **invitado/a** *m., f.* 9
guide **guía** *m., f.* 13
gymnasium **gimnasio** *m.* 4

H

hair **pelo** *m.* 7
hairdresser **peluquero/a** *m., f.* 16
half **medio/a** *adj.* 3
   half-brother **medio hermano** 3
   half-sister **media hermana** 3
   half-past… (time) **…y media** 1
hallway **pasillo** *m.* 12
ham **jamón** *m.* 8
hamburger **hamburguesa** *f.* 8

Vocabulario

English-Spanish

hand **mano** *f.* 1
hand in **entregar** *v.* 11
handsome **guapo/a** *adj.* 3
happen **ocurrir** *v.* 18
happiness **alegría** *v.* 9
Happy birthday!
 ¡Feliz cumpleaños! 9
happy **alegre** *adj.* 5; **contento/a** *adj.* 5; **feliz** *adj. m., f.* 5
 be happy **alegrarse** *v.* **(de)** 13
hard **difícil** *adj. m., f.* 3
hard-working **trabajador(a)** *adj.* 3
hardly **apenas** *adv.* 10
haste **prisa** *f.* 3
hat **sombrero** *m.* 6
hate **odiar** *v.* 9
have **tener** *v.* 3
 have time **tener tiempo** 4
 have to (*do something*) **tener que (+ *inf.*)** 3; **deber (+ *inf.*)**
 have a tooth removed **sacar(se) un diente** 10
he **él** 1
head **cabeza** *f.* 10
headache **dolor** *m.* **de cabeza** 10
health **salud** *f.* 10
healthy **saludable** *adj. m., f.* 10; **sano/a** *adj.* 10
 lead a healthy lifestyle **llevar** *v.* **una vida sana** 15
hear **oír** *v.* 4
heard **oído/a** *p.p.* 14
hearing: sense of hearing **oído** *m.* 10
heart **corazón** *m.* 10
heat **calor** *m.* 5
Hello. **Hola.** 1; (*on the telephone*) **Aló.** 11; **Bueno.** 11; **Diga.** 11
help **ayudar** *v.* 12; **servir (e:i)** *v.* 5
 help each other **ayudarse** *v.* 11
her **su(s)** *poss. adj.* 3; (of) hers **suyo(s)/a(s)** *poss.* 11
 her **la** *f., sing., d.o. pron.* 5
 to/for her **le** *f., sing., i.o. pron.* 6
here **aquí** *adv.* 1
 Here is/are... **Aquí está(n)...** 5
Hi. **Hola.** 1
highway **autopista** *f.* 11; **carretera** *f.* 11
hike **excursión** *f.* 4
 go on a hike **hacer una excursión** 5; **ir de excursión** 4
hiker **excursionista** *m., f.*
hiking **de excursión** 4
him: to/for him **le** *m., sing., i.o. pron.* 6
hire **contratar** *v.* 16
his **su(s)** *poss. adj.* 3; (of) his **suyo(s)/a(s)** *poss. pron.* 11
 his **lo** *m., sing., d.o. pron.* 5
history **historia** *f.* 2; 17
hobby **pasatiempo** *m.* 4
hockey **hockey** *m.* 4
hold up **aguantar** *v.* 14

hole **hueco** *m.* 4
holiday **día** *m.* **de fiesta** 9
home **casa** *f.* 2
 home page **página** *f.* **principal** 11
homework **tarea** *f.* 2
honey **miel** *f.* 10
hood **capó** *m.* 11; **cofre** *m.* 11
hope **esperar** *v.* **(+ *inf.*)** 2; **esperar** *v.* 13
 I hope (that) **ojalá (que)** 13
horror (genre) **de horror** *m.* 17
hors d'oeuvres **entremeses** *m., pl.* 8
horse **caballo** *m.* 5
hospital **hospital** *m.* 10
hot: be (*feel*) (very) hot **tener (mucho) calor** 3
 It's (very) hot. **Hace (mucho) calor.** 5
hotel **hotel** *m.* 5
hour **hora** *f.* 1
house **casa** *f.* 2
household chores **quehaceres** *m. pl.* **domésticos** 12
housekeeper **ama** *m., f.* **de casa** 12
housing **vivienda** *f.* 12
How...! **¡Qué...!**
 how **¿cómo?** *adv.* 1
 How are you? **¿Qué tal?** 1
 How are you? **¿Cómo estás?** *fam.* 1
 How are you? **¿Cómo está usted?** *form.* 1
 How can I help you? **¿En qué puedo servirles?** 5
 How did it go for you...? **¿Cómo le/les fue...?** 15
 How is it going? **¿Qué tal?** 1
 How is/are...? **¿Qué tal...?** 2
 How is the weather? **¿Qué tiempo hace?** 15
 How much/many? **¿Cuánto(s)/a(s)?** 1
 How much does... cost? **¿Cuánto cuesta...?** 6
 How old are you? **¿Cuántos años tienes?** *fam.* 3
however **sin embargo**
hug (each other) **abrazar(se)** *v.* 11
humanities **humanidades** *f., pl.* 2
hundred **cien, ciento** 2
hunger **hambre** *f.* 3
hungry: be (very) hungry **tener** *v.* **(mucha) hambre** 3
hunt **cazar** *v.* 13
hurricane **huracán** *m.* 18
hurry **apurarse** *v.* 15; **darse prisa** *v.* 15
 be in a (big) hurry **tener** *v.* **(mucha) prisa** 3
hurt **doler (o:ue)** *v.* 10
 It hurts me a lot... **Me duele mucho...** 10
husband **esposo** *m.* 3

I

I **yo** 1
 I am... **Yo soy...** 1
 I hope (that) **Ojalá (que)** *interj.* 13
 I wish (that) **Ojalá (que)** *interj.* 13
ice cream **helado** *m.* 9
 ice cream shop **heladería** *f.* 14
iced **helado/a** *adj.* 8
 iced tea **té** *m.* **helado** 8
idea **idea** *f.* 4
if **si** *conj.* 4
illness **enfermedad** *f.* 10
important **importante** *adj.* 3
 be important to **importar** *v.* 7
 It's important that... **Es importante que...** 12
impossible **imposible** *adj.* 13
 it's impossible **es imposible** 13
improbable **improbable** *adj.* 13
 it's improbable **es improbable** 13
improve **mejorar** *v.* 13
in **en** *prep.* 2; **por** *prep.* 11
 in the afternoon **de la tarde** 1; **por la tarde** 7
 in a bad mood **de mal humor** 5
 in the direction of **para** *prep.* 1;
 in the early evening **de la tarde** 1
 in the evening **de la noche** 1; **por la tarde** 7
 in a good mood **de buen humor** 5
 in the morning **de la mañana** 1; **por la mañana** 7
 in love (with) **enamorado/a (de)** 5
 in search of **por** *prep.* 11
in front of **delante de** *prep.* 2
increase **aumento** *m.* 16
incredible **increíble** *adj.* 5
inequality **desigualdad** *f.* 18
infection **infección** *f.* 10
inform **informar** *v.* 18
injection **inyección** *f.* 10
 give an injection *v.* **poner una inyección** 10
injure (oneself) **lastimarse** 10
 injure (one's foot) **lastimarse** *v.* **(el pie)** 10
inner ear **oído** *m.* 10
inside **dentro** *adv.*
insist (on) **insistir** *v.* **(en)** 12
installments: pay in installments **pagar** *v.* **a plazos** 14
intelligent **inteligente** *adj.* 3
intend to **pensar** *v.* **(+ *inf.*)** 4
interest **interesar** *v.* 7
interesting **interesante** *adj.* 3
 be interesting to **interesar** *v.* 7
international **internacional** *adj. m., f.* 18
Internet **Internet** 11

A-41

Vocabulario

English-Spanish

interview **entrevista** *f.* 16; interview **entrevistar** *v.* 16
interviewer **entrevistador(a)** *m., f.* 16
introduction **presentación** *f.*
  I would like to introduce you to (name). **Le presento a…** *form.* 1; **Te presento a…** *fam.* 1
invest **invertir (e:ie)** *v.* 16
invite **invitar** *v.* 9
iron (clothes) **planchar** *v.* **la ropa** 12
it **lo/la** *sing., d.o., pron.* 5
Italian **italiano/a** *adj.* 3
its **su(s)** *poss. adj.* 3; **suyo(s)/a(s)** *poss. pron.* 11
It's me. **Soy yo.**
it's the same **es igual** 5

J

jacket **chaqueta** *f.* 6
January **enero** *m.* 5
Japanese **japonés, japonesa** *adj.* 3
jeans **(blue)jeans** *m., pl.* 6
jewelry store **joyería** *f.* 14
job **empleo** *m.* 16; **puesto** *m.* 16; **trabajo** *m.* 16
  job application **solicitud** *f.* **de trabajo** 16
jog **correr** *v.*
journalism **periodismo** *m.* 2
journalist **periodista** *m., f.* 3; **reportero/a** *m., f.* 16
joy **alegría** *f.* 9
  give joy **dar** *v.* **alegría** 9
joyful **alegre** *adj.* 5
juice **jugo** *m.* 8
July **julio** *m.* 5
June **junio** *m.* 5
jungle **selva, jungla** *f.* 13
just **apenas** *adv.*
  have just done something **acabar de (+ *inf.*)** 6

K

key **llave** *f.* 5
keyboard **teclado** *m.* 11
kilometer **kilómetro** *m.* 11
kind: That's very kind of you. **Muy amable.** 5
kiss **beso** *m.* 9
  kiss each other **besarse** *v.* 11
kitchen **cocina** *f.* 9, 12
knee **rodilla** *f.* 10
knife **cuchillo** *m.* 12
know **saber** *v.* 6; **conocer** *v.* 6
know how **saber** *v.* 6

L

laboratory **laboratorio** *m.* 2
lack **faltar** *v.* 7
lake **lago** *m.* 13
lamp **lámpara** *f.* 12
land **tierra** *f.* 13
landlord **dueño/a** *m., f.* 8
landscape **paisaje** *m.* 5
language **lengua** *f.* 2
laptop (computer) **computadora** *f.* **portátil** 11
large **grande** *adj.* 3
large (*clothing size*) **talla grande**
last **durar** *v.* 18; **pasado/a** *adj.* 6; **último/a** *adj.* 7
  last name **apellido** *m.* 3
  last night **anoche** *adv.* 6
  last week **semana** *f.* **pasada** 6
  last year **año** *m.* **pasado** 6
  the last time **la última vez** 7
late **tarde** *adv.* 7
later (on) **más tarde** 7
  See you later. **Hasta la vista.** 1; **Hasta luego.** 1
laugh **reírse (e:i)** *v.* 9
laughed **reído** *p.p.* 14
laundromat **lavandería** *f.* 14
law **ley** *f.* 13
lawyer **abogado/a** *m., f.* 16
lazy **perezoso/a** *adj.*
learn **aprender** *v.* **(a + *inf.*)** 3
least, at **por lo menos** *adv.* 10
leave **salir** *v.* 4; **irse** *v.* 7
  leave a tip **dejar una propina** 9
  leave behind **dejar** *v.* 16
  leave for (*a place*) **salir para**
  leave from **salir de**
left **izquierdo/a** *adj.* 2
  be left over **quedar** *v.* 7
  to the left of **a la izquierda de** 2
leg **pierna** *f.* 10
lemon **limón** *m.* 8
lend **prestar** *v.* 6
less **menos** *adv.* 10
  less… than **menos… que** 8
  less than **menos de (+ *number*)**
lesson **lección** *f.* 1
let **dejar** *v.* 12
let's see **a ver** 2
letter **carta** *f.* 4, 14
lettuce **lechuga** *f.* 8
liberty **libertad** *f.* 18
library **biblioteca** *f.* 2
license (*driver's*) **licencia** *f.* **de conducir** 11
lie **mentira** *f.* 4
life **vida** *f.* 9
  of my life **de mi vida** 15
lifestyle: lead a healthy lifestyle **llevar una vida sana** 15
lift **levantar** *v.* 15
  lift weights **levantar pesas** 15
light **luz** *f.* 12
like **como** *prep.* 8; **gustar** *v.* 2
  I don't like them at all. **No me gustan nada.** 2
  I like… **Me gusta(n)…** 2
  like this **así** *adv.* 10
  like very much **encantar** *v.*; **fascinar** *v.* 7
  Do you like…? **¿Te gusta(n)…?** 2
likeable **simpático/a** *adj.* 3
likewise **igualmente** *adv.* 1
line **línea** *f.* 4; **cola** (*queue*) *f.* 14
listen (to) **escuchar** *v.* 2
  Listen! (*command*) **¡Oye!** *fam., sing.* 1; **¡Oiga/Oigan!** *form., sing./pl.* 1
  listen to music **escuchar música** 2
  listen (to) the radio **escuchar la radio** 2
literature **literatura** *f.* 2
little (*quantity*) **poco/a** *adj.* 5; **poco** *adv.* 10
live **vivir** *v.* 3; **en vivo** *adj.* 7
living room **sala** *f.* 12
loan **préstamo** *m.* 14; **prestar** *v.* 6, 14
lobster **langosta** *f.* 8
located **situado/a** *adj.*
  be located **quedar** *v.* 14
long **largo/a** *adj.* 6
look (at) **mirar** *v.* 2
look for **buscar** *v.* 2
lose **perder (e:ie)** *v.* 4
  lose weight **adelgazar** *v.* 15
lost **perdido/a** *adj.* 13, 14
  be lost **estar perdido/a** 14
lot, a **muchas veces** *adv.* 10
lot of, a **mucho/a** *adj.* 2, 3; **un montón de** 4
love (*another person*) **querer (e:ie)** *v.* 4; (*inanimate objects*) **encantar** *v.* 7; **amor** *m.* 9
  in love **enamorado/a** *adj.* 5
  I loved it! **¡Me encantó!** 15
  love at first sight **amor a primera vista** 9
luck **suerte** *f.* 3
lucky: be (very) lucky **tener (mucha) suerte** 3
luggage **equipaje** *m.* 5
lunch **almuerzo** *m.* 4, 8
  have lunch **almorzar (o:ue)** *v.* 4

M

ma'am **señora (Sra.); doña** *f.* 1
mad **enojado/a** *adj.* 5
magazine **revista** *f.* 4
magnificent **magnífico/a** *adj.* 5
mail **correo** *m.* 14; **enviar** *v.*, **mandar** *v.* 14; **echar (una carta) al buzón** 14
  mail **correo** *m.* 14; **enviar** *v.*, **mandar** *v.* 14
  mail carrier **cartero** *m.* 14
mailbox **buzón** *m.* 14
main **principal** *adj. m., f.* 8
maintain **mantener** *v.* 15
major **especialización** *f.* 2

Vocabulario

English-Spanish

make **hacer** *v.* 4
  make a decision **tomar una decisión** 15
  make the bed **hacer la cama** 12
makeup **maquillaje** *m.* 7
  put on makeup **maquillarse** *v.* 7
man **hombre** *m.* 1
manager **gerente** *m., f.* 8, 16
many **mucho/a** *adj.* 3
  many times **muchas veces** 10
map **mapa** *m.* 2
March **marzo** *m.* 5
margarine **margarina** *f.* 8
marinated fish **ceviche** *m.* 8
  lemon-marinated shrimp **ceviche** *m.* **de camarón** 8
marital status **estado** *m.* **civil** 9
market **mercado** *m.* 6
  open-air market **mercado al aire libre** 6
marriage **matrimonio** *m.* 9
married **casado/a** *adj.* 9
  get married (to) **casarse** *v.* **(con)** 9
  I'll marry you! **¡Acepto casarme contigo!** 17
marvelous **maravilloso/a** *adj.* 5
massage **masaje** *m.* 15
masterpiece **obra maestra** *f.* 17
match (*sports*) **partido** *m.* 4
match (with) **hacer** *v.* **juego (con)** 6
mathematics **matemáticas** *f., pl.* 2
matter **importar** *v.* 7
maturity **madurez** *f.* 9
maximum **máximo/a** *adj.* 11
May **mayo** *m.* 5
May I leave a message? **¿Puedo dejar un recado?** 11
maybe **tal vez** 5; **quizás** 5
mayonnaise **mayonesa** *f.* 8
me **me** *sing., d.o. pron.* 5
  to/for me **me** *sing., i.o. pron.* 6
meal **comida** *f.* 4, 8
means of communication **medios** *m., pl.* **de comunicación** 18
meat **carne** *f.* 8
mechanic **mecánico/a** *m., f.* 11
  mechanic's repair shop **taller mecánico** 11
media **medios** *m., pl.* **de comunicación** 18
medical **médico/a** *adj.* 10
medication **medicamento** *m.* 10
medicine **medicina** *f.* 10
medium **mediano/a** *adj.*
meet (each other) **encontrar(se)** *v.* 11; **conocerse(se)** *v.* 8
  meet up with **encontrarse con** 7
meeting **reunión** *f.* 16
menu **menú** *m.* 8
message **mensaje** *m.*
Mexican **mexicano/a** *adj.* 3
Mexico **México** *m.* 1

microwave **microonda** *f.* 12
  microwave oven **horno** *m.* **de microondas** 12
middle age **madurez** *f.* 9
midnight **medianoche** *f.* 1
mile **milla** *f.* 11
milk **leche** *f.* 8
million **millón** *m.* 2
  million of **millón de** 2
mine **mío(s)/a(s)** *poss.* 11
mineral **mineral** *m.* 15
  mineral water **agua** *f.* **mineral** 8
minute **minuto** *m.* 1
mirror **espejo** *m.* 7
Miss **señorita (Srta.)** *f.* 1
miss **perder (e:ie)** *v.* 4; **extrañar** *v.* 16
mistaken **equivocado/a** *adj.*
modem **módem** *m.*
modern **moderno/a** *adj.* 17
mom **mamá** *f.* 3
Monday **lunes** *m., sing.* 2
money **dinero** *m.* 6
monitor **monitor** *m.* 11
monkey **mono** *m.* 13
month **mes** *m.* 5
monument **monumento** *m.* 4
moon **luna** *f.* 13
more **más** 2
  more… than **más… que** 8
  more than **más de (+** *number***)** 8
morning **mañana** *f.* 1
mother **madre** *f.* 3
mother-in-law **suegra** *f.* 3
motor **motor** *m.*
motorcycle **motocicleta** *f.* 5
mountain **montaña** *f.* 4
mouse **ratón** *m.* 11
mouth **boca** *f.* 10
move (*from one house to another*) **mudarse** *v.* 12
movie **película** *f.* 4
  movie star **estrella** *f.* **de cine** 17
  movie theater **cine** *m.* 4
MP3 player **reproductor** *m.* **de MP3** 11
Mr. **señor (Sr.); don** *m.* 1
Mrs. **señora (Sra.); doña** *f.* 1
much **mucho/a** *adj.* 2, 3
  very much **muchísimo/a** *adj.* 2
mud **lodo** *m.*
murder **crimen** *m.* 18
muscle **músculo** *m.* 15
museum **museo** *m.* 4
mushroom **champiñón** *m.* 8
music **música** *f.* 2, 17
musical **musical** *adj., m., f.* 17
musician **músico/a** *m., f.* 17
must **deber** *v.* **(+** *inf.***)** 3
  It must be… **Debe ser…** 6
my **mi(s)** *poss. adj.* 3; **mío(s)/a(s)** *poss. pron.* 11

N

name **nombre** *m.* 1
  be named **llamarse** *v.* 7
  in the name of **a nombre de** 5
  last name **apellido** *m.*
  My name is… **Me llamo…** 1
  name someone/something **ponerle el nombre** 9
napkin **servilleta** *f.* 12
national **nacional** *adj. m., f.* 18
nationality **nacionalidad** *f.* 1
natural **natural** *adj. m., f.* 13
  natural disaster **desastre** *m.* **natural** 18
  natural resource **recurso** *m.* **natural** 13
nature **naturaleza** *f.* 13
nauseated **mareado/a** *adj.* 10
near **cerca de** *prep.* 2
neaten **arreglar** *v.* 12
necessary **necesario/a** *adj.* 12
  It is necessary that… **Hay que…** 12, 14
neck **cuello** *m.* 10
need **faltar** *v.* 7; **necesitar** *v.* (+ *inf.*) 2
neighbor **vecino/a** *m., f.* 12
neighborhood **barrio** *m.* 12
neither **tampoco** *adv.* 7
neither… nor **ni… ni** *conj.* 7
nephew **sobrino** *m.* 3
nervous **nervioso/a** *adj.* 5
network **red** *f.* 11
never **nunca** *adj.* 7; **jamás** 7
new **nuevo/a** *adj.* 6
newlywed **recién casado/a** *m., f.* 9
news **noticias** *f., pl.* 18; **actualidades** *f., pl.* 18; **noticia** *f.* 11
newscast **noticiero** *m.* 18
newspaper **periódico** 4; **diario** *m.* 18
next **próximo/a** *adj.* 3, 16
  next to **al lado de** *prep.* 2
nice **simpático/a** *adj.* 3; **amable** *adj. m., f.* 5
niece **sobrina** *f.* 3
night **noche** *f.* 1
  night stand **mesita** *f.* **de noche** 12
nine **nueve** 1
nine hundred **novecientos/as** 2
nineteen **diecinueve** 1
ninety **noventa** 2
ninth **noveno/a** 5
no **no** 1; **ningún, ninguno/a(s)** *adj.* 7
  no one **nadie** *pron.* 7
  No problem. **No hay problema.**
nobody **nadie** 7
none **ningún, ninguno/a(s)** *adj.* 7

Vocabulario

English-Spanish

noon **mediodía** m. 1
nor **ni** conj. 7
north **norte** m. 14
  to the north **al norte** 14
nose **nariz** f. 10
not **no** 1
  not any **ningún, ninguno/a(s)** adj. 7
  not anyone **nadie** pron. 7
  not anything **nada** pron. 7
  not bad at all **nada mal** 5
  not either **tampoco** adv. 7
  not ever **nunca** adv. 7; **jamás** adv. 7
  not very well **no muy bien** 1
  not working **descompuesto/a** adj. 11
outside **afuera** adv. 5
notebook **cuaderno** m. 1
nothing **nada** 1; 7
noun **sustantivo** m.
November **noviembre** m. 5
now **ahora** adv. 2
nowadays **hoy día** adv.
nuclear **nuclear** adj. m., f. 13
  nuclear energy **energía nuclear** 13
number **número** m. 1
nurse **enfermero/a** m., f. 10
nutrition **nutrición** f. 15
nutritionist **nutricionista** m., f. 15

O

o'clock: It's… o'clock **Son las…** 1
  It's one o'clock. **Es la una.** 1
obey **obedecer** v. 18
obligation **deber** m. 18
obtain **conseguir (e:i)** v. 4; **obtener** v. 16
obvious **obvio/a** adj. 13
  it's obvious **es obvio** 13
occupation **ocupación** f. 16
occur **ocurrir** v. 18
October **octubre** m. 5
of **de** prep. 1
  Of course. **Claro que sí.; Por supuesto.**
offer **oferta** f. 12; **ofrecer (c:zc)** v. 6
office **oficina** f. 12
  doctor's office **consultorio** m. 10
often **a menudo** adv. 10
Oh! **¡Ay!**
oil **aceite** m. 8
OK **regular** adj. 1
  It's okay. **Está bien.**
old **viejo/a** adj. 3
old age **vejez** f. 9
older **mayor** adj. m., f. 3
  older brother, sister **hermano/a mayor** m., f. 3
oldest **el/la mayor** 8

on **en** prep. 2; **sobre** prep. 2
  on behalf of **por** prep. 11
  on the dot **en punto** 1
  on time **a tiempo** 10
  on top of **encima de** 2
once **una vez** 6
one **un, uno/a** m., f., sing. pron. 1
  one hundred **cien(to)** 2
  one million **un millón** m. 2
  one more time **una vez más** 9
  one thousand **mil** 2
  one time **una vez** 6
onion **cebolla** f. 8
only **sólo** adv. 3; **único/a** adj. 3
  only child **hijo/a único/a** m., f. 3
open **abierto/a** adj. 5, 14; **abrir** v. 3
open-air **al aire libre** 6
opera **ópera** f. 17
operation **operación** f. 10
opposite **enfrente de** prep. 14
or **o** conj. 7
orange **anaranjado/a** adj. 6; **naranja** f. 8
orchestra **orquesta** f. 17
order **mandar** 12; (food) **pedir (e:i)** v. 8
  in order to **para** prep. 11
orderly **ordenado/a** adj. 5
ordinal (numbers) **ordinal** adj.
organize oneself **organizarse** v. 12
other **otro/a** adj. 6
ought to **deber** v. (+ inf.) adj. 3
our **nuestro(s)/a(s)** poss. adj. 3; poss. pron. 11
out of order **descompuesto/a** adj. 11
outside **afuera** adv. 5
outskirts **afueras** f., pl. 12
oven **horno** m. 12
over **sobre** prep. 2
(over)population **(sobre)población** f. 13
over there **allá** adv. 2
own **propio/a** adj. 16
owner **dueño/a** m., f. 8

P

p.m. **tarde** f. 1

pack (one's suitcases) **hacer** v. **las maletas** 5
package **paquete** m. 14
page **página** f. 11
pain **dolor** m. 10
  have a pain **tener** v. **dolor** 10
paint **pintar** v. 17
painter **pintor(a)** m., f. 16
painting **pintura** f. 12, 17
pair **par** m. 6
  pair of shoes **par** m. **de zapatos** 6
pale **pálido/a** adj. 14
pants **pantalones** m., pl. 6

pantyhose **medias** f., pl. 6
paper **papel** m. 2; (report) **informe** m. 18
Pardon me. (May I?) **Con permiso.** 1; (Excuse me.) Pardon me. **Perdón.** 1
parents **padres** m., pl. 3; **papás** m., pl. 3
park **estacionar** v. 11; **parque** m. 4
parking lot **estacionamiento** m. 14
partner (one of a married couple) **pareja** f. 9
party **fiesta** f. 9
passed **pasado/a** p.p.
passenger **pasajero/a** m., f. 1
passport **pasaporte** m. 5
past **pasado/a** adj. 6
pastime **pasatiempo** m. 4
pastry shop **pastelería** f. 14
patient **paciente** m., f. 10
patio **patio** m. 12
pay **pagar** v. 6
pay in cash **pagar** v. **al contado; pagar en efectivo** 14
pay in installments **pagar** v. **a plazos** 14
pay the bill **pagar la cuenta** 9
pea **arveja** m. 8
peace **paz** f. 18
peach **melocotón** m. 8
peak **cima** f. 15
pear **pera** f. 8
pen **pluma** f. 2
pencil **lápiz** m. 1
penicillin **penicilina** f. 10
people **gente** f. 3
pepper (black) **pimienta** f. 8
per **por** prep. 11
perfect **perfecto/a** adj. 5
period of time **temporada** f. 5
person **persona** f. 3
pharmacy **farmacia** f. 10
phenomenal **fenomenal** adj. 5
photograph **foto(grafía)** f. 1
physical (exam) **examen** m. **médico** 10
physician **doctor(a), médico/a** m., f. 3
physics **física** f. sing. 2
pick up **recoger** v. 13
picture **cuadro** m. 12; **pintura** f. 12
pie **pastel** m. 9
pill (tablet) **pastilla** f. 10
pillow **almohada** f. 12
pineapple **piña** f. 8
pink **rosado/a** adj. 6
place **lugar** m. 2, 4; **sitio** m. 3; **poner** v. 4
plaid **de cuadros** 6
plans **planes** m., pl. 4
  have plans **tener planes** 4
plant **planta** f. 13
plastic **plástico** m. 13
  (made) of plastic **de plástico** 13

Vocabulario

English-Spanish

plate **plato** *m.* 12
play **drama** *m.* 17; **comedia** *f.* 17
  jugar (u:ue) *v.* 4; (*a musical instrument*) **tocar** *v.* 17; (*a role*) **hacer el papel de** 17; (*cards*) **jugar a (las cartas)** 5; (*sports*) **practicar deportes** 4
player **jugador(a)** *m., f.* 4
playwright **dramaturgo/a** *m., f.* 17
plead **rogar (o:ue)** *v.* 12
pleasant **agradable** *adj.* 5
please **por favor** 1
Pleased to meet you. **Mucho gusto.** 1; **Encantado/a.** *adj.* 1
pleasing: be pleasing to **gustar** *v.* 7
pleasure **gusto** *m.* 1; **placer** *m.* 15
  It's a pleasure to… **Gusto de** (*+ inf.*) 18
  It's been a pleasure. **Ha sido un placer.** 15
  The pleasure is mine. **El gusto es mío.** 1
poem **poema** *m.* 17
poet **poeta** *m., f.* 17
poetry **poesía** *f.* 17
police (force) **policía** *f.* 11
political **político/a** *adj.* 18
politician **político/a** *m., f.* 16
politics **política** *f.* 18
polka-dotted **de lunares** 6
poll **encuesta** *f.* 18
pollute **contaminar** *v.* 13
polluted **contaminado/a** *m., f.* 13
  be polluted **estar contaminado/a** 13
pollution **contaminación** *f.* 13
pool **piscina** *f.* 4
poor **pobre** *adj., m., f.* 6
  poor thing **pobrecito/a** *adj.* 3
popsicle **paleta helada** *f.* 4
population **población** *f.* 13
pork **cerdo** *m.* 8
  pork chop **chuleta** *f.* **de cerdo** 8
portable **portátil** *adj.* 11
  portable computer **computadora** *f.* **portátil** 11
position **puesto** *m.* 16
possessive **posesivo/a** *adj.* 3
possible **posible** *adj.* 13
  it's (not) possible **(no) es posible** 13
post office **correo** *m.* 14
postcard **postal** *f.* 4
poster **cartel** *m.* 12
potato **papa** *f.* 8; **patata** *f.* 8
pottery **cerámica** *f.* 17
practice **entrenarse** *v.* 15; **practicar** *v.* 2; (*a degree/profession*) **ejercer** *v.* 16
prefer **preferir (e:ie)** *v.* 4
pregnant **embarazada** *adj. f.* 10
prepare **preparar** *v.* 2
preposition **preposición** *f.*
prescribe (*medicine*) **recetar** *v.* 10

prescription **receta** *f.* 10
present **regalo** *m.*; **presentar** *v.* 17
press **prensa** *f.* 18
pressure **presión** *f.*
  be under a lot of pressure **sufrir muchas presiones** 15
pretty **bonito/a** *adj.* 3; **bastante** *adv.* 13
price **precio** *m.* 6
  (fixed, set) price **precio** *m.* **fijo** 6
print **estampado/a** *adj.*; **imprimir** *v.* 11
printer **impresora** *f.* 11
private (*room*) **individual** *adj.*
prize **premio** *m.* 17
probable **probable** *adj.* 13
  it's (not) probable **(no) es probable** 13
problem **problema** *m.* 1
profession **profesión** *f.* 3; 16
professor **profesor(a)** *m., f.*
program **programa** *m.* 1
programmer **programador(a)** *m., f.* 3
prohibit **prohibir** *v.* 10
project **proyecto** *m.* 11
promotion (*career*) **ascenso** *m.* 16
pronoun **pronombre** *m.*
protect **proteger** *v.* 13
protein **proteína** *f.* 15
provided (that) **con tal (de) que** *conj.* 13
psychologist **psicólogo/a** *m., f.* 16
psychology **psicología** *f.* 2
publish **publicar** *v.* 17
Puerto Rican **puertorriqueño/a** *adj.* 3
Puerto Rico **Puerto Rico** *m.* 1
pull a tooth **sacar una muela**
purchases **compras** *f., pl.* 5
pure **puro/a** *adj.* 13
purple **morado/a** *adj.* 6
purse **bolsa** *f.* 6
put **poner** *v.* 4; **puesto/a** *p.p.* 14
  put (a letter) in the mailbox **echar (una carta) al buzón** 14
  put on (*a performance*) **presentar** *v.* 17
  put on (*clothing*) **ponerse** *v.* 7
  put on makeup **maquillarse** *v.* 7

Q

quality **calidad** *f.* 6
quarter (*academic*) **trimestre** *m.* 2
  quarter after (*time*) **y cuarto** 1; **y quince** 1
  quarter to (*time*) **menos cuarto** 1; **menos quince** 1
question **pregunta** *f.* 2
quickly **rápido** *adv.* 10
quiet **tranquilo/a** *adj.* 15
quit **dejar** *v.* 16
quiz **prueba** *f.* 2

R

racism **racismo** *m.* 18
radio (*medium*) **radio** *f.* 2
  radio (set) **radio** *m.* 11
rain **llover (o:ue)** *v.* 5; **lluvia** *f.* 13
  It's raining. **Llueve.** 5; **Está lloviendo.** 5
raincoat **impermeable** *m.* 6
rainforest **bosque** *m.* **tropical** 13
raise (*salary*) **aumento de sueldo** 16
rather **bastante** *adv.* 10
reality show **programa de realidad** *m.* 17
read **leer** *v.* 3; **leído/a** *p.p.* 14
  read e-mail **leer correo electrónico** 4
  read a magazine **leer una revista** 4
  read a newspaper **leer un periódico** 4
ready **listo/a** *adj.* 5
  (Are you) ready? **¿(Están) listos?** 15
reap the benefits (of) *v.* **disfrutar** *v.* **(de)** 15
receive **recibir** *v.* 3
recommend **recomendar (e:ie)** *v.* 8; 12
record **grabar** *v.* 11
recover **recuperar** *v.* 11
recreation **diversión** *f.* 4
recycle **reciclar** *v.* 13
recycling **reciclaje** *m.* 13
red **rojo/a** *adj.* 6
red-haired **pelirrojo/a** *adj.* 3
reduce **reducir** *v.* 13; **disminuir** *v.* 16
  reduce stress/tension **aliviar el estrés/la tensión** 15
refrigerator **refrigerador** *m.* 12
region **región** *f.* 13
regret **sentir (e:ie)** *v.* 13
related to sitting **sedentario/a** *adj.* 15
relatives **parientes** *m., pl.* 3
relax **relajarse** *v.* 9
  Relax, sweetie. **Tranquilo/a, cariño.** 11
remain **quedarse** *v.* 7
remember **acordarse (o:ue)** *v.* **(de)** 7; **recordar (o:ue)** *v.* 4
remote control **control remoto** *m.* 11
renewable **renovable** *adj.* 13
rent **alquilar** *v.* 12; (*payment*) **alquiler** *m.* 12
repeat **repetir (e:i)** *v.* 4
report **informe** *m.* 18; **reportaje** *m.* 18
reporter **reportero/a** *m., f.* 16
representative **representante** *m., f.* 18
request **pedir (e:i)** *v.* 4
reservation **reservación** *f.* 5

Vocabulario

English-Spanish

resign (from) **renunciar (a)** v. 16
resolve **resolver (o:ue)** v. 13
resolved **resuelto/a** p.p. 14
resource **recurso** m. 13
responsibility **deber** m. 18
  responsabilidad f.
responsible **responsable** adj. 8
rest **descansar** v. 2
restaurant **restaurante** m. 4
résumé **currículum** m. 16
retire (from work) **jubilarse** v. 9
return **regresar** v. 2; **volver (o:ue)** v. 4
returned **vuelto/a** p.p. 14
rice **arroz** m. 8
rich **rico/a** adj. 6
ride a bicycle **pasear** v. **en bicicleta** 4
ride a horse **montar** v. **a caballo** 5
ridiculous **ridículo/a** adj. 13
  it's ridiculous **es ridículo** 13
right **derecha** f. 2
  be right **tener razón** 3
  right? (question tag) **¿no?** 1; **¿verdad?** 1
  right away **enseguida** adv.
  right here **aquí mismo** 11
  right now **ahora mismo** 5
  right there **allí mismo** 14
  to the right of **a la derecha de** 2
rights **derechos** m. 18
ring **anillo** m. 17
ring (a doorbell) **sonar (o:ue)** v. 11
river **río** m. 13
road **camino** m.
roast **asado/a** adj. 8
roast chicken **pollo** m. **asado** 8
rollerblade **patinar en línea** v.
romantic **romántico/a** adj. 17
room **habitación** f. 5; **cuarto** m. 2; 7
  living room **sala** f. 12
roommate **compañero/a** m., f. **de cuarto** 2
roundtrip **de ida y vuelta** 5
  roundtrip ticket **pasaje** m. **de ida y vuelta** 5
routine **rutina** f. 7
rug **alfombra** f. 12
run **correr** v. 3
  run errands **hacer diligencias** 14
  run into (have an accident) **chocar (con)** v.; (meet accidentally) **encontrar(se) (o:ue)** v. 11; (run into something) **darse (con)** 10
  run into (each other) **encontrar(se) (o:ue)** v. 11
rush **apurarse, darse prisa** v. 15
Russian **ruso/a** adj. 3

S

sad **triste** adj. 5; 13
  it's sad **es triste** 13
safe **seguro/a** adj. 5
said **dicho/a** p.p. 14
sailboard **tabla de windsurf** f. 5
salad **ensalada** f. 8
salary **salario** m. 16; **sueldo** m. 16
sale **rebaja** f. 6
salesperson **vendedor(a)** m., f. 6
salmon **salmón** m. 8
salt **sal** f. 8
same **mismo/a** adj. 3
sandal **sandalia** f. 6
sandwich **sándwich** m. 8
Saturday **sábado** m. 2
sausage **salchicha** f. 8
save (on a computer) **guardar** v. 11; save (money) **ahorrar** v. 14
savings **ahorros** m. 14
  savings account **cuenta** f. **de ahorros** 14
say **decir** v. 4; **declarar** v. 18
say (that) **decir (que)** v. 4, 9
  say the answer **decir la respuesta** 4
scan **escanear** v. 11
scarcely **apenas** adv. 10
scared: be (very) scared (of) **tener (mucho) miedo (de)** 3
schedule **horario** m. 2
school **escuela** f. 1
science f. **ciencia** 2
  science fiction **ciencia ficción** f. 17
scientist **científico/a** m., f. 16
scream **grito** m. 5; **gritar** v. 7
screen **pantalla** f. 11
scuba dive **bucear** v. 4
sculpt **esculpir** v. 17
sculptor **escultor(a)** m., f. 17
sculpture **escultura** f. 17
sea **mar** m. 5
  (sea) turtle **tortuga (marina)** f. 13
season **estación** f. 5
seat **silla** f. 2
second **segundo/a** 5
secretary **secretario/a** m., f. 16
sedentary **sedentario/a** adj. 15
see **ver** v. 4
  see (you, him, her) again **volver a ver(te, lo, la)** 18
  see movies **ver películas** 4
  See you. **Nos vemos.** 1
  See you later. **Hasta la vista.** 1; **Hasta luego.** 1
  See you soon. **Hasta pronto.** 1
  See you tomorrow. **Hasta mañana.** 1
seem **parecer** v. 6
seen **visto/a** p.p. 14
sell **vender** v. 6
semester **semestre** m. 2
send **enviar; mandar** v. 14
separate (from) **separarse** v. (de) 9

separated **separado/a** adj. 9
September **septiembre** m. 5
sequence **secuencia** f.
serious **grave** adj. 10
serve **servir (e:i)** v. 8
service **servicio** m. 15
set (fixed) **fijo** adj. 6
  set the table **poner la mesa** 12
seven **siete** 1
seven hundred **setecientos/as** 2
seventeen **diecisiete** 1
seventh **séptimo/a** 5
seventy **setenta** 2
several **varios/as** adj. pl. 8
sexism **sexismo** m. 18
shame **lástima** f. 13
  it's a shame **es una lástima** 13
shampoo **champú** m. 7
shape **forma** f. 15
  be in good shape **estar en buena forma** 15
  stay in shape **mantenerse en forma** 15
share **compartir** v. 3
sharp (time) **en punto** 1
shave **afeitarse** v. 7
shaving cream **crema** f. **de afeitar** 5, 7
she **ella** 1
shellfish **mariscos** m., pl. 8
ship **barco** m.
shirt **camisa** f. 6
shoe **zapato** m. 6
  shoe size **número** m. 6
  shoe store **zapatería** f. 14
  tennis shoes **zapatos** m., pl. **de tenis** 6
shop **tienda** f. 6
shopping, to go **ir de compras** 5
  shopping mall **centro comercial** m. 6
short (in height) **bajo/a** adj. 3; (in length) **corto/a** adj. 6
short story **cuento** m. 17
shorts **pantalones cortos** m., pl. 6
should (do something) **deber** v. (+ inf.) 3
shout **gritar** v. 7
show **espectáculo** m. 17; **mostrar (o:ue)** v. 4
  game show **concurso** m. 17
shower **ducha** f. 7; **ducharse** v. 7
shrimp **camarón** m. 8
siblings **hermanos/as** pl. 3
sick **enfermo/a** adj. 10
  be sick **estar enfermo/a** 10
  get sick **enfermarse** v. 10
sign **firmar** v. 14; **letrero** m. 14
silk **seda** f. 6
  (made of) **de seda** 6
silly **tonto/a** adj. 3
since **desde** prep.
sing **cantar** v. 2
singer **cantante** m., f. 17
single **soltero/a** adj. 9
  single room **habitación** f. **individual** 5
sink **lavabo** m. 7

Vocabulario

English-Spanish

sir **señor (Sr.), don** *m.* 1; **caballero** *m.* 8
sister **hermana** *f.* 3
sister-in-law **cuñada** *f.* 3
sit down **sentarse (e:ie)** *v.* 7
six **seis** 1
six hundred **seiscientos/as** 2
sixteen **dieciséis** 1
sixth **sexto/a** 5
sixty **sesenta** 2
size **talla** *f.* 6
   shoe size *m.* **número** 6
(in-line) skate **patinar (en línea)** 4
skateboard **andar en patineta** *v.* 4
ski **esquiar** *v.* 4
skiing **esquí** *m.* 4
   water-skiing **esquí** *m.* **acuático** 4
skirt **falda** *f.* 6
skull made out of sugar **calavera de azúcar** *f.* 9
sky **cielo** *m.* 13
sleep **dormir (o:ue)** *v.* 4; **sueño** *m.* 3
   go to sleep **dormirse (o:ue)** *v.* 7
sleepy: be (very) sleepy **tener (mucho) sueño** 3
slender **delgado/a** *adj.* 3
slim down **adelgazar** *v.* 15
slippers **pantuflas** *f.* 7
slow **lento/a** *adj.* 11
slowly **despacio** *adv.* 10
small **pequeño/a** *adj.* 3
smart **listo/a** *adj.* 5
smile **sonreír (e:i)** *v.* 9
smiled **sonreído** *p.p.* 14
smoggy: It's (very) smoggy. **Hay (mucha) contaminación.** 4
smoke **fumar** *v.* 8; 15
   (not) to smoke **(no) fumar** 15
smoking section **sección** *f.* **de fumar** 8
   (non) smoking section *f.* **sección de (no) fumar** 8
snack **merendar** *v.* 8; 15;
   afternoon snack **merienda** *f.* 15
   have a snack **merendar** *v.*
sneakers **los zapatos de tenis** 6
sneeze **estornudar** *v.* 10
snow **nevar (e:ie)** *v.* 5; **nieve** *f.*
snowing: It's snowing. **Nieva.** 5; **Está nevando.** 5
so (in such a way) **así** *adv.* 10; **tan** *adv.* 5; **tan** *adv.* 5, 7
   so much **tanto** *adv.*
   so-so **regular** 1
   so that **para que** *conj.* 13
soap **jabón** *m.* 7
soap opera **telenovela** *f.* 17
soccer **fútbol** *m.* 4
sociology **sociología** *f.* 2
sock(s) **calcetín (calcetines)** *m.* 6
sofa **sofá** *m.* 12
soft drink **refresco** *m.* 8
software **programa** *m.* **de computación** 11
soil **tierra** *f.* 13
solar **solar** *adj., m., f.* 13

solar energy **energía solar** 13
soldier **soldado** *m., f.* 18
solution **solución** *f.* 13
solve **resolver (o:ue)** *v.* 13
some **algún, alguno/a(s)** *adj.* 7; **unos/as** *pron./ m., f., pl; indef. art.* 1
somebody **alguien** *pron.* 7
someone **alguien** *pron.* 7
something **algo** *pron.* 7
sometimes **a veces** *adv.* 10
son **hijo** *m.* 3
song **canción** *f.* 17
son-in-law **yerno** *m.* 3
soon **pronto** *adv.* 10
   See you soon. **Hasta pronto.** 1
sorry: be sorry **sentir (e:ie)** *v.* 13
   I'm sorry. **Lo siento.** 1
soul **alma** *f.* 9
soup **caldo** *m.* **sopa** *f.*
south **sur** *m.* 14
   to the south **al sur** 14
Spain **España** *f.* 1
Spanish (language) **español** *m.* 2; **español(a)** *adj.* 3
spare (free) time **ratos libres** 4
speak **hablar** *v.* 2
   Speaking. (on the telephone) **Con él/ella habla.** 11
special: today's specials **las especialidades del día** 8
spectacular **espectacular** *adj. m., f.* 15
speech **discurso** *m.* 18
speed **velocidad** *f.* 11
   speed limit **velocidad** *f.* **máxima** 11
spelling **ortografía** *f.*, **ortográfico/a** *adj.*
spend (money) **gastar** *v.* 6
spoon (table or large) **cuchara** *f.* 12
sport **deporte** *m.* 4
   sports-related **deportivo/a** *adj.* 4
spouse **esposo/a** *m., f.* 3
sprain (one's ankle) **torcerse (o:ue)** *v.* **(el tobillo)** 10
sprained **torcido/a** *adj.* 10
   be sprained **estar torcido/a** 10
spring **primavera** *f.* 5
(city or town) square **plaza** *f.* 4
stadium **estadio** *m.* 2
stage **etapa** *f.* 9
stairs **escalera** *f.* 12
stairway **escalera** *f.* 12
stamp **estampilla** *f.* 14; **sello** *m.* 14
stand in line **hacer** *v.* **cola** 14
star **estrella** *f.* 13
start (a vehicle) **arrancar** *v.* 11
station **estación** *f.* 5
statue **estatua** *f.* 17
status: marital status **estado** *m.* **civil** 9
stay **quedarse** *v.* 7
   stay in shape **mantenerse en forma** 15
steak **bistec** *m.* 8

steering wheel **volante** *m.* 11
step **escalón** *m.* 15
stepbrother **hermanastro** *m.* 3
stepdaughter **hijastra** *f.* 3
stepfather **padrastro** *m.* 3
stepmother **madrastra** *f.* 3
stepsister **hermanastra** *f.* 3
stepson **hijastro** *m.* 3
stereo **estéreo** *m.* 11
still **todavía** *adv.* 5
stockbroker **corredor(a)** *m., f.* **de bolsa** 16
stockings **medias** *f., pl.* 6
stomach **estómago** *m.* 10
stone **piedra** *f.* 13
stop **parar** *v.* 11
   stop (doing something) **dejar de (+ inf.)** 13
store **tienda** *f.* 6
storm **tormenta** *f.* 18
story **cuento** *m.* 17; **historia** *f.* 17
stove **cocina, estufa** *f.* 9, 12
straight **derecho** *adj.* 14
   straight (ahead) **derecho** 14
straighten up **arreglar** *v.* 12
strange **extraño/a** *adj.* 13
   it's strange **es extraño** 13
strawberry **frutilla** *f.* 8, **fresa**
street **calle** *f.* 11
stress **estrés** *m.* 15
stretching **estiramiento** *m.* 15
   do stretching exercises **hacer ejercicios**; *m. pl.* **de estiramiento** 15
strike (labor) **huelga** *f.* 18
stripe **raya** *f.* 6
striped **de rayas** 6
stroll **pasear** *v.* 4
strong **fuerte** *adj. m. f.* 15
struggle (for/against) **luchar** *v.* **(por/contra)** 18
student **estudiante** *m., f.* 1; 2; **estudiantil** *adj.* 2
study **estudiar** *v.* 2
stuffed-up (sinuses) **congestionado/a** *adj.* 10
stupendous **estupendo/a** *adj.* 5
style **estilo** *m.*
suburbs **afueras** *f., pl.* 12
subway **metro** *m.* 5
   subway station **estación** *f.* **del metro** 5
success **éxito** *m.* 16
successful: be successful **tener éxito** 16
such as **tales como**
suddenly **de repente** *adv.* 6
suffer **sufrir** *v.* 10
   suffer an illness **sufrir una enfermedad** 10
sugar **azúcar** *m.* 8
suggest **sugerir (e:ie)** *v.* 12
suit **traje** *m.* 6
suitcase **maleta** *f.* 1
summer **verano** *m.* 5
sun **sol** *m.* 5; 13

Vocabulario — English-Spanish

sunbathe **tomar** *v.* **el sol** 4
Sunday **domingo** *m.* 2
(sun)glasses **gafas** *f., pl.* **(oscuras/de sol)** 6; **lentes** *m. pl.* **(de sol)** 6
sunny: It's (very) sunny. **Hace (mucho) sol.** 5
supermarket **supermercado** *m.* 14
suppose **suponer** *v.* 4
sure **seguro/a** *adj.* 5
  be sure **estar seguro/a** 5
surf (*the Internet*) **navegar** *v.* **(en Internet)** 11
surfboard **tabla de surf** *f.* 5
surprise **sorprender** *v.* 9; **sorpresa** *f.* 9
survey **encuesta** *f.* 18
sweat **sudar** *v.* 15
sweater **suéter** *m.* 6
sweep the floor **barrer el suelo** 12
sweets **dulces** *m., pl.* 9
swim **nadar** *v.* 4
swimming **natación** *f.* 4
  swimming pool **piscina** *f.* 4
symptom **síntoma** *m.* 10

T

table **mesa** *f.* 2
tablespoon **cuchara** *f.* 12
tablet (*pill*) **pastilla** *f.* 10
take **tomar** *v.* 2; **llevar** *v.* 6;
  take care of **cuidar** *v.* 13
  take someone's temperature **tomar** *v.* **la temperatura** 10
  take (*wear*) a shoe size **calzar** *v.* 6
  take a bath **bañarse** *v.* 7
  take a shower **ducharse** *v.* 7
  take off **quitarse** *v.* 7
  take out the trash *v.* **sacar la basura** 12
  take photos **tomar** *v.* **fotos** 5; **sacar** *v.* **fotos** 5
talented **talentoso/a** *adj.* 17
talk **hablar** *v.* 2
  talk show **programa** *m.* **de entrevistas** 17
tall **alto/a** *adj.* 3
tank **tanque** *m.* 11
taste **probar (o:ue)** *v.* 8; **saber** *v.* 8
  taste like **saber a** 8
tasty **rico/a** *adj.* 8; **sabroso/a** *adj.* 8
tax **impuesto** *m.* 18
taxi **taxi** *m.* 5
tea **té** *m.* 8
teach **enseñar** *v.* 2
teacher **profesor(a)** *m., f.* 1, 2; **maestro/a** *m., f.* 16
team **equipo** *m.* 4
technician **técnico/a** *m., f.* 16
telecommuting **teletrabajo** *m.* 16
telephone **teléfono** 11
  (cell) phone **(teléfono)** *m.* **celular** 11
television **televisión** *f.* 2; 11
  television set **televisor** *m.* 11
tell **contar** *v.* 4; **decir** *v.* 4
tell (that) **decir** *v.* **(que)** 4, 9
  tell lies **decir mentiras** 4
  tell the truth **decir la verdad** 4
temperature **temperatura** *f.* 10
ten **diez** 1
tennis **tenis** *m.* 4
  tennis shoes **zapatos** *m., pl.* **de tenis** 6
tension **tensión** *f.* 15
tent **tienda** *f.* **de campaña**
tenth **décimo/a** 5
terrible **terrible** *adj. m., f.* 13
  it's terrible **es terrible** 13
terrific **chévere** *adj.*
test **prueba** *f.* 2; **examen** *m.* 2
text message **mensaje** *m.* **de texto** 11
Thank you. **Gracias.** *f., pl.* 1
  Thank you (very much). **(Muchas) gracias.** 1
  Thank you very, very much. **Muchísimas gracias.** 9
  Thanks (a lot). **(Muchas) gracias.** 1
  Thanks for having me. **Gracias por invitarme.** 9
that **que, quien(es), lo que** *pron.* 12
  that (one) **ése, ésa, eso** *pron.* 6; **ese, esa,** *adj.* 6
  that (over there) **aquél, aquélla, aquello** *pron.* 6; **aquel, aquella** *adj.* 6
  that which **lo que** *conj.* 12
  that's me **soy yo**
  that's why **por eso** 11
the **el** *m.,* **la** *f. sing.,* **los** *m.,* **las** *f., pl.* 1
theater **teatro** *m.* 17
their **su(s)** *poss. adj.* 3; **suyo(s)/a(s)** *poss. pron.* 11
them **los/las** *pl., d.o. pron.* 5
  to/for them **les** *pl., i.o. pron.* 6
then (*afterward*) **después** *adv.* 7; (*as a result*) **entonces** *adv.* 5, 7; (*next*) **luego** *adv.* 7; **pues** *adv.* 15
there **allí** *adv.* 2
  There is/are… **Hay…** 1;
  There is/are not… **No hay…** 1
therefore **por eso** 11
these **éstos, éstas** *pron.* 6; **estos, estas** *adj.* 6
they **ellos** *m.,* **ellas** *f. pron.*
  They all told me to ask you to excuse them/forgive them. **Todos me dijeron que te pidiera disculpas de su parte.** 18
thin **delgado/a** *adj.* 3
thing **cosa** *f.* 1
think **pensar (e:ie)** *v.* 4; (*believe*) **creer** *v.*
  think about **pensar en** *v.* 4
third **tercero/a** 5
thirst **sed** *f.* 3
thirsty: be (very) thirsty **tener (mucha) sed** 3
thirteen **trece** 1
thirty **treinta** 1, 2; thirty (*minutes past the hour*) **y treinta; y media** 1
this **este, esta** *adj.*; **éste, ésta, esto** *pron.* 6
  This is… (*introduction*) **Éste/a es…** 1
  This is he/she. (*on telephone*) **Con él/ella habla.** 11
those **ésos, ésas** *pron.* 6; **esos, esas** *adj.* 6
those (over there) **aquéllos, aquéllas** *pron.* 6; **aquellos, aquellas** *adj.* 6
thousand **mil** *m.* 6
three **tres** 1
three hundred **trescientos/as** 2
throat **garganta** *f.* 10
through **por** *prep.* 11
throughout: throughout the world **en todo el mundo** 13
Thursday **jueves** *m., sing.* 2
thus (*in such a way*) **así** *adj.*
ticket **boleto** *m.* 2, 17; **pasaje** *m.* 5
tie **corbata** *f.* 6
time **vez** *f.* 6; **tiempo** *m.* 4
  have a good/bad time **pasarlo bien/mal** 9
  I've had a fantastic time. **Lo he pasado de película.** 18
  What time is it? **¿Qué hora es?** 1
  (At) What time…? **¿A qué hora…?** 1
times **veces** *f., pl.* 6
  many times **muchas veces** 10
  two times **dos veces** 6
tip **propina** *f.* 9
tire **llanta** *f.* 11
tired **cansado/a** *adj.* 5
  be tired **estar cansado/a** 5
to **a** *prep.* 1
toast (*drink*) **brindar** *v.* 9
toast **pan** *m.* **tostado**
toasted **tostado/a** *adj.* 8
  toasted bread **pan tostado** *m.* 8
toaster **tostadora** *f.* 12
today **hoy** *adv.* 2
  Today is… **Hoy es…** 2
toe **dedo** *m.* **del pie** 10
together **juntos/as** *adj.* 9
toilet **inodoro** *m.* 7
tomato **tomate** *m.* 8
tomorrow **mañana** *f.* 1
  See you tomorrow. **Hasta mañana.** 1
tonight **esta noche** *adv.* 4
too **también** *adv.* 2; 7
  too much **demasiado** *adv.* 6; **en exceso** 15
tooth **diente** *m.* 7
toothpaste **pasta** *f.* **de dientes** 7
top **cima** *f.* 15
  to the top **hasta arriba** 15
tornado **tornado** *m.* 18
tortilla **tortilla** *f.* 8
touch **tocar** *v.* 13; 17
touch screen **pantalla táctil** *f.* 11
tour **excursión** *f.* 4; **recorrido** *m.* 13
tour an area **recorrer** *v.*
tourism **turismo** *m.* 5

Vocabulario

English-Spanish

tourist **turista** *m., f.* 1; **turístico/a** *adj.*
toward **hacia** *prep.* 14; **para** *prep.* 11
towel **toalla** *f.* 7
town **pueblo** *m.* 4
trade **oficio** *m.* 16
traffic **circulación** *f.* 11; **tráfico** *m.* 11
   traffic light **semáforo** *m.* 14
tragedy **tragedia** *f.* 17
trail **sendero** *m.* 13
   trailhead **sendero** *m.* 13
train **entrenarse** *v.* 15; **tren** *m.* 5
   train station **estación** *f.* **(de) tren** *m.* 5
trainer **entrenador(a)** *m., f.* 15
translate **traducir** *v.* 6
trash **basura** *f.* 12
travel **viajar** *v.* 2
   travel agent **agente** *m., f.* **de viajes** 5
traveler **viajero/a** *m., f.* 5
   (traveler's) check **cheque (de viajero)** 14
treadmill **cinta caminadora** *f.* 15
tree **árbol** *m.* 13
trillion **billón** *m.*
trimester **trimestre** *m.* 2
trip **viaje** *m.* 5
   take a trip **hacer un viaje** 5
tropical forest **bosque** *m.* **tropical** 13
true **verdad** *adj.* 13
   it's (not) true **(no) es verdad** 13
trunk **baúl** *m.* 11
truth **verdad** *f.*
try **intentar** *v.*; **probar (o:ue)** *v.* 8
   try (to do something) **tratar de (+ inf.)** 15
   try on **probarse (o:ue)** *v.* 7
t-shirt **camiseta** *f.* 6
Tuesday **martes** *m., sing.* 2
tuna **atún** *m.* 8
turkey **pavo** *m.* 8
turn **doblar** *v.* 14
   turn off (*electricity/appliance*) **apagar** *v.* 11
   turn on (*electricity/appliance*) **poner** *v.* 11; **prender** *v.* 11
twelve **doce** 1
twenty **veinte** 1
twenty-eight **veintiocho** 1
twenty-five **veinticinco** 1
twenty-four **veinticuatro** 1
twenty-nine **veintinueve** 1
twenty-one **veintiún, veintiuno/a** 1
twenty-seven **veintisiete** 1
twenty-six **veintiséis** 1
twenty-three **veintitrés** 1
twenty-two **veintidós** 1
twice **dos veces** 6
twin **gemelo/a** *m., f.* 3
twisted **torcido/a** *adj.* 10
   be twisted **estar torcido/a** 10
two **dos** 1
   two hundred **doscientos/as** 2
   two times **dos veces** 6

U

ugly **feo/a** *adj.* 3
uncle **tío** *m.* 3
under **bajo** *adv.* 7; **debajo de** *prep.* 2
understand **comprender** *v.* 3; **entender (e:ie)** *v.* 4
underwear **ropa interior** 6
unemployment **desempleo** *m.* 18
unique **único/a** *adj.* 9
United States **Estados Unidos (EE.UU.)** *m. pl.* 1
university **universidad** *f.* 2
unless **a menos que** *adv.* 13
unmarried **soltero/a** *adj.*
unpleasant **antipático/a** *adj.* 3
until **hasta** *prep.* 6; **hasta que** *conj.* 13
up **arriba** *adv.* 15
urgent **urgente** *adj.* 12
   It's urgent that… **Es urgente que…** 12
us **nos** *pl., d.o. pron.* 5
   to/for us **nos** *pl., i.o. pron.* 6
use **usar** *v.* 6
used for **para** *prep.* 11
useful **útil** *adj. m., f.*

V

vacation **vacaciones** *f., pl.* 5
   be on vacation **estar de vacaciones** 5
   go on vacation **ir de vacaciones** 5
vacuum **pasar** *v.* **la aspiradora** 12
   vacuum cleaner **aspiradora** *f.* 12
valley **valle** *m.* 13
various **varios/as** *adj. m., f. pl.* 8
vegetables **verduras** *pl., f.* 8
verb **verbo** *m.*
very **muy** *adv.* 1
   very much **muchísimo** *adv.* 2
   (Very) well, thank you. **(Muy) bien, gracias.** 1
video **video** *m.* 1, 11
   video camera **cámara** *f.* **de video** 11
videoconference **videoconferencia** *f.* 16
   video game **videojuego** *m.* 4
vinegar **vinagre** *m.* 8
violence **violencia** *f.* 18
visit **visitar** *v.* 4
   visit monuments **visitar monumentos** 4
vitamin **vitamina** *f.* 15
voice mail **correo de voz** *m.* 11
volcano **volcán** *m.* 13
volleyball **vóleibol** *m.* 4
vote **votar** *v.* 18

W

wait (for) **esperar** *v.* **(+** *inf.***)** 2
waiter/waitress **camarero/a** *m., f.* 8
wake up **despertarse (e:ie)** *v.* 7
walk **caminar** *v.* 2
   take a walk **pasear** *v.* 4;
   walk around **pasear por** 4
walkman **walkman** *m.*
wall **pared** *f.* 12; **muro** *m.* 15
wallet **cartera** *f.* 4, 6
want **querer (e:ie)** *v.* 4
war **guerra** *f.* 18
warm (oneself) up **calentarse (e:ie)** *v.* 15
wash **lavar** *v.* 12
   wash one's face/hands **lavarse la cara/las manos** 7
   wash (the floor, the dishes) **lavar (el suelo, los platos)** 12
   wash oneself **lavarse** *v.* 7
washing machine **lavadora** *f.* 12
wastebasket **papelera** *f.* 2
watch **mirar** *v.* 2; **reloj** *m.* 2
   watch television **mirar (la) televisión** 2
water **agua** *f.* 8
   water pollution **contaminación del agua** 13
   water-skiing **esquí** *m.* **acuático** 4
way **manera** *f.* 16
we **nosotros(as)** *m., f.* 1
weak **débil** *adj. m., f.* 15
wear **llevar** *v.* 6; **usar** *v.* 6
weather **tiempo** *m.*
   The weather is bad. **Hace mal tiempo.** 5
   The weather is good. **Hace buen tiempo.** 5
weaving **tejido** *m.* 17
Web **red** *f.* 11
website **sitio** *m.* **web** 11
wedding **boda** *f.* 9
Wednesday **miércoles** *m., sing.* 2
week **semana** *f.* 2
weekend **fin** *m.* **de semana** 4
weight **peso** *m.* 15
   lift weights **levantar** *v.* **pesas** *f., pl.* 15
welcome **bienvenido(s)/a(s)** *adj.* 12
well: (Very) well, thanks. **(Muy) bien, gracias.** 1
well-being **bienestar** *m.* 15
well organized **ordenado/a** *adj.*
west **oeste** *m.* 14
   to the west **al oeste** 14
western (*genre*) **de vaqueros** 17
whale **ballena** *f.* 13
what **lo que** *pron.* 12
what? **¿qué?** 1
   At what time…? **¿A qué hora…?** 1

Vocabulario

What a pleasure to…! **¡Qué gusto (+ *inf.*)…!** 18
What day is it? **¿Qué día es hoy?** 2
What do you guys think? **¿Qué les parece?** 9
What happened? **¿Qué pasó?** 11
What is today's date? **¿Cuál es la fecha de hoy?** 5
What nice clothes! **¡Qué ropa más bonita!** 6
What size do you take? **¿Qué talla lleva (usa)?** 6
What time is it? **¿Qué hora es?** 1
What's going on? **¿Qué pasa?** 1
What's happening? **¿Qué pasa?** 1
What's... like? **¿Cómo es...?** 3
What's new? **¿Qué hay de nuevo?** 1
What's the weather like? **¿Qué tiempo hace?** 5
What's up? **¿Qué onda?** 14
What's wrong? **¿Qué pasó?** 11
What's your name? **¿Cómo se llama usted?** *form.* 1
What's your name? **¿Cómo te llamas (tú)?** *fam.* 1
when **cuando** *conj.* 7; 13
When? **¿Cuándo?** 2
where **donde**
where (to)? *(destination)* **¿adónde?** 2; *(location)* **¿dónde?** 1
Where are you from? **¿De dónde eres (tú)?** *(fam.)* 1; **¿De dónde es (usted)?** *(form.)* 1
Where is…? **¿Dónde está…?** 2
(to) where? **¿adónde?** 2
which **que** *pron.*, **lo que** *pron.* 12
which? **¿cuál?** 2; **¿qué?** 2
In which…? **¿En qué…?** 2
which one(s)? **¿cuál(es)?** 2
while **mientras** *adv.* 10
white **blanco/a** *adj.* 6
white wine **vino blanco** 8
who **que** *pron.* 12; **quien(es)** *pron.* 12
who? **¿quién(es)?** 1
Who is…? **¿Quién es…?** 1
Who is speaking/calling? *(on telephone)* **¿De parte de quién?** 11
Who is speaking? *(on telephone)* **¿Quién habla?** 11
whole **todo/a** *adj.*
whom **quien(es)** *pron.* 12
whose? **¿de quién(es)?** 1
why? **¿por qué?** 2
widower/widow **viudo/a** *adj.* 9
wife **esposa** *f.* 3
win **ganar** *v.* 4
wind **viento** *m.* 5
window **ventana** *f.* 2
windshield **parabrisas** *m., sing.* 11

windy: It's (very) windy. **Hace (mucho) viento.** 5
wine **vino** *m.* 8
red wine **vino tinto** 8
white wine **vino blanco** 8
wineglass **copa** *f.* 12
winter **invierno** *m.* 5
wireless (connection) **conexión inalámbrica** *f.* 11
wish **desear** *v.* 2; **esperar** *v.* 13
I wish (that) **ojalá (que)** 13
with **con** *prep.* 2
with me **conmigo** 4; 9
with you **contigo** *fam.* 5, 9
within (ten years) **dentro de (diez años)** *prep.* 16
without **sin** *prep.* 2; 13; 15; **sin que** *conj.* 13
woman **mujer** *f.* 1
wool **lana** *f.* 6
(made of) wool **de lana** 6
word **palabra** *f.* 1
work **trabajar** *v.* 2; **funcionar** *v.* 11; **trabajo** *m.* 16
work (*of art, literature, music, etc.*) **obra** *f.* 17
work out **hacer gimnasia** 15
world **mundo** *m.* 8, 13
worldwide **mundial** *adj. m., f.*
worried (about) **preocupado/a (por)** *adj.* 5
worry (about) **preocuparse** *v.* **(por)** 7
Don't worry. **No se preocupe.** *form.* 7; **Tranquilo.**; **No te preocupes.** *fam.* 7
worse **peor** *adj. m., f.* 8
worst **el/la peor** 8
Would you like to…? **¿Te gustaría…?** *fam.* 4
Would you do me the honor of marrying me? **¿Me harías el honor de casarte conmigo?** 17
wow **híjole** *interj.* 6
wrench **llave** *f.* 11
write **escribir** *v.* 3
write a letter/post card/e-mail message **escribir una carta/postal/mensaje electrónico** 4
writer **escritor(a)** *m., f* 17
written **escrito/a** *p.p.* 14
wrong **equivocado/a** *adj.* 5
be wrong **no tener razón** 3

X

X-ray **radiografía** *f.* 10

Y

yard **jardín** *m.* 12; **patio** *m.* 12
year **año** *m.* 5
be… years old **tener… años** 3
yellow **amarillo/a** *adj.* 6

yes **sí** *interj.* 1
yesterday **ayer** *adv.* 6
yet **todavía** *adv.* 5
yogurt **yogur** *m.* 8
You **tú** *fam.* **usted (Ud.)** *form. sing.* **vosotros/as** *m., f. fam.* **ustedes (Uds.)** *form.* 1; (to, for) you *fam. sing.* **te** *pl.* **os** 6; *form. sing.* **le** *pl.* **les** 6
you **te** *fam., sing.*, **lo/la** *form., sing.*, **os** *fam., pl.*, **los/las** *form., pl, d.o. pron.* 5
You don't say! **¡No me digas!** *fam.*; **¡No me diga!** *form.* 11
You are… **Tú eres…** 1
You're welcome. **De nada.** 1; **No hay de qué.** 1
young **joven** *adj., sing.* (**jóvenes** *pl.*) 3
young person **joven** *m., f., sing.* (**jóvenes** *pl.*) 1
young woman **señorita (Srta.)** *f.*
younger **menor** *adj. m., f.* 3
younger: younger brother, sister *m., f.* **hermano/a menor** 3
youngest **el/la menor** *m., f.* 8
your **su(s)** *poss. adj. form.* 3
your **tu(s)** *poss. adj. fam. sing.* 3
your **vuestro/a(s)** *poss. adj. form. pl.* 3
your(s) *form.* **suyo(s)/a(s)** *poss. pron. form.* 11
your(s) **tuyo(s)/a(s)** *poss. fam. sing.* 11
your(s) **vuestro(s)/a(s)** *poss. fam.* 11
youth *f.* **juventud** 9

Z

zero **cero** *m.* 1

Índice

A

abbreviations (14) **483**
absolute superlatives (8) **286**
acabar de + *infinitive* (6) **207**
academic courses (2) **40, 41, 76**
accents (4), (10), (11) **123, 339, 375**
    on homonyms (11) **375**
accidental occurrences with **se** (10) **350**
adjectives
    demonstrative (6) **210**
    descriptive (3), (6) **88, 114, 192, 224**
    nationality (3) **89, 114**
    past participles used as (14) **493**
    position (3) **90**
    possessive (3) **93**
    ser with adjectives (3) **88**
    stressed possessive (11) **388**
adverbs (10) **354**
age questions (3) **83, 101**
al (contraction) (4) **126**
alphabet, Spanish (1) **9**
anglicisms, frequently used (18) **619**
animals (13) **442, 474**
appliances, household (12) **404, 440**
art terms (17) **578, 610**
articles, definite and indefinite (1) **14**
artisans (17) **578, 610**
artists (17) **578, 610**

B

b (5), (15) **161, 515**
bank terms (14) **476, 506**
bathroom objects (7) **226, 260**
birthdays (9) **300, 330**
body parts (7), (10) **226, 260, 332, 366**
buildings
    campus (2) **40, 76**
    general (4) **118, 150**

C

c (8) **271**
campus buildings (2) **40, 76**
capitalization (12) **411**
car terms (11) **370, 402**
celebrations (9) **300, 330**
chores
    daily (14) **476, 506**
    household (12) **404, 440**
city life (14) **476, 506**
classroom objects and people (2) **40, 76**
clothing (6) **190, 224**
colors (6) **192, 224**
commands
    familiar (**tú**) (11) **378**
    formal (**Ud.** and **Uds.**) (12) **418**
    with **nosotros** (14) **490**
comparisons (8) **281**

computer terms (11), (18) **368, 402, 619**
conditional (17) **588**
conditional perfect (17) **592**
conducir
    present tense (6) **200**
    preterite tense (9) **310**
conjunctions
    requiring subjunctive (13) **460**
    requiring subjunctive or indicative (13) **461**
conocer and **saber** (6) **200**
courses (academic) (2) **40, 76**
courtesy expressions (1) **2, 7, 38**
Cultura
    ¡Los Andes se mueven! (13) **450**
    Beneficios en los empleos (16) **550**
    Carolina Herrera (6) **199**
    Las Cataratas del Iguazú (5) **162**
    César Chávez (16) **551**
    ¿Cómo te llamas? (3) **86**
    Curanderos y chamanes (10) **341**
    Dos nuevos líderes en Latinoamérica (18) **621**
    La elección de una carrera universitaria (2) **48**
    La familia real española (3) **87**
    Fernando Botero: un estilo único (17) **587**
    Ferrán Adrià: arte en la cocina (8) **273**
    Festival de Viña del Mar (9) **309**
    Las frutas y la salud (15) **517**
    Frutas y verduras de América (8) **272**
    Las islas flotantes del lago Titicaca (12) **413**
    Lionel Messi y Lorena Ochoa (4) **125**
    Luis Barragán: arquitectura y emoción (14) **485**
    El mate (7) **235**
    Los mensajes de texto (11) **377**
    Los mercados al aire libre (6) **198**
    Museo de Arte Contemporáneo de Caracas (17) **586**
    Paseando en metro (14) **484**
    El patio central (12) **412**
    La plaza principal (1) **11**
    Protestas sociales (18) **620**
    Punta del Este (5) **163**
    Real Madrid y Barça: rivalidad total (4) **124**
    Saludos y besos en los países hispanos (1) **10**
    Semana Santa: vacaciones y tradición (9) **308**
    Servicios de salud (10) **340**
    La Sierra Nevada de Santa Marta (13) **451**
    La siesta (7) **234**
    Spas naturales (15) **516**
    El teléfono celular (11) **376**
    La Universidad de Salamanca (2) **49**
current events (18) **612, 642**

D

d (6) **197**
daily schedules (7) **226, 260**
dar
    expressions (6) **203**
    present tense (6) **203**
    preterite tense (9) **311**
dates (months) (5) **154**

Índice

days of the week (2) **42, 76**
decir
    expressions (4) **136**
    present tense (4) **133**
    preterite tense (9) **310**
definite articles (1) **14**
del (contraction) (1) **20**
demonstrative adjectives and pronouns (6) **210**
describing clothes (6) **190, 195, 224**
describing routines (7) **226, 260**
descriptive adjectives (3) (6) **88, 114, 192, 224**
diphthongs and linking (3) **85**
direct objects: nouns and pronouns (5) **174**
directions, getting and giving (14) **481**
diversions, related verbs (9) **300, 330**
double object pronouns (8) **277**
downtown shops (14) **476**

E

ecology terms (13) **442, 474**
emergencies, health-related (10) **332, 366**
entertainment, related verbs (9), (17) **300, 330, 578, 610**
environmental terms (13) **442, 444, 474**
estar
    comparing ser and estar (5) **170**
    present tense (2) **59**
    preterite tense (9) **310**
    with conditions (5) **164**
    with emotions (5) **164**
    with health conditions (2) **59**
    with location (2) **59**
exercise terms (15) **508, 540**

F

familiar (tú) commands (11) **378**
family members and relatives (3) **78, 114**
farewells (1) **2, 38**
fitness terms (15) **508, 540**
food and drink (8) **262, 264, 298**
    parties, related foods (9) **300, 330**
formal (Ud. and Uds.) commands (12) **418**
forming questions (2) **55**
furniture (12) **404, 440**
future perfect (16) **556**
future (16) **552**

G

g (9) **307**
greetings and introductions (1) **2, 38**
grooming, personal (7) **226, 260**
gusta(n), me/te (2) **45, 52**
gustar (2) **52**
    verbs like gustar (7) **246**

H

h (9), (16) **307, 549**

hacer
    present tense (4) **136**
    preterite tense (9) **310**
    with time expressions (10) **337**
hay (1) **16**
health
    conditions (10) **332, 366**
    conditions with estar (5) **164**
    emergencies (10) **332, 366**
    fitness terms (15) **508, 540**
    questions (1) **2, 38**
    stress terms (15) **508, 540**
hotels (5) **152, 188**
housing
    appliances (12) **404, 440**
    chores (12) **404, 440**
    electronics (11), (18) **368, 615**
    furniture (12) **404, 440**
    general terms (12) **404, 440**
    rooms (12) **404–406, 440**
    table settings (12) **406, 440**
    types (12) **404, 440**
hygiene, personal (7) **226, 260**

I

if clauses (18) **622**
imperfect and preterite contrasted (10) **346**
imperfect (past) subjunctive (16) **558**
imperfect tense, regular and irregular verbs (10) **342**
impersonal constructions with se (10) **350**
indefinite articles (1) **14**
indefinite words (7) **240**
indirect object pronouns (6) **202**
information questions (2) **55**
Internet terms (11), (18) **368, 619**
interrogative words (2) **56**
interview terms (16) **544, 576**
intonation, question (2) **55**
introductions (1) **2, 38**
ir
    present tense (4) **126**
    preterite tense (7) **244**
    ir a + *infinitive* (4) **126**
irregular verbs
    imperfect tense (10) **342**
    preterite tense (9) **310**

J

j (9) **307**
job terms (16) **544, 576**

L

life's stages (9) **302, 330**
linking (3) **85**
ll (8), (16) **271, 549**
location with estar (2) **59**

M

mail terms (14) **478, 506**
meals (8) **264, 298**
media (18) **612, 642**
medical terms (10) **332, 366**
months of the year (5) **154**
movies (17) **580, 610**
music (17) **578, 610**

N

names of Spanish-speaking countries (1) **38**
natural disasters (18) **612, 642**
nature terms (13) **442, 474**
negation with **no** (2) **51**
negative words (7) **240**
neologisms (18) **619**
news topics (18) **612, 642**
nosotros/as commands (14) **490**
nouns (1) **12**
numbers
    0-30 (1) **16**
    31 and higher (2) **63**
    ordinal (5) **155, 188**
nutrition (15) **510, 540**

Ñ

ñ (8) **271**

O

object pronouns
    direct (5) **174**
    double (8) **277**
    indirect (6) **202**
    prepositional (9) **318**
    reflexive (7) **236**
occupations (3), (16) **78, 114, 542, 576**
ofrecer, present tense (6) **200**
oír, present tense (4) **137**
ordinal numbers (5) **155, 188**

P

Panorama
    Argentina (11) **400**
    Bolivia (15) **538**
    Canadá (1) **36**
    Chile (9) **328**
    Colombia (13) **472**
    Costa Rica (10) **364**
    Cuba (6) **222**
    Ecuador (3) **112**
    El Salvador (17) **606**
    España (2) **74**
    Estados Unidos, los (1) **36**
    Guatemala (8) **296**
    Honduras (17) **608**
    México (4) **148**
    Nicaragua (16) **572**
    Panamá (12) **438**
    Paraguay (18) **638**
    Perú (7) **258**
    Puerto Rico (5) **186**
    República Dominicana (16) **574**
    Uruguay (18) **640**
    Venezuela (14) **504**
para and **por**, uses (11) **382**
participles
    past used as adjectives (14) **493**
    present with progressive tenses (5) **166**
parties, related people, items, foods (9) **300, 330**
parts of the body (7), (10) **226, 260, 332, 366**
past participles as adjectives (14) **493**
past perfect (*pluperfect*) subjunctive (17) **595**
past perfect tense (15) **522**
past (*imperfect*) subjunctive (16) **558**
pastimes (4) **116, 150**
perfect tenses
    conditional perfect (17) **592**
    future perfect (16) **556**
    past perfect (15) **522**
    past perfect subjunctive (17) **595**
    present perfect (15) **518**
    present perfect subjunctive (15) **525**
pero vs. **sino** (7) **241**
personal **a** (5) **174**
place settings (12) **406, 440**
pluperfect (*past perfect*) subjunctive (17) **595**
pluralization of nouns (1) **13**
poder
    present tense (4) **130**
    preterite tense (9) **310**
politics (18) **612, 642**
poner
    present tense (4) **136**
    preterite tense (9) **310**
por and **para**, uses (11) **382**
position of adjectives (3) **90**
possessive adjectives (3) **93**
possessive pronouns (11) **388**
post office terms (14) **478, 506**
prepositional object pronouns (9) **318**
prepositions often used with **estar** (2) **60**
present perfect subjunctive (15) **525**
present perfect tense (15) **518**
present subjunctive (12) **422**
preterite and imperfect contrasted (10) **346**
preterite tense
    irregular verbs (9) **310**
    regular verbs (6) **206**
    verbs that change meaning (9) **314**
professions (3), (16) **78, 114, 542, 576**
progressive tense
    present (5) **166**
pronouns
    demonstrative (6) **210**
    direct object (5) **174**
    double object (8) **277**

Índice

indirect object (6) 202
possessive (11) 388
prepositional object (9) 318
reflexive (7) 236
relative (12) 414
subject (1) 19
use and omission of subject (2) 52
punctuation (13) 449

Q

querer, preterite tense (9) 310
questions, forming (2) 55
    age (3) 83
    information questions (2) 55
    intonation for questions (2) 55, 56
    ¿Qué? and ¿Cuál? (9) 316
    question words (2) 56
    tag questions (2) 55

R

r and **rr** (7) 233
reciprocal reflexives (11) 386
reflexive verbs (7) 236
regular verbs
    present tense
        -ar verbs (2) 50
        -er and -ir verbs (3) 96
    preterite (6) 206
relative pronouns (12) 414
restaurants (8) 269
routines (7) 226, 260

S

saber
    and **conocer** (6) 200
    preterite tense (9) 310
salir, present tense (4) 136
se constructions
    accidental occurrences (10) 350
    impersonal expressions (10) 350
    reciprocal reflexives (11) 386
    reflexive verbs (7) 236
    unplanned occurrences (10) 350
seasons of the year (5) 154
sequencing actions, words for (7) 226, 260
ser
    comparing **ser** and **estar** (5) 170
    present tense (1) 20
    preterite tense (7) 244
    to show identification (1) 20
    to show origin (1) 21
    to show possession (1) 20
    with adjectives (3) 88
    with nationalities (3) 89
    with professions (1) 21
shape, staying in (15) 508, 540
shopping (6) 190, 224

shops downtown (14) 476, 477, 506
si clauses (18) 622
sickness vocabulary (10) 332, 366
Spanish alphabet (1) 9
Spanish-speaking countries, names of (1) 38
spelling traps (17) 585
sports and leisure activities (4) 116, 150
stages of life (9) 302, 330
stem-changing verbs
    present tense (4) 129, 133
    preterite tense (8) 274
stress and accent marks (4) 123
stress (tension) terms (15) 508, 540
stressed possessive adjectives (11) 388
subject pronouns (1) 19
    use and omission (2) 52
subjunctive
    in adjective clauses (14) 486
    past (*imperfect*) (16) 558
    past perfect (17) 595
    present (12) 422
    present perfect (15) 525
    summary of uses (18) 626
    to express indefiniteness and non-existence (14) 486
    with conjunctions (13) 460, 461
    with expressions of will and influence (12) 426
    with expressions of emotion (13) 452
    with expressions of doubt, disbelief, and denial (13) 456
superlatives (8) 286
    absolute superlatives (8) 286

T

t (6) 197
table settings (12) 406, 440
tag questions (2) 55
technology terms (11) 368, 402
telephone, talking on (11) 373
television terms (17) 580, 610
telling time (1) 24
tener
    expressions with (3) 101
    present tense (3) 100
    preterite tense (9) 310
time expressions with **hacer** (10) 337
topics in the news (18) 612, 642
town places (4) 118, 150
traducir
    present tense (6) 200
    preterite tense (9) 310
traer
    present tense (4) 136
    preterite tense (9) 310
travel terms (5) 152, 188

U

unplanned occurrences with **se** (10) 350
university vocabulary (2) 40, 76

V

v (5), (15) **161, 515**
vacation vocabulary (5) **152, 188**
venir
   present tense (3) **100**
   preterite tense (9) **310**
ver
   present tense (4) **137**
verbs describing routines and personal grooming
   (7) **226, 260**
verbs like **gustar** (7) **246**
verbs that change meaning in the preterite (9) **314**
verbs with irregular **yo** forms (**hacer, oír, poner, salir, traer,** and **ver**) (4) **136, 137**
vowels (2) **47**

W

weather expressions (5) **154**
work-related terms (3), (11), (16) **78, 114, 368, 402, 542, 544, 576**
written accents (10), (11) **339, 375**

Y

y (16) **549**
years (e.g. 2007) (2) **64**

Z

z (8) **271**

Credits

Text Credits

31 © Joaquín Salvador Lavado (QUINO). *Toda Mafalda* – Ediciones de La Flor, 1993.
394–395 © Juan Matías Loiseau "Tute", *El celular*, reprinted by permission of the author.
498–499 © Denevi, Marco, *Cartas peligrosas y otros cuentos. Obras completas, Tomo 5*, Buenos Aires, Corregidor, 1999, págs. 192–193.
530–531 © Gabriel García Márquez, *Un día de éstos*, reprinted by permission of Carmen Balcells.
564–565 © Julia de Burgos, "A Julia de Burgos" from *Song of the Simple Truth: The Complete Poems of Julia de Burgos*, 1996. Published by Curbstone Press. Distributed by Consortium.
600–601 © Federico García Lorca, *Danza, Las seis cuerdas, La guitarra*. Reprinted by permission of Herederos de Federico García Lorca.

Photography Credits

All images © Vista Higher Learning unless otherwise noted.

Cover: © Jean-Dominique Dallet/Getty Images

Frontmatter: iii (l) © Andresr/Shutterstock; **xxviii** (tl, tml, ml, tr, tmr, mr, ml, bl) Carolina Zapata; **xxix** (tl, tr, b) Carolina Zapata.

All Fotonovela photos taken by Carolina Zapata.

Lesson One: 1 (full pg) Paula Díez; **2** © John Henley/Corbis; **3** Martín Bernetti; **4** Martín Bernetti; **10** (l) Rachel Distler; (r) Ali Burafi; **11** (l) © Mark Mainz/Getty Images; (m) Paola Rios-Schaaf; (r) © Hans Georg Roth/Corbis; **12** (l) Janet Dracksdorf; (r) © Tom Grill/Corbis; **16** (l) © José Girarte/iStockphoto; (r) © Blend Images/Alamy; **19** (m) Anne Loubet; (r) © Getty Images/Digital Vision; **31** (ml) Ana Cabezas Martín; (mml) Martín Bernetti; (mmr) © Serban Enache/Dreamstime; (mr) Vanessa Bertozzi; (bl) © Corey Hochachka/Design Pics/Corbis; (br) Ramiro Isaza © Fotocolombia.com; **32** Carolina Zapata; **33** Paula Diez; **36** (t) © Robert Holmes/Corbis; (m) © Jon Arnold Images Ltd./Alamy; (b) © Andresr/Shutterstock; **37** (tl) © PhotoDisc; (tr) © Tony Arruza/Corbis; (ml) © Schwarz Shaul/Corbis SYGMA; (br) Marta Mesa.

Lesson Two: 39 (full pg) Paula Diez; **42** Martín Bernetti; **48** (r) © Pablo Corral V/Corbis; **49** (t) © Murle/Dreamstime; (b) © Paul Almasy/Corbis; **57** © Stephen Coburn/Shutterstock; **59** (l) Paola Rios-Schaaf; (r) © Image Source/Corbis; **67** (l) © Rick Gomez/Corbis; (r) © Hola Images/Workbook.com; **68** José Blanco; **69** (r) Pascal Pernix; **70** (b) Martín Bernetti; **71** Nora y Susana © Fotocolombia.com; **74** (tl) Sarah Kenney; (tr) José Blanco; (m) © Elke Stolzenberg/Corbis; (b) © Reuters/Corbis; **75** (tl) © Washington Post/Getty Images; (tmr) José Blanco; (ml) Diego Velázquez. *Las meninas*. 1656. Derechos reservados © Museo Nacional del Prado, Madrid. © Erich Lessing/Art Resource; (bl) © Iconotec/Fotosearch; (mbr) © Owen Franken/Corbis.

Lesson Three: 77 (full pg) © Ronnie Kaufman/Corbis; **79** Martín Bernetti; **80** (tl) Anne Loubet; (tr) © Blend Images/Alamy; (tml) Ana Cabezas Martín; (bml, br) Martín Bernetti; (bl) © Ariel Skelley/Corbis; **86** (tl) © David Cantor/AP Wide World Photos; (tr) © Rafael Perez/Reuters/Corbis; (b) © Martial Trezzini/epa./Corbis; **87** (t) © Dani Cardona/Reuters/Corbis; (b) © Ballesteros/epa/Corbis; **90** (l, r) Martín Bernetti; **92** © Andres Rodriguez/Alamy; **97** (l) © Warren Morgan/Corbis; (r) Martín Bernetti; **98** Martín Bernetti; **106** (t, m, b) Martín Bernetti; **107** (t) Nora y Susana © Fotocolombia.com; (m) © Chuck Savage/Corbis; (b) Martín Bernetti; **108** © Tom & Dee Ann McCarthy/Corbis; **109** Martín Bernetti; **112** (tr, tl, ml, b) Martín Bernetti; (mr) Lauren Krolick; **113** (tl, ml, bl) Martín Bernetti; (tr) Oswaldo Guayasamín. *Madre y niño en azul*. 1986. Cortesía Fundación Guayasamín. Quito, Ecuador.; (br) © Gerardo Mora.

Lesson Four: 115 (full pg) © Digital Vision/Getty Images; **117** © George Shelley/Corbis; **119** © Nora y Susana/fotocolombia.com; **124** (l) © Javier Soriano/AFP/Getty Images; (r) © Alberto Estévez/EFE/Corbis; **125** (t) © sportgraphic/Shutterstock; (b) © Aurora Photos/Alamy; **135** © Twentieth Century-Fox Film Corporation/The Kobal Collection/The Picture-desk; **139** Anne Loubet; **141** © Images.com/Corbis; **142** Martín Bernetti; **143** © Fernando Llano/AP Wide World Photos; **144** Martín Bernetti; **145** © Rick Gomez/Corbis; **148** (tl) © Randy Miramontez/Shutterstock; (tr) Frida Kahlo. *Autorretrato con mono*. 1938. Oil on masonite, overall 16 x 12" (40.64 x 30.48 cms.). Albright-Knox Art Gallery, Buffalo, New York. Bequest of A Conger Goodyear, 1966. © Albright-Knox Art Gallery/Corbis; (ml) Ruben Varela; (mr) Isabelle Alouane; (b) © Henry Romero/Reuters/Corbis; **149** (tl) © Radius Images/Alamy; (tr) © Bettmann/Corbis; (b) © David R. Frazier Photolibrary, Inc./Alamy.

Lesson Five: 151 (full pg) © Gavin Hellier/Getty Images; **162** © Gary Cook/Alamy; **163** (t) © AFP/Getty Images; (b) © Mark A. Johnson/Corbis; **180** Carlos Gaudier; **181** (tr, m, b) Carlos Gaudier; **182** Carolina Zapata; **186** (tl) © Nanniqui/Dreamstime; (tr) José Blanco; (ml) Carlos Gaudier; (mr) © Capricornis Photographic Inc./Shutterstock; (b) © Dave G. Houser/Corbis; **187** (tl, bl) Carlos Gaudier; (tr) © Lawrence Manning/Corbis; (br) © StockTrek/Getty Images.

Lesson Six: 189 (full pg) © Asiapix Royalty-Free/Inmagine; **198** (l) © Robert Frerck/Odyssey; (b) Janet Dracksdorf; **199** (t) © Carlos Alvarez/Getty Images; (bl) © Guiseppe Carace/Getty Images; (br) © Mark Mainz/Getty Images; **204** (tl, tm, tr, bl, bm, br) Pascal Pernix; **209** (tl, tr, ml, mr) Martín Bernetti; **210** (t, b) Paula Díez; **211** Paula Díez; **216** Paula Díez; **217** Paula Díez; **218** © Noam/fotolia; **222** (t, mtl, mtr, mb) Pascal Pernix; (b) © PhotoDisk/Getty Images; **223** (tl) © Don Emmert/AFP/Getty Images; (tr, bl) Pascal Pernix; (br) © Road Movie Prods/The Kobal Collection/The Picture-desk.

Lesson Seven: 225 (full pg) © Flying Colours Ltd/Getty Images; **234** © Stewart Cohen/Blend Images/Corbis; **235** (t) Ali Burafi; (b) Janet Dracksdorf; **237** (l, r) Martín Bernetti; **239** (l) Martín Bernetti; (r) © Ariel Skelley/Corbis; **242** José Blanco; **243** (b) Martín Bernetti; **252-253** © DIDEM HIZAR/fotolia; **254** © i love images/Alamy; **255** Martín Bernetti; **256** © Kevin Dodge/Masterfile; **258** (t, mtr) Martín Bernetti; (mbl) © RICHARD SMITH/CORBIS SYGMA; (mbr) © Charles & Josette Lenars/Corbis; (b) © Yan Arthus-Peleaz Inc./Corbis; **259** (tr) © Mick Roessler/Corbis; (bl) © Jeremy Horner/Corbis; (br) © Marshall Bruce/iStockphoto.

Credits

Lesson Eight: 261 (full pg) © Mark Leibowitz/Masterfile; 267 (r) Anne Loubet; 272 (t) Rachel Distler; (b) © Greg Elms/Lonely Planet Images; 273 (t, m) © Carlos Cazalis/Corbis; (b) © Studio Bonisolli/Stockfood; 276 Paula Díez; 278 (l) © Pixtal/Age Fotostock; (r) José Blanco; 282 (r) José Blanco; 283 (l) José Blanco; 292 Vanessa Bertozzi; 293 © Jack Hollingsworth/Getty Images; 296 (t) © Henryk Sadura/Shutterstock; (ml, b) © Dave G. Houser/Corbis; (mr) © Henryk Sadura/Shutterstock; 297 (tl) © Jenkedco/Shutterstock; (tr) © Michael & Patricia Fogden/Corbis; (bl) © Vladimir Korostyshevskiy/Shutterstock; (br) © Paul W. Liebhardt/Corbis.

Lesson Nine: 299 (full pg) © Susana/Fotocolombia.com; 308 (l) © Sylwia Blaszczyszyn/Dreamstime; (r) © PictureNet/Corbis; 309 (t) © Simon Cruz/AP Wide World Photos; (b) © Rune Hellestad/Corbis; 322 (t) © Katrina Brown/123RF; (b) Esteban Corbo; 323 Armando Brito; 324 © Blend Images/Alamy; 328 (tl, tr, mtr) Lauren Krolick; (mtl) Kathryn Alena Korf; (mbl) © Bettmann/Corbis; (mbr) © MACARENA MINGUELL/AFP/Getty Images; (b) Bruce R. Korf; 329 (tl) Lars Rosen Gunnilstam; (tr, br) Lauren Krolick; (bl) © Nikolay Starchenko/Shutterstock.

Lesson Ten: 331 (full pg) © Steve Cole/iStockphoto; 340 (t) Ali Burafi; (b) © Ricardo Figueroa/AP Wide World Photos; 341 (t) © The Art Archive/Templo Mayor Library Mexico/Dagli Orti/The Picture-desk; (m) © face to face Bildagentur GmbH/Alamy; (b) © AFP/Getty Images; 345 © ISO K° - photography/fotolia; 349 Oscar Artavia Solano; 350 (l) © LisaInGlasses/iStockphoto; (r) © Krek/Dreamstime; 359 © mlstock@mountainlight.com; 360 © Anthony Redpath/Masterfile; 361 Paula Díez; 365 (tl, tr, mm, mr) Oscar Artavia Solano; (ml) © Bill Gentile/Corbis; (b) © Bob Winsett/Corbis; 366 (tl) © Frank Burek/Corbis; (mr) © Martin Rogers/Corbis; (ml) © Jacques M. Chenet/Corbis; (b) Oscar Artavia Solano.

Lesson Eleven: 367 (full pg) Paula Díez; 376 (l) © Ariel Skelley/Getty Images; (r) Paula Díez; 377 (t) © Zsolt Nyulaszi/Shutterstock; (b) © Gabrielle Wallace; 381 © LdF/iStockphoto; 385 Katie Wade; 386 (l, r) Paula Díez; 390 (t) © gmnicholas/iStockphoto; (ml, bm) Martín Bernetti; (mm) © Auris/iStockphoto; (tr[1]) © NickyBlade/iStockphoto; (tr[2], tm) © LdF/iStockphoto; (br) © Art Directors & TRIP/Alamy; 396 © Chad Johnston/Masterfile; 397 © morchella/fotolia; 400 (t, b) Ali Burafi; (ml) María Eugenia Corbo; (mm) © Galen Rowell/Corbis; (mr) Lauren Krolick; 401 (tl) María Eugenia Corbo; (tr, b) Ali Burafi; (m) © Michael Hieber/Shutterstock.

Lesson Twelve: 403 (full pg) © Rolf Bruderer/Corbis; 407 (t) © TerryJ/iStockphoto; (b) © Harry Neave/fotolia; 412 (l) © Dusko Despotovic/Corbis; (r) Martín Bernetti; 413 (l) Maribel Garcia; (r) © Michele Falzone/Alamy; 415 (l) © Monkeybusinessimages/Dreamstime; (r) Anne Loubet; 416 © Blend Images/Alamy; 432 © Danny Lehman/Corbis; 434 Martín Bernetti; 438 (tl) © Kevin Schafer/Corbis; (tr) © Danny Lehman/Corbis; (m) © Hernan H. Hernandez A./Shutterstock; 439 (tl, tr) © Danny Lehman/Corbis; (b) © Claudio Lovo/Shutterstock.

Lesson Thirteen: 441 (full pg) © Gabriela Medina/Getty Images; 443 (tl) © gaccworship/Big Stock Photo; (bl) © National Geographic Singles 65/Inmagine; (br) © Les Cunliffe/123RF; 450 (t) Lauren Krolick; (b) © Digital Vision/Fotosearch; 451 (t) © Cédric Hunt; (bl) Doug Myerscough; (br) © David South/Alamy; 459 (t, b) Mary Axtmann; 468 © Ric Ergenbright/Corbis; 472 (tr) © Cédric Hunt; (b) © Adam Woolfitt/Corbis; 473 (tl) Mónica María González; (tr) © Reuters/Corbis; (br) © Jeremy Horner/Corbis.

Lesson Fourteen: 475 (full pg) © David R. Frazier/Danita Delimont; 484 (l) www.metro.df.gob.mx; (r) Ali Burafi; 485 (t, b) © Barragan Foundation, Switzerland/ProLitteris, Zürich, Switzerland; 491 Paula Díez; 499 © Radius Images/Alamy; 501 Paula Díez; 504 (t) © Janne Hämäläinen/Shutterstock; (mt) © Alexander Chaikin/Shutterstock; (mb) © Buddy Mays/Corbis; (b) © Vladimir Melnik/Shutterstock; 505 (tl) © Reuters/Corbis; (tr) © Royalty Free/Corbis; (bl) © Pablo Corral V./Corbis; (br) © Mireille Vautier/Alamy.

Lesson Fifteen: 507 (full pg) © Thinkstock/Getty Images; 511 © Javier Larrea/Age Fotostock; 516 (l) © Krysztof Dydynski/Getty Images; (r) Oscar Artavia Solano; 517 (t, b) Oscar Artavia Solano; 524 © diego_cervo/iStockphoto; 530–531 © Tom Grill/Corbis; 532 Martín Bernetti; 533 © Javier Larrea/Age Fotostock; 538 (tr) © SIME/eStock Photo; (m) © INTERFOTO/Alamy; 539 (t) © Daniel Wiedemann/Shutterstock; (m) © Anders Ryman/Alamy; (b) Martín Bernetti.

Lesson Sixteen: 541 (full pg) © Peter Beck/Corbis; 545 (t) © Orange Line Media/Shutterstock; (b) Paula Díez; 550 (l) © PhotoAlto/Alamy; 551 (t) © 2002 USPS; (b) © Galen Rowell/Corbis; 560 © pezography/Big Stock Photo; 561 © rj lerich/Big Stock Photo; 564 (b) Frida Kahlo. *Las dos Fridas*. 1939. Oil on Canvas. 5'8.5" x 5'8.5" © Banco de México Trust. © Schalkwijk/Art Resource; 566 Martín Bernetti; 567 Paula Díez; 572 (tl) © Holger Mette/Shutterstock; (tr) © rj lerich/Shutterstock; (mt) © tobe_dw/Shutterstock; (mb) © Bill Gentile/Corbis; (b) © Scott B. Rosen/Alamy; 573 (t) © Grigory Kubatyan/Shutterstock; (m) © Claudia Daut/Reuters/Corbis; (b) © holdeneye/Shutterstock; 574 (tr) © Reinhard Eisele/Corbis; (m) © Richard Bickel/Corbis; (b) Columbus, Christopher (Italian Cristoforo Colombo). Navigator, discoverer of America. Genoa 1451-Valladolid 20.5.1506. Portrait. Painting by Ridolfo Ghirlandaio (1483–1561). akg-images/The Image Works; 575 (t) © Jeremy Horner/Corbis; (m) © Reuters/Corbis; (b) © Lawrence Manning/Corbis.

Lesson Seventeen: 577 (full pg) © Index Stock Imagery Inc.; 586 (l) © Exposicion Cuerpo Plural, Museo de Arte Contemporaneo, Caracas, Venezuala, octubre 2005 (Sala 1). Fotografia Morella Munoz-Tebar. Archivo MAC.; (r) Joan Miró. *La lección de esquí*. © Art Resource, NY; 587 (t) © Raul Benegas; (b) Fernando Botero. *El alguacil*. 20th Century © Fernando Botero © Christie's Images/Corbis; 591 © Marvel Productions/The Kobal Collection/The Picture-desk; 602 Martín Bernetti; 606 (tl) © José F. Poblete/Corbis; (tr) © L. Kragt Bakker/Shutterstock; (ml) © Leif Skoogfors/Corbis; (mr) © Andre Nantel/Shutterstock; (b) © Royalty Free/Corbis; 607 (t) © Guy Motil/Corbis; (m) © Royalty Free/Corbis; (b) © Romeo A. Escobar, *La Sala de La Miniatura*, San Salvador. www.ilobasco.net.; 608 (tl) © Stuart Westmorland/Corbis; (tr) © ImageState/Alamy; (ml) © Sandra A. Dunlap/Shutterstock; (mr) © ImageState/Alamy; 609 (t) © Holger Mette/Shutterstock; (m) © Elmer Martinez/AFP/Getty Images; (b) José Antonio Velásquez. *San Antonio de Oriente*. 1957. Colección: Art Museum of the Americas, Organization of American States, Washington, D.C. © Coleccion: Art of the Americas, Organization of American States. Washington D.C.

Lesson Eighteen: 611 (full pg) © Douglas Kirkland/Corbis; 615 (t) © robert paul van beets/Shutterstock; (b) Janet Dracksdorf; 620 (l) José Blancoe; (r) © Homer Sykes/Alamy; 621 © Alex Ibanez, HO/AP Wide World Photos; 624 Anne Loubet; 629 (l) © Dave G. Houser/Corbis; 634 © Joel Nito/AFP/Getty Images; 635 © John Lund/Corbis; 638 (t) © Peter Guttman/Corbis; (ml) © Paul Almasy/Corbis; (b) © Carlos Carrion/Corbis; 639 (t) © Chris R. Sharp/DDB Stock; (m) © Joel Creed; Ecoscene/Corbis; (b) © Francis E. Caldwell/DDB Stock; 640 (tl) © Bettmann/Corbis; (tr) © Reuters/Corbis; (m, b) María Eugenia Corbo; 641 (tl) Janet Dracksdorf; (tr) © Simon Bruty/SI; (m) © Andres Stapff/Reuters/Corbis; (b) © Wolfgang Kaehler/Corbis.

About the Authors

José A. Blanco founded Vista Higher Learning in 1998. A native of Barranquilla, Colombia, Mr. Blanco holds a B.A. in Literature from the University of California, Santa Cruz, and a M.A. in Hispanic Studies from Brown University. He has worked as a writer, editor, and translator for Houghton Mifflin and D.C. Heath and Company and has taught Spanish at the secondary and university levels. Mr. Blanco is also the co-author of several other Vista Higher Learning programs: **Panorama, Aventuras,** and **¡Viva!** at the introductory level, **Ventanas, Facetas, Enfoques, Imagina,** and **Sueña** at the intermediate level, and **Revista** at the advanced conversation level.

Philip Redwine Donley received his M.A. in Hispanic Literature from the University of Texas at Austin in 1986 and his Ph.D. in Foreign Language Education from the University of Texas at Austin in 1997. Dr. Donley taught Spanish at Austin Community College, Southwestern University, and the University of Texas at Austin. He published articles and conducted workshops about language anxiety management, and the development of critical thinking skills, and was involved in research about teaching languages to the visually impaired. Dr. Donley was also the co-author of **Aventuras** and **Panorama**, two other introductory college Spanish textbook programs published by Vista Higher Learning.

About the Illustrators

Yayo, an internationally acclaimed illustrator, was born in Colombia. He has illustrated children's books, newspapers, and magazines, and has been exhibited around the world. He currently lives in Montreal, Canada.

Pere Virgili lives and works in Barcelona, Spain. His illustrations have appeared in textbooks, newspapers, and magazines throughout Spain and Europe.

Born in Caracas, Venezuela, **Hermann Mejía** studied illustration at the *Instituto de Diseño de Caracas*. Hermann currently lives and works in the United States.

Maps

A-59

México

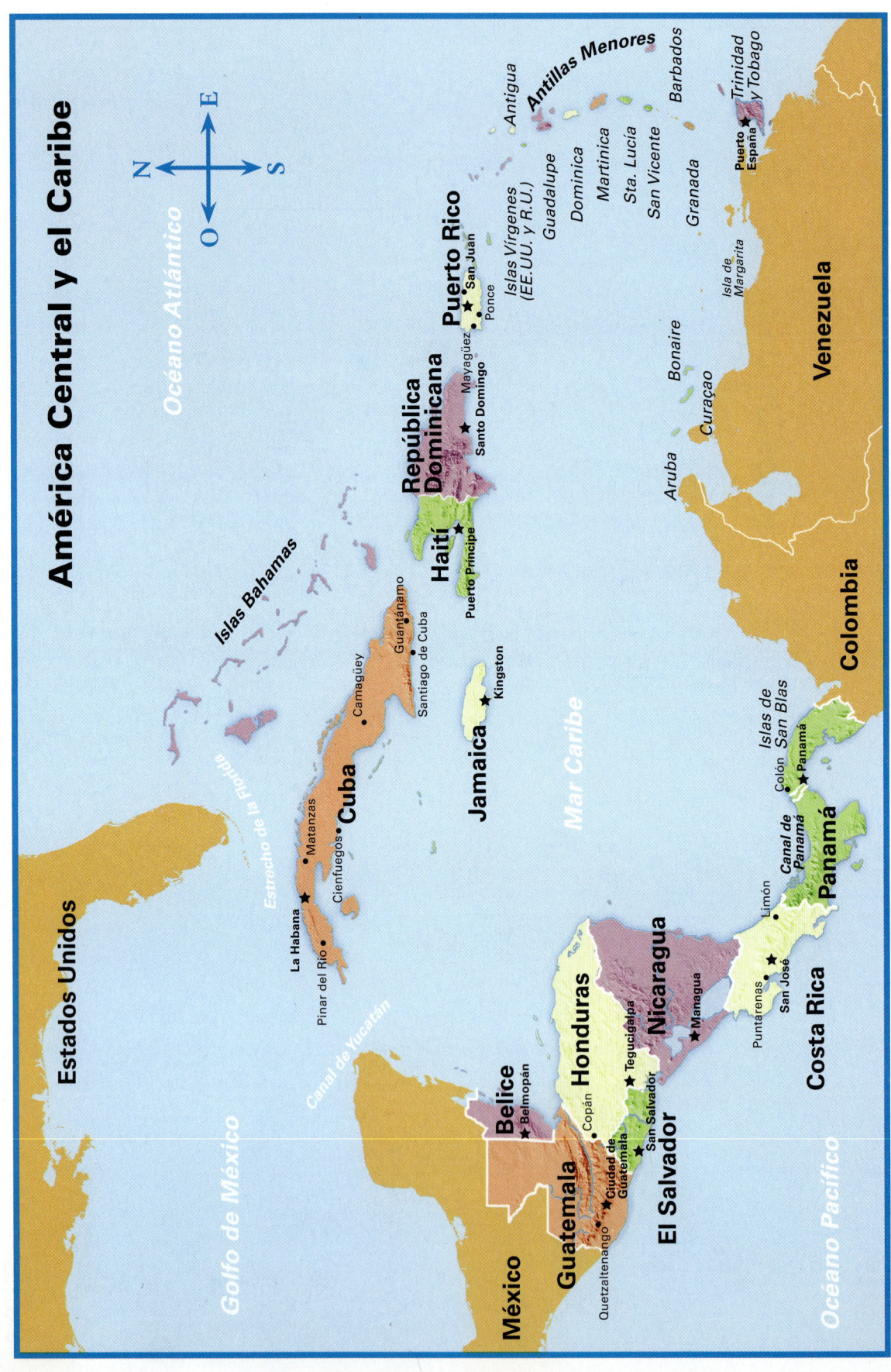